mitmischen 1
Unterrichtwerk für den Geschichtsunterricht an Hauptschulen, Gesamtschulen, Realschulen und Realschulen+, Regionalen Schulen, Dualen Oberschulen und Erweiterten Realschulen

1. Auflage 1 5 4 3 2 1 | 2012 2011 2010 2009 2008

www.klett.de

Autoren: Sven Christoffer, Guiskard Eck, Eberhard Gloger, Helmut Heimbach, Dr. Christoph Kühberger, Klaus Leinen, Karin Maeusel, Harald-Matthias Neumann, Dr. Antonius Wollschläger

Redaktion: Petra Bauersfeld, Christine Reinke, Dr. Antonius Wollschläger

Layoutkonzeption und Umschlaggestaltung: know idea GmbH, Freiburg
Karten: Ingenieurbüro für Kartographie Joachim Zwick, Gießen und Kartographisches Büro Borleis & Weis, Leipzig
Grafiken: Steffen Gumpert, Berlin, Rudolf Hungreder, Leinfelden-Echterdingen, Lutz-Erich Müller, Leipzig, Andreas Piel, Hamburg und Ursula Wedde, Göppingen
Satz: Druckmedienzentrum, Gotha
Herstellung: Katja Taubert
Reproduktion: Meyle + Müller, Medien-Management, Pforzheim
Druck: Offizin Andersen Nexö, Leipzig

Printed in Germany
978-3-12-432010-0

9 783124 320100

Hallo,

vor dir liegt „mitmischen“ – dein neues Buch für das Fach Geschichte. „mitmischen“ wird dich die nächsten Jahre lang begleiten. In „mitmischen 1“ triffst du die ersten Menschen, die vor über 3 Millionen Jahren in Afrika gelebt haben. Danach kommst du zu den Pyramiden und Pharaonen in Ägypten. Von dort geht es weiter zu den Griechen und Römern vor 2 000 Jahren am Mittelmeer. Anschließend landest du im Mittelalter. Hier erlebst du, wie die Menschen vor 1 000 Jahren auf dem Land, auf einer Burg, in einem Kloster und in der Stadt gelebt haben. Und schließlich erfährst du, welche neuen Gebiete auf der Erde entdeckt wurden und wie im 17. und 18. Jahrhundert Könige und Fürsten regierten. In allen Zeiten wirst du erleben, wie die Menschen zusammenlebten und wie sie ihre Probleme lösten.

„Und was hat das alles mit mir zu tun?“, fragst du dich jetzt vielleicht. Lass dich überraschen! Du wirst viele Spuren aus der Vergangenheit in unserer Welt heute entdecken. Die Olympischen Spiele gab es zum Beispiel schon vor 3 000 Jahren. Zur Wahl sind die Bürger schon vor 2 500 Jahren in Athen und Rom gegangen. Und schon vor 1 000 Jahren begegneten sich Christen und Muslime und lernten vieles voneinander kennen.

Mit „mitmischen“ lernst du aber nicht nur, sondern du kannst auch vieles selber machen und ausprobieren. Dafür gibt dir „mitmischen“ viele Tipps. Außerdem kannst du auch immer wieder selbst in Geschichte mitmischen, indem du und deine Klasse eine Ausstellung macht, eure Stadt erkundet, Leute befragt oder euer Rathaus und den Bürgermeister oder die Bürgermeisterin besucht.

Viel Spaß dabei wünscht dir
das „mitmischen“-Team!

So arbeitest du mit diesem Buch

Hier erfährst du alles darüber, wie das Buch aufgebaut ist und welche Elemente dir dabei helfen, die Texte und Materialien zu verstehen.

Themeneinheit:
Dieses Buch hat zehn Themeneinheiten. Jede beginnt mit einer Auftakt-Doppelseite. Jede hat auch eine spezielle Farbe. Im Inhaltsverzeichnis kannst du die Farben im Überblick sehen. Ein Zeitstrahl gibt dir einen kurzen Überblick über die Abfolge der geschichtlichen Ereignisse und wo wir noch heute Spuren der Vergangenheit entdecken.

Kapitelseiten:
Jede Themeneinheit ist unterteilt in Kapitel, die jeweils auf einer Doppelseite behandelt werden.
Die Kapitel bestehen aus drei wichtigen Ebenen:
- Kopfzeile in der Farbe der Themeneinheit
- Inhalt: Texte, Bilder und Karten
- Aufgaben (unten, auf der gelben Fläche)

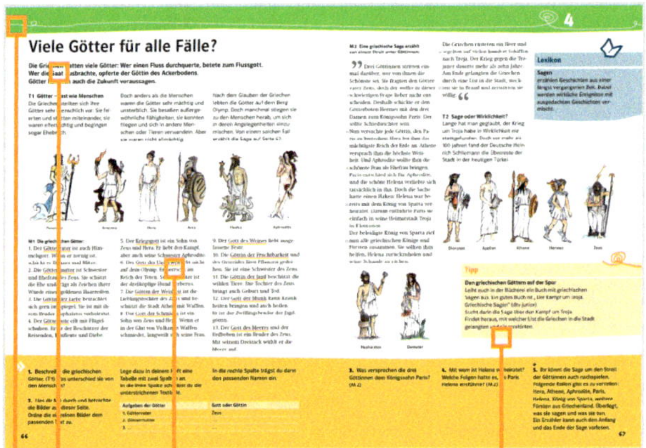

Die Kopfzeile in der jeweiligen Kapitelfarbe und die Kapitelnummerierung zeigen dir, in welchem Thema du dich befindest.

Unter der Überschrift findest du einen kleinen **Einführungstext**. So kannst du schnell sehen, worum es auf dieser Seite geht.

Der Text, den die Autorinnen und Autoren für dich geschrieben haben, ist durch Zwischenüberschriften gegliedert und mit einem **T** gekennzeichnet.

Bilder, Karten und Quellentexte auf jeder Doppelseite sind durchnummeriert. Das sieht dann zum Beispiel so aus: **M1**

Textquellen sind in großen Anführungszeichen gesetzt.

Wie du mit diesen **Materialien** umgehst, lernst du im Unterricht, aber auch die Seiten „Methode“ helfen dir dabei.

Auf manchen Seiten findest du farbige Kästen, in denen zusätzliche oder wichtige Informationen hervorgehoben sind wie z. B. im Lexikon (blau) oder wie hier im Tipp (orange).

Methodenseiten:
Wenn hinter der Kapitelzahl „Methode“ steht, dann geht es auf dieser Doppelseite darum, mit bestimmten Materialien richtig umzugehen – z. B. Karten lesen, Bilder untersuchen und Textquellen verstehen.

Abschluss:
Hier geht´s noch einmal ganz spannend zur Sache, denn für jede Themeneinheit gibt es ein großes Quiz, in dem du ordentlich punkten und zeigen kannst, wie fit du im Thema bist.

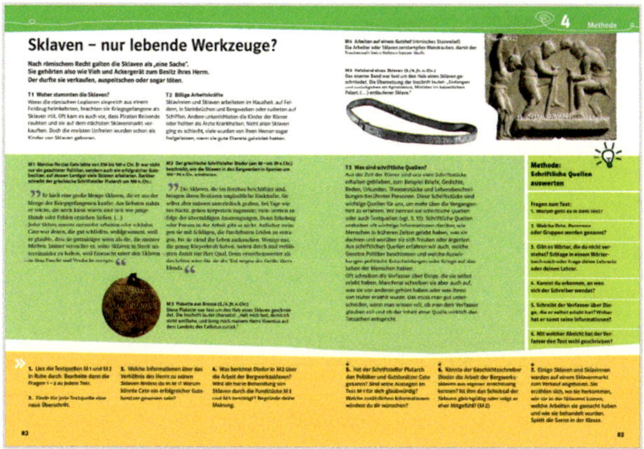

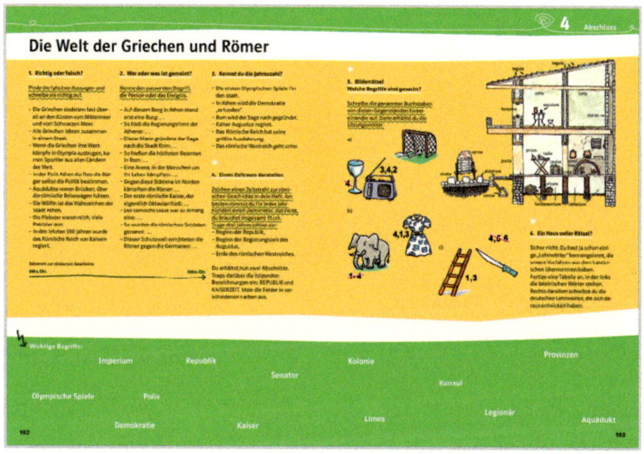

Symbole im Buch und was sie dir zeigen:

Tipp
Hier findest du Hinweise und konkrete Anleitungen zum Nacherleben von geschichtlichen Themen. Viel Spaß dabei!

Lexikon
Hier werden wichtige oder schwierige Begriffe erklärt.

Aufgaben
Immer im unteren Feld, zeigt es dir, wo die Aufgaben beginnen.

<Extra>

Extra
Zusätzliche Materialien, wenn du im Unterricht gut vorangekommen bist.

Methode
Hier stehen die einzelnen Arbeitsschritte für eine bestimmte Methode.

Wichtige Begriffe
Auf der Abschlussseite stehen im unteren Feld Begriffe, die du kennen solltest.

Niveau/Schwierigkeitsgrad
Bei den Aufgaben zeigt das Sternchen, ob eine Aufgabe schwieriger ist. Wenn du sie lösen kannst, bist du richtig gut!

Internetbegleitung
www.klett.de/online
Online-Link: 432010-0000

1 Einstieg in die Geschichte
Ab Seite 10

2 Ur- und Frühgeschichte
Ab Seite 20

3 Frühe Hochkulturen
Ab Seite 42

4 Griechen und Römer
Ab Seite 62

5 Religion und Staat im Mittelalter
Ab Seite 104

6 Bauer und Edelmann
Ab Seite 140

7 Die Stadt im Mittelalter
Ab Seite 160

8 Religionsstreit in Europa
Ab Seite 188

9 Aufbruch in eine neue Zeit
Ab Seite 208

10 Absolutismus in Europa
Ab Seite 238

1 Einstieg in die Geschichte

Wie haben die Menschen wohl in früheren Zeiten gelebt? Leider ist es nicht möglich, einfach durch die Zeit zu reisen, um eine Antwort auf diese Frage zu erhalten. Trotzdem wissen wir heute schon eine Menge über unsere Vergangenheit. Das hat mit dem Fach Geschichte zu tun. Geschichtsforscher fragen, wie sich die Welt im Laufe der Zeit verändert hat. Sie erkunden auch, warum unser Leben heute so aussieht, wie wir es kennen. Und du – was würdest du gerne über die Vergangenheit herausfinden?

Bezug zu heute

Eine Geschichtsforscherin gräbt ein altes Wagenrad aus.

Ohne die Erfindung der Schrift wäre das Leben in der Schule viel leichter – oder?

Geschichte erleben

Chronologie

vor 500 000 – 40 000 Jahren
Die Menschen lernen Feuer zu machen.

vor ca. 5 000 Jahren
Die Menschen erfinden das Rad.

vor ca. 5 000 – 3 500 Jahren
In Ägypten, Mesopotamien, China und Indien werden die ersten Schriften entwickelt.

1 n. Chr. Christi Geburt
Unsere Zeitrechnung beginnt.

Die Einkaufsgeschäfte haben sich verändert.
Viele Lebensmittel gibt es aber schon
seit Tausenden von Jahren.

um 1450
Johannes Gutenberg
erfindet den Buchdruck.

1825
In England fährt
die erste Eisenbahn.

1885/1886
Carl Friedrich Benz und
Gottlieb Daimler bauen
die ersten Automobile.

1946
Die ersten Computer
werden eingesetzt.

Experten für die Vergangenheit

Auf diesen Seiten erfährst du viel über Menschen, deren Beruf es ist, die Vergangenheit zu erforschen und ihre Geheimnisse zu entschlüsseln.

T1 Quellen – Schlüssel zur Vergangenheit

Wer ein Tor aufschließen möchte, braucht einen Schlüssel. Auch Geschichtsforscher, die sozusagen das Tor zur Vergangenheit öffnen wollen, sind auf Hilfsmittel angewiesen. Ihre Schlüssel sind die „Quellen". Wer solche Quellen sorgfältig untersucht, erfährt viel über die Zeit, aus der sie stammen.

T2 Steine zum Sprechen bringen

Immer wieder werden im Boden Überreste aus vergangenen Zeiten gefunden: alte Mauersteine, Holzstücke, Knochen und Stofffetzen. Dann werden Archäologen und Archäologinnen gerufen. Ihr Beruf ist es, Bodenfunde auszugraben und sie zu untersuchen. Mit wissenschaftlichen Methoden finden sie auch heraus, wie alt die Funde sind und woher sie stammen. In Fachzeitschriften berichten sie schließlich über ihre Entdeckungen. Außerdem sorgen Archäologen dafür, dass die gefundenen Gegenstände erhalten und restauriert werden, um sie in Museen auszustellen.

T3 Der Vergangenheit auf der Spur

Historiker dagegen graben nicht im Boden, sondern spüren der Vergangenheit vor allem in Archiven und Bibliotheken nach. Ihr Beruf ist es, schriftliche Quellen zu entziffern und ihren Inhalt zu bewerten. Daneben untersuchen sie auch Bildquellen und Überreste, um herauszufinden, was diese Gegenstände über die Vergangenheit „erzählen". Dabei sammeln die Geschichtsexperten aus unterschiedlichen Quellen so viele Informationen wie möglich. Diese müssen sie dann wie die Teile eines Puzzles ordnen, damit am Ende ein möglichst genaues Bild von der Vergangenheit entsteht. Die Ergebnisse ihrer Forschungsarbeit veröffentlichen Historiker oft in Büchern, Ausstellungen oder Museen.

M1 Figur eines Schreibers aus dem alten Ägypten
(bemalte Statue aus Kalkstein, um 2500 v. Chr.)
Auf seinen Knien hat der Schreiber einen Papyrus aufgerollt. Sein straff gespannter Schurz dient ihm als Schreibunterlage.

1. Textquelle, Bildquelle oder Überrest? Ordne M1 – M4 jeweils einer Quellenart zu.

2. Archäologen haben die Steinfigur M1 in einem 4500 Jahre alten Grab gefunden.
Was verrät uns diese Quelle über die Schreibgewohnheiten der alten Ägypter?

3. Was musste Catos Sohn lernen? (M4)
Vergleiche dies mit deinem eigenen Zeugnis aus der Grundschule.

M 2 Eine Dorfschule von 1848 (zeitgenössisches Gemälde)

M 3 Schule vor über 500 Jahren: Ein Schüler muss als Strafe im Unterricht eine Eselsmütze tragen. (Holzschnitt, Augsburg 1479)

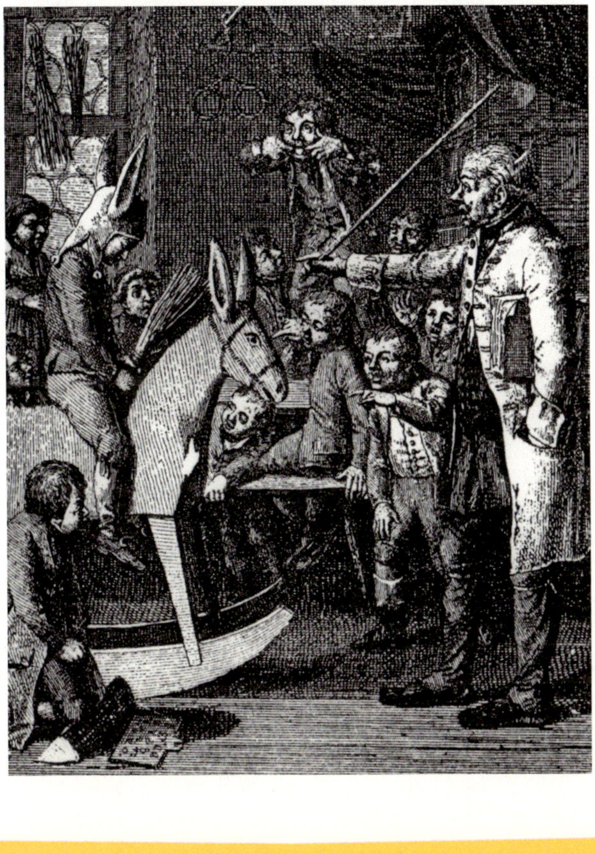

Lexikon

Quellen
So wird alles, was von der Vergangenheit übrig geblieben ist, genannt. Das können Gegenstände, Schriftstücke oder auch mündliche Quellen sein.
Wir unterscheiden Textquellen (z. B. Urkunden, Verträge, Zeitungen), Bild- und Tonquellen (z. B. Höhlenmalereien, Fernseh- und Radiosendungen) sowie Überreste (z. B. Bauwerke, Kleidungsstücke, Waffen).

M 4 Der griechische Schriftsteller Plutarch berichtet darüber, wie der Politiker Cato (234 – 149 v. Chr.) im alten Rom seinen Sohn erzogen hat:

» Sobald der Junge ins lernfähige Alter kam, nahm ihn Cato selbst in die Lehre und unterrichtete ihn im Lesen und Schreiben, obwohl er einen Sklaven namens Chilo hatte, der ein geschickter Lehrer war und viele Schüler hatte. Aber Cato hielt es nicht für recht, wie er selbst sagt, dass sein Sohn von einem Sklaven gescholten oder am Ohre gezogen würde, wenn er nicht fleißig lernte (…) Daher war er selbst der Sprachlehrer, der Gesetzeslehrer und der Sportlehrer, indem er seinem Sohn nicht nur beibrachte, mit dem Wurfspieß zu werfen, zu fechten und zu reiten, sondern auch, mit geballter Faust zu kämpfen, Hitze und Kälte zu ertragen und den Tiber zu durchschwimmen, trotz reißender Stellen und Strudel. Er schrieb, wie er sagt, mit eigener Hand Geschichtsbücher in großen Buchstaben, damit sein Sohn von Kindheit an Gelegenheit hätte, die Taten und Sitten der Vorfahren kennenzulernen. In Gegenwart seines Sohnes hütete er sich vor unanständigen Reden. «

4. Liste die Tätigkeiten eines Archäologen und eines Historikers in einer Tabelle auf. (T 2, T 3)

5. Stell dir vor, du könntest einem Archäologen oder einem Historiker einen Tag lang bei der Arbeit helfen. Für welchen Bereich würdest du dich entscheiden? Begründe deine Meinung.

Einkaufen früher und heute

Wer heute Lebensmittel oder Haushaltswaren benötigt, fährt zum Supermarkt. Wo haben die Menschen früher eingekauft, als es diese großen Einkaufsgeschäfte noch nicht gab?

T1 Einkaufen um die Ecke

Verhungern musste auch vor 60 Jahren niemand. An fast jeder Ecke gab es nämlich damals einen „Tante-Emma-Laden". Das waren kleine Geschäfte, die alles hatten, was man zum Leben brauchte: Obst und Gemüse, Wurst und Käse, aber auch Schulhefte und Seife.

M2 Ein Lebensmittelgeschäft vor 60 Jahren

M1 Laras Oma erzählt vom „Tante-Emma-Laden" von Frau Ebert

❞ Wir hatten in unserem Ort überhaupt nur einen einzigen kleinen Laden. Er gehörte einer damals schon recht alten Dame, die die Kunden allein bediente. Wenn man einkaufen ging, dauerte das schon eine Weile, bis man drankam. Da blieb immer Zeit für ein Gespräch mit den anderen Kunden.
Frau Ebert, so hieß die Besitzerin des Ladens, stand hinter einer großen Ladentheke. Besonders wichtig war eine große Waage. Fast alle Lebensmittel mussten erst gewogen werden, bevor sie verkauft wurden. Es gab kaum fertig verpackte Waren, fast alles befand sich in Behältern: die Kartoffeln in einem großen Sack neben der Theke, die Nudeln und der Reis in Glasbehältern im Regal. Die Butter kam aus einem Butterfass und wurde in Pergamentpapier verpackt. Selbstverständlich waren auch Käse und Wurst nicht verpackt, sondern wurden von großen Stücken abgeschnitten, gewogen und anschließend in Papier eingeschlagen. Auch Gemüse gab es. Es lag in großen Regalen neben der Theke, wurde abgewogen und in die mitgebrachten Taschen verstaut. Ach ja, die Milch. Die Leute brachten Milchkannen mit, in die die Milch mit einem Messbecher abgemessen und eingefüllt wurde. Wir hatten alle unseren Korb oder eine Tasche mit, Plastiktüten wie heute gab es nämlich noch nicht. ❝

»

1. Berichte aus deiner Familie:
a) Wo, wann und wie oft kauft ihr ein?
b) Wie lange dauert etwa ein Einkauf?
c) Wie weit ist der Weg zu eurem Einkaufsgeschäft und wie kommt ihr dorthin?

2. M2 zeigt ein Einkaufsgeschäft, wie es vor 60 Jahren ausgesehen hat.
Trage alle Unterschiede zwischen dem Einkaufen früher und heute in eine Tabelle ein.

3. Schreibe alle Lebensmittel auf, die …
a) auf M2 zu erkennen sind.
b) in dem Text „Im Tante-Emma-Laden von Frau Ebert" erwähnt werden.
c) Wie werden diese Lebensmittel heute verpackt?
Vergleiche mit früher.

T2 Bei Tante Emma gehen die Lichter aus

Als die ersten Supermärkte in Deutschland eröffneten, entschieden sich viele Kunden dafür, dort einzukaufen. Das Warenangebot war größer und der Preis niedriger. Mit der Zeit mussten deshalb immer mehr „Tante-Emma-Läden" schließen. Heute gibt es viele Ortsteile, die gar keinen eigenen Laden mehr haben. Die Menschen, die dort wohnen, fahren mit ihren Autos zu Supermärkten, die häufig am Stadtrand liegen.

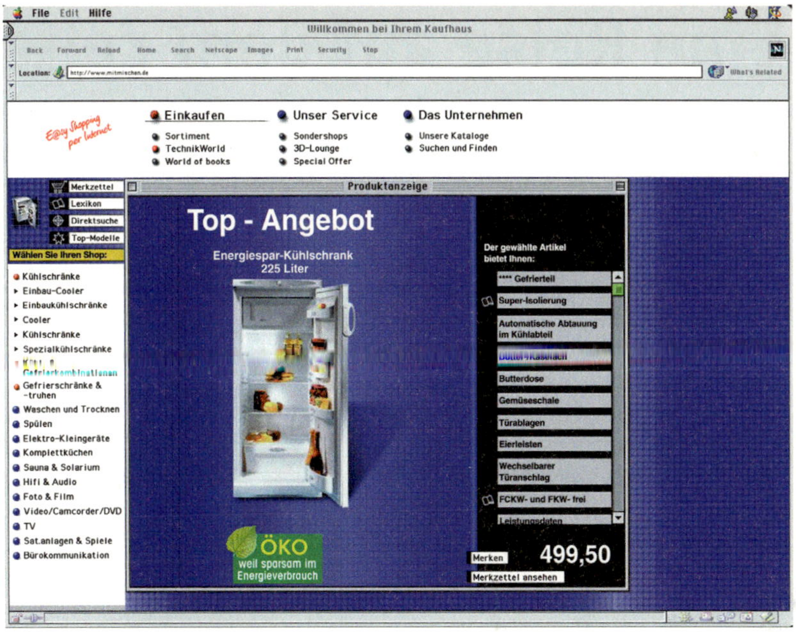

M4 Einkaufen in der Zukunft?
Internet-Seite eines Versandhauses. Werden wir in ein paar Jahren alles am Computer bestellen und nach Hause liefern lassen?

M3 Einkaufscenter am Rande der Stadt, hier kaufen viele von uns heute nur noch ein.

M5 Kühltruhe im Supermarkt
Schnell hat man alles ausgewählt und in seinen Einkaufswagen gepackt.

4. Sammle eine Woche den Verpackungsmüll, der in deiner Familie anfällt, und wiege ihn. Rechne aus, wie viel Müll das im Jahr ergibt. Lege dann die Verpackungen beiseite, auf die man verzichten könnte, und wiege sie. Berechne, wie viel Müll deine Familie dadurch im Jahr vermeiden würde.

5. M4 zeigt eine Möglichkeit, wie die Zukunft des Einkaufens aussehen könnte.
Welche Vorteile hätte das?
Gibt es auch Nachteile?

*
6. Frage ältere Leute aus deiner Familie oder in der Nachbarschaft, wo sie früher eingekauft haben. Erkunde, was heute aus den „Tante-Emma-Läden" geworden ist.

Eine Reise auf dem Zeitstrahl

**Lebte Königin Kleopatra früher oder später als Alexander der Große?
Ist die Freiheitsstatue vor oder nach dem Eiffelturm erbaut worden?
Um kniffelige Fragen wie diese zu beantworten, kann ein Zeitstrahl nützlich sein.**

T1 Den Überblick behalten

Wer sich mit der Geschichte der Menschheit beschäftigt, stößt auf zahlreiche Personen, Orte und Ereignisse. Da kann es natürlich schnell passieren, dass man den Überblick verliert. Um das zu verhindern, wird die Geschichte in mehrere große Abschnitte unterteilt. Diese Zeitabschnitte nennt man Epochen. Mit ihrer Hilfe ist es leichter, sich in der Vergangenheit zurechtzufinden. Die vier großen Epochen unserer Geschichte findest du in dem Zeitstrahl (M2).

M1 Unterschiedliche Zeitrechnungen

Kultur	Ausgangspunkt für die Zeitrechnung	Ereignis
jüdisch	3761 v. Chr.	Erschaffung der Welt
griechisch	776 v. Chr.	erste Olympische Spiele
römisch	753 v. Chr.	Gründung der Stadt Rom
christlich	1 n. Chr.	Geburt Jesu Christi
islamisch	622 n. Chr.	Mohammeds Flucht nach Medina

M2 Auf dem Zeitstrahl unten kannst du erkennen, dass unsere Zeitrechnung mit der Geburt von Jesus Christus beginnt.
Sie gilt aber nicht auf der ganzen Welt.
In anderen Ländern und zu anderen Zeiten haben die Menschen verschiedene Zeitpunkte für den Beginn ihrer Zeitrechnung festgesetzt (M1). Daher bestehen auch heute noch auf der Welt mehrere Zeitrechnungen nebeneinander.

T2 Wann endet eine Epoche?

Immer wieder gab es Ereignisse, die den Verlauf der Geschichte stark beeinflusst haben. Manche Entwicklungen waren so gewaltig, dass sie eine neue Epoche einläuteten. So endet die Ur- und Frühgeschichte um 3000 v. Chr., als die Menschen die Schrift erfinden. Damit beginnt das Altertum, das unter anderem die Zeit der Griechen und Römer umfasst. Das Altertum geht zu Ende, als sich die Völker in Europa neue Länder suchen. Es folgt um 500 n. Chr. das Mittelalter, das ungefähr 1000 Jahre andauert. Die Neuzeit, in der wir noch heute leben, wird gleich durch mehrere Ereignisse eingeleitet: Johannes Gutenberg erfindet etwa 1450 den Buchdruck und 1492 entdeckt Christoph Kolumbus Amerika.

T3 Alles klar?

Um sich zu orientieren, ist es sehr sinnvoll, die Geschichte in Epochen einzuteilen. Wir dürfen die Anfangs- und Enddaten der Epochen aber nicht zu starr sehen. Es haben immer mehrere Ereignisse dazu beigetragen, dass sich etwas in der Geschichte besonders stark verändert hat. Daher ist es schwierig zu sagen, wann genau eine Epoche endet und die nächste beginnt. Sogar Historikerinnen und Historiker sind sich darüber nicht immer einig. Deshalb spricht man auch von Übergangszeiten zwischen den Epochen.

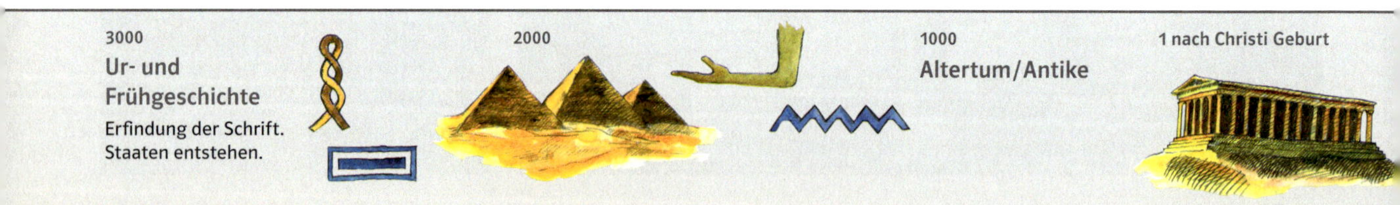

»

1. Ordne die Berichte T4–T9 richtig auf dem Zeitstrahl ein.

2. Vervollständige das Schaubild in deinem Heft:

Ur- und Frühgeschichte ← **Entstehung erster Staaten**
↓ ← **Erfindung der ...**
Altertum ← ...
↓
...

3. Rechne aus, in welchem Jahr du heute nach der jüdischen Zeitrechnung lebst.

T4 Eine Weltneuheit: Gedruckte Bücher!
Mainz, um 1450: Der Goldschmied Johannes Gutenberg erfindet den Buchdruck mit einzelnen Metallbuchstaben. In den Jahren 1452 bis 1454 entsteht in seiner Druckerei die „Gutenberg-Bibel", die noch heute zu den schönsten Büchern der Welt gehört.

T5 Sensation: Eine Frau ist Pharao!
Ägypten, um 1340 v. Chr.: Im alten Ägypten herrscht eine Frau als Pharao. Ihr Name ist Nofretete, das bedeutet: „Die Schöne ist gekommen". Im Ägyptischen Museum in Berlin kann sie noch heute bewundert werden – als eine 50 cm hohe Büste, die 1912 bei Ausgrabungen in Ägypten gefunden wurde.

T6 Germanische Völker in Bewegung!
Europa, im 4. Jahrhundert: Franken, Goten, Alemannen, Vandalen und Sueben verlassen ihre Siedlungsgebiete und ziehen kreuz und quer durch Europa. Einige Völker lockt der Reichtum in anderen Ländern, manche suchen besseres Land und wieder andere sind auf der Flucht vor einem asiatischen Reitervolk – den Hunnen.

T7 Ein Weltwunder!
Ägypten, um 2500 v. Chr.: In Oberägypten wird die Cheops-Pyramide erbaut. Sie hat eine Höhe von 145 Metern und gehört zu den Sieben Weltwundern der Antike. Ihren Namen erhielt sie von dem ägyptischen Pharao, der sie erbauen ließ.

Lexikon

Epoche
Das griechische Wort meint den Zeitpunkt eines wichtigen Ereignisses und den Zeitabschnitt, der auf dieses Ereignis folgt.

T8 Erster Mensch auf dem Mond!
Weltall, 1969: „Ein kleiner Schritt für mich, aber ein großer Schritt für die Menschheit." Diesen berühmten Satz sagte der Amerikaner Neil Armstrong am 21. Juli 1969, kurz nachdem er als erster Mensch den Mond betreten hatte.

T9 Griechenland im Olympia-Fieber!
Olympia, 776 v. Chr.: In dem griechischen Ort Olympia finden die ersten Olympischen Spiele zu Ehren des Gottes Zeus statt. Aus allen griechischen Städten kommen Athleten angereist, um miteinander um den Siegerpreis, einen Ölzweig, zu kämpfen.

Tipp

Ein eigener Zeitstrahl
Bastelt einen Zeitstrahl für euren Klassenraum.
Im Laufe des Schuljahres könnt ihr ihn mit vielen Texten, Fotos und Zeichnungen zu den einzelnen Kapiteln der „Zeitreise" füllen.

4. Es lässt sich nie ganz genau sagen, wann eine Epoche endet und wann die nächste beginnt. Wie erklärst du das?

*
5. Der Zeitstrahl enthält unterschiedliche Bildsymbole für die einzelnen Epochen. So stehen die ägyptischen Pyramiden beispielsweise für das Altertum.
Zeichne in dein Heft ein Bildsymbol, das zum 21. Jahrhundert passt.
Erkläre deinen Mitschülerinnen und Mitschülern anschließend, warum du gerade dieses Bildsymbol ausgewählt hast.

Geschichte und mehr

1. Lauter Quellen

Entscheide, ob es sich bei M1 – M5 um eine Textquelle, eine Bildquelle oder um einen Überrest handelt.

M1 Ein Familienfoto, etwa aus dem Jahr 1910

M2 Der Grabstein von F. W. Schnitger, aus dem Jahr 1807

M3 Kanonenkugel in der Wand der Burg Dankwarderode

Wichtige Begriffe:

Quellen → Textquellen, Bildquellen, Überreste

Archäologe/Archäologin

Epoche

Zeitstrahl

Historiker/Historikerin

M 4 **Puppe, aus dem Jahr 1976**

M 5 **Mädchenkleidung, entstanden vor etwa 3 200 Jahren** (in einem Baumsarg in Jütland, Dänemark, gefunden)

2. Begriff gesucht

Sie ist unsichtbar und doch umgibt sie uns überall. Wir können sie nicht anfassen, trotzdem wissen wir, dass sie da ist. Eine Uhr können wir anhalten, vor und zurückdrehen. Aber es ist unmöglich, den gesuchten Begriff zu stoppen.

*

3. Arbeit mit dem Zeitstrahl auf S. 16/17

Beantworte die Fragen.
Gib dazu immer die Epoche an.

- Wohin gehört unsere Gegenwart, auf die linke oder die rechte Seite des Zeitstrahls?
- Mit der Erfindung des Buchdrucks endete eine Epoche. Welche?
- In welche Epoche gehören die Anfänge der Menschheit? Findest du diese Epoche links oder rechts auf dem Zeitstrahl?
- Mit der Erfindung der Schrift beginnt eine neue Epoche der Menschheitsgeschichte. Auf dem Zeitstrahl findest du dazu ein berühmtes Bauwerk.

*

4. Alles der Reihe nach

Fertige einen Zeitstrahl wie auf Seite 16/17 an. Halte folgende Ereignisse auf dem Zeitstrahl fest, zeitlich richtig eingeordnet.

1990 n. Chr.:
Die beiden deutschen Staaten werden wieder zu einem Staat vereinigt.

1893 n. Chr.:
Der deutsche Erfinder Rudolf Diesel entwickelt den Dieselmotor.

753 v. Chr.:
Die Stadt Rom wird gegründet.

1927 n. Chr.:
Zum ersten Mal fährt ein Auto über 300 km/h.

1036 n. Chr.:
Der nach einem Brand zerstörte, wieder aufgebaute Mainzer Dom wird eingeweiht.

Mittelalter

Ur- und Frühgeschichte

Museum

geschichtliche Erzählungen

Neuzeit

Altertum

Zeitrechnung

2 Ur- und Frühgeschichte

Länger als eineinhalb Millionen Jahre dauerte diese Epoche. Sie beginnt mit den Vormenschen und führt bis in die Zeit vor etwa 5 000 Jahren. Eine spannende Zeit. Die Menschen kannten noch keine Schrift. Deshalb müssen uns Funde ihrer Waffen, ihres Schmuckes, ihrer Gebeine und ihrer Kunstwerke ihre Geschichte erzählen.

Bezug zu heute

Die Menschen interessieren sich für ihre Geschichte. In Museen werden historische Funde und Ergebnisse der Forschung ausgestellt.

In der Jungsteinzeit entstehen die ersten Berufe. Einige dieser alten Berufe haben sich bis heute erhalten.

Geschichte erleben

Chronologie

vor etwa 4,5 Mio. Jahren

entwickeln sich die Vormenschen. Um 3 Mio. Jahre v. Chr. lebte „Lucy".

vor etwa 1,5 Mio. Jahren

beginnt die Altsteinzeit.

um 600 000 v. Chr.

Die ersten Frühmenschen kommen nach Europa.

Schon damals gingen die Menschen nicht immer sorgsam mit dem um, was sie zum Leben brauchten: mit der Natur.

Früh begannen sich die Menschen Gedanken darüber zu machen, was mit ihren Toten geschieht. Schon damals ehrten sie ihre Toten.

um 9000 v. Chr.

beginnen Menschen, Getreide anzubauen und Vieh zu züchten.

um 5000 v. Chr.

breitet sich diese neue Lebensweise auch in Europa aus.

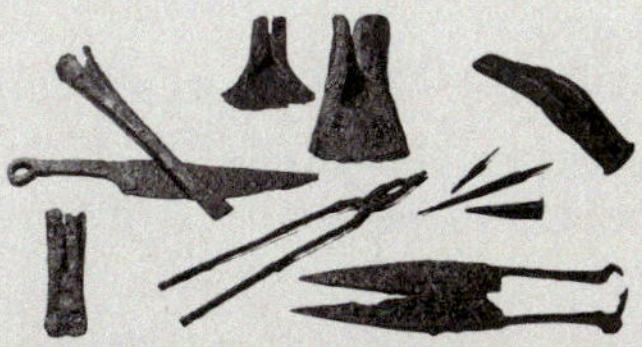

um 4000 v. Chr.

beginnt in Mitteleuropa die Metallzeit. Zunächst werden Geräte aus Kupfer, dann aus Bronze, schließlich aus Eisen hergestellt.

Auf den Spuren der ersten Menschen

Lucy ist die bekannteste Vorfahrin der Menschen. Sie bekam ihren Namen nach einem Musiksong.

M1 Eine Nachbildung von Lucy
Als ihre Knochen 1974 entdeckt wurden, konnte man häufig Titel der Beatles im Radio hören. Die Forscher suchten nach einem Namen für ihre Entdeckung.
Im Radio lief gerade der Beatles-Titel „Lucy in the sky with diamonds" …

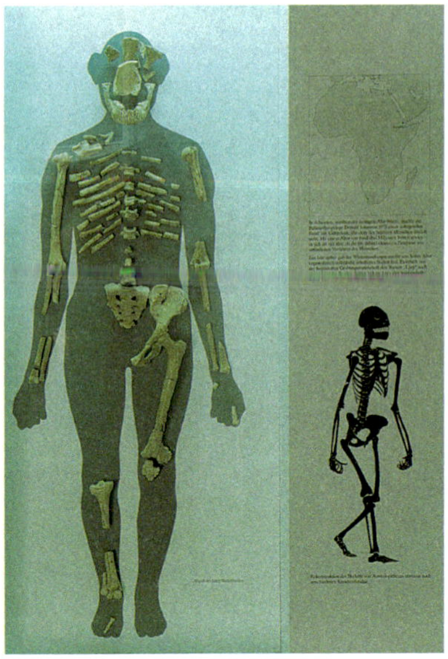

M2 Im Vergleich zu einem heutigen Menschen war Lucy recht klein. Sie war 1,10 m groß und wog etwa 30 kg.

M3 Spezialisten können mithilfe der gefundenen Knochen eine sehr genaue Nachbildung des Körpers und des Gesichtes herstellen.

T1 Lucy – eine Vorfahrin

Lucy ist eine sehr berühmte Vorfahrin der Menschen. Nachdem 1974 Wissenschaftler Knochen ihres Skeletts in Äthiopien (Afrika) gefunden hatten, war bald klar, dass Lucy vor sehr langer Zeit gelebt haben musste. Wenig später wusste man es noch genauer: Lucy lebte vor etwa drei Millionen Jahren. Sie war lange Zeit die älteste uns bekannte Vorfahrin der Menschen.

T2 Lucy ist ein Vormensch

Lucy ist kein Mensch, aber auch kein Affe. Ihre Arme sind im Verhältnis zu den Beinen viel länger, ihr Kiefer steht weiter nach vorn, die Stirn ist flacher als beim heutigen Menschen. Sie ist auch viel kleiner. Aber sie ging aufrecht. Dies kann man an ihren Beckenknochen erkennen.
Der aufrechte Gang ist ein besonderes Kennzeichen der Menschen und Menschenähnlichen. Die Hände wurden nicht mehr zum Laufen

»

1. Was unterscheidet Lucy von den Menschenaffen? (T2)

2. Überlege: Du musst den ganzen Tag auf allen Vieren gehen. Was kannst du alles nicht tun?

3. Fertige einen Steckbrief von Lucy an (Name, Alter, Größe, Gewicht, Aussehen, Heimat). (T1, T2)

M 4 Frühmensch; hier: Homo erectus (homo – Mensch; erectus – aufrecht), die Bezeichnung stammt aus einer Zeit, als die älteren Vorfahren der Menschen noch nicht entdeckt waren.

M 5 So könnte der Neandertaler ausgesehen haben. Diese vor etwa 130 000 Jahren entstandene Menschenart ist mit den heutigen Menschen sehr nahe verwandt. Sie wurden etwa 1,60 m groß und 75 kg schwer.

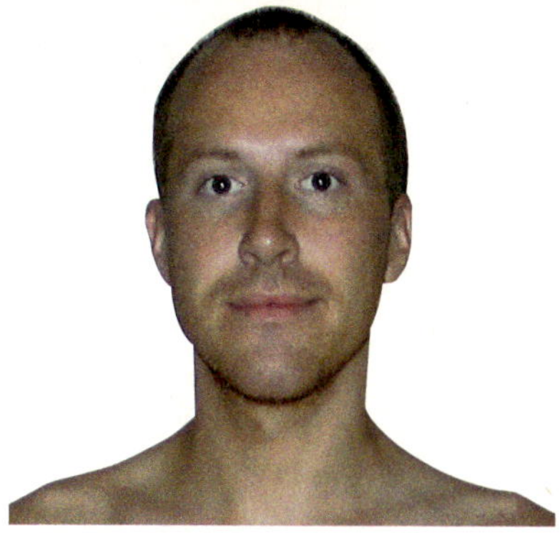

M 6 Der Jetztmensch breitete sich vor etwa 40 000 Jahren auch in Europa aus. Er erweist sich als sehr anpassungs- und lernfähig. Wir sind seine direkten Nachfahren.

benutzt, sondern waren frei. Stöcke und Steine konnten als Waffen in die Hand genommen werden, Dinge genau untersucht und bearbeitet werden.

T 3 Lucy ist nicht mehr die Älteste

1994 haben Archäologen Knochen von anderen Vormenschen gefunden, die zur selben Zeit gelebt haben und von einigen, die noch älter sind. Viele Wissenschaftler suchen aber weiter. Sie möchten wissen, wie die menschenartigen Wesen ausgesehen haben, die an der Gabelung zwischen Menschenartigen und Menschenaffen stehen.

T 4 Alle Spuren führen nach Afrika

Lucy lebte in Afrika. Wahrscheinlich stammen alle Vorfahren des Menschen aus diesem Kontinent, denn bisher wurden nur dort die ältesten Knochen der Vormenschen gefunden.

In der Zeit, in der Lucy lebte, war es in Afrika warm und es regnete ausreichend. Es gab deshalb das ganze Jahr über reichlich Nahrung für Lucy und ihre Verwandten.
Während einige Arten der Vormenschen, wie Lucy, nur Pflanzen aßen, begannen andere auch Fleisch als Nahrung zu nutzen. Sie hatten es damit leichter, genug zum Essen zu finden.

T 5 Frühmenschen

Im Laufe der Jahrtausende entwickelten sich die verschiedenen menschenähnlichen Arten weiter. Einige sahen uns schon sehr ähnlich. Einen großen Schritt in diese Richtung stellt der Frühmensch dar, der vor etwa 1,8 Millionen Jahren auftrat. Einige von ihnen, wie der Homo erectus, waren etwa 1,65 m groß und 65 kg schwer.

T 6 Neandertaler

Im Jahr 1856 wurden im Neandertal bei Düsseldorf Knochen eines Menschen gefunden. Zunächst glaubten die Wissenschaftler, einen unserer direkten Vorfahren entdeckt zu haben. Inzwischen wissen wir, dass dies so nicht stimmt. Unsere direkten Vorfahren entwickelten sich bereits vor 150 000 Jahren in Afrika.

T 7 Jetztmensch

Als die Jetztmenschen vor 40 000 Jahren nach Europa kamen, hatten sie die Neandertaler als Nachbarn. Ob die Jetztmenschen den kräftigen und widerstandsfähigen Neandertaler verdrängten oder ob sie sich mit ihm vermischten, wissen wir nicht. Beides würde das Verschwinden der Neandertaler vor etwa 27 000 Jahren erklären.

4. Begründe, warum man Lucy schon als Mensch bezeichnen kann.

*
5. Nenne weitere Vorfahren des Jetztmenschen und beschreibe sie.

*
6. Wie erklärt man sich das Verschwinden der Neandertaler?

Ursprung in Afrika

Es besteht wohl kein Zweifel mehr: Unsere Vorfahren kommen aus Afrika. In zwei großen Wanderzügen haben sich Frühmenschen und später Jetztmenschen auf den Weg in andere Gebiete der Erde begeben.

T1 Die ersten Wanderzüge

Vor etwa 1,5 bis zwei Millionen Jahren verließen Frühmenschen ihren afrikanischen Heimatkontinent und begaben sich auf lange Wanderungen in Richtung Europa und Asien. Diese Wanderzüge des Homo erectus haben über mehrere Generationen gedauert.

T2 Funde

Es sind vor allem einfache Steinwerkzeuge und menschliche Knochen, die es den Wissenschaftlern möglich machen, den Weg der frühen Menschen annähernd zu verfolgen. Es bleiben aber noch viele offene Fragen. Warum haben sich Frühmenschen überhaupt auf solche gefährlichen Züge begeben?

M1 Die Wanderungen der Frühmenschen (Homo erectus) und der Jetztmenschen (Homo sapiens sapiens)

»

1. Homo erectus waren die ersten Menschen, die Afrika verließen. In welchen Gebieten der Welt lassen sich ihre Spuren finden? Nutze einen Atlas.

2. Nenne eine Menschenart in Europa und Vorderasien, die sich aus diesen Wanderern entwickelte. (T3)

3. Wo hat sich der Jetztmensch entwickelt? (T4)

T3 Neandertaler
Aus den frühzeitlichen Menschen entwickelten sich neue Arten. Die berühmteste Menschenart und wohl bekannteste ist der Neandertaler. Vor rund 150 Jahren wurden die ersten Überreste in der Nähe von Düsseldorf in einer kleinen Höhle entdeckt. Der Neandertaler war von kräftiger Gestalt und gut an das eiszeitliche Klima angepasst. Er ist die erste Menschenform, die auch in kalten Zeiten in Mitteleuropa lebte. Die Neandertaler traten vor etwa 130 000 Jahren als erste Menschen in dem damals sehr kalten Mitteleuropa auf. Vor etwa 40 000 Jahren starben sie aus.

T4 Die Jetztmenschen wandern
Im warmen Afrika hatte sich eine neue Menschenart entwickelt. Und auch sie begann den Kontinent zu verlassen. Anders als die Frühmenschen trafen sie nicht immer auf unbewohnte Gebiete. In Europa trafen sie auf die Neandertaler, in Süd- und Ostasien auf Nachfahren des Homo erectus.
Die Jetztmenschen breiteten sich dennoch aus und die anderen Menschenarten starben aus. Ob die Jetztmenschen sie verdrängten oder ob sie bereits vom Aussterben bedroht waren, ist nicht geklärt.
Ebenso wenig ist geklärt, warum die Jetztmenschen Afrika verließen und vor 40 000 Jahren selbst in das kalte und unwirtliche Europa einwanderten.

Eine Karte auszuwerten ist gar nicht so schwer:
Diese Karte stellt die Wanderungen der Frühmenschen und der Jetztmenschen dar. Das kann man hier der Bildunterschrift entnehmen. Damit die Wanderzüge unterschieden werden können, sind die Pfeile in der Karte mit zwei verschiedenen Farben gestaltet. Die Pfeile geben die Richtung der Ausbreitung an. Die Zahlen weisen auf die Zeit hin, wann dies passiert ist. Das alles versteht sich nicht immer von selbst. Deshalb gibt es bei allen Karten eine Zeichenerklärung. Bei dieser Karte gibt es nur wenig zu erklären. Bei anderen ist die Legende, so heißt die Zeichenerklärung bei einer Karte, viel größer.

Methode: Eine Geschichtskarte auswerten

1. Thema, Ort und Zeit
Kläre zunächst, um welches Thema es bei dieser Karte geht: Oft hat die Karte einen Namen, der weiterhilft. Stelle nun fest, welche Gebiete der Erde von der Karte erfasst werden. Die Frage nach der Zeit, um die es geht, ist oft in der Kartenerläuterung (Legende) angegeben.

2. Einzelheiten erfassen
Eine Karte bietet oft viele Informationen. Aus der Kartenlegende kannst du entnehmen, welche Bedeutung die Zeichen, Farben und andere Bezeichnungen haben.

*
4. Fertige eine Tabelle an: Wann hat der Jetztmensch sich wo angesiedelt? (M 1)

*
5. Die Jetztmenschen gibt es noch heute. Was ist mit den anderen Menschenarten geschehen?

Jäger und Sammler in der Altsteinzeit

Die Altsteinzeit ist die längste Epoche der Menschheitsgeschichte. Sie beginnt mit den Frühmenschen vor etwa 1,5 Millionen Jahren und endet vor 10 000 Jahren mit dem Ende der letzten Eiszeit.

M1 Die Natur gut kennen, dies war lebensnotwendiges Wissen für die Sammler der Altsteinzeit.

M2 Jagen in der Gruppe. Feuerspuren zeigen, dass die Menschen das Feuer bereits vor mehr als 500 000 Jahren für sich nutzten.

T1 ...

Wichtigstes Werkzeug war zunächst der Faustkeil. Mit ihm bearbeiteten die Frühmenschen andere Materialien wie Holz, Knochen und Fell, um daraus Waffen und Gebrauchsgegenstände herzustellen. Aus Funden wissen wir, dass die Menschen diese Steinwerkzeuge nicht nur gesammelt, sondern auch selbst hergestellt haben.

T2 ...

Die Menschen der Altsteinzeit lebten als Jäger und Sammler. Es wird angenommen, dass sie sich zunächst hauptsächlich von dem ernährten, was sie sammelten: Beeren, Früchte, Wurzeln, Körner, Nüsse, Pilze, aber auch Insekten und anderes Kleingetier, was wir heute wohl nicht so gerne essen würden. Im Laufe der Zeit entwickelten die Menschen der Altsteinzeit Jagdwaffen, wie Speere und Pfeil und Bogen. Auch verbesserten sie ihre Jagdtechniken. Damit wurde der Anteil an Fleisch bei der Nahrung deutlich größer.

T3 ...

Das Feuer erleichterte den Menschen der Altsteinzeit das Leben sehr. Zunächst lernten sie, das Feuer zu hüten, erst später, es auch selbst zu entzünden. Feuer bot ihnen Schutz vor Raubtieren und der Kälte, gab Licht, ermöglichte neue Jagdmethoden und machte es möglich, dass nicht mehr alle Nahrung roh gegessen werden musste.

T4 ...

Vor allem galt es, Nahrung zu finden. Anfangs wurde alles roh gegessen und man konnte nichts aufbewahren. An jedem Tag begann deshalb die Nahrungssuche von neuem und oft genug knurrte der Magen auch noch am Abend.

»

1. Wovon ernährten sich die Frühmenschen? (T2)

2. Zähle die Vorteile des Feuers für die Menschen der Altsteinzeit auf. (T3)

3. Welche Vorteile bot den Menschen der Altsteinzeit das Leben in der Gemeinschaft? Nenne Beispiele. (T8)

T5 ...
Über Jahrtausende hinweg ging die Entwicklung nur sehr langsam vor sich. Dies änderte sich mit dem Auftreten der Neandertaler und der Jetztmenschen. Sie waren geschickte Jäger, beobachteten ihre Umwelt sehr genau und waren deshalb sehr erfindungsreich.

T6 ...
Zu solchen Erfindungen gehören auch so scheinbar unbedeutende Dinge wie eine Kochmulde. Eine Grube wurde mit Tierhaut ausgelegt und mit Wasser gefüllt. In dieses Wasser wurden heiße Steine geworfen.
Damit wurde das Essen nicht nur schmackhafter und leichter verdaulich, die Reste ließen sich auch etwas länger aufbewahren.
Die Erfindung der Nähnadel ermöglichte es, Felle zusammenzunähen und richtige Kleidung und wasserdichte Zeltbahnen anzufertigen.

T7 ...
Die Menschen lernten auch, dass ein Tier mehr bot als das Fleisch. Es wurde fast alles genutzt. Aus Knochen, Sehnen, Fell und Innereien wurden die verschiedensten Werkzeuge, Jagdgeräte und andere wichtige Dinge hergestellt. Lederriemen zum Binden und Befestigen, Harpunen mit Widerhaken aus Knochen, Bohrer aus Stein oder hartem Holz sind nur einige Beispiele.

T8 ...
Von Anfang an lebten die Menschen in Gemeinschaften. So konnten sie sich besser vor Angriffen wilder Tiere schützen und leichter jagen. Wenn sie gemeinsam unterwegs waren, war die Wahrscheinlichkeit, etwas zum Essen zu finden, viel größer. Es war leichter, in der Gruppe die Kinder zu schützen und aufzuziehen. Und auch lernen kann man in der Gruppe viel besser.

M 4 Faustkeil aus Feuerstein

M 3 Ein Beutetier wurde vielfältig genutzt. Nichts wurde vergeudet.
1 Fleisch: Nahrung; **2 Geweih:** Speerspitzen, Harpunen, Nadeln; **3 Schulterblatt:** Schaufeln gespalten, geschliffen: Messer, Angelhaken, Kämme; **4 Langknochen:** Fellschaber, Nadelbehälter, Nähnadeln; **Rippen:** Streichklingen für Fell, Darm und Magen; **Gelenkpfannen:** Fellschaber; **5 Sehnen, Nerven, Därme:** gespalten und getrocknet: Schnüre, Zwirne, Nähgarn; **6 Wadenbeine:** zugespitzte Dolche mit Griff; **7 Fell:** Zelte, Kleidung, Fell- und Lederflaschen, Lederriemen; **8 Magen und Darm:** aufgeblasen und getrocknet: Behälter; **Mageninhalt:** Gemüse aus Renmoos

4. Rollenspiel: Ihr seid Frühmenschen und könnt noch keine Sprache sprechen, sondern nur Laute ausstoßen. Macht einander klar, dass dies eine leckere Beere ist; jene Wurzel nicht schmeckt; dieser lecker aussehende Pilz lebensgefährlich ist.

5. Wie wurde ein Beutetier genutzt? Ordne nach Gruppen (Nahrung, Werkzeug, Waffen, Gebrauchsartikel).

*
6. Finde passende Überschriften zu den einzelnen Abschnitten des Textes. (T1–T8)

Die Zeiten ändern sich

Mit dem Ende der Eiszeit vor etwa 10 000 Jahren wurde es wieder wärmer. In Europa taute das Eis und die Menschen fanden als Jäger und Sammler in den entstehenden dichten Wäldern Wildtiere und Früchte als Nahrung.

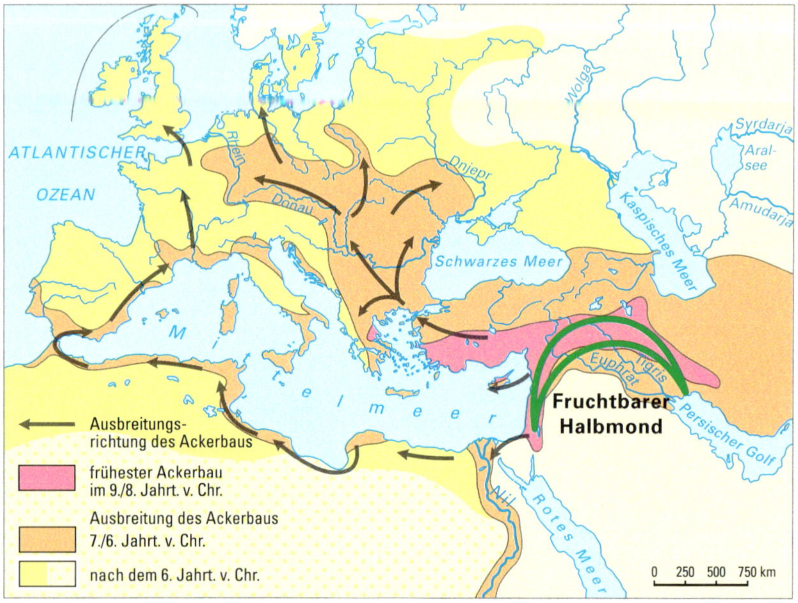

M1 Der Ackerbau breitet sich aus. Landwirtschaft wird zuerst im „fruchtbaren Halbmond" (Vorderasien) betrieben.

M2 Getreidesichel
(Nachbau nach Steinfunden)

M3 Frühe Getreidearten
(Dinkel, Einkorn, Emmer)

T1 Die ersten Bauern
In Vorderasien war das Ende der Eiszeit deutlicher zu merken. Hier gab es zu dieser Zeit ein Gebiet, das wegen seines besonders milden und günstigen Klimas als „fruchtbarer Halbmond" bezeichnet wird. Bisher hatten die Menschen die Körner der wild wachsenden Getreidegräser nur gesammelt. Jetzt fanden sie heraus, dass sie diese Körner zu nahrhaftem Mehl verarbeiten und gut über längere Zeit aufbewahren konnten. Dabei hatten sie vermutlich beobachtet, dass liegen gebliebene Körner im Frühjahr neu keimten. Sie begannen nämlich, einen Teil der Körner aufzubewahren und im nächsten Frühjahr zu säen: Sie legten Getreidefelder an. Im Herbst konnten sie diese Felder abernten und wieder einen Teil des Getreides für die nächste Aussaat aufbewahren. Aus Sammlern und Jägern wurden nun die ersten Ackerbauern.

T2 Siedlungen entstehen
Die Menschen mussten die Felder, die sie anlegten, vor Wildtieren schützen, damit diese nichts wegfraßen. Es war also notwendig, in der Nähe der Felder zu bleiben.

»

1. Nutze M1 und den Atlas. Welche heutigen Staaten liegen in dem Gebiet, in dem die Menschen zuerst mit dem Ackerbau begannen?

2. Wann wurden die Menschen in den Gebieten des heutigen Deutschland sesshafte Bauern? Nutze M1 und einen Atlas.

3. Betrachte M4 genau und beschreibe, was die Menschen in der jungsteinzeitlichen Siedlung tun. Fertige dazu eine Tabelle mit verschiedenen Lebensbereichen an: Wohnen, Kleidung, Ernährung, Werkzeuge, Aufbewahrung.

M 4 **Siedlung der Jungsteinzeit** (Rekonstruktionszeichnung)

Außerdem war es auch nicht mehr erforderlich umher zu ziehen, um Nahrung zu finden, wenn man gelernt hatte, die Nahrung „vor der Haustür" anzubauen.
Die Menschen wurden sesshaft. Sie bauten feste Häuser aus Holz, Stroh und Lehm, die mehr Schutz boten als die Zelte. Und sie rodeten Wälder für weitere Felder, bauten Zäune zum Schutz vor Wildtieren und legten Vorräte an.

T 3 Nutztiere züchten

Die Menschen benötigten aber auch Fleisch. Wahrscheinlich hatten sich bisher regelmäßig Jäger aus den Dörfern auf den Weg gemacht, um für Fleisch zu sorgen. Jetzt begannen die Menschen, Nutztiere zu halten. Wir wissen nicht, ob sie dafür Jungtiere, die sie gefunden hatten, bei sich aufzogen oder ob sie Tiere zusammentrieben und in Gehegen hielten, um Fleisch zu haben, wenn sie es brauchten. Auf jeden Fall entwickelten sich aus den wilden Tieren allmählich Haustiere. Diese Haustiere lieferten nicht nur Fleisch, sondern auch Milch und Wolle. Außerdem konnten sie als Zugtiere eingesetzt werden.

T 4 Ein neues Zeitalter

Der Ackerbau und die Viehzucht machten die Menschen unabhängiger von den Jahreszeiten und der Witterung. Diese Wirtschaftsweise war so erfolgreich, dass sie sich schnell ausbreitete. Hinzu kam, dass die Menschen Zeit gewannen. Sie mussten nicht mehr umherziehen und sie legten Vorräte an. Sie nutzten diese Zeit und erfanden Verbesserungen für ihre Ackergeräte und andere Arbeitsgeräte, für Vorratsbehälter, Lebensmittelverarbeitung und für die Herstellung von Kleidung. Mit der Erfindung des Rades verbesserten sie den Transport.

M 5 **Haustiere im Vergleich zu ihren wilden Verwandten**
Oben: Wildschwein und Hausschwein;
unten: Wildschaf und Hausschaf

4. Vergleiche dieses Leben mit dem einer Gruppe von Jägern und Sammlern der Altsteinzeit. Welche Vorteile bringen Ackerbau und Viehzucht den Menschen?

5. Vergleiche die Wild- und Haustiere miteinander. Worin liegen die Vorteile der Haltung und Zucht von Haustieren für den Menschen? (M 5)

* **6.** Ein neues Zeitalter? Begründe.

Zeit für Erfindungen

Zunächst dauerte es Jahrtausende, später nur Jahrhunderte: Immer aber versuchten die Menschen, ihre Lebensverhältnisse zu verbessern. Sie haben viele Erfindungen über diese lange Zeit hinweg gemacht.

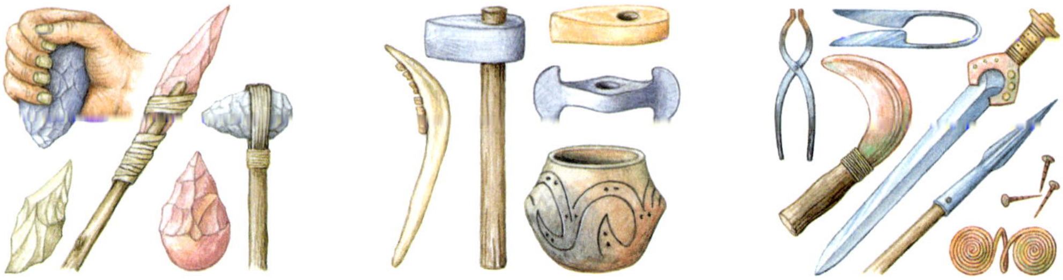

M1 Werkzeuge der Altsteinzeit, Jungsteinzeit und Metallzeit

T1 Eine neue Zeit beginnt

Immer weniger Menschen müssen in mühevoller Suche nach Nahrung umherziehen. Sie werden im Laufe der Jungsteinzeit – einige früher, andere später – als Bauern sesshaft, sie legen Vorräte an und halten Nutztiere. Sie erfinden einen Pflug, um die Felder besser nutzen zu können, sie erfinden das Rad, um schwere Sachen leichter transportieren zu können, sie bauen Häuser und brennen Tongefäße für ihre Vorräte. Ihr Leben verändert sich dadurch so sehr, dass wir heute von einer Revolution sprechen, von der jungsteinzeitlichen Revolution.

T2 Zeit für Erfindungen

Sie haben sogar Zeit, diese Tongefäße sorgfältig zu verzieren, sie haben Zeit, Schafe zu scheren, Wolle zu spinnen und Webstühle zu erfinden, auf denen sie ihre Kleidung weben.Sie bauen Flachs an, weil sie erkennen, dass sich hieraus ein noch festerer Stoff – das Leinen – weben lässt.
Zwar gab es immer noch oft Hunger, wenn das Wetter schlecht gewesen war und die Ernte schlecht ausfiel, und die Arbeit war immer noch schwer. Trotzdem scheint es, dass mit dem Ackerbau, der Vorratshaltung und der Viehzucht wirklich Zeit gewonnen wurde.

T3 Arbeitsteilung

Die Bauern produzierten so viele Nahrungsmittel, dass sie mit dem Überschuss handeln konnten. Sie begannen, ihre Produkte gegen Dinge zu tauschen, die geschickte Leute mithilfe ihrer besonderen Begabung herstellten.
Brauchte zum Beispiel ein Bauer ein Beil, so stellte er es nicht mehr selbst her, denn er kannte jemanden, der das viel besser konnte. Zu diesem ging er und tauschte etwas Getreide oder Brot gegen solch ein Beil ein.
Das meiste, was die Menschen zum Leben brauchten, stellten sie zwar noch selbst her, aber mehr und mehr Dinge überließen sie Menschen, die dies besonders gut konnten: Spezialisten für Beile, für Steinklingen oder Tongefäße, für Räder und Wagen. Auf diese Weise entwickelten sich verschiedene Handwerke.

»

1. Zähle die wichtigen Erfindungen der Jungsteinzeit auf. Beschreibe dabei auch die Verbesserung der Steinbeile und der Geräte zum Ackern. (T1, M1)

2. Begründe, warum man mit Recht von einer jungsteinzeitlichen Revolution sprechen kann. (T1)

3. Welche Vorteile bot die Arbeitsteilung den Menschen der Jungsteinzeit? (T2, T3)

M 2 Eine Steinbohrmaschine aus der Jungsteinzeit (Rekonstruktionszeichnung aus dem 19. Jh.)

M 3 Beilklingen und Axtklingen

T 4 Besitz

Mit der Sesshaftigkeit und der Arbeitsteilung verteilte sich der Besitz deutlich ungleicher. Einige Menschen waren geschickter, sie hatten vielleicht auch etwas mehr Glück oder tauschten ihre Waren günstiger. Früher hatte eine ganze Gruppe gemeinsam für die tägliche Nahrung sorgen müssen, und die Menschen mussten froh sein, wenn sie genug fanden. Jetzt besaßen die Menschen in einer Siedlung unterschiedlich viel. Dies veränderte ihr Zusammenleben vermutlich sehr.

T 5 Die Metallzeit beginnt

Man weiß nicht, wie die Menschen darauf kamen, aus Steinen Metall herauszuschmelzen. Sicher dagegen weiß man, dass um 2 000 v. Chr. die Kunst der Metallherstellung aus dem Vorderen Orient nach Nordeuropa kam. Kupfer und Bronze waren die ersten Metalle, die die Menschen gewinnen konnten. Beide sahen sehr schön aus. Kupfer verbog aber schnell. Bronze war härter, schärfer und leichter als Stein.

T 6 Eisen

Mehr als tausend Jahre dauerte die Bronzezeit. Um 800 v. Chr. lernten die Menschen ein Erz zu schmelzen, das viel häufiger gefunden wurde und deshalb billiger war. Außerdem war es noch härter als Bronze: Eisen. Allerdings liegt die Schmelztemperatur von Eisen bei 1400 °C. Das war mit den bisherigen Schmelzöfen nicht zu erreichen. Erst als die Menschen gelernt hatten, mit einem geschlossenen Schmelzofen und mit Holzkohle zu arbeiten und das Feuer mithilfe von Blasebälgen gezielt anzufachen, konnten sie so hohe Temperaturen erreichen.

T 7 Ein weiteres Zeitalter

Mit den Metalltechniken veränderte sich die Welt erheblich. Stein hörte auf, der wichtigste Rohstoff für Werkzeuge und Waffen zu sein. Neue Berufe wie der des Schmiedes entstanden. Händler sorgten für die Verbreitung der kostbaren Waffen, Werkzeuge und Schmuckstücke aus Metall in ganz Europa. Es verschwanden aber auch große Waldgebiete in Norddeutschland, weil der Bedarf an Holzkohle so groß war.

*
4. Es gibt ab jetzt Ungleichheit zwischen den Menschen.
Erkläre diese Behauptung.
Überlege, welche Folgen dies für das Zusammenleben haben konnte.

*
5. Sich einen Überblick verschaffen:
Fertige dir eine Übersicht über die Entwicklung der Geräte und Waffen von der Altsteinzeit bis zur Metallzeit an.
Nutze auch den Zeitstrahl von Seite 20/21.

Glaube und Hoffnung

Was die Menschen in jener Zeit dachten, hofften und glaubten, ist nur schwer zu ermitteln. Manche Vermutung ergibt sich aus den Bildern, den Gräbern und den Grabbeigaben, die wir heute noch finden.

T1 Die Toten ehren
Schon im Laufe der Altsteinzeit begannen die Menschen, ihre Toten ehrenvoll zu begraben. Wissenschaftler vermuten, dass die Menschen noch nicht an ein Jenseits glaubten. Doch erwiesen sie ihren Toten die Ehre und betteten sie oder Teile von ihnen in besondere Gräber.

T2 Der Glaube an eine Wiederkehr
Viele Wissenschaftler vermuten bei den Gräbern der beginnenden Jungsteinzeit, dass die Menschen an eine Wiederkehr glaubten. Die Menschen zogen nicht mehr als Jäger und Sammler umher, sondern betrieben Landwirtschaft. Deshalb war ihnen der Kreislauf der Natur sehr nahe: Sie sahen, wie im Herbst und Winter die Pflanzen absterben. Und sie sahen, wie im Frühling und Sommer alles wieder auflebt und aus ihrer Aussaat frisches Getreide sprießt. Deshalb könnten sich die Menschen damals Leben und Sterben als einen ständigen Kreislauf vorgestellt haben.

T3 Eine Stätte für den Schlaf
Vermutlich glaubten die Menschen zu dieser Zeit daran, dass der Tod eine Art Schlaf sei, denn oft findet man in Gräbern die Toten in Hockerstellung und in Seitenlage – als ob sie schliefen.
Den Toten wurden kostbare Geschenke mitgegeben. So wurde in einem Grab eines Kleinkindes eine sehr sorgfältig gearbeitete Steinklinge gefunden. In vielen Steinzeitgräbern findet man auch Spuren von gelbem Ocker oder rote Erdspuren: Das Grab sollte festlich geschmückt sein.

M1 Ein Hünengrab
Weil die meisten dieser Steingräber so groß sind und die Steine so schwer, glaubten manche Menschen früher, dass hier Riesen (Hünen) ein Grab für einen anderen Riesen gebaut hätten.

M2 Grabfund aus der Jungsteinzeit
Der Tote wurde in Hockerstellung in das Grab gebettet. Man hatte ihm Schmuck mitgegeben. Auch Gefäße wurden in dem Grab gefunden. (etwa 4500 v. Chr.)

»

1. Was haben die Menschen wohl geglaubt, wenn sie einen ihrer Toten begruben und ihm Geschenke mitgaben? (T3)

2. Warum hängt die bäuerliche Lebensweise wahrscheinlich sehr eng mit dem Glauben einer Wiederkehr zusammen? (T2)

3. Beschreibe das Fürstengrab. Woran kann man erkennen, dass es sich um ein Fürstengrab handelt? (M3)

M 3 Die Grabkammer eines Fürstengrabes
In Hochdorf (Baden-Württemberg) wurde 1978 das Grab eines keltischen Fürsten gefunden. Die Kelten waren ein Volk, dessen Stämme Gebiete des südwestlichen Deutschlands, Frankreichs und Großbritanniens bewohnten. Das Grab stammt aus der Zeit um 550 v. Chr. Das Hügelgrab hatte außen eine Höhe von 6 m und einen Durchmesser von 62 m. Das Bild zeigt eine Rekonstruktion des Grabes: (1) Wagen mit Bronzegeschirr; (2) Trinkhörner; (3) Bronzekessel mit Met (alkoholisches Getränk); (4) Bronzeliege mit dem verstorbenen Fürsten; (5) Köcher mit Pfeilen. Bronze war damals sehr kostbar.

T 4 Ein Leben nach dem Tod

In späterer Zeit begannen die Menschen zu glauben, dass es ein Leben nach dem Tode gibt. Es wurden nicht nur wie früher Geschenke mitgegeben. In entdeckten Fürstengräbern wird dies besonders deutlich: Der verstorbene Fürst wurde zusammen mit kostbaren Geräten, Waffen und Schmuck in eine festlich eingerichtete Grabkammer gebracht. Dort wurde sein Leichnam auf eine Liege gebettet. Es war alles vorhanden, was auch ein Lebender brauchte. Man geht davon aus, dass in den Gefäßen auch Getränke und Nahrungsmittel mitgegeben wurden.

T 5 Fürstengräber

Nun waren Fürstengräber sicher besonders kostbar und reichhaltig ausgestattet. Sie sollten die Macht und die Bedeutung des Verstorbenen noch einmal deutlich werden lassen. Aber man kann davon ausgehen, dass auch viele andere, nicht so reiche Menschen, mit der beginnenden Metallzeit daran glaubten, dass es ein Leben nach dem Tode gibt. Auch sie werden ihren Toten so viel wie möglich an nützlichen Gebrauchsgegenständen, Nahrung und Waffen mitgegeben haben.

*
4. Die Ausstattung des Fürstengrabes macht deutlich, wie sich die Menschen zu jener Zeit ein Leben nach dem Tode vorstellten. Beschreibe ausführlich und begründe.

*
5. Auch die Hünengräber waren wahrscheinlich Gräber für Häuptlinge und andere wichtige Menschen des Stammes. Wie kann man diese Vermutung begründen?

Detektive bei der Arbeit

Archäologen sind Detektive der Geschichte. Sie sichern Spuren. Sie versuchen, das Alter der Spuren und Überreste mit modernsten Methoden zu bestimmen. Doch nach der Bergung ist die Arbeit nicht getan.

T1 Rekonstruieren

Es ist nicht einfach, aus alten Tonscherben wieder ein vollständiges Gefäß zusammenzubauen, um sehen zu können, wie es aussah, und zu überlegen, welche Aufgabe es hatte. Sehr oft fehlen Teile. Sie sind verloren gegangen. Noch häufiger fehlen sie, weil das Material, aus dem sie waren, im Laufe der Jahrtausende vergangen ist. Holz und Stoff verrotten sehr schnell, wenn sie nicht in einem Moor liegen, wo das nicht geschehen kann. Dann muss aus der Form der übrigen Teile und dem, was man über diese Gegenstände schon weiß, darauf geschlossen werden, wie das verlorene Teil ausgesehen haben könnte.

M1 Am Fund des kleinen Stücks Leinenstoff kann die Art des Webens erkannt werden.

M3 Auf Grund dieser Erkenntnisse wurde ein Webstuhl nachgebaut und probiert, ob er auch so funktioniert.

M2 Die Fundstelle wird genau vermessen und aufgezeichnet. Erst danach wird der Fund geborgen.

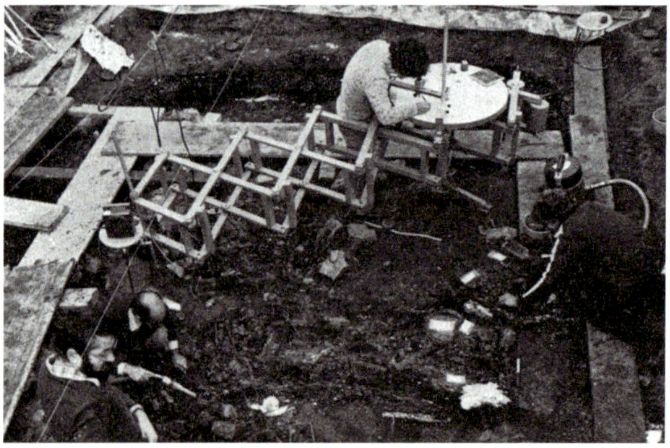

T2 Nachbauen

Noch schwieriger ist es, wenn fast nichts mehr vorhanden ist. Manchmal sind z. B. von einem jungsteinzeitlichen Haus nur noch wenige Überreste von Pfählen und Balken vorhanden. Dann ist man bei der Rekonstruktion (dem Wiederaufbau) auf ziemlich viele Vermutungen angewiesen. Haben die Menschen die Pfähle in die Erde versenkt? Haben sie sie vorher mit Feuer „gehärtet“? Wie und mit welchem Material haben sie die auf den Pfählen aufliegenden Querbalken befestigt? Mit welchem Material haben sie die Wände abgedichtet? Wie haben sie das Dach gebaut?

»

1. Bei vielen alten Funden müssen Teile ergänzt werden. Warum eigentlich? Wie nennen die Archäologen diese detektivische Arbeit?

2. Alles ganz einfach? – Nimm eine alte Tasse, packe sie gut in ein Tuch ein und zerschlage sie vorsichtig mit einem Hammer. Lass drei Scherben verschwinden und setze die Tasse nun vorsichtig zusammen. Denk daran: Du weißt sogar, wie die Tasse ausgesehen hat – und die Archäologen?

3. Erläutere, in welchen Fällen Archäologen darauf angewiesen sind, alte Werkzeuge, Geräte und Häuser nachzubauen.

M 4 Die Überreste der Pfähle einer jungsteinzeitlichen Siedlung am Bodensee. Die Pfähle wurden vor etwa 6 000 Jahren in den Boden gerammt, um darauf die Querbalken als Fußboden zu befestigen. Auch von diesen wurden Reste gefunden.

M 5 So sieht der Nachbau aus.
Selbst bei Werkzeugen, Baumaterial und Bautechnik wurde darauf geachtet, dass sie in die Jungsteinzeit passen.

T 3 Experimentieren

Das Experimentieren ist nicht ein einfaches Ausprobieren. Da wird auf alles geachtet. Wie sehen die Schlagspuren bei gefundenen Holzresten aus? Wie muss also die Steinklinge ausgesehen haben? Wie hat der Bauer die Axt geführt ? Wie lange hat er dazu gebraucht? Hat er immer nur von einer Seite geschlagen oder hat er von zwei Seiten her den Baum gefällt? Auch: Wie lange hält eigentlich so ein Nachbau eines jungsteinzeitlichen Hauses Wind und Wetter stand? Wann sind die ersten Ausbesserungen notwendig? Das alles wird genau beobachtet und notiert.

Tipp

Arbeiten wie ein Archäologe: ein Gefäß nachtöpfern

Der Ton soll feucht sein. Gutes Durchkneten macht den Ton geschmeidig. Dann einfach „Würstchen" ausrollen, die nicht zu dünn sein sollten. Auf die Bodenplatte kommt der erste Tonstrang, der vorsichtig festgedrückt wird. Zum Schluss werden die Stränge miteinander verstrichen. Feuchte Finger helfen dabei. Verzierungen können mithilfe von Zahnstocher angebracht werden. An der Luft getrocknet sollten die Schälchen nicht nass werden. Haltbarer werden sie im Brennofen. Fragt die Kunstlehrer.

M 6 Ein Fundstück aus der Jungsteinzeit – eine Steinklinge
Form und Bearbeitung weisen den Weg zur Rekonstruktion des dazugehörigen Holzgriffes.

4. Nenne die auf dieser Seite zu findenden Nachbauten und beschreibe sie.

5. Begründe, warum Experimente in der Archäologie wichtig sind.

* **6.** Bei welchen Arbeiten sind die Wissenschaftler am meisten auf Vermutungen angewiesen? Nenne Beispiele.

* **7.** „Das ist doch alles nur Erfindung. Das kann man gar nicht wissen." Diskutiert diese Aussage. Findet Begründungen für eure Meinung.

Mensch und Natur in der Steinzeit

Alle Menschen brauchen Luft, Wasser und gesunde Böden. Das alles bietet die Natur. In früheren Jahrtausenden hatten die Menschen ein anderes Verhältnis zur Natur als heute.

M1 Diese Bilder sind über 30 000 Jahre alt. Steinzeitliche Künstler haben sie mit Erdfarben gemalt, die sie mit Asche oder Beeren- und Pflanzensäften mischten. Die Höhle liegt bei Chauvet (sprich: schoweh) in Südfrankreich. Bis heute ist nicht ganz klar, ob es sich um einen Jagdzauber handelt oder ob die Menschen damit auch die Tiere ehren wollten, die sie jagten.

T1 In der Altsteinzeit

Die Jäger und Sammler der Altsteinzeit lebten von dem, was ihnen die Natur gab. Nur das, was sie an Beeren und Pflanzen in der Natur fanden und was sie an jagdbaren Tieren erbeuteten, war ihre Nahrung und Rohstoff für Kleidung, Jagdwaffen und andere Geräte. Sie beobachteten deshalb alles sehr genau: Wo gibt es im Sommer dicke süße Beeren? Wann kommen die Fische den Fluss hinaufgezogen? An welchen Plätzen im Wald findet man nahrhafte Wurzeln? Welche Wege nehmen die Rentiere auf ihren Wanderungen?
Das Überleben der Menschen hing davon ab, wie genau sie sich in der Natur auskannten. Forscher nehmen an, dass diese enge Bindung an die Natur auch das Denken dieser Menschen beeinflusste: Sie selbst waren Teil der Natur.

T2 In der Jungsteinzeit

Mit dem Aufkommen von Landwirtschaft und Viehzucht änderte sich das Verhältnis der Menschen zur Natur.
Als um 5 500 v. Chr. die Kenntnisse des Getreideanbaus Deutschland erreichten, suchten die Menschen nach möglichst fruchtbaren Böden. Deutschland war zu jener Zeit von großen Wäldern bedeckt. Entdeckten die Menschen einen fruchtbaren Boden für ihre Felder, dann trotzten sie dem Wald den Boden geradezu ab. Sie fällten viele Bäume, um daraus ihre Häuser zu bauen, und sie rodeten den Wald. Sie bauten Zäune aus Holz, um ihre Felder und Gärten vor wilden Tieren zu schützen. Sie zähmten wilde Tiere, um sie als Nutzvieh zu halten und zu züchten.

»

1. Du gehörst zu einer Familie von Jägern und Sammlern. Beschreibe einen Tag in deinem Leben. (T1)

2. Ein Bauer der Jungsteinzeit begegnet einem Sammler und Jäger. Worauf ist er dem Jäger gegenüber stolz? (T2)

3. Fertige eine Tabelle an: Wasser, Luft, Boden. Trage ein, wofür wir Menschen sie brauchen und warum sie für uns lebenswichtig sind. Vielleicht sammelt ihr auch gemeinsam Ideen.

Zwar lebten die Menschen noch immer mit dem Kreislauf der Jahreszeiten, doch hing jetzt ihr Überleben eher davon ab, wie gut sie den Wäldern fruchtbaren Boden abringen konnten und sich und ihre Felder gegen wilde Tiere schützten. Sie lebten nicht mehr als Teil der ganzen Natur, sondern versuchten, so viel wie möglich von ihr zu beherrschen.

T3 Folgen

Wenn das Getreide oder Gemüse nicht mehr genug wuchs, weil die Böden verbraucht waren, dann rodeten die Menschen weitere Teile des Waldes. Große Waldflächen wurden verbrannt. Die großen Lindenwälder, die es früher in Deutschland gab, sind auf diese Weise verschwunden. Dort fanden die jungsteinzeitlichen Bauern nämlich den für sie besten Ackerboden.

T4 Und heute?

Im weiteren Verlauf der Geschichte hat der Mensch es immer besser gelernt, der Natur viele Schätze abzugewinnen, die er gut brauchen konnte: Bauholz, Erze, riesige Ackerflächen, Wasser nicht nur zum Trinken, sondern auch zur Kühlung und Reinigung in der Industrie. Während sich die Menschen der Altsteinzeit der Natur anpassten, scheinen wir heute die Natur zu beherrschen. Wir nutzen, was uns die Natur gibt: das Wasser, den Boden, die Luft.
Und wir gehen oft nicht sorgfältig damit um:
Wälder sterben, weil die Luft verschmutzt ist, wir verunreinigen und vergeuden Wasser, wir machen Böden unbrauchbar durch Überdüngung. Die Böden versalzen, wenn wir sie ständig künstlich bewässern.
Das ist gefährlich, denn ohne sauberes Wasser, reine Luft und gesunde Böden können die Menschen auf Dauer nicht leben.

M2 Modell einer Siedlung aus der frühen Jungsteinzeit im Merzbachtal bei Düren. (etwa 5300 v. Chr.)
Die Siedlungsinseln im Laubwald sind gut zu erkennen.

M3 Modelle von Langhäusern mit den Gärten für das Gemüse (Jungsteinzeit)
Archäologen haben im Boden die Pfostenlöcher der tragenden Balken gefunden. Daher weiß man, dass die Häuser über 20 m lang und 6 m breit waren.

4. Wie veränderte sich das Verhältnis der Menschen zur Natur von der Altsteinzeit zur Jungsteinzeit? Beschreibe genau und nenne Beispiele. (T1, T2)

5. Alles Fortschritt? Nenne Nachteile und Gefahren unseres jetzigen Umgangs mit der Natur. (T4)

* **6.** Informiere dich über Natur- schutz- und Umweltschutzorganisationen im Internet. Gib die Begriffe in eine Suchmaschine (z. B. google, yahoo) ein.

Spuren

Wie die altsteinzeitlichen Jäger und Sammler dachten, darüber gibt es nur wenige Funde. Doch gibt es auch heute noch Menschen, die uns darüber Auskunft geben können.

T1 Jäger und Sammler in der Altsteinzeit – Wildbeuter heute

Vor allem in Teilen Afrikas, Südamerikas und Australiens leben Menschengruppen, die so leben wie in Europa die steinzeitlichen Jäger und Sammler.
Sie erzählen Wissenschaftlern, wie sie denken, was sie fühlen und welche Vorstellungen sie über das Leben und die Welt haben. Die Wissenschaftler vergleichen diese Kenntnisse mit dem, was sie über die Steinzeitmenschen wissen, und lernen dabei auch sehr viel über die Wildbeuter.
Diese wissen sehr viel über die Natur und erkennen kleinste Veränderungen. Die Wildbeuter beobachten die Natur genau. Dadurch wissen sie sehr früh, ob sich das Wetter ändert oder ob es nicht weit entfernt eine Quelle gibt. An den Spuren erkennen sie, ob ein Raubtier in der Nähe ist.

T2 Gefahren

Diese Menschen sind in ihrer Lebensweise ebenso gefährdet wie die steinzeitlichen Jäger und Sammler in Europa.
Früher rodeten die Bauern immer mehr Wald und verscheuchten die Tiere, von denen die Jäger und Sammler lebten. Heute wird durch die Rodung von Urwald, das Abholzen von Wäldern, der Lebensraum der Wildbeuter ständig kleiner.

M1 Die Frau eines Buschmannstammes in Südafrika ist als Sammlerin unterwegs.

M2 In Ozeanien leben die Riffinselbewohner noch genauso wie ihre Vorfahren vor Tausenden von Jahren.

»

1. Suche im Atlas die Regionen auf, in denen die hier vorgestellten steinzeitlich lebenden Menschen leben.

2. Lies die Geschichte M3. Was kann die Familie des Jungen ohne Namen besonders gut?

3. Wie lebt diese Familie? Ist sie zufrieden?

Extra

M 3 Das Buch von Peter Seeberg „Der Junge ohne Namen" erzählt von der Begegnung einer kleinen Familie von Jägern und Sammlern mit den Bauern: Längst sind der Ackerbau und die Viehzucht auf dem Vormarsch. Viele Wälder wurden bereits gerodet. Die Nahrung wird für die Jäger und Sammler knapp. Deshalb gibt es nur noch wenige Menschen vom Stamm der „Baummarder" …

„Ach, wie geschickt die Mutter doch war, jedes Mal fand sie etwas. Sogar im tiefsten Winter scharrte sie an bestimmten Stellen, die sie genau kannte, den Schnee weg und fand irgendwelche Beeren. Sie war so geschickt, und die Schwester stand hinter ihr und sagte nichts, denn was hatte sie gefunden?
Sie hatte unter der Kiefernrinde sieben flache Käfer gefunden.
„Aber die habe ich gleich gegessen", sagte die Mutter und lachte breit. Doch dann wurde sie aufgeregt.
Sie hatten Hirschspuren entdeckt. Es musste ein großer Hirsch sein, denn die Spuren waren tief und breit.
Der Vater hörte zu und wandte sich ab.
„Hirsche sind zu groß", sagte er, als die Mutter drängte. „Viele Tagemärsche gehen sie, quer über die Felder der Bauern, der Hirsch kann laufen, wo er will, wir nicht mehr."
Unsicher schaute er den Jungen an, und der Junge sah die Trauer in seinem Blick.
„Kleine Hasen", sagte der Vater, „kleine Hasen in Schlingen und Fallen und Vögel, aber Hirsche …"
Er wandte sich ab.
Sie waren auch auf Menschenspuren gestoßen, waren ihnen unauffällig gefolgt bis zu einem Acker, wo sie einen Bauern gesehen hatten, eingehüllt in sein Wams und mit einer Kapuze auf dem Kopf war er auf dem Weg zum Dorf, wo der Rauch aus allen Dächern aufstieg. Er hatte sie nicht gehört. Es war so einfach, einen Bauern zu überlisten.
„Sie haben Ohren wie wir", sagte die Schwester, „aber sie hören nichts."
„Sie verlieren von dem Gebrüll ihrer Tiere das Gehör", sagte der Vater, „sie riechen nicht mehr den Duft der Blumen und erkennen nicht den Geruch des Wilds, weil sie in Rauch- und Mistgestank leben. Keiner von ihnen versteht es, mit einem Vogel zu sprechen, keiner kann einen Fisch anrufen. Für Brot und Käse mühen sie sich ab und lassen einander schuften und wissen nicht, was die Welt ist."
Sie schauten den Vater an und wollten mehr hören.
„Sie haben uns aus unseren Jagdgründen vertrieben. Sie brennen den Wald ab um des Brotes willen und vermehren sich und zeugen und schaffen riesige Sippen. Und wo bleiben wir? Wo haben wir Verwandte, wo sind die anderen von unserem Volk? Zur Zeit meiner Eltern waren wir viele, zur Zeit meiner Großeltern gab es noch dichte Wälder, und die Hirsche tranken im Sommer in den Waldniederungen. Früher, als unser Clan entstand, waren wir hier die Menschen. Aber die Bauern lassen uns nicht leben. Welche Absprachen wir auch treffen, sie brechen alle. Sie brennen die Wälder nieder und für die Nester der Vögel gibt es bald keinen Zweig mehr …"

4. Warum ist es für sie so einfach, einen Bauern zu überlisten?
Wie hat sich sein Leben gegenüber dem der Jäger und Sammler verändert?

*
5. Können die Sammler und Jäger wirklich mit den Fischen und Vögeln sprechen?
Was könnte gemeint sein?

*
6. Was halten die Jäger von den Bauern?

Wie war das nochmal?

1. Begriffe zuordnen

Schreibe die Sätze ab und setze richtig ein.

Lucy ist ein … .
Ein wichtiges Kennzeichen hier für ist der … .
Den nächsten Entwicklungsschritt in Richtung des Jetztmenschen stellen die … dar.
Sie sehen uns noch ähnlicher und stellten schon … her.
Das Material dafür bestand hauptsächlich aus … .
Eine bekannte Art der frühzeitlichen Menschen ist nach einem Tal in der Nähe von Düsseldorf benannt.
Sie heißen … .

VORMENSCH

FEUERSTEIN

FRÜHMENSCHEN

WAFFEN UND WERKZEUGE

NEANDERTALER

AUFRECHTE GANG

2. Wörter versteckt

a) Richtige Bezeichnung für einen „Geschichtsdetektiv".
b) So etwas wird gebaut, um sich Geräte, aber auch Häuser der damaligen Zeit besser vorstellen zu können.
c) Wichtiges Metall, glänzt wie Gold und ist härter als Kupfer.
d) Älteste Frau der Welt.
e) Ein Beruf, der erst in der Metallzeit entstand.
f) Dieser Werkstoff, der erst bei etwa 1400 °C schmilzt, eroberte und veränderte die Welt.
g) „Geschichtsdetektive" sichern Spuren, bauen Sachen nach und führen … durch.
h) Wahrscheinlich glaubten viele Menschen schon zu jener Zeit, dass der Tod wie ein … sei. (Achtung! Rückwärts lesen.)

A	B	C	K	L	U	C	Y	R	T	I
R	O	P	A	D	S	M	U	N	X	K
C	S	H	C	R	C	E	L	S	H	O
H	M	E	B	T	H	X	V	C	P	O
Ä	Ä	D	R	M	F	A	L	H	C	S
O	E	M	O	D	E	L	L	M	U	R
L	D	P	N	L	H	U	W	I	N	D
O	G	L	Z	E	U	N	L	E	S	R
G	H	O	E	I	S	E	N	D	E	U
E	X	P	E	R	I	M	E	N	T	E

Wichtige Begriffe:

Werkzeuge

Neandertal

Faustkeil

Lucy

Jäger und Sammler

3. Silbenrätsel

Finde die richtigen Begriffe.

a) Wichtiges Werkzeug der Menschen der Altsteinzeit.
b) Es erleichterte den Menschen dieser Zeit das Leben sehr.
c) Dieser lange und schreckliche Winter dauerte etwa 100 000 Jahre.
d) Dieser nahe Verwandte des Jetztmenschen lebte auch in einem Tal in der Nähe von Düsseldorf.
e) Dieses große Tier war eines der bevorzugten Beutetiere der Menschen damals.
f) Später wurden die Menschen sesshaft. Sie wurden … .
g) In dieser Epoche wurden wichtige Dinge wie das Rad, der Webstuhl und das Töpfern erfunden.
h) In dieser Zeit entstanden auch die ersten verschiedenen Berufe. Bezeichnung für diese Entwicklung.

an – ar – bau – beits – der – eis – ern – er – faust – feu – jung – keil – ler – lung – mam – mut – ne – stein – ta – tei – zeit – zeit

4. Bilderrätsel

Löse das Bilderrätsel und erkläre den gesuchten Begriff.

Altsteinzeit

Kulturen

Vormenschen

Arbeitsteilung

Sesshaftigkeit

Jungsteinzeit

3 Frühe Hochkulturen

An den Ufern des Nils, des längsten Flusses der Erde, entstand vor mehreren tausend Jahren das Reich der Alten Ägypter. Auch wenn die Pharaonen schon lange nicht mehr regieren, sind viele Menschen noch immer davon beeindruckt, was an Resten aus dieser Zeit zu bestaunen ist. Sicher denken viele von euch sofort an Pyramiden und Mumien. Heute kann man in Museen die kostbaren Schätze der Ägypter bewundern und noch immer erscheinen die Schriftzeichen der Ägypter spannend und geheimnisvoll.

Bezug zu heute

Sehenswürdigkeiten wie die ägyptischen Tempel ziehen heute Touristen an.
Der Tourismus ist wichtig für Ägypten.

Geschichte erleben

Chronologie

ca. 5 000 v. Chr.
Menschen siedeln im Niltal.
Ägypten ist eine Flussoase.

ca. 3 000 v. Chr.
Die Ägypter entwickeln eine Schrift.
Schreiber war ein wichtiger Beruf.

Mumien stehen
für den Totenkult
in Ägypten.

Der Nil sichert
heute wie früher
die Ernten
der Menschen.

ca. 2500 v. Chr.

Die Pyramiden von Gise
werden erbaut.
Die Pharaonen
erhalten prachtvolle
Grabstätten.

ca. 1600 – 1000 v. Chr.

Mächtige Pharaonen
regieren im Neuen Reich.
Der Pharao stand
an der Spitze
der Gesellschaft.

Ägypten – Leben am Nil

Der Nil ermöglichte es den Ägyptern, auf ihren Feldern Nahrung anzubauen. Der Fluss brachte aber auch neue und schwere Aufgaben mit sich.

T1 Der Nil – eine Flussoase

Das Leben der Menschen in Ägypten wurde bestimmt durch den größten Fluss Afrikas. Der Nil ist in Ägypten noch heute wichtig für Landwirtschaft und Energiegewinnung. Vor 10 000 Jahren wurde die Sahara zur Wüste. Den Menschen blieb aber inmitten dieser Wüste eine fruchtbare Flussoase an den Ufern des Nils. Zunächst mussten die Bewohner Ägyptens Sümpfe trockenlegen, um überhaupt etwas anbauen zu können. Lange Zeit bestand die Bevölkerung Ägyptens vor allem aus Bauern.

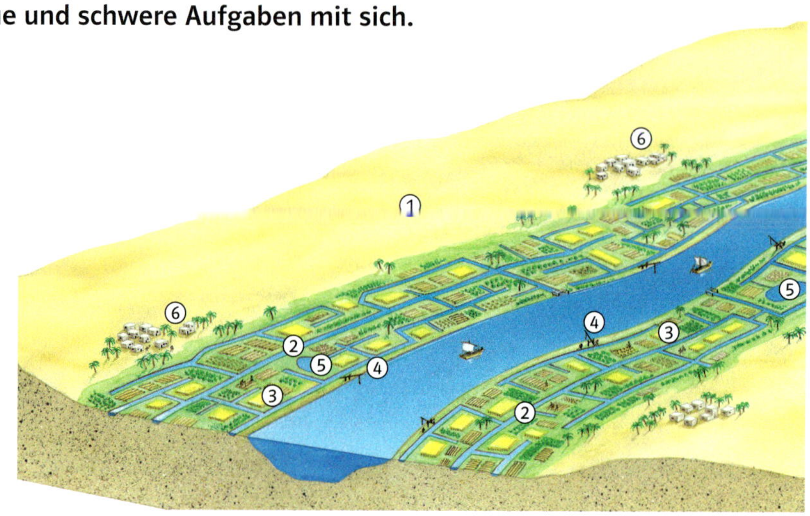

M2 Der Nil nach der Flut
1 Wüste
2 In Kanälen wird das Wasser aus dem Nil oder den Vorratsbecken zu den Feldern transportiert.
3 bewässerte Felder
4 Schöpfwerke werden benutzt, um Wasser in höher gelegene Kanäle zu befördern.
5 Wasservorratsbecken
6 Dörfer liegen zum Schutz vor dem jährlichen Hochwasser höher und hinter den Feldern.

M1 Aus Wandbildern, Aufzeichnungen und Grabbeigaben wissen wir heute, was die Ägypter anbauten: Getreide, Zwiebeln, Datteln, Trauben und Palmfrüchte. Aus Getreide wurde Brot, aber auch Bier hergestellt. Die Früchte wurden sowohl frisch als auch getrocknet gegessen.

T2 Der Nil sichert die Nahrung

Die Bauern benötigten in der trockenen Umgebung Wasser, um ernten zu können, was sie angebaut hatten. Wir wissen heute, dass die Menschen Getreide, Zwiebeln, Datteln, Trauben und Palmfrüchte anbauten. Auch Fisch stand auf der Speisekarte, während Fleisch wohl seltener gegessen wurde. Um eine reiche Ernte zu sichern, musste den Feldern regelmäßig Wasser zugeführt werden. Dieses Wasser bot der Nil mit seinem jährlichen Hochwasser. Es gelang den Ägyptern, dieses Wasser in Vorratsbecken zu sammeln und es über Kanäle mit Schöpfwerken zu den Feldern zu bringen. Solche Schöpfwerke, die Shadufs, werden in Ägypten heute noch genutzt. Doch nicht nur das Wasser war wertvoll: Mit dem Hochwasser gelangte schwarzer Nilschlamm auf die Felder. Dieser Schlamm war ein sehr guter Dünger.

»

1. Beschreibe, warum der Nil für die Ägypter von so großer Bedeutung war. (T1 – T3)

2. Schlage im Atlas nach, wo die Quellen des Nils liegen.

3. Erkläre, wie das Wasser vom Nil auf die Felder gelangt. (T2, M2)

M3 **Das Wandgemälde aus dem Grab des Ipui zeigt ein Shaduf.** Mit diesem Gerät konnten Gärten und Felder bewässert werden.

T3 Die Menschen erwarten das Hochwasser

Das Hochwasser des Nils fiel jedes Jahr mit dem Auftauchen eines bestimmten Sterns zusammen. Erschien der Sirius am Himmel, konnten die Menschen bald mit dem Hochwasser rechnen. Die Ägypter gestalteten sogar ihren Kalender nach dem Auftauchen dieses Sterns. War das Wasser nicht so hoch wie erwartet, drohten den Menschen schlechte Ernten und Hungersnöte.

Konnte das Hochwasser dagegen gut genutzt werden, wurde auf dem fruchtbaren Land so viel angebaut und geerntet, dass nicht mehr so viele Menschen in der Landwirtschaft tätig sein mussten und andere Berufe ergreifen konnten. Mit dem Wissen um das regelmäßige Hochwasser konnten die Menschen planen: Felder mussten vermessen und Vorräte angelegt werden. Außerdem konnte man die Dörfer vor gefürchteten Überschwemmungen schützen.

M4 Noch heute wird das Shaduf zum Wasserschöpfen benutzt.

4. Erstelle zwei Listen:
Welchen Nutzen hatte das Hochwasser?
Welche Gefahren waren mit dem Hochwasser verbunden?
(T2, T3)

*
5. Du berätst den König.
Durch den Kalender weißt du, dass das Hochwasser bevorsteht. Berichte dem König, was für die nächsten Monate geplant werden muss.

Der Nil stellt Aufgaben

Wenn heute ein Fluss über seine Ufer tritt, sind die Menschen sehr besorgt. Für die Ägypter hatte das Hochwasser des Nils eine ganz andere Bedeutung.

T1 Das Hochwasser
Im März beginnt in Ostafrika die Regenzeit. Die Quellflüsse des Nils bringen dann große Wassermassen mit sich. Der Sirius erscheint um den 15. Juni. Der Nil schwillt an und führt ab Mitte Juli Hochwasser. Dieses Hochwasser bleibt bis Ende September. Mit dem Hochwasser brachte der Nil etwas, was den Ägyptern sehr wertvoll war: den schwarzen Nilschlamm. Dieser sehr fruchtbare Schlamm blieb nach dem Absinken des Wassers zurück. Um möglichst viel davon zu halten, wurden schon vor dem Hochwasser Erdwälle um die Felder angelegt. Die Ägypter nannten ihr Land „kehmet" – schwarzes Land, da dieser Schlamm die Felder dunkel färbte.

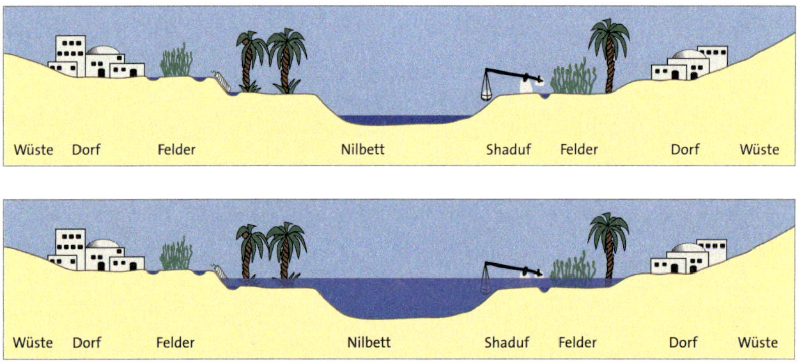

M1 Der Nil im März (oben) und der Nil im August (unten)

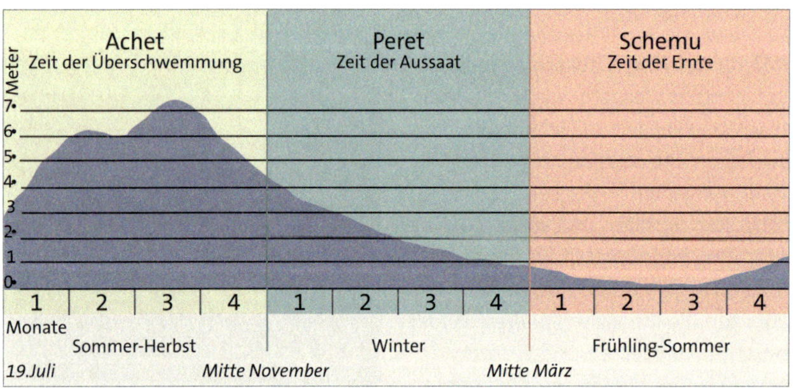

M2 Der Wasserstand des Nils im Laufe eines Jahres

M3 Der Nil hat die Felder überschwemmt. Zurück bleibt fruchtbarer schwarzer Schlamm.

»

1. Beschreibe, wie sich der Nil im Laufe des Jahres verändert. (T1, M1, M2)

2. Welche Aufgaben der Bauern kannst du auf M4 erkennen? Welche dieser Aufgaben sind mit harter körperlicher Arbeit verbunden?

3. Die Statistik zeigt dir, wie hoch der Nil in den unterschiedlichen Monaten stand.
Finde heraus:
a) Wann stand der Nil am höchsten?
b) Wann war der Wasserstand am niedrigsten?
(M2)

4. Mit welchen Arbeiten waren die Monate verbunden?

5. Beschreibe mit eigenen Worten, wie der Grieche Herodot die Feldarbeit der Ägypter beurteilt. (M6) Wie schildert der ägyptische Schreiber das Leben der Bauern? (M5)

M 4 **Bauern bei der Feldarbeit** (Ausschnitt eines Grabgemäldes aus Theben, um 1600 v. Chr.)

T 2 Nach dem Hochwasser

Nach dem Rückgang des Wassers begann die Arbeit auf den Feldern: Ab Oktober mussten die Bauern säen und die Felder bewässern. Ab Mitte März konnte mit der Ernte gerechnet werden. Der Unterschied zwischen dem niedrigsten und dem höchsten Stand des Nils betrug etwa fünf Meter. Die Ägypter wussten um den Nutzen des Wassers, waren sich jedoch auch der Gefahren durch die Überschwemmung bewusst. Es galt also, eine möglichst große Ernte zu erzielen, gleichzeitig aber die Häuser vor dem Wasser zu schützen.

T 3 Planen und organisieren

Nahrung für alle – den Bauern kam hier die größte Bedeutung zu. Sie konnten die Vorzüge des Nilhochwassers nutzen, waren aber auch stark vom Wasser abhängig. Blieb das Wasser aus, war mit schlechten Ernten und Hunger zu rechnen. Ihr Leben war geprägt von harter Arbeit und einen großen Teil der Ernte erhielt der Pharao.

M 5 Ein ägyptischer Schreiber schildert das Leben der Bauern:

» Der Wurm hat die eine Hälfte des Korns geraubt, das Nilpferd hat die andere gefressen. Viele Mäuse gibt es auf dem Felde, die Heuschrecke ist niedergefallen, das Vieh hat gefressen, die Sperlinge stehlen. Oh, wehe den Bauern! Der Rest, der auf der Tenne liegt, dem haben die Diebe ein Ende gemacht. (…) Da landet der Schreiber am Uferdamm und will die Ernte eintreiben. (…) Sie sagen: „Gib Korn her!" Ist keins da, so schlagen sie den Bauern. «

M 6 Der griechische Geschichtsschreiber Herodot (ca. 485 – 425 v. Chr.) besuchte Ägypten und äußerte sich über das Leben der Bauern:

» Es gibt kein Volk auf Erden, auch keinen Landstrich in Ägypten, wo die Früchte des Bodens so mühelos gewonnen werden wie hier. Sie haben es nicht nötig, mit dem Pfluge Furchen in den Boden zu machen. Sie warten einfach ab, bis der Fluss kommt, die Äcker bewässert und wieder abfließt. Dann besät jeder sein Feld und treibt die Schweine darauf, um die Saat einzustampfen, wartet ruhig die Erntezeit ab, drischt das Korn mithilfe der Schweine aus und speichert es auf. «

*
6. Fertige eine einfache Tabelle an, die mit dem Monat Januar beginnt und mit dem Monat Dezember endet. Übernimm dann die Werte aus der Statistik. (M 2)

*
7. Was hätte wohl ein ägyptischer Bauer dem Griechen Herodot geantwortet?

*
8. Betrachte die Grabmalerei (M 4). Was fällt dir auf, wenn du die Darstellung der Menschen beschreiben sollst? Wie sind sie abgebildet?

Anchu ist ein Sklave

Der Arbeitstag eines Sklaven in Ägypten beginnt früh und endet spät. Wie wird es Anchu ergehen?

T1 Anchu

An einem glühend heißen Sommertag im Jahre 1370 v. Chr. kann der junge Anchu eine kleine Pause bei seiner staubigen Arbeit einlegen. Er gehört zur Dienerschaft des reichen Händlers Ramoses und geht den älteren Hausdienern bei den Reinigungsarbeiten zur Hand. Er muss arbeiten, obwohl er noch ein Kind ist – und er weiß, dass er für diese Arbeit niemals bezahlt werden wird. Anchu ist ein Sklave und er gehört seinem Herrn, so wie die Waren, die Ramoses von seinen Reisen mitbringt. Sein Herr hat seine Mutter Dinihetiri auf dem Sklavenmarkt gekauft. Da sie Sklavin ist, werden auch ihre Kinder als Sklaven geboren.

T2 Itjai

Anchu weiß auch, dass er fleißig sein muss. Er kann verkauft, vererbt oder sogar verschenkt werden. Er hat aber keine Wahl, wegzulaufen hätte keinen Sinn. Sicher würde er wieder eingefangen und hart bestraft. Wohin sollte er auch gehen? Seine Schwester Itjai hat die Hoffnung auf ein freies Leben: Heiratet ein freier Bürger die Sklavin, wird auch sie frei. Und einem Neffen von Ramoses gefällt sie sehr gut. Dennoch hört man von Anchu nicht viele Klagen: Er wird gut behandelt, sein Herr schlägt seine Sklaven nicht so, wie andere Herren das tun. Bald darf Anchu sogar das Schreiben erlernen, um die Warenlisten seines Herrn führen zu können.

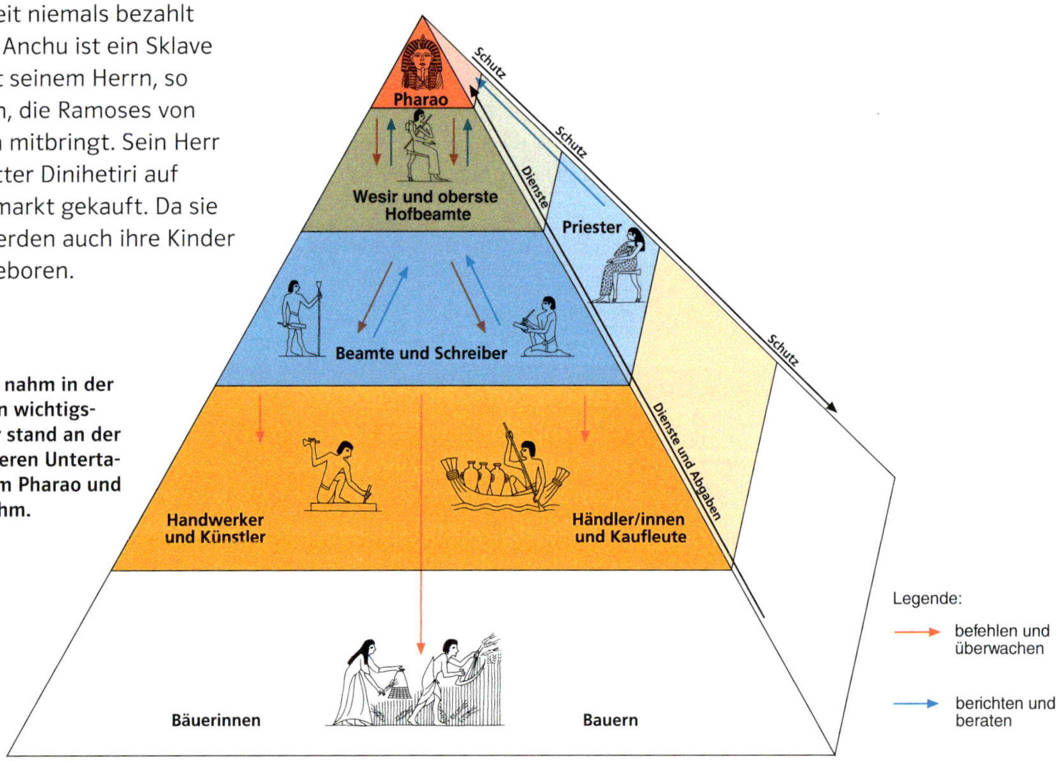

M1 Der Pharao nahm in der Gesellschaft den wichtigsten Platz ein. Er stand an der Spitze. Alle anderen Untertanen dienten dem Pharao und standen unter ihm.

1. Beschreibe das Leben Anchus: Welche Arbeiten muss er machen? Was kann ihm geschehen, wenn er nicht fleißig ist? Wie geht es ihm bei Ramoses? (T1)

2. Sklaverei ohne Ende? Erkläre, wie Anchu zum Sklaven wurde und welche Möglichkeit es gibt, wieder ein freier Mensch zu werden. (T1)

3. Liste die verschiedenen Gruppen der Bevölkerung in einer Tabelle auf. (M1)

M 2 Sklaven mussten auch mit Strafen rechnen.

Lexikon

Hierarchie
Jeder Ägypter hatte in der Gesellschaft seinen Platz. Ob er viel oder wenig Macht hatte, hing von der Rangordnung ab. Die Griechen nannten so eine Ordnung „Hierarchie", eine heilige Ordnung. Der Rang wurde in der Gesellschaft dadurch bestimmt:
- ob man arm oder reich war,
- ob man viele oder wenige Rechte hatte,
- ob man hohes oder niedriges Ansehen hatte.

T 3 Dinihetiri

Seine Mutter Dinihetiri hat dagegen schlimme Dinge hinter sich gebracht: Sie wurde von einem Sklavenhändler aus Syrien nach Ägypten verschleppt und mit einem Brandmal als Sklavin gekennzeichnet, bevor Ramoses die Frau auf dem Markt gekauft hat. Nun arbeitet sie für ihren Herrn in der Küche. Dinihetiri weiß, dass viele Sklaven ein schlimmeres Leben führen müssen und zu harter und gefährlicher Arbeit, etwa im Bergbau, gezwungen werden. Doch auch sie ist von ihrem Herrn abhängig und hat nur sehr eingeschränkte Rechte.

M 6 Viele Sklaven waren im Bereich der Landwirtschaft tätig.

M 3

M 4

M 5

M 3 In diesem Gefäß wurde ägyptische Salbe oder Creme aufbewahrt. Das Gefäß zeigt die Gestalt einer Dienerin.

M 4 Reiche und mächtige Mitglieder der Gesellschaft hatten viele Diener und Sklaven, die für alle Arbeiten herangezogen wurden.

M 5 Korn mahlende Dienerin

*
4. Stelle mithilfe von Pfeilen in der Tabelle dar, wer über wen in Ägypten Macht hatte. Unterstreiche die mächtigste Person rot.

*
5. Erläutere, warum die Gesellschaft des Alten Ägypten oft in der Form einer Pyramide dargestellt wird. (M 1)

*
6. Die Sklaven erscheinen in dieser Pyramide nicht einmal. Erläutere.

Geheimnisvolle Pyramiden?

Um 2 500 v. Chr. begannen die Ägypter, die ersten Pyramiden als Grabstätten für ihre Könige zu errichten. Viele Menschen haben seither diese Bauwerke bestaunt und bewundert.

T 1 Zum Schutz und Ruhm des toten Pharao
Die Ägypter glaubten, dass sie nach dem Tode weiterleben können, wenn ihr Körper unversehrt bleibt. Wer es sich leisten konnte, sorgte deshalb bereits zu seinen Lebzeiten für eine möglichst prächtige und sichere Grabkammer.
Die ägyptischen Könige wollten auch im Tod ihren Ruhm und ihre Macht zeigen. Jede Pyramide ist ein riesiges und beeindruckendes Königsgrab. In ihrem Inneren versteckt liegt die Grabkammer des Königs.
Starb ein Pharao, wurde sein einbalsamierter und mumifizierter Leichnam in prächtige Särge gelegt. Die Mumie wurde dann in die mit kostbaren Gerätschaften, Schmuck und Wandmalereien ausgestattete Grabkammer gebracht. Danach wurden die Zugänge mit tonnenschweren Steinen verschlossen.

T 2 Die Cheops-Pyramide
Schon früh wurden die Pyramiden als Weltwunder bezeichnet. Wohl nicht zu Unrecht: Die verbauten Steinblöcke wiegen im Durchschnitt 2,5 t, etwa so viel wie zwei mittelgroße Pkw. In der größten Pyramide, der Cheops-Pyramide, wurden etwa 2,6 Mio. Steine in 201 Schichten verbaut. Die Pyramide war ursprünglich 147 Meter hoch und hat eine Seitenlänge von etwa 230 Metern. Die Grundfläche ist trotz dieser Größe nahezu quadratisch.

M 1 Die Pyramiden von Gise
In der Nähe der heutigen Hauptstadt Ägyptens Kairo erheben sie sich am Westufer des Nils. Sie werden jährlich von Millionen Touristen besichtigt.

M 2 Bau an einer Pyramide (Rekonstruktionszeichnung)

1. Erkundige dich nach der Höhe der höchsten Gebäude in eurem Ort oder in der Nähe. Vergleiche diese Höhe mit der Höhe der Cheops-Pyramide. (T 2)

2. Vergleiche das Gewicht eines Steinblockes mit verschiedenen schweren Gegenständen aus deiner Umgebung. Fertige eine Tabelle an. (T 4)

3. Wie viele Fußballfelder (etwa 105 mal 70 Meter) hätten auf der Grundfläche der Cheops-Pyramide Platz? (T 2)

An dem Bau einer solchen Pyramide, der bis zu 30 Jahren dauern konnte, waren tausende Menschen beteiligt. Die Arbeiter mussten täglich mit Werkzeugen, Nahrung und anderen Gegenständen des täglichen Bedarfs versorgt werden.

T3 Zum Segen des Volkes

Die Ägypter glaubten, dass der Pharao nach seinem Tode ein Gott wurde. Er werde sie dann im Leben und im Tod beschützen und für sie sorgen. Die Arbeit an einer Pyramide war deshalb auch Vorsorge für das eigene Leben. Darum haben die Ägypter die schwere und gefährliche Arbeit beim Bau einer Pyramide auf sich genommen.

T4 Erstaunliche Leistungen

Die schweren Steinblöcke mit Kantenlängen von 1 bis 1,5 Meter wurden mit Kupfermeißeln und Beilen so genau bearbeitet, dass zwischen die einzelnen Steinblöcke nicht einmal die Klinge eines Messers passt. Die Felsblöcke für die Grabkammer und die äußere Verkleidung wurden über hunderte von Kilometern auf dem Nil transportiert. Die Ägypter kannten zu jener Zeit noch keine Räder. Deshalb transportierten sie die etwa 2500 Kilogramm schweren Steine vermutlich auf großen Holzschlitten. Abgerundete Holzbohlen, die in kurzen Abständen in die Rampe eingegraben waren, erleichterten den Transport.

T5 Noch ist vieles unklar

Die Arbeiten an den Pyramiden waren geheim. Die Ägypter selbst haben deshalb kaum etwas über den Bau berichtet. Früher ging man davon aus, dass das Volk oder Sklaven die Pyramiden unter Zwang errichtet hätten. Heute denken die meisten Forscher, dass es ägyptische Arbeiter, Handwerker und Bildhauer gewesen sind, die die Pyramiden errichtet haben. Der Bau einer Pyramide sicherte über Jahre einen festen Arbeitsplatz. Wahrscheinlich haben auch die Bauern während der Zeit der Überschwemmung auf den Grabbaustellen gearbeitet, weil sie darauf vertrauten, dass ihr Gottkönig sie dann weiterhin beschützen werde. Auch die Frage, welche Form der Rampen die Ägypter genutzt haben, um die schweren Steine in solche Höhen zu bringen, ist noch ungeklärt. Sicher aber ist, dass allein für diese Rampen kaum vorstellbare Mengen an Erde und Steinen bewegt werden mussten.

4. Berichte als Reporterin oder Reporter über den Bau der Pyramide.
Was würde dir ein Arbeiter erzählen, wenn du ihn befragen könntest?
Nutze die Zeichnung. (M 2)

* **5.** Wir wissen nicht alles über den Bau der Pyramiden. Wo sind wir auf Vermutungen angewiesen? Beziehe auch die Zeichnung mit ein. (T5)

* **6.** Warum wurden die Pyramiden gebaut? (T1, T3)

Der Glaube der Ägypter

**Die Ägypter glaubten an ein Leben nach dem Tod.
Man gab deshalb den Toten möglichst viel von dem mit, was auch die Lebenden benötigen: Möbel, Essen, Werkzeuge, Waffen, Schmuck.**

T1 Die Seele braucht einen Körper

Die wichtigste Voraussetzung für ein Leben nach dem Tode war, dass die Seele immer wieder in ihren Körper zurückkehren konnte. Deshalb musste der Leichnam möglichst unversehrt bleiben. Damit der tote Körper erhalten blieb, wurde er langsam ausgetrocknet und einbalsamiert. Diesen Vorgang nennt man Mumifizierung. Er war damals nur den Ägyptern bekannt.

T2 Mumifizierung

Der Vorgang der Mumifizierung dauerte etwa 70 Tage. Er wurde von besonderen Priestern durchgeführt. Diese trugen dabei oft die Maske eines Schakalkopfes. Dies sollte an Anubis, den Schutzgott der Toten, erinnern.
Nachdem der Leichnam gewaschen worden war, wurden die inneren Organe entfernt. Sie wurden in besonderen Gefäßen mit ins Grab gegeben.
Das Herz galt als Sitz der Seele. Es blieb im Körper, damit es mit dem Toten die Reise in das Totenreich antreten konnte.
Die Bedeutung des Gehirns war den Ägyptern nicht bekannt. Es wurde nicht einmal aufbewahrt.
Nun wurde der Körper etwa 40 Tage in Natronsalz gelegt. Hierdurch trocknete der Körper aus. Das Körperinnere wurde danach mit Füllmaterial wie Sägespänen, Tüchern und Sand sowie Gewürzen ausgestopft. Der Körper behielt damit seine Form. Die Gewürze sollten Pilze und Bakterien abhalten, die den Leichnam zerstören konnten. Abschließend wickelte man den Leichnam kunstvoll mit Binden ein, die mit Ölen und Harzen getränkt waren.
Zwischen diese Binden wurden Zaubersprüche und Berichte über das untadelige Leben des Verstorbenen gelegt. Sie sollten den Toten auf seiner Reise in das Totenreich schützen.

M1 Die Mumie Ramses II. ist fast 3 000 Jahre alt: Damit die Nase ihre Form behält, hatte man sie mit Pfefferkörnern ausgestopft. Pfeffer und andere Gewürze hindern Bakterien und Pilze daran, die Mumie zu zerstören.

1. Erläutere den Vorgang der Mumifizierung. (T 2)

2. Erkläre, warum die Ägypter diesen hohen Aufwand für ihre Toten betrieben. (T 1)

3. Welcher Zusammenhang besteht deiner Meinung nach zwischen dem Osiris-Mythos und der Mumifizierung Gestorbener? (T 3, T 5)

M2 Auf dem Deckel eines Sarges ist der Vorgang der Mumifizierung dargestellt worden. Die Mumie ist fertig eingewickelt. Unter dem Tisch stehen vier Eingeweidekanopen (Gefäße), rechts sind zwei Säcke mit Natronsalz zu sehen, das zum Austrocknen des Leichnams benutzt wurde. Der Anubispriester beugt sich über den Toten, um das vollendete Werk der Mumifizierung zu überprüfen und zu segnen.

T3 Die Sage über die erste Mumie

Osiris und Seth waren zwei Brüder. Der Sonnengott Re schickte die beiden auf die Erde. Sie sollten die Menschen lehren, ein gerechtes Leben zu führen.
Osiris wurde so zum ersten göttlichen Herrscher über Ägypten. Doch sein neidischer Bruder Seth tötete ihn. Die Göttin Isis war die Gattin des Osiris. Sie besaß Zauberkräfte. Seth fürchtete diese Zauberkräfte und zerstückelte deshalb den Leichnam und verteilte die Leichenteile über ganz Ägypten. Isis aber fand alle 14 Teile wieder. Anubis fügte die Teile zusammen und wickelte sie in Binden. Danach verwandelte sich Isis in ein Falkenweibchen. Mit ihren Flügeln wedelte sie Osiris Luft zu und dieser kam ins Leben zurück.

T4 Die Sage über den ersten Pharao

Isis und Osiris hatten zusammen einen Sohn, Horus. Ihn bestimmte ein Göttergericht zum Nachfolger auf dem Thron des Herrschers von Ägypten. Alle späteren Pharaonen beriefen sich deshalb auf Horus und sahen sich als direkte Nachfahren. Seth aber wurde der Sage nach verbannt. Er musste Herrscher über die unfruchtbaren roten Wüstengebiete längs des Niltals sein.

T5 Die Sage vom Hüter des Totenreiches

Osiris wurde zum Herrscher des Totenreiches. An ihn knüpften sich alle Hoffnungen der Ägypter auf ein Leben nach dem Tod. Er hatte den Ägyptern, so glaubten sie, die Nilschwemme geschenkt und war der Herr der Wiedergeburt und des Lebens. So wie er wieder ins Leben zurückgekommen war, so sollte es allen Menschen gehen. Sein Gesicht ist das der Freude, des Fruchtbaren und des Lebens – und deshalb grün. Wie er jedes Jahr durch das Wasser des Nils das Getreide, die Früchte und die Wiesen neu entstehen lässt, so wird er alles Leben wieder erstehen lassen. So glaubten es die Ägypter.

M3 Ägyptische Götter

4. Warum trugen die Priester bei der Mumifizierung oft die Maske eines Schakals? (T2)

*
5. Beschreibe Osiris möglichst genau: Aussehen, Besonderheiten, Aufgaben. (T5)

*
6. Woran könnte es gelegen haben, dass sich die Ägypter davor fürchteten, in fremden Ländern zu sterben?

Bilder erzählen Geschichten

Vieles, was wir über das Leben im Alten Ägypten wissen, haben Wissenschaftler aus den Bildern in den Tempeln und Grabstätten „herausgelesen". Aber man muss Bilder „lesen" lernen.

T1 Beschreiben und untersuchen

Dieses Bild erzählt eine Geschichte in verschiedenen Stationen von links nach rechts.

- Ganz links: Hunefer wird von Anubis zum Totengericht geführt.
- Die Waage: Anubis hat Hunefers Herz auf eine der beiden Waagschalen gelegt. Da das Herz Sitz der Seele ist, bedeutet dies, dass Hunefers Gewissen geprüft wird. Dies tut die Göttin Maat, die Göttin der Gerechtigkeit. Sie ist auf der anderen Waagschale als Feder zu sehen. Hat Hunefer ein ehrliches Leben geführt, bleibt die Waage im Gleichgewicht. Erweist sich sein Herz aber von Sünden schwer, dann wird es sofort von Ammit, dem krokodilköpfigen Ungeheuer

M1 Auf einem Papyrus ist das Totengericht des Schreibers Hunefer dargestellt. (um 1285 v. Chr.)
Der königliche Schreiber Hunefer ist gestorben. Nachdem sein mumifizierter Körper in der kostbar ausgestatteten Grabkammer bestattet worden ist, werden die Türen der Kammer verschlossen. Nach dem Glauben der Ägypter beginnt nun das Totengericht der Götter. Es entscheidet, ob Hunefer im Reich der Toten weiter leben darf oder für immer sterben muss.

»

1. Wie oft taucht Hunefer auf dem Bildausschnitt auf? Betrachte das Bild genau. Der Text hilft dir. (T1, M1)

2. Maat, die Göttin der Gerechtigkeit, ist auf dem Bild zweimal zu sehen. Achte auf ihr Kennzeichen und beschreibe es. (M1)

3. Gliedere die „Bildergeschichte" in verschiedene Abschnitte. Gib diesen Abschnitten passende Überschriften. (T1, M1)

gefressen. Der Tod wäre damit endgültig und es gäbe keine Hoffnung auf ein ewiges Leben. Doch Hunefers Herz ist nicht zu schwer.
- Thot, der ibisköpfige Gott: Thot, der Gott der Schreiber und der Weisen, hält das Ergebnis der Prüfung schriftlich fest.
- Horus, der falkenköpfige Gott: Der Sohn des Osiris und erster Pharao der Ägypter führt Hunefer zum Thron des Osiris.
- Osiris, Herrscher über das Totenreich: Er entscheidet endgültig darüber, ob der Tote in seinem Reich bleiben darf und damit das ewige Leben erhält. Er wird Hunefer das Urteil verkünden.

T2 Erklären

Die Ägypter hatten vor dem Totengericht große Angst. Aber ohne geglückte Prüfung gab es kein Leben nach dem Tod. Deshalb trafen die Ägypter Vorbereitungen, um die prüfenden Götter von ihrer Unschuld zu überzeugen. Sie legten Zaubersprüche oder ein Buch mit Verteidigungsreden zwischen die Binden der Mumie. Auch das dargestellte Totengericht wurde dem toten Hunefer mitgegeben. Es sollte die Götter davon überzeugen, dass Hunefer ein untadeliges Leben geführt hatte und es verdiente, das ewige Leben im Reich des Osiris zu erlangen. Schließlich hat er auf dem Bild die Prüfung bereits glänzend bestanden!

M2 Ein reich gedeckter Tisch: Der Tote soll niemals Hunger leiden.

Methode: So kannst du Bilder betrachten und verstehen

1. Beschreiben:
Was wird dargestellt? Wer oder was ist abgebildet? Was geschieht auf dem Bild?

2. Untersuchen:
Wie wird das Geschehen dargestellt? Was steht im Mittelpunkt des Bildes? Was sind wichtige, was weniger wichtige Bildinhalte? Wird etwas besonders groß, hell oder farbig dargestellt? Welche Haltung nehmen die Personen ein?

3. Erklären:
Warum wird es so dargestellt? Wer hat das Bild in Auftrag gegeben? Wer sind die Betrachter? Was soll mit dem Bild erreicht werden?

4. An wen ist das Bild, das der Mumie des Schreibers Hunefer mit ins Grab gegeben wurde, gerichtet? (T2)

* **5.** Was sollte das Bild bewirken? (T2)

* **6.** Betrachte weitere Bilder der Ägypter. Nutze die drei Schritte, um die Bilder besser „lesen" und verstehen zu können.

Hieroglyphen – geheime Zeichen

**Ein Schreiber war in Ägypten ein sehr angesehener Mann.
Schon als Schüler musste er viele geheimnisvolle Zeichen, die Hieroglyphen, erlernen.**

T1 Eine Schrift wird notwendig

Vor 5000 Jahren entwickelten die Ägypter ihre Schrift. Dies war eine enorm wichtige Erfindung: Die Bevölkerung wuchs und viele Dinge mussten geplant und schriftlich festgehalten werden. Es war nun möglich, genaue Listen über die Ernte, die Vorräte und die Abgaben der Bauern zu erstellen. Auch für die Bauplanung großer Gebäude war die Schrift von Nutzen. Befehle des Pharaos konnten leichter verbreitet werden.

T2 Hieroglyphen – „heilige Zeichen"

Durch die Schrift sind wichtige Aufzeichnungen der Ägypter bis heute erhalten. Neben einer einfacheren Schrift gab es eine Bilderschrift. Hieroglyphen – „heilige Zeichen" nannten die Griechen diese Zeichen: Sie selbst konnten sie nicht verstehen. Erst 1822 wurde die Bilderschrift von einem französischen Wissenschaftler entschlüsselt. Mit dem Namen „Hieroglyphen" lagen die Griechen gar nicht so falsch: Vieles, was mit der Religion der Ägypter zu tun hatte, wurde in der Bilderschrift aufgezeichnet.

T3 Die Schreiber und ihre Schule

Für die einfachere Alltagsschrift wurde Papyrus als Schreibmaterial benutzt. Der Schreiber war in Ägypten ein besonders erstrebenswerter Beruf. Jeder durfte diesen Beruf erlernen. Wer aber zum Schreiber ausgebildet wurde, musste eine besondere Schule besuchen. Diese Schule war sehr streng. Wer nicht gehorchte, wurde sogar geschlagen. Ein ausgebildeter Schreiber war in Ägypten ein wichtiger und angesehener Mensch, dem es gut ging: Schreiber hatten meistens große Häuser, gute Kleidung und mussten nur selten Hunger leiden. Auch wenige Frauen erlernten das Schreiben.

M1 Figur eines Schreibers (bemalter Kalkstein, um 2500 v. Chr.)
Auf seinen Knien hält der Schreiber eine Papyrusrolle.

M2 Gemalte Hieroglyphen aus einem Pharaonengrab
Lange Zeit blieben solche Zeichen ein Geheimnis.
1822 konnte ein französischer Gelehrter sie entschlüsseln.

1. Schreibe mit dem Hieroglyphenalphabet deinen Namen. (M3)

2. Schreiber war ein sehr angesehener Beruf.
Welche Vorteile hatte es, ein Schreiber zu sein? (T3)

3. Entschlüssele die Geheimbotschaften. (M4)

Zeichen	Dargestellter Gegenstand	Aussprache	Zeichen	Dargestellter Gegenstand	Aussprache
	Geier	a (kurz)		Löwe	l
	Bein	b		Eule	m
	Tierleib mit Ziffern	ch		Brettspiel	mn
	Hand	d		Wasser	n
	unbekannt	ch		Seil	o
	Unterarm	e		Hocker	p
	Schlange (Hornviper)	f		Abhang	p (auch k)
	Krugständer	g		Mund	r
	Hof	h		gefalteter Stoff	s (stimmlos)
	Docht	h		Teich	sch
	Schilfblatt	i oder j		Brotlaib	t
	Korb	k		Wachtelküken	w oder u
	Wörter, die mit Bewegung zu tun haben			Deutzeichen Mann-Frau	

M3 Hieroglyphenalphabet für die Schule

M4 Ihr könnt auch selbst kleine geheime Botschaften schreiben. Falls euch Zeichen für bestimmte Laute fehlen, dann sucht in der Tabelle Laute, die so ähnlich klingen. Die ägyptischen Schreiber haben es genauso gemacht.

Lexikon

Hieroglyphen
Es war nicht einfach, die Bedeutung der Bildzeichen herauszufinden: Die Zeichen können für das stehen, was sie abbilden, oder aber für einzelne Buchstaben. Es gibt keine Satzzeichen. Es konnte von links nach rechts, von rechts nach links und sogar von oben nach unten geschrieben werden. Als Hilfe dienen die gezeichneten Menschen und Tiere: Sie blicken immer zum Wortanfang.

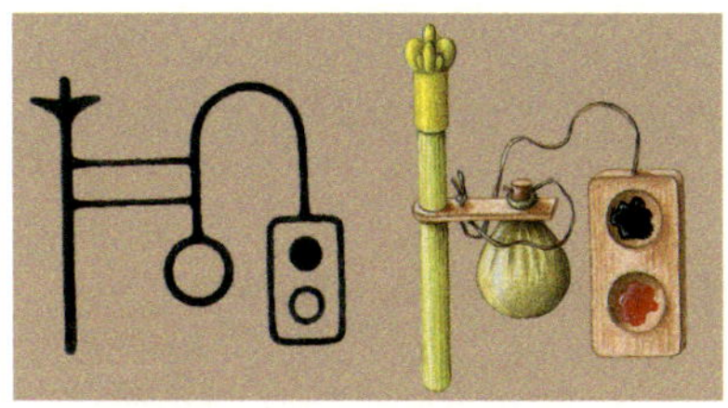

M5 Das Zeichen für „Schreiber" oder „schreiben" erinnert an das Werkzeug eines Schreibers.

M6 Die Deutzeichen wurden bei Namen oder Berufsbezeichnungen hinzugefügt. So konnte man erkennen, ob ein Mann oder eine Frau gemeint war. Der Name eines Pharaos wurde immer mit einem Ring umgeben. Auch Zahlen wurden in Hieroglyphen geschrieben.

*
4. Schreibt mit Hieroglyphen geheime Briefe und tauscht sie untereinander aus. Versucht dann, die Briefe zu lesen. (M3)

*
5. Erkläre, warum sich in Ägypten die Schrift entwickelte. (T1, T2)

Hochkulturen

Wasser ist die Grundlage des Lebens. Dort, wo es Wasser, fruchtbares Land und hinreichend Wärme gab, haben die Menschen sehr früh damit begonnen, Ackerbau zu betreiben und größere Gemeinschaften zu bilden.

T1 Wasser ist lebenswichtig
Wir wissen, dass das Wasser des Nils für die Ägypter und das Entstehen ihres großen ägyptischen Reiches wichtig war. Dies war aber nicht nur in Ägypten so und auch kein Zufall. Wo Wasser war, es ausreichend fruchtbaren Boden und keine langen und kalten Winter gab, da konnten die Menschen große Ernten einbringen. Voraussetzung dafür war, dass sie Kanäle, Dämme, Schöpfwerke und Vorratshäuser anlegten und diese Arbeiten miteinander absprachen und organisierten.

T2 Hochkulturen entstehen
Lernten sie, Dinge aufzuschreiben und zu berechnen, dann konnten sie noch einfacher planen und organisieren und ihr Wissen bewahren. Durch die geplante und gemeinsame Arbeit wurde der Überschuss an Ernteerträgen auch regelmäßig erarbeitet. Es mussten nicht mehr alle Menschen als Bauern arbeiten. Einige entwickelten ihre besonderen Fähigkeiten weiter und arbeiteten als Handwerker, Händler, Wissenschaftler oder Verwalter.
Eine Hochkultur entstand. Damit einher gingen aber auch das Entstehen einer Hierarchie und eines größeren Unterschiedes zwischen armen und reichen Menschen.

T3 Mesopotamien
Die ältesten bekannten Städte entstanden zwischen 4 000 und 3 000 Jahren v. Chr. in den feuchten Gebieten zwischen Euphrat und Tigris. Etwa 500 Jahre früher als die Ägypter entwickelten die Sumerer dort eine Hochkultur mit Keilschrift und großen Kenntnissen in der Baukunst und der Metallverarbeitung. Regiert wurden die kleinen verschiedenen Stadtstaaten von Fürsten. Diese wurden von vielen Verwaltungsbeamten unterstützt.

T4 Industal
Auch am Indus waren reiche Ernten Ausgangspunkt für die Entwicklung einer Hochkultur. Die Menschen lebten in Stadtstaaten. Bei Ausgrabungen fand man Bäder und auch eine ausgeklügelte Kanalisation. Die Menschen entwickelten eine hohe Handwerkskunst. Neben der Bear-

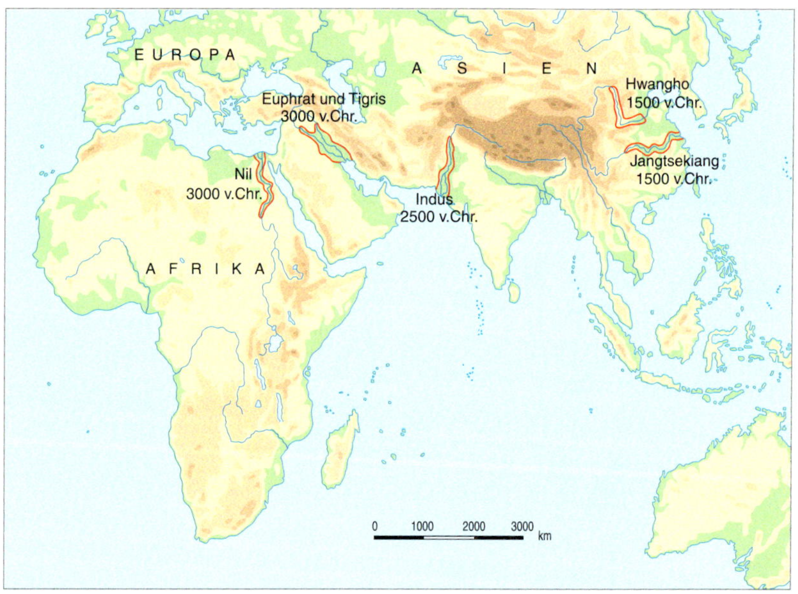

M1 Frühe Hochkulturen in Asien und Afrika entstehen an großen Flüssen.

1. Nenne die frühen Hochkulturen in Afrika und Asien. (T3 – T5)

2. Erstelle Steckbriefe zu den Hochkulturen und benenne Gemeinsamkeiten.

3. Ordne die Abbildungen (M 2 – M 5) der jeweiligen Hochkultur zu.

M 2 Die ältesten Schriftzeichen der Menschheit, die wir kennen
(Tafel mit Keilschrift, gefunden in der Stadt Uruk am Euphrat, etwa 5 000 Jahre alt)

M 5 Eine Saatmaschine (Mesopotamien, etwa 3 000 v. Chr.)
In festgelegten Abständen wurden Samenkörner in einen Trichter geworfen, durch den sie auf den gepflügten Boden fielen.

beitung von Metall wurden Stoffe gewebt, Boote gebaut und Tongefäße hergestellt. Auch die Goldschmiedekunst und die Elfenbeinschnitzerei wurden betrieben. Auch hier wurde eine Schrift entwickelt. Diese konnte bis heute nicht entziffert werden.

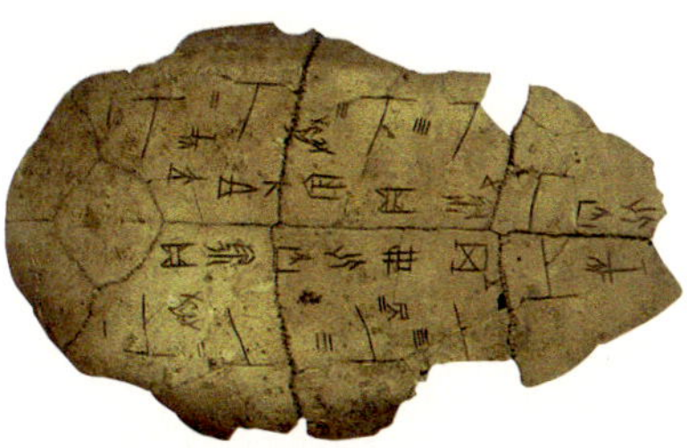

M 3 Eingeritzte Schriftzeichen auf einem Schildkrötenpanzer
Es ist die älteste uns bekannte Schrift.

M 4 Specksteinfigur aus dem Industal
Es ist nicht bekannt, ob es sich um einen Gott oder einen Herrscher eines Stadtstaates handelt.

T 5 China

Etwa um 1 500 v. Chr. begannen sich Hochkulturen im fruchtbaren Hwangho-Becken und am Jangtsekiang zu entwickeln. Die Menschen im Hwangho-Becken bauten aufwändige Deiche und konnten reiche Ernten vor allem an Weizen und Hirse erzielen. Am Jangtsekiang legten die Menschen die Felder terrassenförmig an. Sie konnten dadurch gut bewässern und Reis in großer Menge ernten. Nicht mehr alle Menschen mussten als Bauern arbeiten. Es entwickelten sich Städte mit Handwerkern, Wissenschaftlern, Künstlern und Beamten. Um 1 500 v. Chr. entstanden die ersten Schriften in China. Sie wurden 221 v. Chr., als China zu einem Großreich vereinigt wurde, zu einer Schreibweise vereinheitlicht.

4. Welche Bedeutung hat das Wasser beim Entstehen früher Hochkulturen?
Beziehe deine Kenntnisse über Ägypten mit ein.

5. Nenne wichtige Kennzeichen einer Hochkultur und ihre Bedeutung. Nutze auch dein Wissen über das Reich der Pharaonen.

*
6. Schau im Atlas nach:
In welchen Staaten befinden sich die Gebiete der Frühen Hochkulturen? Informiere dich über diese Staaten.

Pyramiden und Götter

1. Bilderrätsel

Löse das Bilderrätsel und erkläre den gesuchten Begriff.

a)

b)

c)

2. Text zum Nil

Schreibe den Lückentext ab und setze die angegebenen Wörter an den richtigen Stellen ein.

Der Nil überschwemmte … das Land. Er brachte nicht nur das … Wasser, sondern auch … Schlamm aus den Bergen mit.
Dieser Schlamm lagerte sich auf den Feldern ab und machte sie … .
Wenn die Überschwemmung zu niedrig blieb, mussten die Menschen … .
Kam die Flut zu heftig, überschwemmte sie alles und … Felder und Häuser.
Die Ägypter teilten das Jahr in … Jahreszeiten, die Zeit der … , der … und der … .

LEBENSNOTWENDIGE
AUSSAAT
ERNTE
SCHWARZEN
ZERSTÖRTE
JÄHRLICH
HUNGERN
FRUCHTBAR
DREI
ÜBERSCHWEMMUNG

3. Richtig oder falsch?

1. Das Reich der Ägypter entstand entlang der Flussoase des Nils.
2. Ab etwa 1999 begannen die Ägypter sesshaft zu werden und Landwirtschaft zu betreiben.
3. Wenn alle Menschen gleich mächtig sind, dann besteht eine Hierarchie.
4. Die Mumifizierung des toten Körpers wurde von Sklaven vorgenommen.
5. Die Cheops-Pyramide ist 107 Meter hoch.
6. Schon an der Kleidung konnte man sehen, welche Stellung ein Mensch in Ägypten hatte.

Wichtige Begriffe:

Pharao

Flussoase

Hieroglyphen

Nil

4. Begriffe zuordnen

Ergänze die Sätze.

Die Ägypter glaubten an ein … .
Dafür musste ihr … unversehrt bleiben.
Deshalb verwandelten Priester den Leichnam in einem langwierigen Prozess in eine … .
Um das ewige Leben erreichen zu können, so glaubten die Ägypter, musste ihr Herz leichter sein als eine … .
Die großen Grabstätten der Pharaonen bei Gise sind die … .
Die Schriftzeichen der Ägypter bezeichnet man als … .

LEBEN NACH DEM TOD

HIEROGLYPHEN

FEDER

PYRAMIDEN

KÖRPER

MUMIE

5. Wörter versteckt

a) Lebensader Ägyptens.
b) Fruchtbarer schwarzer Schlamm. (So bezeichneten die Ägypter ihr Land.)
c) Jahreszeit der Ernte.
d) Schrift und gemeinsame planvolle Arbeit sind Kennzeichen einer …
e) Diese hatten einen fast kahl geschorenen Kopf mit ein paar kunstvoll geflochtenen Strähnen.
f) Der Sage nach der erste Pharao (ein Gott).
g) Gerät zum Wasserschöpfen.
h) Menschen, die in Ägypten kein freies Leben hatten, verkauft und verschenkt werden konnten.

B	R	N	U	H	O	R	U	S	E	H	L
U	K	R	A	E	E	L	M	L	S	O	V
E	E	E	T	E	G	I	E	K	N	C	N
K	H	D	A	K	N	R	L	H	N	H	O
U	M	N	S	I	Z	A	U	C	I	K	E
S	E	I	L	N	V	N	E	I	H	U	E
W	T	K	E	E	I	D	T	G	O	L	N
E	R	N	N	R	F	I	O	R	D	T	T
D	E	U	M	E	H	C	S	E	E	U	H
E	H	I	S	H	O	Z	I	M	B	R	F
L	I	N	K	E	D	E	B	E	T	H	E
S	B	N	S	H	A	D	U	F	N	H	R

Hierarchie

Pyramiden

Mumie

Hochkultur

4 Griechen und Römer

Englisch ist heute eine Weltsprache. Fast zwei Milliarden Menschen verstehen diese Sprache. Auch vor 2000 Jahren gab es schon Weltsprachen, nämlich Griechisch und Latein. Latein war die Sprache der Römer. Ganz Süd- und Westeuropa gehörte vor 2000 Jahren zum Römischen Reich. Unser Monat August ist nach dem römischen Kaiser Augustus benannt. Die Demokratie haben die alten Griechen erfunden. Wo entdecken wir sonst noch Spuren der Griechen und Römer?

Bezug zu heute

Α α	a	Alpha		Η η	e	Eta
Β β	b	Beta		Θ θ	th	Theta
Γ γ	g	Gamma		Ι ι	i	Iota
Δ δ	d	Delta		Κ κ	k	Kappa
Ε ε	e	Epsilon		Λ λ	l	Lambda
Ζ ζ	th	Zeta		Μ μ	m	My

Die Vorläufer unserer Buchstaben kommen aus dem Griechischen.

Geschichte erleben

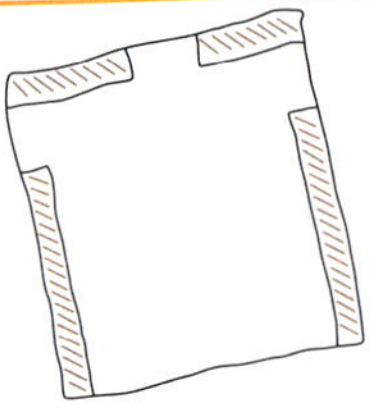

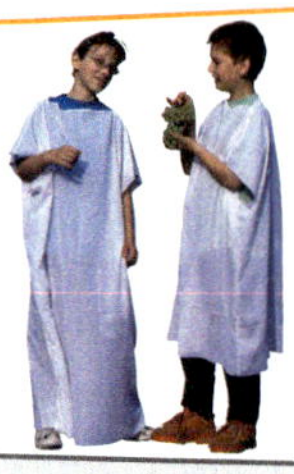

Chronologie

um 1000 v. Chr.
Die Griechen leben in vielen Kleinstaaten auf dem griechischen Festland, auf den Inseln im Mittelmeer und in Kleinasien.

um 1000 v. Chr.
Am Fluss Tiber entsteht die Stadt Rom.

Die Olympischen Spiele begeistern die Menschen in der ganzen Welt.

Die Bauten der Griechen und Römer werden immer wieder nachgeahmt.

um 500 v. Chr.
In Athen wird die Demokratie eingeführt.

27 v. Chr.
Augustus ist der erste Kaiser in Rom. Mit ihm wird aus der römischen Republik ein Kaiserreich.

117 n. Chr.
Das Römische Reich hat seine größte Ausdehnung erreicht.

Wer waren die „alten“ Griechen?

Griechenland wird oft die „Wiege der europäischen Kultur“ genannt. Was verbindet uns mit einem Volk, das lange vor uns lebte?

T1 Wir reisen nach Griechenland
„Eine Reise nach Griechenland – das bedeutet Sonne, Meer und traumhafte Landschaft“. So heißt es in der Werbung eines Reisebüros. Doch Griechenland hat mehr zu bieten: auch Tempel und Sportstätten, die über 2000 Jahre alt sind. Vieles haben wir von den Griechen übernommen: Wenn wir von Atom oder Alphabet sprechen, benutzen wir Wörter aus der griechischen Sprache. Die Griechen erfanden auch das Theater, die Demokratie und die Olympischen Spiele.

T2 Viele hundert Staaten
Um 800 v. Chr. gab es auf dem griechischen Festland und an der Westküste der heutigen Türkei sowie auf den Inseln dazwischen viele hundert kleine Stadtstaaten. Die Griechen nannten sie Polis. In vielen Stadtstaaten beschlossen die meisten Bürger selbst, was für das gemeinsame Leben wichtig war, und regelten so alle Angelegenheiten ihrer Polis. Aber nicht alle durften mitbestimmen: Frauen waren ausgeschlossen und Sklaven hatten keine Rechte.

T3 An fremden Küsten
Die Griechen wagten sich schon früh mit ihren Schiffen auf das Meer hinaus. Kaufleute gründeten an den Küsten des Mittelmeeres und des Schwarzen Meeres Handelsorte. Bald folgten auch Bauern und Handwerker. Doch überall blieben die Griechen als Volk miteinander verbunden: Sie tauschten Waren aus, redeten in der gleichen Sprache, verehrten die gleichen Götter und feierten gemeinsame Feste.

M1 Gründung griechischer Kolonien, 750 – 550 v. Chr.

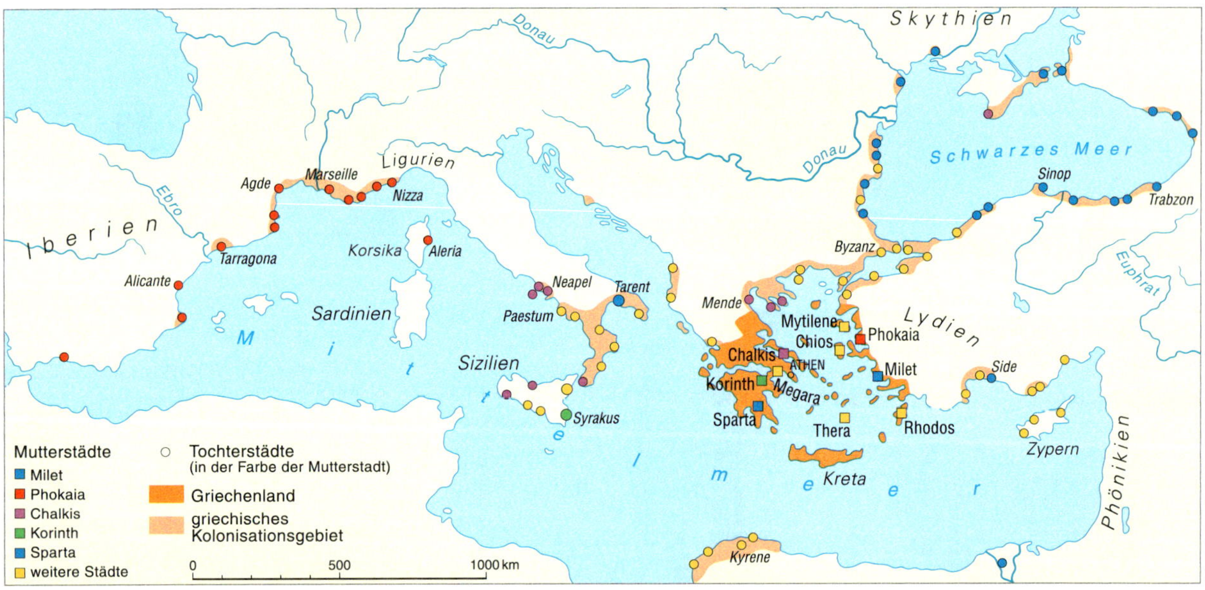

1. Betrachte die Karte M1. Beantworte folgende Fragen:
   a) Wie heißen die beiden Meere, an denen die Griechen Kolonien gründeten?
   b) In welchen heutigen Ländern lagen diese Kolonien? Nimm deinen Erdkundeatlas zu Hilfe.
   c) Wie heißen die Mutterstädte, aus denen die Auswanderer kamen?

Geschichtskarten lesen

2. Beschreibe, wo die griechischen Tochterstädte lagen. (M1) Was haben diese Städte gemeinsam?

3. Wodurch blieben die Griechen auch in der Fremde miteinander verbunden? (T3, M3)

M 2 Eine Handwerkerin fertigt eine Vase an. (Vasenmalerin auf einem Tongefäß aus dem 5. Jahrhundert v. Chr.)
Gefäße aus Ton wurden gebraucht, um alle möglichen Waren aufzubewahren und zu transportieren, zum Beispiel Öl, Getreide und Wein.

Α α	a	Alpha		**Η η**	e	Eta
Β β	b	Beta		**Θ θ**	th	Theta
Γ γ	g	Gamma		**Ι ι**	i	Iota
Δ δ	d	Delta		**Κ κ**	k	Kappa
Ε ε	e	Epsilon		**Λ λ**	l	Lambda
Ζ ζ	th	Zeta		**Μ μ**	m	My

M 3 Die ersten Buchstaben des griechischen Alphabets
Die Griechen hatten das Buchstabenalphabet von den Phöniziern kennengelernt, die an der Ostküste des Mittelmeeres lebten. Die Römer übernahmen das Alphabet später von den Griechen. Kannst du dir erklären, woher der Name „Alphabet" stammt?

M 4 Der griechische Geschichtsschreiber Herodot berichtet, wie Bürger der Insel Thera (heute Santorin) 631 v. Chr. die Kolonie Kyrene in Nordafrika gründeten. Dabei befragten sie auch das Orakel des Gottes Apollon in Delphi. Die Griechen glaubten nämlich, die Priesterin dieses Gottes könnte ihnen die Zukunft voraussagen:

» Nun aber blieb sieben Jahre der Regen in Thera aus; während dieser Zeit verdorrten alle Bäume der Insel. Da befragten die Theraier das Orakel von Delphi, und die Pythia (eine Priesterin) erinnerte sie an das Gebot des Gottes Apollon, eine Kolonie in Libyen zu gründen. Die Theraier beschlossen, dass aus allen sieben Gemeinden der Insel immer einer von zwei Brüdern auswandern sollte. Zum Anführer der Auswanderer wurde Battos bestimmt. Daraufhin fuhren sie in Richtung Libyen ab. Da sie aber keine günstigen Winde hatten, kehrten sie nach Thera zurück. Die Theraier aber schossen auf sie und ließen sie nicht landen. Notgedrungen fuhren sie wieder zurück und ließen sich auf der Insel Platea vor der libyschen Küste nieder. Hier wohnten sie zwei Jahre, aber es ging ihnen auch hier schlecht und so fuhren sie nach Delphi; nur einen einzigen Mann ließen sie zurück. Doch Pythia bestand auf der Ansiedlung in Libyen. Als Battos und seine Gefährten das hörten, fuhren sie wieder zurück. (...) Sie segelten zur Insel, nahmen den Zurückgelassenen an Bord und gingen gegenüber jener Insel in Libyen an Land. Dann führten die Libyer sie weiter an einen noch schöneren Ort. Dort gründeten sie Kyrene. «

Lexikon

Kolonie
So nannten die Griechen ihre neuen Stadtstaaten an den Küsten vom Mittelmeer und Schwarzen Meer. Bürger einer „Mutterstadt" wanderten aus und gründeten in der Fremde eine „Tochterstadt". Diese Tochterstädte waren selbstständige Stadtstaaten.

Polis
Der Name bedeutete ursprünglich Burg oder Stadt. Später nannten die Griechen ihre Stadtstaaten so. Eine Polis bestand aus der Stadt und ihrem Umland. Diese Stadtstaaten waren politisch unabhängig. Von Polis leitet sich unser Wort „Politik" ab.

4. Lies die Quelle M 4 genau:
a) Warum mussten einige Einwohner die Insel Thera verlassen?
b) Wie wurden sie ausgewählt?
c) Welche Rolle spielten das Orakel und der Gott Apollon dabei?

5. Erkläre, was eine „Kolonie" und was eine „Polis" war. (T 2, Lexikon) Welcher heutige Begriff stammt von „Polis" ab?
Worin besteht der Zusammenhang?

6. An welche Dinge denken wir, wenn wir Griechenland als „Wiege der europäischen Kultur" bezeichnen? (T 1, M 2, M 3)

Viele Götter für alle Fälle?

Die Griechen hatten viele Götter: Wer einen Fluss durchquerte, betete zum Flussgott. Wer die Saat ausbrachte, opferte der Göttin des Ackerbodens. Götter konnten auch die Zukunft voraussagen.

T1 Götter – fast wie Menschen
Die Griechen stellten sich ihre Götter sehr menschlich vor: Sie feierten und stritten miteinander, sie waren eifersüchtig und begingen sogar Ehebruch. Doch anders als die Menschen waren die Götter sehr mächtig und unsterblich. Sie besaßen außergewöhnliche Fähigkeiten, sie konnten fliegen und sich in andere Menschen oder Tieren verwandeln. Nach dem Glauben der Griechen lebten die Götter auf dem Berg Olymp. Doch manchmal stiegen sie herab, um sich in die Angelegenheiten der Menschen einzumischen.

Poseidon

Artemis

Hera

Ares

Hades

Aphrodite

M1 Die griechischen Götter:

1. Der Göttervater ist auch Himmelsgott. Wenn er zornig ist, schickt er Donner und Blitze.
2. Die Göttermutter ist Schwester und Ehefrau des Zeus. Sie schützt die Ehe und trägt als Zeichen ihrer Würde einen goldenen Haarreifen.
3. Die Göttin der Liebe betrachtet sich gern im Spiegel. Sie ist mit ihrem Bruder Hephaistos verheiratet.
4. Der Götterbote eilt mit Flügelschuhen. Er ist der Beschützer der Reisenden, Kaufleute und Diebe.
5. Der Kriegsgott ist ein Sohn von Zeus und Hera. Er liebt den Kampf, aber auch seine Schwester Aphrodite.
6. Der Gott der Unterwelt lebt nicht auf dem Olymp. Er herrscht im Reich der Toten. Sein Begleiter ist der dreiköpfige Hund Zerberus.
7. Die Göttin der Weisheit ist die Lieblingstochter des Zeus und beschützt die Stadt Athen mit Waffen.
8. Der Gott der Schmiede ist ein Sohn von Zeus und Hera. Wenn er in der Glut von Vulkanen Waffen schmiedet, langweilt sich seine Frau.
9. Der Gott des Weines liebt ausgelassene Feste.
10. Die Göttin der Fruchtbarkeit und des Getreides lässt Pflanzen gedeihen. Sie ist eine Schwester des Zeus.
11. Die Göttin der Jagd beschützt die wilden Tiere. Die Tochter des Zeus bringt auch Geburt und Tod.
12. Der Gott der Musik kann Krankheiten bringen und auch heilen. Er ist der Zwillingsbruder der Jagdgöttin.
13. Der Gott des Meeres und der Erdbeben ist ein Bruder des Zeus. Mit seinem Dreizack wühlt er die Meere auf.

»

1. Beschreibe die griechischen Götter. (T1) Was unterschied sie von den Menschen?

2. Lies dir M1 durch und betrachte die Bilder auf dieser Seite. Ordne die einzelnen Bilder dem passenden Text zu. Lege dazu in deinem Heft eine Tabelle mit zwei Spalten an. In die linke Spalte schreibst du die unterstrichenen Textteile. In die rechte Spalte trägst du dann den passenden Namen ein.

Aufgaben der Götter	Gott oder Göttin
1. Göttervater	Zeus
2. Göttermutter	…
3. …	…

M 2 Eine griechische Sage erzählt von einem Streit unter Göttinnen:

„Drei Göttinnen stritten einmal darüber, wer von ihnen die Schönste sei. Sie fragten den Göttervater Zeus, doch der wollte in dieser schwierigen Frage lieber nicht entscheiden. Deshalb schickte er den Götterboten Hermes mit den drei Damen zum Königssohn Paris: Der sollte Schiedsrichter sein.
Nun versuchte jede Göttin, den Paris zu bestechen: Hera bot ihm das mächtigste Reich der Erde an. Athene versprach ihm die höchste Weisheit. Und Aphrodite wollte ihm die schönste Frau als Ehefrau bringen. Paris entschied sich für Aphrodite, und die schöne Helena verliebte sich tatsächlich in ihn. Doch die Sache hatte einen Haken: Helena war bereits mit dem König von Sparta verheiratet. Darum entführte Paris sie einfach in seine Heimatstadt Troja in Kleinasien.
Der beleidigte König von Sparta rief nun alle griechischen Könige und Fürsten zusammen. Sie sollten ihm helfen, Helena zurückzuholen und seine Schande zu rächen.
Die Griechen rüsteten ein Heer und segelten auf vielen hundert Schiffen nach Troja. Der Krieg gegen die Trojaner dauerte mehr als zehn Jahre. Am Ende gelangten die Griechen durch eine List in die Stadt, steckten sie in Brand und zerstörten sie völlig.“

Lexikon

Sagen
erzählen Geschichten aus einer längst vergangenen Zeit. Dabei werden wirkliche Ereignisse mit ausgedachten Geschichten vermischt.

Dionysos

Apollon

Athene

Hermes

Zeus

Hephaistos

Demeter

Tipp

Den griechischen Göttern auf der Spur
Leiht euch in der Bücherei ein Buch mit griechischen Sagen aus. Ein gutes Buch ist „Der Kampf um Troja. Griechische Sagen“ (dtv junior).
Sucht darin die Sage über den Kampf um Troja.
Findet heraus, mit welcher List die Griechen in die Stadt gelangten und sie zerstörten.

3. Was versprechen die drei Göttinnen dem Königssohn Paris? (M 2)

4. Mit wem ist Helena verheiratet? Welche Folgen hatte es, als Paris Helena entführte? (M 2)

* **5.** Ihr könnt die Sage um den Streit der Göttinnen auch nachspielen. Folgende Rollen gibt es zu verteilen: Hera, Athene, Aphrodite, Paris, Helena, König von Sparta, weitere Fürsten aus Griechenland. Überlegt, was sie sagen und was sie tun.
Ein Erzähler kann auch den Anfang und das Ende der Sage vorlesen.

In Athen regieren die Bürger

Kannst du dir vorstellen, dass man Politiker nicht wählt, sondern wie in einer Lotterie auslost? In der Polis Athen war das vor rund 2500 Jahren ganz selbstverständlich.

T1 Wer soll herrschen – einer, wenige oder alle?
Die Polis Athen unterschied sich um 800 v. Chr. kaum von den anderen griechischen Stadtstaaten. Von einer sicheren Burg aus herrschte ein König über die Stadt und das Umland. Er leitete die Opferfeste für die Götter und war der höchste Gerichtsherr. Die Bauern, Handwerker, Fischer und Händler mussten ihm Dienste leisten und mit ihren Abgaben (Getreide, Vieh, Handwerkswaren) den königlichen Hof versorgen.
Um 700 v. Chr. stürzten reiche Grundbesitzer den König und übernahmen die Regierung. Da sie ihre Macht aber oft missbrauchten, wurden die einfachen Bürger immer unzufriedener. Viele meinten: „Am besten wäre es doch, wenn wir alle zusammen die Angelegenheiten unserer Polis regeln könnten."

T2 Die Volksversammlung
Um 500 v. Chr. führten die Athener die Demokratie ein. Dabei gaben sie jedem einzelnen Bürger mehr Mitspracherecht in ihrer Polis als in irgendeinem Staat der Welt heute. Etwa drei- bis viermal im Monat kamen die Bürger zu einer Volksversammlung zusammen. Dort wurde über alles gesprochen, was für die Polis wichtig war. Mal ging es um Gesetze, mal um Kriege oder einen Friedensschluss. Ein andermal berieten sie über den Bau einer Straße oder über Regeln für den Fischmarkt im Hafen.
Jeder männliche Bürger hatte das Recht, an der Volksversammlung teilzunehmen, für oder gegen eine Sache zu sprechen und am Ende mit abzustimmen. Die Mehrheit entschied.

M1 Tonscherbe aus Athen (5. Jh. v. Chr.)
Solche Tonscherben benutzten die Athener als „Stimmzettel". Wenn auf der Volksversammlung ein Scherbengericht beschlossen wurde, ritzten die Teilnehmer die Namen von „Verdächtigen" auf eine Tonscherbe. Auf dieser Tonscherbe ist der Name „Perikles" eingeritzt und darunter „Sohn des Xantippos". Perikles war von 450 bis 430 v. Chr. ein berühmter Feldherr.

T3 Die Regierung
Eine Volksversammlung musste natürlich gut vorbereitet werden. Dafür war eine Gruppe von 500 Männern zuständig. Sie wurden für ein Jahr ausgelost. Im „Rat der Fünfhundert" arbeiteten sie dann Gesetzesvorschläge aus und legten für die nächste Volksversammlung die Themen fest. Jeweils 50 von ihnen bildeten für etwas mehr als einen Monat die Regierung der Stadt. Den Vorsitzenden losten sie jeden Tag neu aus. Keiner sollte zu viel Macht besitzen.

T4 Eine ideale Herrschaftsform?
Sogar die Richter loste man jedes Jahr unter den Bürgern der Stadt aus. Nur die höchsten Beamten und die Strategen, das waren die Feldherren, bestimmte man nicht durch das Los. Wer den Athenern zu mächtig erschien, konnte durch das Scherbengericht verbannt werden (M1). Dann musste er die Stadt für zehn Jahre verlassen.
So viel politische Gleichheit gab es nirgends. Trotzdem hatte auch die Demokratie der Athener aus heutiger Sicht einen entscheidenden Fehler: Sie galt nur für die männlichen Athener Bürger.

»

1. Wer herrschte in Athen? (T1, T2)
   - um 800 v. Chr.?
   - um 700 v. Chr.?
   - um 500 v. Chr.?

2. Beschreibe, wie die Volksversammlung funktionierte. (T2, T3)
   Warum war sie die wichtigste Einrichtung der Demokratie von Athen?

3. Lies die Rede von Perikles genau. (M3)
   Nenne die Vorzüge, die Perikles an der Demokratie hervorhebt.

M 2 Die Akropolis von Athen
(links der heutige Zustand, rechts eine Rekonstruktion)
Auf der Akropolis befand sich ursprünglich die Burg der Könige mit einem Heiligtum der Schutzgöttin Athene.

M 4 Akropolis
(Zeichnung)

M 3 In einer öffentlichen Rede schilderte der Politiker und Feldherr Perikles 431 v. Chr. den Athenern die Vorteile ihrer Verfassung:

„Wir leben in einer Staatsform, die die Einrichtungen anderer nicht nachahmt (...) Mit Namen wird sie, weil wir uns nicht auf eine Minderheit, sondern auf die Mehrheit im Volk stützen, Volksherrschaft genannt. Und es genießen auch alle (...) vor den Gesetzen gleiches Recht; in der öffentlichen Bewertung jedoch fragt man allein nach dem Ansehen, das sich jemand auf irgendeinem Felde erworben hat, und (...) allein die persönliche Tüchtigkeit verleiht im öffentlichen Leben einen Vorzug."

Lexikon

Demokratie
bedeutet Volksherrschaft. Bei dieser Regierungsform bestimmen die Bürger selbst. Die Athener führten um 500 v. Chr. die erste Form der Demokratie ein.

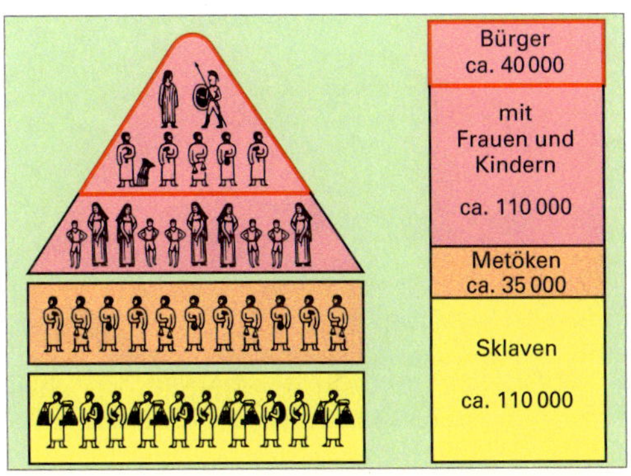

M 5 Die Bevölkerung von Athen um 430 v. Chr.
Volles Bürgerrecht besaßen nur die freien Athener Männer. Ihre Frauen sowie Zugewanderte (Metöken) hatten keine politischen Rechte. Sklaven besaßen nicht einmal persönliche Rechte.

4. Beschreibe deinem Nachbarn, wie ein Scherbengericht ablief. (M 1, T 4) Was wollten die Athener mit dem Scherbengericht verhindern? Warum war es nur gültig, wenn mindestens 6 000 Scherben abgegeben worden waren?

5. Wenn wir die Demokratie in Athen ansehen – was finden wir heute ungerecht daran? (T 2, M 5)

*
6. Betrachte die Akropolis. (M 2, M 4) Welche Bauteile der Akropolis kann man ziemlich sicher rekonstruieren, welche nicht?

Die Olympischen Spiele

Alle vier Jahre treffen sich die besten Sportlerinnen und Sportler der Welt zum Wettkampf. Die Idee stammt von den alten Griechen. Doch wie liefen die Spiele vor fast 3 000 Jahren ab?

T1 Spiele für die Götter

Auf der Halbinsel Peloponnes hatte der Göttervater Zeus sein höchstes Heiligtum in der Stadt Olympia. Die Griechen verehrten ihn dort mit sportlichen Wettkämpfen ihrer besten Athleten. Die ersten Spiele, von denen wir wissen, fanden 776 v. Chr. statt. Von da an wurden sie alle vier Jahre ausgetragen.

Für die Griechen waren die Olympischen Spiele so wichtig, dass sie ihre Zeit in Olympiaden rechneten. Das war der Zeitraum von vier Jahren zwischen den Spielen. Im Jahr 394 n. Chr. verbot der christliche römische Kaiser Theodosius, der damals über Griechenland herrschte, die Spiele. Denn für ihn waren die Spiele ein unchristlicher Brauch.

Erst 1896, also vor rund 110 Jahren, fanden sie zum ersten Mal wieder statt.

T2 Der olympische Eid

Im Vergleich zu heute waren die Olympischen Spiele der alten Griechen sehr bescheiden. Sie fanden unter offenem Himmel statt und dauerten nur fünf Tage. Die Athleten mussten freie Griechen sein und sich mindestens zehn Monate lang auf die Wettkämpfe vorbereitet haben. Vor den Wettkämpfen traten sie vor der großen Statue des Zeus zusammen und schworen, dass sie nicht gegen die Regeln verstoßen wollten.

Die Athleten traten zu den Wettkämpfen nackt an. Verheiratete Frauen waren als Zuschauerinnen nicht zugelassen.

T3 Der olympische Frieden

Die Zuschauer und Wettkämpfer kamen von überall her. Viele Griechen scheuten auch einen weiten Weg nicht: Manche kamen aus den Küstenstädten in Süditalien, andere reisten aus den Kolonien am Schwarzen Meer an.

In Olympia begegnete man Politikern, Sängern und Künstlern. Auch Verwandte trafen sich hier, die sich schon lange nicht mehr gesehen hatten. Damit die Reise gefahrlos war, wurde für die Zeit der Spiele ein Gottesfrieden für ganz Griechenland ausgerufen. Das hieß in dieser Zeit, dass kein griechischer Staat Krieg führen durfte.

M1 So sah das antike Olympia im 5. Jh. v. Chr. wahrscheinlich aus.
(Rekonstruktion nach Überresten)
In der Mitte steht der Zeus-Tempel, oben links der Tempel der Hera, oben rechts liegt das Stadion.

»

1. Wo und wann wurden die Olympischen Spiele der Antike ausgetragen? (T1)

2. Wozu dienten die Wettkämpfe eigentlich? (T1) Was mussten die Teilnehmer schwören? (T2)

3. In Olympia wurden auch Wettkämpfe für Frauen ausgetragen. (M4) Welche Göttin wurde dabei verehrt? Warum fanden diese Spiele wohl getrennt von den Wettkämpfen der Männer statt?

4. Was bedeutete der olympische Frieden bei den Griechen? (T3) Gibt es so etwas auch bei den Olympischen Spielen heute?

M 2 Stadionlauf
(dargestellt auf einer Vase aus dem 6. Jh. v. Chr.)

M 3 Ablauf der Spiele in Olympia:

1. Tag: Eid der Athleten und Trainer vor der Zeusstatue
2. Tag: Wettkämpfe der Jungen
3. Tag: Pferde- und Wagenrennen, Fünfkampf (Diskuswerfen, Weitsprung, Speerwerfen, Wettlauf, Ringkampf)
4. Tag: Prozession und Opfer für Zeus, Festmahl
5. Tag: Laufwettbewerbe, Faustkampf, Ringkampf, Waffenlauf
6. Tag: Siegerehrung im Zeustempel

T 4 Olympiasieger – Stars der Antike

Am letzten Tag versammelten sich die Sportler und Kampfrichter zu einem Dankopfer. Die Sieger traten mit einem Stirnband aus weißer Wolle vor das Standbild des Göttervaters. Als Preis bekam jeder einen Kranz aus den Zweigen eines heiligen Ölbaums. So kehrten sie in ihre Heimatstadt zurück.
Olympiasieger wurden wie Helden empfangen: Viele bekamen auf Lebenszeit einen Ehrenplatz im Theater oder brauchten keine Steuern mehr zu zahlen. Jede Polis war stolz auf ihre Sieger, denn sie schienen zu beweisen, dass man besser war als die anderen.

M 4 Wettlauf der Frauen (dargestellt auf einer Vase aus dem 5. Jh. v. Chr.)
Die Frauen und Mädchen hatten in Olympia eigene Spiele. Es waren Laufwettbewerbe zu Ehren der Göttin Hera. Männer durften nicht als Zuschauer dabei sein.

<Extra>

M 5 Bei den Wettkämpfen der Frauen traten sechzehn unverheiratete Frauen gegeneinander an. Der griechische Schriftsteller Pausanius berichtet rückblickend aus dem 2. Jahrhundert n. Chr. von den Wettkämpfen:

» Dieser Wettkampf ist ein Wettlauf für Jungfrauen. Sie sind aber nicht alle gleichaltrig, sondern zuerst laufen die jüngsten, nach diesen die nächstälteren und als Letzte laufen die ältesten von den Mädchen. Sie laufen so:
Das Haar fällt lose herab, das Gewand reicht bis übers Knie und die rechte Schulter zeigen sie bis zur Brust. Auch ihnen wird für den Wettkampf das olympische Stadion zugewiesen, doch ziehen sie ihnen beim Stadionlauf den sechsten Teil ab. Den Siegerinnen geben sie Ölbaumkränze und einen Anteil von der der Hera geopferten Kuh. Sie dürfen sich auch Bilder malen lassen und weihen. «

5. Vergleiche die Spiele bei den Griechen mit den Olympischen Spielen heute:
a) Welche sportlichen Disziplinen der Griechen gibt es auch bei den Olympischen Spielen der Neuzeit? (M 3)
b) Welche heutigen Disziplinen haben die Griechen noch nicht gekannt?
c) Wie werden die Sieger geehrt? (T 4)
Fällt dir noch mehr auf, was gleich oder unterschiedlich ist?

*
6. Betrachte die Vasenbilder M 2 und M 4 genau. Was ist bei den Frauen anders als bei den Männern? Was erfährst du aus M 5 noch über die Spiele der Frauen?

Als Rom noch klein war

„Auch Rom wurde nicht an einem Tag gebaut“, heißt ein Sprichwort. Damit will man sagen, dass eine bestimmte Sache seine Zeit braucht. Wie lange brauchten die Römer für ihr Reich?

M1 Der römische Dichter Virgil hat im 1. Jahrhundert v. Chr. die Sage aufgeschrieben, wie Rom entstanden ist. Als Virgil die Sage schrieb, war Rom schon lange groß und mächtig.

„Die Könige herrschten friedlich über Latium, bis es zwischen zwei Brüdern zum Streit kam. Der jüngere vertrieb seinen Bruder, den König, und machte sich selbst zum Herrscher. Aus Angst tötete er die Söhne seines Bruders. Außerdem zwang er die Tochter, Rhea Silvia, Priesterin zu werden. Priesterinnen durften nämlich nicht heiraten und auch keine Kinder bekommen. So konnte ihm keiner mehr den Thron streitig machen. Doch der Kriegsgott Mars besuchte Rhea Silvia und sie bekamen die Zwillinge Romulus und Remus. Daraufhin ließ der König, ihr Großonkel, die beiden Kinder in einem Schilfkorb auf dem Tiber aussetzen. Sie wären gewiss verhungert, wenn nicht der Flussgott geholfen hätte. Er sorgte dafür, dass sich das Körbchen nahe dem Hügel Palatin in den Zweigen eines Baumes verfing. Eine Wölfin hörte das Wimmern der Knaben, nahm sie zu sich und zog sie mit ihrer Milch auf. Später nahm ein Hirte sie mit in seine Hütte.

Als die Zwillinge junge Männer geworden waren, erschlugen sie ihren Großonkel und gründeten auf dem Hügel Palatin am Tiber eine Stadt.

Die Götter bestimmten, dass Romulus ihr Herrscher wurde. Er zog einen kleinen Erdwall um die Stadt, den niemand überschreiten durfte. Remus aber wollte seinen Bruder verspotten und sprang darüber. Da wurde Romulus so wütend, dass er Remus erschlug. „So soll es jedem ergehen, der diese Mauern übersteigt“, sagte er dabei.“

M2 Die Wölfin ist bis heute das Wahrzeichen der Stadt Rom. Diese Figur aus Bronze wurde um 500 v. Chr. angefertigt; die Zwillinge hat man allerdings erst 2000 Jahre später dazugesetzt.

T1 Die Sage und die Wirklichkeit

Die zwei Brüder Romulus und Remus haben der Sage nach die Stadt Rom gegründet. Das soll im Jahr 753 v. Chr. gewesen sein. So rechneten es die römischen Geschichtsschreiber aus. Trotzdem ist die Erzählung von Romulus und Remus keine geschichtliche Wahrheit, sondern sie ist eine Sage. Wir finden keine Beiweise für das, was sie erzählt. Im Gegenteil: Es ist sogar unwahrscheinlich, dass sich die Dinge so zugetragen haben. Archäologen haben nämlich einfache Hütten ausgegraben, die schon um das Jahr 1000 v. Chr. auf dem Hügel Palatin gebaut wurden.

»

1. Woher stammt der Name für die Stadt Rom? Gib zwei Möglichkeiten an:
a) wie es in der Sage (M1) beschrieben ist,
b) wie Wissenschaftler den Namen erklären. (T3)

2. Warum ist die Wölfin das Wahrzeichen der Stadt Rom? (M1, M2)

3. Latein war die Sprache der Römer. Wie ist der Name zu erklären? (T2)

M3 Rom vor etwa 2700 Jahren in einer Rekonstruktion
Die Zeichnung zeigt den Platz der frühesten Siedlung. An dieser Stelle fanden Händler die erste Furt über den Tiber, wenn sie vom Mittelmeer her kamen. Da es damals noch keine Brücken über so einen breiten Fluss gab, war man auf flaches Wasser angewiesen, wenn man ihn mit einem Ochsenwagen überqueren wollte.

T2 Erste Siedlungen

Die Siedler auf den Hügeln am Fluss Tiber gehörten zum Volksstamm der Latiner. Sie hatten den Ort ausgewählt, weil man den Tiber an dieser Stelle über eine Insel leicht überqueren konnte. Außerdem gab es genug fruchtbares Land. Ihre Dörfer bauten die Latiner aber lieber auf den Hügeln in der Nähe des Flusses. Dort waren sie vor Hochwasser sicher. So mieden sie auch die Sümpfe, in denen viele Krankheiten drohten.

M4 Diese Urne aus Ton ist fast 3000 Jahre alt. Sie wurde dort gefunden, wo Romulus angeblich seine Stadt gegründet hat. Wahrscheinlich ist sie eine verkleinerte Hütte, wie sie die ersten Siedler um 1000 v. Chr. auf dem Hügel Palatin gebaut haben.

T3 Eine Stadt entsteht

Um 700 v. Chr. wuchsen die einzelnen Siedlungen zu einer kleinen Stadt zusammen, die mit einer festen Mauer umbaut wurde. Die Herrschaft hatten aber andere übernommen: mächtige Männer aus dem Volk der Etrusker. Aus ihrer Sprache stammt vermutlich auch der Name „Ruma" für die neue Stadt.
Die Etrusker waren geschickte Handwerker. Ihnen gelang es, die Sümpfe zwischen den Hügeln trockenzulegen, indem sie das Wasser durch Kanäle ableiteten. So entstand Raum für einen großen öffentlichen Platz: das Forum Romanum. An diesem Ort konnten sich die Bürger versammeln und Handel treiben. Um 500 v. Chr. vertrieben die Latiner die etruskischen Könige. Aber es dauerte noch einmal 500 Jahre, bis Rom zu einer großen und prächtigen Stadt wurde.

4. Nenne mindestens zwei Gründe, warum die Hügel am Tiber ein günstiger Platz für eine Siedlung waren. (T2, M3)

5. Warum ist es sehr unwahrscheinlich, dass die Stadt Rom genau im Jahr 753 v. Chr. gegründet wurde? (T1, M4)

*
6. Der Dichter Virgil hat die Sage von Rom (M1) fast 1000 Jahre nach der „sagenhaften" Gründung aufgeschrieben. Suche aus der Sage Einzelheiten heraus, die die Römer als starkes Volk erscheinen lassen. Was wollte Virgil also mit dieser Geschichte beim Zuhörer bewirken?

Von der Stadt zum Reich

Das Bauernvolk der Römer wurde so mächtig wie kein anderes Volk. Aber waren die Römer nur gute Krieger?

T1 Die Römer unterwerfen ihre Nachbarn ...
Die Römer beherrschten lange Zeit nur die Landschaft Latium an der Mündung des Flusses Tiber. Die meisten von ihnen waren Bauern. Im Winter mussten sie Kälte und Nässe ertragen, im Sommer arbeiteten sie unter der heißen südlichen Sonne. Die Römer führten im Laufe ihrer Geschichte unzählige Kriege. Zuerst wollten sie sich gegen die Nachbarvölker behaupten, dann wollten sie ihre Macht immer weiter ausdehnen. Ab 275 v. Chr. beherrschten die Römer einen großen Teil des heutigen Italien.

T2 ... und verbünden sich mit ihnen
Die Römer lernten im Laufe der Zeit, dass es besser war, die Besiegten durch Verträge an sich zu binden als sie nur auszuplündern. Vielen besiegten Völkern gaben sie sogar das römische Bürgerrecht, das heißt, sie wurden wie römische Bürger behandelt. Sie waren frei und durften in der Politik mitbestimmen. So machten die Römer aus Gegnern Bundesgenossen, die ihnen im Krieg mit Truppen, Waffen und Nachschub halfen.

T3 Die Römer schaffen sich ein großes Reich
Die Gebiete außerhalb ihrer eigenen Halbinsel machten die Römer zu Provinzen. Diese dienten vor allem dazu, Rom mit Getreide und Waren aller Art zu versorgen. Deshalb schickten die Römer Beamte dorthin, die für Ordnung sorgten und Steuern erhoben. Die Menschen in den Provinzen bekamen kein römisches Bürgerrecht und sie waren keine freien Völker mehr. Wenn es zu einem Aufstand der einheimischen Bevölkerung kam, wurde er von römischen Truppen niedergeschlagen.

T4 Handel und Verkehr
Doch die römische Herrschaft hatte auch gute Seiten für die Provinzbewohner: Die Römer bauten überall gepflasterte Straßen und Wasserleitungen. Sie führten die römischen Gesetze ein, machten die Land- und Seewege sicherer und schützten die Grenzen des Reiches. Vor allem der Handel mit Waren funktionierte besser als zuvor. Reisende und Händler konnten nämlich überall mit römischen Denaren bezahlen, und Latein als gemeinsame Sprache verstanden viele.

M1 So entwickelte sich das Römische Reich von seinen Anfängen bis zu seiner größten Ausdehnung.

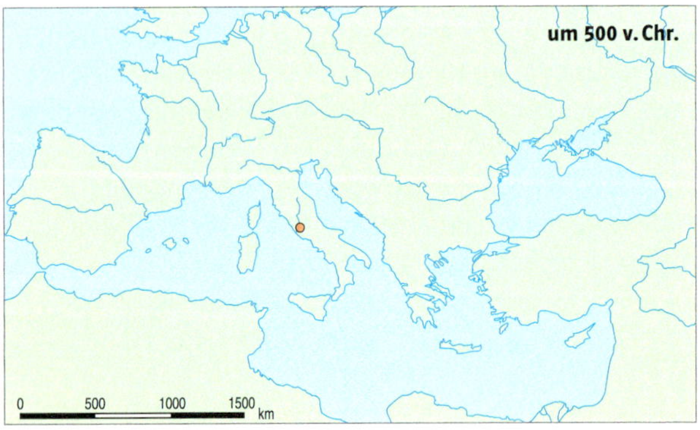

»

1. Wie behandelten die Römer die unterworfenen Völker auf der italienischen Halbinsel? (T2)

2. Welche Vorteile hatten die Bewohner der Provinzen von der römischen Herrschaft? Welche Nachteile waren damit verbunden? (T3, T4)

3. Den Karten in M1 fehlt eine Überschrift. Schreibe die Jahreszahlen in dein Heft und setze eine passende Überschrift daneben:
- Rom beherrscht das Mittelmeer
- Der Stadtstaat in Latium
- Das Römische Reich zu seiner „größten" Zeit
- Rom beherrscht Italien

M 2 Das Forum Romanum in einer Rekonstruktion des 19. Jahrhunderts
So ähnlich könnte das Zentrum Roms zwischen den Hügeln Palatin und Kapitol um 300 n. Chr. ausgesehen haben: Tempel für die Hauptgötter, Triumphbögen für siegreiche Feldherren und Gebäude, in denen Versammlungen, Gerichtsverhandlungen und Märkte stattfanden. Auf dem Forum wurden auch politische Reden gehalten.

Lexikon

Provinz
So nannten die Römer ihre Gebiete außerhalb der italienischen Halbinsel. Ein Statthalter verwaltete die Provinz und zog Steuern ein.

Geschichtskarten lesen

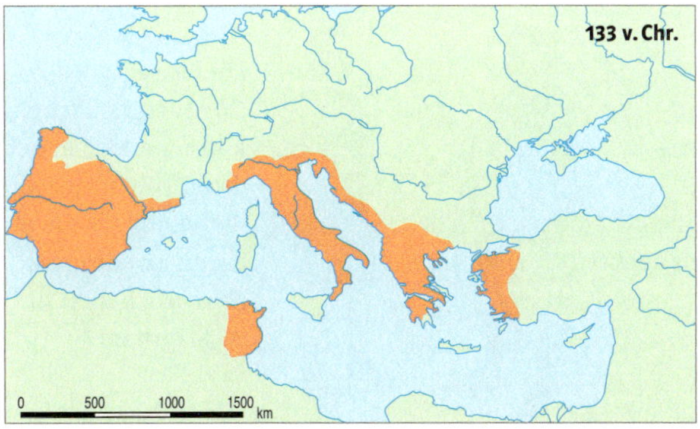

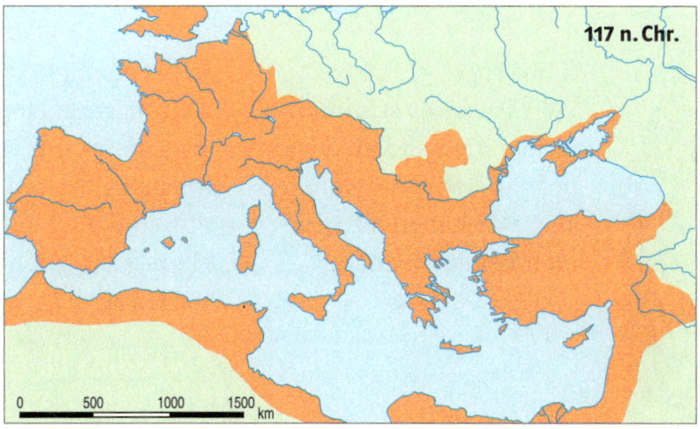

4. Berechne, wie groß das Römische Reich um 117 n. Chr. war (M 1, der Maßstab hilft dir dabei):
a) von Norden nach Süden,
b) von Osten nach Westen.
Über welches Meer konnten die meisten Provinzen leicht per Schiff erreicht werden?

* **5.** Nimm eine Karte aus deinem Atlas zu Hilfe: Welche heutigen Länder beherrschten die Römer um 117 n. Chr. ganz oder teilweise? (M 1) Du kannst die Staaten auch nach Kontinenten ordnen: Europa, Afrika, Asien.

* **6.** Betrachte das Forum Romanum (M 2). Wie wirkten die Gebäude wohl auf einen Besucher aus einer der vielen römischen Provinzen?

Wie Rom regiert wurde

**Die Römer nannten ihren Staat „res publica".
Das heißt öffentliche Sache oder auch gemeinsame Sache.
War die Politik wirklich eine Sache von allen?**

T1 Die römische Republik
Um 500 v. Chr. vertrieben die Römer den letzten etruskischen König. Nun stellte sich die Frage, wie sie die Stadt in Zukunft regieren sollten. Einen König wollten sie nicht wieder haben. Deshalb einigten sich die Bürger darauf, Rom ab jetzt gemeinsam zu regieren.
Statt eines Königs gab es nun zwei Konsuln. Sie leiteten in Friedenszeiten den Staat und führten im Krieg das Heer an. Dazu kamen noch weitere Beamte für bestimmte Aufgaben in der Stadt. Wer ein solches Amt haben wollte, musste sich zur Wahl stellen. Grundsätzlich hatten alle Männer, die das römische Bürgerrecht besaßen, auch ein Wahlrecht. Doch das Gewicht der Stimmen war ungleich verteilt.

T2 Patrizier und Plebejer
Die meiste Macht übten die Patrizier aus. So hießen die reichen Familien in Rom, die große Grundstücke auf dem Land besaßen. Ihnen stand die große Masse der einfachen Bevölkerung gegenüber, die man Plebejer nannte. Sie verdienten ihren Lebensunterhalt als Bauern, Handwerker und Händler. Anfangs durften sie nicht mitregieren. Doch weil die Plebejer die meisten Soldaten für das römische Heer stellten, konnte Rom ohne sie nicht verteidigt werden. Mehrfach drohten sie damit, den Kriegsdienst zu verweigern. So mussten die Patrizier ihnen im Laufe der Zeit erlauben, Ämter im Staat zu übernehmen.

T3 Das Machtzentrum Rom
Um Konsul zu werden, brauchte man die Mehrheit der Stimmen. Die Konsuln wurden wie fast alle anderen Beamten nur für ein Jahr gewählt. Eine Wiederwahl im folgenden Jahr war verboten. Nur bei einer Einrichtung machten die Römer eine Ausnahme, das war der Senat. Seine Mitglieder, die 300 Senatoren, wurden auf Lebenszeit berufen. Sie waren angesehene ehemalige Beamte und verfügten daher über sehr viel politische Erfahrung. Ihre Beschlüsse wurden genauso geachtet wie die Gesetze der Stadt Rom. Wenn die Konsuln wichtige Entscheidungen trafen, berieten sie sich normalerweise erst mit dem Senat.

M1 Wie ein Konsul in der Volksversammlung gewählt wurde

Gaius sagt:
„Wir Patrizier stimmen immer als Erste ab. Eigentlich sind wir nur wenige, aber wir haben 80 Stimmen bei der Wahl."

Antonius sagt:
„Wir reichen Plebejer – man nennt uns Ritter – stimmen danach ab.
Wir sind auch nur eine kleine Gruppe, haben aber 18 Stimmen."

Lucius sagt:
„Wir armen Plebejer kommen als Letzte dran. Wir sind zwar viel mehr als die anderen zusammen, aber wir haben nur 95 Stimmen."

»

1. Welche Staatsformen hatten die Römer …
a) bis 500 v. Chr.,
b) 500 – 27 v. Chr.,
c) 27 v. Chr. – 476 n. Chr.? (T1, T4, M3)

2. Wie viele Stimmen brauchte ein Römer, der Konsul werden wollte? (T3, M1)
Warum waren die Stimmen der armen Plebejer weniger wert? (T3, M1)

3. Wieso konnte eine Wahl oft schon abgebrochen werden, wenn die Patrizier und die reichen Plebejer abgestimmt hatten? (M1)
Achte auf die Stimmenzahl.

M 2 Verfassung der römischen Republik um 300 v. Chr.

Senat mit 300 Senatoren

- Wir beraten die Konsuln.
- Wir bereiten die Gesetze für die Volksversammlung vor.
- Wir erklären den Krieg.
- Wir schließen Friedensverträge ab.

Gewählte Beamte, die die Staatsgeschäfte führen

2 Konsuln
- Wir leiten den Staat.
- Wir sind die obersten Heerführer.
- Wir berufen die Volksversammlung ein.

weitere Beamte
- Wir verwalten die Staatskasse.
- Wir sind die Richter.
- Wir sind für die Getreideverteilung verantwortlich.
- Wir haben die Polizeigewalt.

10 Volkstribunen

- Wir sind nur von Plebejern gewählt.
- Wir haben nicht so viel zu sagen wie die gewählten Beamten, aber wir können alle ihre Beschlüsse verbieten, wenn wir sie schlecht finden.

T 4 Von der Republik zum Kaiserreich

Als das Römische Reich immer größer wurde, wuchs auch die Macht der erfolgreichen Heerführer. Sie bekämpften sich allerdings gegenseitig, denn jeder wollte der mächtigste Mann in Rom sein. Einer von ihnen war Julius Cäsar. Ihm gelang es, in Rom die Macht zu übernehmen. Dann ließ er sich von den Senatoren an die Spitze des Staates stellen. Einige fürchteten bald, Cäsar würde sich zum König ausrufen lassen, und ermordeten ihn. Aber ein paar Jahre später war Cäsars Adoptivsohn Oktavian als Konsul so mächtig geworden, dass er schließlich als Kaiser regierte. Rom blieb bis zu seinem Untergang im Jahr 476 n. Chr. ein Kaiserreich.

Lexikon

Patrizier
Sie kamen aus adligen Familien. Sie besaßen große Landgüter und hatten viel Macht im Staat.

Ritter
Sie gehörten zu den Plebejern, waren aber so reich, dass sie im Krieg als Reiter kämpfen konnten.

Plebejer
(lateinisch „plebs" = einfaches Volk). Sie besaßen das römische Bürgerrecht, waren aber meist arm.

M 3 Standbild des Kaisers Augustus
Er hieß eigentlich Oktavian. Als Kaiser Augustus herrschte er von 27 v. Chr. bis 14 n. Chr.

4. Die römischen Beamten wurden nur für ein Jahr gewählt und hatten mindestens einen gleichberechtigten Kollegen neben sich. Was bezweckten die Römer damit? (T 3, M 2)

* **5.** Erkläre, warum der Senat eigentlich mehr Macht hatte als die beiden Konsuln. (T 3, M 2)

* **6.** Rom wurde 500 Jahre lang von Konsuln regiert. Weitere 500 Jahre regierten Kaiser den Staat. Worin besteht der Unterschied? (T 4)

Die Legionen Roms

Die römischen Heere eroberten ein Großreich und bewachten die Grenzen. Aber wie sah das Leben eines Soldaten aus?

M1 Die römische Armee …
… in der frühen Republik
Alle männlichen Bürger zwischen 17 und 49 Jahren konnten eingezogen werden. Reiche zogen als Ritter, d.h. auf Pferden und mit besseren Rüstungen, ins Feld.

… in der späten Republik
Seit etwa 100 v. Chr. bestanden die Legionen aus römischen Bürgern. Die Soldaten dienten 16 bis 20 Jahre. Das Leben eines Legionärs war sehr anstrengend: Ständig gab es Waffendrill, Gefechtsübungen, endlose Märsche.

Die strenge Disziplin wurde durch harte Strafen erzwungen. Wer auf der Wache einschlief oder vor dem Feind davonlief, musste oft mit seinem Leben büßen. Legionäre wurden auch eingesetzt, um Straßen, Brücken und Festungen zu bauen.

T1 Das Bürgerheer

Von Anfang an führten die Römer viele Kriege, um ihr Reich zu vergrößern und ihre Grenzen zu sichern. Wer römischer Bürger war und Land, ein Haus und Geld besaß, konnte als Soldat eingezogen werden. Waffen, Ausrüstung und Essen musste er selbst bezahlen. War der Feldzug beendet, kehrten die Männer nach Hause zurück. Bald funktionierte dieses System nicht mehr. Es gab fast jedes Jahr Krieg und manchmal kamen die Soldaten erst nach Jahren zurück. Darunter litten vor allem die Bauernfamilien. Wenn der Mann weg war, musste die Frau mit den Kindern den Hof versorgen. Häuser und Ackergeräte konnten nicht repariert werden, Felder und Obstgärten wurden nach und nach nicht mehr bestellt. Viele Bauern verkauften deshalb ihren Hof und zogen nach Rom, wo sie von nun an ohne eigenen Besitz lebten. Bald gab es nicht mehr genug Bauernsöhne für die Armee.

T2 Die Berufsarmee

Daher führten die Römer um 100 v. Chr. ein neues System ein. Sie machten den Militärdienst zum Beruf. Ein römischer Bürger, der sich für mindestens 16 Jahre verpflichtete, erhielt seine gesamte Ausrüstung vom Staat. Am Ende seiner Ausbildung wurde er Legionär; so nannte man einen römischen Fußsoldaten. Er bekam eine Unterkunft, Essen und Sold (= Lohn). Auf diese Weise füllten sich die Legionen bald mit den Söhnen von verarmten Bauern.

»

1. Warum haben die Römer um 100 v. Chr. eine Berufsarmee eingeführt? (T1, T2)

2. Welche Vorteile hatte ein armer Römer, wenn er Soldat wurde? (T2, T3, M1)

3. Was musste ein römischer Legionär auf dem Marsch alles mit sich tragen? Unterscheide Waffen, Kampfbekleidung, Werkzeuge und Geräte. (M2)

T3 Das Legionärsleben bot viele Chancen

Auch wenn der Dienst in den Legionen hart war, bot er doch eine gewisse Sicherheit und ein regelmäßiges Einkommen.
Nach der Dienstzeit bekamen die Soldaten ein Stück Land oder Geld.
Neben den Legionären gab es noch die Hilfstruppen. Sie bestanden nicht aus römischen Bürgern, sondern aus den Bewohnern der Provinzen. Aus dem freien Germanien warben die Römer auch junge Germanen an. Die Offiziere der Hilfstruppen waren meistens Römer, und im Dienst sprach man Latein. Das trug auch dazu bei, dass sich die römische Lebensart in den Provinzen verbreitete.
Die Soldaten aus den Hilfstruppen wurden außerdem mit dem römischen Bürgerrecht belohnt. So konnten ihre Söhne Legionäre werden. Sie erhielten dann dreimal so viel Sold wie ihr Vater.

M2 Römischer Soldat
(heutige Zeichnung). Ein Legionär trug fast alles, was er im Krieg benötigte, bei sich. Im Kampf schützten ihn Kettenhemd, Helm und Schild.
Seine wichtigsten Waffen waren Schwert, Dolch und Wurfspeer. Für die Befestigung des Lagers brauchten die Soldaten Werkzeuge: Hacken, Körbe für Erdarbeiten, Rasenstecher, Äxte und angespitzte Pfosten für den Verteidigungswall. Außerdem hatte jeder Getreide, Speck, Bohnen, Kochgeräte und einen Wasserkessel dabei. Alles zusammen wog bis zu 40 kg.

Lexikon

Legion
Eine Legion bestand aus etwa 5 000 Fußsoldaten. Dazu kamen noch extra Reiter, Bogenschützen und Steinschleuderer. Um 20 v. Chr. bestand die römische Armee aus 28 Legionen.

M3 Geschichte im Experiment
Manche Historiker versuchen herauszufinden, wie es sich als Legionär lebte, indem sie Kleidung und Waffen selbst ausprobieren. Diese Teilnehmer marschierten 1985 mit voller Ausrüstung über die Alpen nach Regensburg – und zwar auf demselben Weg wie der Feldherr Drusus vor 2 000 Jahren.

4. Überlege, warum einige Historiker manches aus der Vergangenheit selbst ausprobieren. (M3)
Was ist beim Ausprobieren anders als beim Lesen von Quellen und Büchern?

5. Der Römer Marcus ist seit zwei Jahren Legionär an der germanischen Grenze. Sein jüngerer Bruder Quintus will wissen, ob er auch Soldat werden soll. Marcus schildert ihm daher in einem Brief das Soldatenleben.
Nutze dafür nur Informationen, die du auf dieser Seite findest.

*
6. Macht aus der Aufgabe 5 ein Rollenspiel: Marcus ist auf Urlaub in Rom. Quintus fragt ihn vieles über sein Leben als Legionär …
Besprecht danach, was euch noch über das Leben eines Legionärs interessiert hätte.

Die „familia" – eine Familie wie heute?

„Verliebt – verlobt – verheiratet" heißt es in einem Sprichwort. Verliebte heiraten und gründen eine Familie. War das bei den Römern auch so?

T1 Hochzeit bei den Römern

Bei den Römern wurde eine Hochzeit fast immer von den Eltern verabredet. Dabei spielte es eine große Rolle, wie viel Geld und Land eine Familie besaß und was für einen Ruf sie hatte. Ein Mädchen wurde schon mit 14 oder 15 Jahren verheiratet. Der junge Mann war meistens nur wenige Jahre älter.
Am Morgen der Hochzeit brachte die junge Braut ihr Spielzeug den Schutzgöttern des Hauses als Opfer. Danach legte sie einen roten Schleier über ihr Haar. Die Trauung fand im Haus der Braut statt. Vor den Eltern, Verwandten und Freunden reichten sich die Brautleute die rechte Hand. Dann tauschten sie die Ringe und sprachen die Worte: „Wo du bist, bin ich auch."

M1 Römisches Ehepaar
Diese Zeichnung zeigt die typische Kleidung eines Römers und einer Römerin: Beide tragen die Tunika, ein kurzärmeliges, langes Hemd aus Leinen oder Wolle. In der Öffentlichkeit trug der Mann darüber eine Toga. Auf der Toga von römischen Senatoren war noch ein dicker roter Streifen. Verheiratete Frauen trugen über der Tunika eine Stola.

M2 Römisches Brautpaar bei der Eheschließung
Diese Figurengruppe ist aus Stein gehauen und befindet sich heute im Britischen Museum, London.

T2 Der Vater hat das Sagen

Die Frau gehörte nun zur „familia" ihres Schwiegervaters. Alle mussten ihm gehorchen, denn er bestimmte als Familienoberhaupt so ziemlich alles, was das Haus betraf. Erst wenn er starb, konnten seine Söhne Hausvater werden.
Bei reichen Römern konnte die „familia" hundert und mehr Personen umfassen, denn auch die Sklavinnen und Sklaven und freigelassene Sklaven gehörten dazu.

1. Welcher Augenblick ist in M2 dargestellt?
Lies dazu noch einmal T1.

2. Lies T1 und beantworte folgende Fragen:
a) Wie lernte sich ein Paar zur Römerzeit kennen?
b) Wie verlief die feierliche Eheschließung?
c) Wer war bei der Hochzeit dabei?
d) Wo fand sie statt?

3. Was war bei einer römischen Hochzeit anders als bei einer Hochzeit heute? (T1)

T3 Welche Rechte hatten die Frauen?

Die Aufgabe einer Ehefrau war vor allem, Kinder zu bekommen und den Haushalt zu führen. Frauen aus ärmeren Familien arbeiteten aber auch als Köchinnen in Gasthäusern oder bei reicheren Familien. Andere waren Händlerinnen. Frauen konnten auch in die Therme gehen und sich Spiele in der Arena und Aufführungen im Theater anschauen. In der Kaiserzeit bekamen Frauen das Recht, sich scheiden zu lassen und in ihre alte „familia" zurückzukehren.

T4 Wer kümmerte sich um die Kinder?

Wenn die Kinder sieben Jahre alt waren, gingen sie zu einem Privatlehrer. Der brachte den Jungen und Mädchen Lesen, Schreiben und einfaches Rechnen bei. Mit 14 Jahren waren die Jungen und Mädchen dann alt genug, um zu arbeiten. Nur reichere Römer konnten es sich leisten, ihre Söhne länger ausbilden zu lassen. Sie lernten dann, schwierige Texte zu lesen oder eine öffentliche Rede zu halten. Den Mädchen zeigte die Mutter, wie man Wolle zu Garn spinnt und Stoffe webt. Wenn eine junge Frau einen Haushalt führen sollte, musste sie aber auch wissen, wie man Lebensmittel herstellte und den Sklaven im Haus Anweisungen gab.

M3 Wagen, die von Schafen oder Ziegen gezogen wurden, waren ein beliebtes Kinderspielzeug. (Ausschnitt aus einem Relief auf einem Steinsarg aus dem 2. Jh. n. Chr.)

M4 Spielende Kinder (Darstellung auf einem Kindersarg)

Tipp

Wir schneidern eine Tunika

1. Ihr braucht: zwei rechteckige Stoffbahnen (z. B. Bettlaken).
2. Maß nehmen und zuschneiden: Für die Mädchen-Tunika muss der Stoff etwa 80 cm breit sein, für die Jungen-Tunika etwa 70 cm. Der Stoff muss so lang sein, dass er den Mädchen vom Hals bis zum Knöchel reicht. Bei Jungen muss er vom Hals bis zur Wade reichen.
3. Nähen: Legt die Stoffbahnen übereinander und näht sie an den Schultern und an den Seiten zusammen. Vielleicht gibt es an eurer Schule Nähmaschinen, dann geht es schneller.

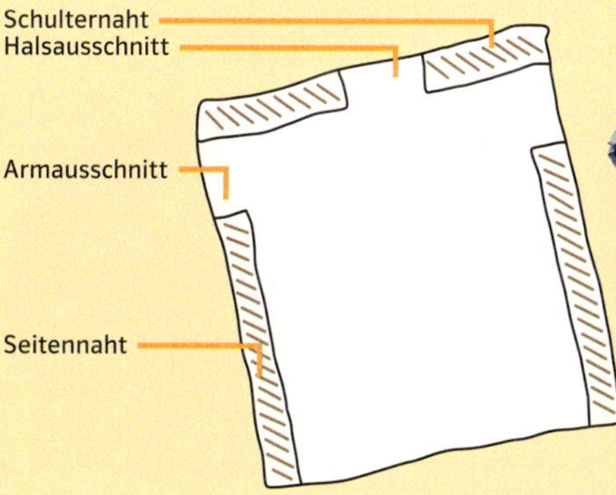

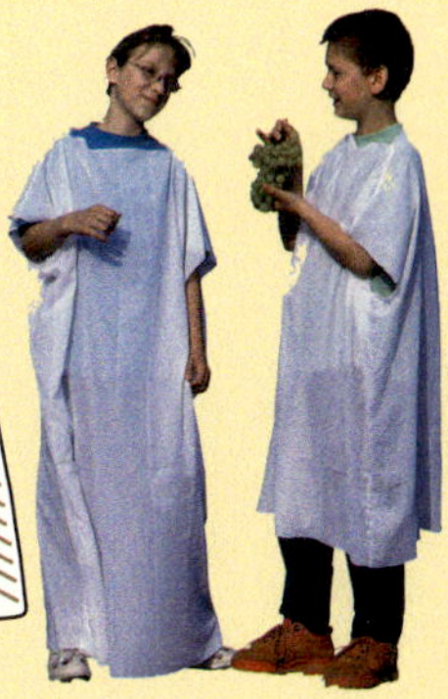

4. Beschreibe, wie die Kinder in einer römischen „familia" lebten. (T4, M3, M4)
Was war anders als heute, was ist gleich geblieben?

5. Unser Wort Familie kommt vom lateinischen Wort „familia".
Doch wir verstehen etwas anderes darunter als die Römer. Erkläre den Unterschied. (T2)

* **6.** Erkläre, wie man Unterschiede in der römischen Gesellschaft an der Kleidung erkennen konnte. (M1)

Sklaven – nur lebende Werkzeuge?

Nach römischem Recht galten die Sklaven als „eine Sache". Sie gehörten also wie Vieh und Ackergerät zum Besitz ihres Herrn. Der durfte sie verkaufen, auspeitschen oder sogar töten.

T1 Woher stammten die Sklaven?

Wenn die römischen Legionen siegreich aus einem Feldzug heimkehrten, brachten sie Kriegsgefangene als Sklaven mit. Oft kam es auch vor, dass Piraten Reisende raubten und sie auf dem nächsten Sklavenmarkt verkauften. Doch die meisten Unfreien wurden schon als Kinder von Sklaven geboren.

T2 Billige Arbeitskräfte

Sklavinnen und Sklaven arbeiteten im Haushalt, auf Feldern, in Steinbrüchen und Bergwerken oder ruderten auf Schiffen. Andere unterrichteten die Kinder der Römer oder heilten als Ärzte Krankheiten. Nicht allen Sklaven ging es schlecht, viele wurden von ihren Herren sogar freigelassen, wenn sie gute Dienste geleistet hatten.

M1 Marcius Porcius Cato lebte von 234 bis 149 v. Chr. Er war nicht nur ein geachteter Politiker, sondern auch ein erfolgreicher Gutsbesitzer, auf dessen Landgut viele Sklaven arbeiteten. Darüber schreibt der griechische Schriftsteller Plutarch um 100 n. Chr.:

» Er hielt eine große Menge Sklaven, die er aus der Menge der Kriegsgefangenen kaufte. Am liebsten nahm er solche, die noch klein waren und sich wie junge Hunde oder Fohlen erziehen ließen. (...) Jeder Sklave musste entweder arbeiten oder schlafen. Cato war denen, die gut schliefen, wohlgesonnen, weil er glaubte, dass sie gutmütiger seien als die, die munter blieben. Immer versuchte er, seine Sklaven in Streit untereinander zu halten, weil Eintracht unter den Sklaven in ihm Furcht und Verdacht erregte. «

M2 Der griechische Schriftsteller Diodor (um 80 – um 29 v. Chr.) beschreibt, wie die Sklaven in den Bergwerken in Spanien um 100 – 90 v. Chr. arbeiteten:

» Die Sklaven, die im Bergbau beschäftigt sind, bringen ihren Besitzern unglaubliche Einkünfte. Sie selbst aber müssen unterirdisch graben, bei Tage wie bei Nacht, gehen körperlich zugrunde; viele sterben infolge der übermäßigen Anstrengungen. Denn Erholung oder Pausen in der Arbeit gibt es nicht. Aufseher zwingen sie mit Schlägen, die furchtbaren Leiden zu ertragen, bis sie elend ihr Leben aushauchen. Wenige nur, die genug Körperkraft haben, halten durch und verlängern damit nur ihre Qual. Denn erstrebenswerter als das Leben wäre für sie der Tod wegen der Größe ihres Elends. «

M3 Plakette aus Bronze (3./4. Jh. n. Chr.)
Diese Plakette war fest um den Hals eines Sklaven geschmiedet. Die Inschrift lautet übersetzt: „Halt mich fest, damit ich nicht entfliehe, und bring mich meinem Herrn Viventius auf dem Landsitz des Callistus zurück."

»

1. Lies die Textquellen M1 und M2 in Ruhe durch. Bearbeite dann die Fragen 1–3 zu jedem Text.

2. Finde für jede Textquelle eine neue Überschrift.

3. Welche Informationen über das Verhältnis des Herrn zu seinen Sklaven findest du in M1? Warum könnte Cato ein erfolgreicher Gutsbesitzer gewesen sein?

4. Was berichtet Diodor in M2 über die Arbeit der Bergwerkssklaven? Wird die harte Behandlung von Sklaven durch die Fundstücke M3 und M5 bestätigt? Begründe deine Meinung.

M 4 Arbeiten auf einem Gutshof (römisches Steinrelief)
Die Arbeiter oder Sklaven zerstampfen Weintrauben, damit der Traubensaft beim Keltern besser läuft.

M 5 Halsband eines Sklaven (3./4. Jh. n. Chr.)
Das eiserne Band war fest um den Hals eines Sklaven geschmiedet. Die Übersetzung der Inschrift lautet: „Einfangen und zurückgeben an Apronianus, Minister im kaiserlichen Palast, (...) entlaufener Sklave."

T 3 Was sind schriftliche Quellen?
Aus der Zeit der Römer sind uns viele Schriftstücke erhalten geblieben, zum Beispiel Briefe, Gedichte, Reden, Urkunden, Theaterstücke und Lebensbeschreibungen berühmter Personen. Diese Schriftstücke sind wichtige Quellen für uns, um mehr über die Vergangenheit zu erfahren. Wir nennen sie schriftliche Quellen oder auch Textquellen. Schriftliche Quellen enthalten oft wichtige Informationen darüber, wie Menschen in früheren Zeiten gelebt haben, was sie dachten und worüber sie sich freuten oder ärgerten. Aus schriftlichen Quellen erfahren wir auch, welche Gesetze Politiker beschlossen und welche Auswirkungen politische Entscheidungen oder Kriege auf das Leben der Menschen hatten.
Oft schreiben die Verfasser über Dinge, die sie selbst erlebt haben. Manchmal schreiben sie aber auch auf, was sie von anderen gehört haben oder was ihnen von früher erzählt wurde. Das muss man gut unterscheiden, wenn man wissen will, ob man dem Verfasser glauben soll und ob der Inhalt einer Quelle wirklich den Tatsachen entspricht.

Methode: Schriftliche Quellen auswerten

Fragen zum Text:

1. Worum geht es in dem Text?

2. Welche Orte, Personen oder Gruppen werden genannt?

3. Gibt es Wörter, die du nicht verstehst? Schlage in einem Wörterbuch nach oder frage deine Lehrerin oder deinen Lehrer.

4. Kannst du erkennen, an wen sich der Schreiber wendet?

5. Schreibt der Verfasser über Dinge, die er selbst erlebt hat? Woher hat er sonst seine Informationen?

6. Mit welcher Absicht hat der Verfasser den Text wohl geschrieben?

*
5. Hat der Schriftsteller Plutarch den Politiker und Gutsbesitzer Cato gekannt? Sind seine Aussagen im Text M 1 für dich glaubwürdig? Welche zusätzlichen Informationen würdest du dir wünschen?

*
6. Könnte der Geschichtsschreiber Diodor die Arbeit der Bergwerkssklaven aus eigener Anschauung kennen? Ist ihm das Schicksal der Sklaven gleichgültig oder zeigt er eher Mitgefühl? (M 2)

*
7. Einige Sklaven und Sklavinnen werden auf einem Sklavenmarkt zum Verkauf angeboten. Sie erzählen sich, wo sie herkommen, wie sie in die Sklaverei kamen, welche Arbeiten sie gemacht haben und wie sie behandelt wurden. Spielt die Szene in der Klasse.

Brot und Spiele

Gladiatoren wurden jahrelang ausgebildet, um in der Arena auf Leben und Tod gegeneinander zu kämpfen. Was lockte Zuschauer zu diesem grausamen „Vergnügen"?

T1 Vergnügungen der Römer
Seit der Zeit des Kaisers Augustus war Rom eine prächtige Stadt. Trotzdem gab es unter den römischen Bürgern noch viele, die arm waren. Das hätte leicht zu Aufständen gegen die Reichen führen können. Doch die Kaiser sorgten mit Getreidespenden vom Staat dafür, dass niemand hungern musste. Auch Unterhaltung boten die Kaiser den Stadtbewohnern. Am beliebtesten waren die „Spiele" im Circus und in der Arena. Im Circus Maximus in Rom fanden Pferde- und Wagenrennen statt, im Kolosseum gab es Gladiatoren- und Tierkämpfe.

T2 Tiere und Menschen aus allen Provinzen
Ursprünglich waren die blutigen Gladiatorenkämpfe Leichenspiele. Dabei kämpften Kriegsgefangene oder Verbrecher zu Ehren des Verstorbenen. Derjenige, der unterlag, war das Opfer für den Toten. Später machte man daraus eine grausame Form der Unterhaltung. Als Kaiser Titus im Jahr 80 n. Chr. das Kolosseum eröffnete, bot er 9 000 wilde Tiere auf. Kaiser Trajan feierte 106 n. Chr. einen Sieg, indem er 10 000 Gladiatoren an 117 Tagen um ihr Leben kämpfen ließ. Tausende römische Bürgerinnen und Bürger schauten begeistert zu.

T3 Mit Netz und Dreizack
Sklaven, Kriegsgefangene und Verbrecher wurden in Gladiatorenschulen jahrelang hart trainiert. Wenn sie ihrem Besitzer viele Preisgelder eingebracht hatten, ließ er sie vielleicht frei. Manche kämpften danach auf eigene Rechnung weiter. Meistens traten Gladiatoren mit ungleichen Waffen an – das erhöhte den Nervenkitzel. Der Retiarius kämpfte mit Dreizack, Dolch und Wurfnetz (= rete). Sein Gegner war der Secutor (= Verfolger), der mit seinem Schwert angriff und sich mit einem Schild verteidigte. Schiedsrichter passten auf, dass sich die Kämpfer an die Regeln hielten.

M1 Die heutige Ruine des Kolosseum in Rom
Es hatte Platz für 50 000 Zuschauer. Unter der Arena hat man Kammern ausgegraben, in denen vielleicht wilde Tiere eingesperrt waren. Die Archäologen haben auch Reste von Aufzügen und Falltüren gefunden, über die Tiere und Menschen plötzlich auftreten oder verschwinden konnten.

»

1. Im Text findet ihr viele Stellen, die gelb unterstrichen sind.
Sie beziehen sich auf Aussagen, die ihr selbst überprüfen könnt.
Bildet dazu vier Gruppen:
Jede Gruppe nimmt sich einen Textabschnitt (Überschrift, T1–T4) vor und sucht in M1–M6 nach Informationen, die zu diesen Textstellen eine nähere Erläuterung geben.
Erklärt den anderen Gruppen, warum ihr bestimmte Stellen oder Bilder ausgewählt habt und was sie aussagen.

2. Manche Gladiatoren übten ihren „Sport" freiwillig aus; die meisten aber nicht. (T3, T4)
Wer wurde vor allem Gladiator und aus welchem Grund?

T4 Lieblinge der Massen

Die Kämpfer fochten so lange, bis einer tot oder schwer verwundet war. Der Verwundete konnte durch Fingerzeichen um Gnade bitten. Sein Schicksal lag dann in der Hand der Zuschauer. Diese zeigten unmissverständlich ihr Urteil an. Hatte ein Gladiator gut gefochten, durfte er weiterleben. Anderenfalls musste der Sieger ihm den Todesstoß versetzen. Einen beliebten Gladiator ließen die Zuschauer so schnell nicht sterben, und sein Besitzer war auch daran interessiert, dass er noch lange lebte. Ab dem 1. Jahrhundert n. Chr. meldeten sich auch Bürger als Gladiatoren. Wahrscheinlich wollten sie auch so berühmt werden wie manch andere Gladiatoren.

M2 Tierkämpfer in der Arena (Relief aus Ton)
Durch versteckte Türen konnten plötzlich wilde Tiere auftauchen und die „Jäger" zu Gejagten machen.

M3 Retiarius, Secutor und ein Schiedsrichter auf einem römischen Mosaik
Das Mosaik schmückte den Fußboden einer Villa in Nennig an der Mosel.

M4 Der römische Dichter Juvenal schrieb um 100 n. Chr.:

„(Die Römer) verloren die Freude daran, Verantwortung zu übernehmen: Das Volk, das einst den Oberbefehl über die Legionen und die Ämter im Staat verlieh, das die Truppen und vieles mehr im Staate stellte, mischt sich nicht mehr in die Politik ein und verlangt voller Eifer nur noch dieses: Brot und Spiele."

M5 Sprüche an Häuserwänden in Pompeji aus dem 1. Jahrhundert n. Chr.:

„Quintus Petronius Octavus hat seine Freilassung nach dem 33. Kampf erreicht."
„Auctus von der Julianischen Schule hat 50-mal gewonnen."
„Crescens der Netzkämpfer ist der Schwarm der Mädchen."

M6 In Pompeji kam es 59 n. Chr. zu einer Schlägerei mit Zuschauern aus einer Nachbarstadt. Zur Strafe schloss der Senat die Arena für 10 Jahre. Der römische Geschichtsschreiber Tacitus berichtet darüber:

„Es geschah während eines Gladiatorenkampfes (...) Zuerst beschimpften sie sich, dann griffen sie zu Steinen und schließlich zu den Waffen. Das Volk von Pompeji (...) behielt die Oberhand. Viele Bewohner von Nuceria wurden verstümmelt und verwundet nach Rom transportiert. Zahlreich waren diejenigen, die einen Sohn oder Vater zu beweinen hatten."

3. Worin bestand für die Zuschauer der Reiz ungleicher Gladiatorenpaare? Welche Kampftechnik verfolgten Secutor und Retiarius? (T3, M3)

4. Nenne zwei Gründe, warum viele Kämpfe nicht mit dem Tod des Unterlegenen endeten. (T4)

* **5.** Die Überschrift des Kapitels findest du bei dem Dichter Juvenal. (M4)
Wie meint er die Aussage?
Was bezweckten die Kaiser mit ihrer Großzügigkeit?

* **6.** Vergleiche den Vorfall in Pompeji mit Sportereignissen heute. Wie wird z. B. heute ein Fußballverein bestraft, wenn seine Fans andere Zuschauer verprügeln? (M6)
Was hältst du von der Strafe?

Germanen und Römer

Für die Römer waren die Germanen „Barbaren". Das bedeutet „wilde, unzivilisierte Menschen". Warum waren die Germanen für die Römer so fremd?

T1 Ein Volk im Norden

Als die Römer bei ihren Eroberungszügen an den Rhein und die Donau kamen, trafen sie auf die Germanen. Die Germanen waren kein einheitliches Volk und sie hatten auch keinen Staat wie die Römer. Die Menschen lebten in einzelnen Stämmen zusammen. Zwischen ihren Dörfern lagen Sümpfe und tiefe Wälder. Auch Städte mit steinernen Häusern, feine Kleider und raffinierte Speisen kannten sie nicht.

M1 Wohn- und Wirtschaftsgebäude des germanischen Stammes der Cherusker (aus dem 1. Jh. n. Chr.)
Die Gebäude sind nach Bodenfunden rekonstruiert und stehen im Freilichtmuseum Oerlinghausen.

M2 Diese Kleidung von germanischen Frauen wurde nach Funden rekonstruiert. Als Schmuck trugen die Frauen Hals- und Armreifen sowie schön gearbeitete Gürtelschnallen.

T2 Feinde und Verbündete

Die Römer fanden das Leben und die Bräuche der Germanen ziemlich primitiv. Aber sie hatten doch Respekt vor ihnen. Die Römer bewunderten vor allem an den germanischen Kriegern, dass sie mutig und tapfer waren. Die germanischen Fürsten mussten sich im Krieg durch besondere Tapferkeit auszeichnen. Im Frieden führten sie den Vorsitz im Thing.
Immer wieder kam es zu Kämpfen, wenn einzelne Stämme die Grenze zum Römischen Reich angriffen. Doch lange Zeit konnten sich die Römer gut gegen die germanischen Krieger schützen. Manchmal verbündeten sie sich auch mit germanischen Fürsten. Die größte Hilfe im Kampf gegen die Germanen waren die Germanen selbst. Viele germanische Krieger ließen sich als Hilfstruppen anwerben. Im 5. Jahrhundert n. Chr. war fast jeder zweite Soldat im römischen Heer ein Germane.

»

1. Wo und wie lebten die Germanen? Wie trafen Römer und Germanen aufeinander? (T1)

2. Woher wissen heutige Historiker etwas über die Germanen? (T3)

3. Beschreibe die Kleidung der germanischen Männer und Frauen. (M2 – M4)
Was ist anders als bei der Kleidung der Römerinnen und Römer?
Sieh dir dazu M1 auf S. 80 an.

4. Wie beschreibt Tacitus das Aussehen der Germanen? Was sagt er über ihre Charaktereigenschaften und ihre Fähigkeiten? (M5, Zeile 1 – 9)

T3 Woher wissen wir etwas über die Germanen?

Von den Germanen wissen wir nicht viel. Aus Bodenfunden können Archäologen zwar Kleidung, Schmuck, Geräte und andere Gegenstände rekonstruieren. Doch es gibt keine Berichte oder andere schriftliche Quellen von den Germanen selbst, denn sie besaßen noch keine Schrift.

Doch einige römische Geschichtsschreiber haben von den Germanen berichtet. Am anschaulichsten beschrieb der Römer Tacitus das Leben im freien Germanien, obwohl er nie dort war. Sein Wissen hatte er vor allem von Händlern und Offizieren, die durch ihren Beruf einige germanische Stämme kennengelernt hatten. 98 n. Chr. verfasste Tacitus ein Buch mit dem Titel „Germania“. Darin beschrieb er die Volksstämme an der Nordgrenze des Römischen Reiches, gegen die römische Legionen seit mehr als 100 Jahren im Kampf standen.

Lexikon

Thing
(germanisch „das Ding“). Die freien Männer eines Stammes kamen hier zusammen, um die Angelegenheiten des Stammes zu regeln.

M3 Das Bild einer Germanin als Wandschmuck in einem römischen Tempel (145 n. Chr.)

M4 Ein germanischer Fürst auf einem römischen Triumphbogen (304 n. Chr.)

M5 Tacitus in seinem Buch über die Germanen:

„Die äußere Erscheinung ist bei allen Germanen dieselbe: wild blickende blaue Augen, rötliches Haar und große Körper, die allerdings nur zum Angriff taugen.
Wenn sie keine Kriege führen, verbringen sie viel Zeit mit Jagen, mehr noch mit Nichtstun, dem Schlafen und Essen. Gerade die Tapfersten und Kriegslustigsten rühren sich nicht. Die Sorge für Haus, Hof und Feld bleibt den Frauen, den alten Leuten und den Schwachen überlassen. (...)
Dass die Germanen keine Städte bewohnen, ist ausreichend bekannt, ja sie dulden nicht einmal zusammenhängende Siedlungen. Sie wohnen einzeln und für sich, gerade dort, wo ihnen ein Ort zusagt. Ihre Dörfer legen sie nicht in unserer Weise an, sondern jeder umgibt sein Haus mit freiem Raum. (...) Nicht einmal Bruchsteine oder Ziegel sind bei ihnen im Gebrauch; zu allem verwenden sie unbehauenes Holz, ohne auf ein schönes und freundliches Aussehen zu achten.
Über wichtige Dinge entscheidet die Gesamtheit. (...) Man versammelt sich an bestimmten Tagen, bei Neumond oder Vollmond. (...) Vor der Versammlung darf man auch Anklage erheben und die Entscheidung über Leben und Tod beantragen. Die Strafen richten sich nach der Art des Vergehens: Verräter und Überläufer hängt man an Bäumen auf; Feiglinge und Unzüchtige versenkt man im Sumpf und Morast.“

5. Vergleiche den germanischen Hof in M1 mit der Beschreibung des Tacitus. (M5, Zeile 10–18) Wird sein Bericht durch die Bodenfunde eher bestätigt oder widerlegt?

6. Warum dürfen wir nicht alle Aussagen von Tacitus für absolut gesichertes Wissen halten?

Schriftliche Quellen auswerten

7. Wer und was hat Tacitus bei seinen Beschreibungen wahrscheinlich beeinflusst? (T3)

Am Limes

Limes bedeutete ursprünglich „Grenzwall". Die Römer nannten ihre befestigte Grenze so. Aber war der Limes wirklich nur ein Schutzwall gegen die „Barbaren"?

T 1 Die Grenze im Norden
Vom Mittelmeer dehnten die Römer ihr Reich immer weiter aus. Erst wenn römische Heere an ein Meer, eine Wüste oder einen großen Fluss stießen, machten sie halt. Diese Grenzen ließen sich gut verteidigen. Im Norden wollten die Römer bis zur Elbe vordringen. Doch im Jahr 9 n. Chr. passierte etwas Unvorstellbares: Germanische Krieger lockten drei römische Legionen in einen Hinterhalt und vernichteten sie vollständig. Die Römer bauten nun eine starke Grenzsicherung an Rhein und Donau auf.

T 2 Kastelle sichern den Limes
Doch zwischen den beiden Flüssen klaffte eine Lücke, die von keinem natürlichen Hindernis wie einem Gebirge oder Fluss geschützt wurde. Deshalb errichteten die Römer auf einer Länge von 548 Kilometern einen befestigten Grenzwall und etwa 900 Wachtürme.
So konnten die Legionäre weit ins germanische Gebiet schauen. Bei Gefahr gaben sie durch Rauch oder Feuer Alarm. Dann kam Hilfe aus einem der 60 Kastelle herbei, die entlang der Grenze lagen.
In einem solchen Kastell waren 500 bis 1000 Soldaten stationiert. Sie gehörten zu den Hilfstruppen, die überall die Grenzen sicherten.
Das konnten Syrer, Afrikaner, Spanier, Gallier oder Germanen sein. Sie alle mussten versorgt werden. Deshalb siedelten sich vor dem Kastell Händler, Handwerker, Ärzte, Masseure, Schreiber und auch Kneipenwirte an. Alle diese Menschen trugen dazu bei, dass sich die römische Lebensweise und die Sprache der Römer bis zur römischen Grenze verbreitete.

M 1 Der Limes
Die Verteidigungsanlage bestand teils aus Holztürmen und Palisaden, teils aus Steinmauern und steinernen Türmen. Unbewaffnete Germanen durften ihn an bestimmten Stellen passieren. (Rekonstruktionszeichnung)

»

1. Warum bauten die Römer den Limes auf germanischem Gebiet? (T 1, T 2)

2. In welchem heutigen Gebiet verlief der römische Limes? (M 5) Du kannst dazu einen Atlas zu Hilfe nehmen.

3. Betrachte die Zeichnung M 1. Wenn bewaffnete Germanen die Grenze am Limes überwinden wollten, mussten sie drei Hindernisse überwinden. Nenne sie.

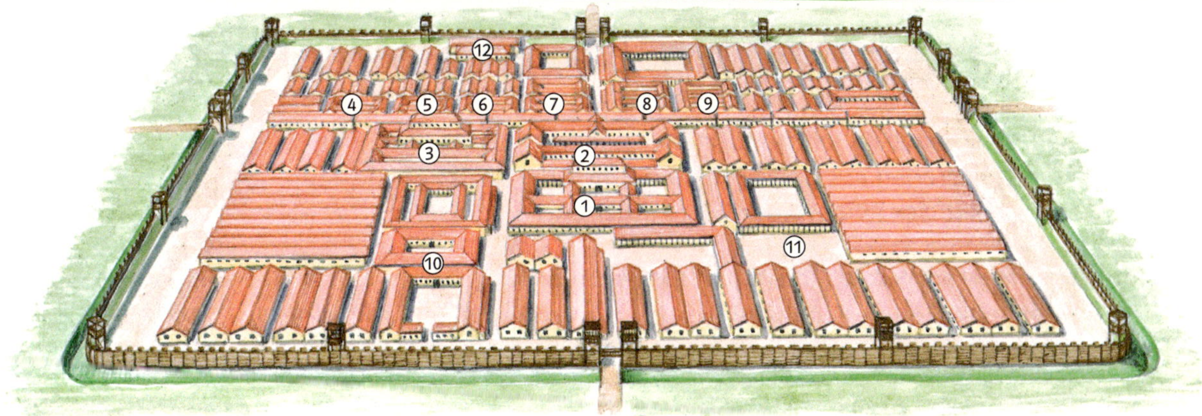

M 2 Das Legionslager der XVI. Legion bei Novaesium (Neuss)
Solche Anlagen wurden nach dem Plan eines römischen Marschlagers errichtet, nur dass an Stelle der Zelte feste Bauten aus Holz oder Stein standen. 1 Haus des Befehlshabers, 2 Legionshauptquartier, 3 Krankenhaus, 4 – 9 Häuser der sechs Tribunen (Stabsoffiziere), 10 Werkstätten, 11 Forum (öffentlicher Platz), 12 Verpflegungsmagazin und Küchengebäude

M 3 Kastell am Limes
Es ist im gleichen Maßstab wie das Legionslager dargestellt.

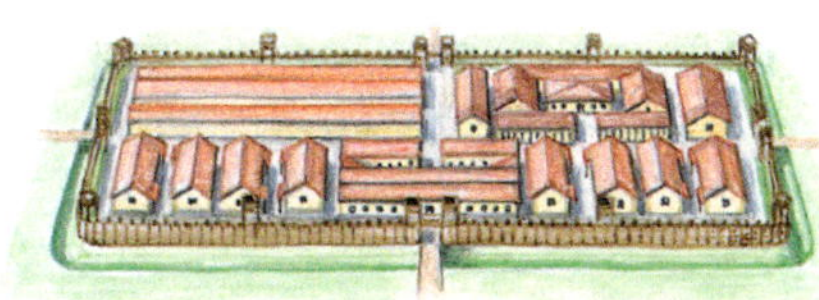

M 4 Der römische Schriftsteller Frontinus schrieb gegen Ende des 1. Jahrhunderts n. Chr. über den ersten Ausbau des Limes:

„Da die Germanen nach ihrer Sitte öfter aus Wäldern und dunklen Schlupfwinkeln unsere Truppen angriffen und einen sicheren Rückzug in die Tiefe der Wälder hatten, ließ der Kaiser Domitian auf 120 Meilen (1 römische Meile = 1 478 Meter) Grenzwälle errichten und veränderte hierdurch nicht nur die Kriegslage, sondern unterwarf auch die Feinde seiner Gewalt, da er auch ihre Zufluchtsorte aufgedeckt hatte."

T 3 Der Limes – Grenze und Treffpunkt

Der Limes sollte zwar die Grenze sichern, aber er war auch durchlässig. Germanische Händler versorgten die römischen Orte mit Wachs, Fellen, Leder, Bernstein und blondem Frauenhaar für Perücken. Bauern boten Vieh, Getreide und Honig an. Wenn sie in die germanischen Dörfer hinter dem Limes zurückkehrten, waren ihre Karren mit römischen Metallwaren, feinem Tongeschirr, Glasgefäßen sowie Schmuck, bunten Stoffen und Wein beladen.

M 5 Der Limes

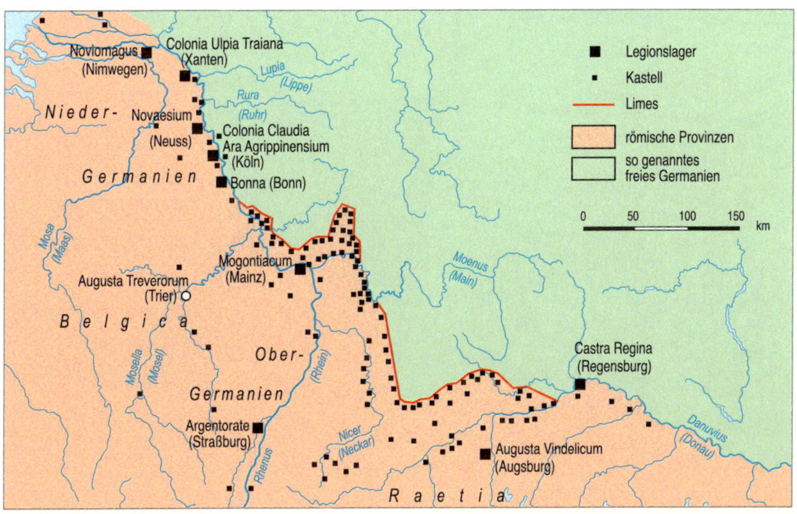

4. Betrachte die vorderste Grenzbefestigung am Limes. (M 1)
Diente sie eher dazu, die Grenze zu überwachen oder zu verteidigen? Begründe deine Meinung.

5. Worin unterscheidet sich ein Legionslager von einem Kastell? (M 2, M 3, M 5, T 2)
Lege dazu eine Tabelle an.

	Legionslager	Kastell
Größe	…	…
Lage	…	…
Aufgaben	…	…

6. Schreibe einen kurzen Text darüber, wie ein festes römisches Lager aufgebaut war. (M 2)
Denke an die verschiedenen Funktionen: Schutz, Schlafen, Essen, Verkehr und Verwaltung.

Römisches Leben in den Provinzen

Die Römer beherrschten viele Jahrhunderte lang andere Völker. Als die römischen Legionen aus den besetzten Provinzen abziehen mussten, blieb die Lebensweise der Römer noch lange erhalten.

T1 Städte nach römischem Vorbild
Wenn römische Soldaten oder Beamte in einer der vielen Provinzen ihren Dienst leisteten, wollten sie wie in ihrer alten Heimat leben. So bauten sie überall im Römischen Reich große Städte, in denen es beinahe alles gab, was sie von zu Hause kannten: ein Amphitheater, öffentliche Badeanstalten, Markthallen, Tempel, Theater, Säulenhallen und manchmal auch eine Rennbahn für Pferde- und Wagenrennen.
Für die Bürger einer solchen Stadt gab es immer frisches Wasser, das über Wasserleitungen von weit her transportiert wurde. Römische Ärzte waren für eine gute medizinische Betreuung da, und Polizisten sorgten für die öffentliche Ordnung. Kinder konnten in privaten Schulen alles das lernen, was junge Römer wissen sollten.

T2 Provinzbewohner wollen wie Römer leben
Die römische Lebensart wurde für viele Provinzbewohner zum Vorbild. Sie lernten die lateinische Sprache und ließen ihre Kinder nach römischem Beispiel erziehen. Nach und nach übernahmen sie auch die Gewohnheiten und Denkweisen der Römer. Auch lebten in den Orten bei den Kastellen die Soldaten oft mit einheimischen Frauen zusammen. Von Britannien bis Nordafrika und von Spanien bis zu den Wüsten Syriens gab es nun Menschen, die sich als Römer fühlten. Dadurch war es möglich, dass im Römischen Reich verschiedene Völker über lange Zeit friedlich zusammenlebten.

M1 Straßenbild der Römerstadt Trier
(heutige Zeichnung)

1. Wie kam es dazu, dass sich die römische Lebensweise auch in den Provinzen verbreitete? (T1)
Erzähle mit eigenen Worten.

2. Wenn ein germanischer Händler zum ersten Mal in eine römische Stadt wie Köln oder Trier kam, sah er viele Dinge, die er nicht kannte. Versetze dich in seine Lage.
Du kommst nach Hause zurück und erzählst davon. Mache dir eine Stichwortliste. (T1, M1)

3. Was tat ein Provinzbewohner, damit seine Kinder unter römischer Herrschaft besser leben konnten? Wie wirkte sich das auf das Leben in der Provinz aus? (T2)

T3 Das römische Bürgerrecht – von allen begehrt
Für die Menschen in den Provinzen war es eine große Ehre, wenn der Statthalter des Kaisers ihnen das römische Bürgerrecht gab. Sie galten dann tatsächlich als Römer und besaßen besondere Rechte. Wenn sie zum Beispiel angeklagt wurden, hatten sie Anspruch auf ein Gerichtsverfahren nach römischem Recht. Auch der römische Staat hatte daraus Vorteile. Zum einen konnte er einflussreiche Männer in den Provinzen stärker an sich binden. Zum anderen ließ sich so überall tüchtiges Personal für die Armee und die Verwaltung gewinnen. Schließlich wurden im Jahr 212 n. Chr. alle freien Reichsbewohner zu römischen Bürgern. Dadurch flossen auch mehr Steuern in die Staatskassen.

<Extra>

M3 „Die Vorzüge der römischen Kultur“ (Karikatur aus einer englischen Zeitschrift, 1912)
Die Karikatur zeigt den römischen Feldherrn Julius Caesar, der im Jahr 55 v. Chr. in Britannien gelandet war. Auf der Karikatur zeigt er den Engländern, welche Vorteile sie hätten, wenn sie sich der römischen Herrschaft unterwerfen. Worterklärungen:
① Briton = Brite/Engländer, Roman = Römer, ② Shipping = Schifffahrt,
③ Use of Bricks = Gebrauch von Ziegelsteinen, ④ A Contrast = ein Gegensatz.

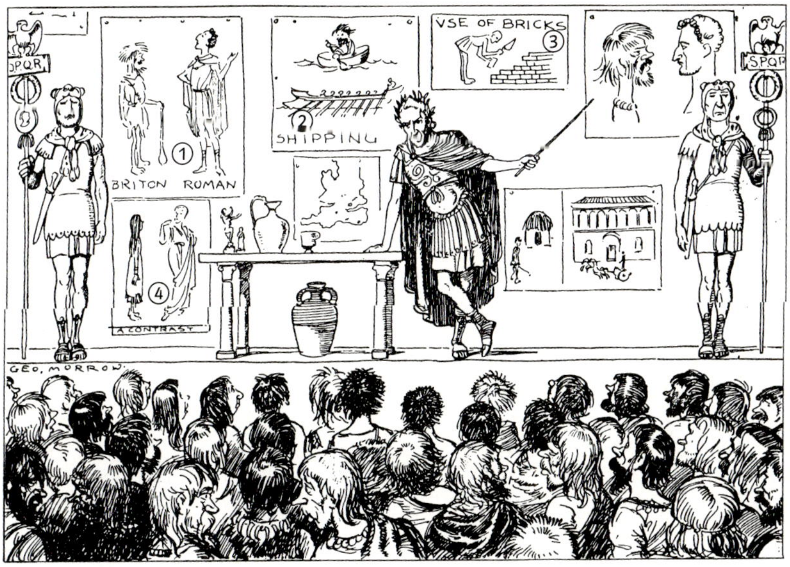

M2 Villa Otrang bei Fließem (Modell)
Das Herrenhaus war 60 m lang und 60 m breit. Es gehört zu den prachtvollsten Anlagen in unserem Raum. Hier lebte sicherlich eine wohlhabende Familie. Sie genoss alle Annehmlichkeiten römischer Wohnkultur: überdachte Säulengänge für heiße Sommertage, Räume mit Fußbodenheizung für den Winter, zwei Badeanlagen, Mosaike und Wandmalereien. Zum Herrenhaus gehörten ein großer ummauerter Wirtschaftshof mit Stallungen für das Vieh, Vorratsräumen, Scheunen, Wagen- und Geräteschuppen sowie Wohnräumen für die Sklaven und Landarbeiter.

4. Beschreibe die Gebäude in der Zeichnung M1 und in dem Modell M2. Woran siehst du, dass es sich um römische Gebäude handelt?

* **5.** Nenne die Vorteile, die die einheimischen Menschen in den Provinzen von den Römern hatten. (T1 – T3)
Überlege, welche Nachteile es aber auch hatte, unter römischer Herrschaft zu leben.

* **6.** M3 ist eine Karikatur.
Solche Zeichnungen kritisieren bestimmte Dinge oder Personen auf witzige Weise. Beschreibe, was in der Zeichnung passiert. Was will der Zeichner mit seiner Karikatur wohl kritisieren?

Als die Mainzer noch Römer waren

Vor 2 000 Jahren war Mainz ein Eckpfeiler der römischen Verteidigung am Rhein. An kaum einem anderen Ort lebten so viele Legionäre wie hier.

T1 An der Germanengrenze
Auf dem Gebiet der heutigen Mainzer Innenstadt gründeten die Römer um das Jahr 13 v. Chr. ein Militärlager. Das war zur Zeit des Kaisers Augustus. Dieser plante einen großen Feldzug gegen die Germanen, die zwischen Rhein und Elbe lebten. Von Mainz aus sollte ein starkes Heer in das Gebiet der Chatten vordringen. Dieser germanische Stamm siedelte zwischen den Flüssen Rhein, Main und Werra.

T2 Das Legionslager
Das Lager musste Raum für zwei Legionen bieten, also für 10 000 bis 12 000 Mann. Dazu kamen noch einige tausend Soldaten der Hilfstruppen. Auf einer Anhöhe über dem Rhein fanden die Römer einen geeigneten Platz. Dort waren sie vor Hochwasser sicher und konnten auch die gegenüberliegende Mündung des Flusses Main gut überwachen. Außerdem ließ sich an dieser Stelle der Rhein leicht überqueren.

T3 Die Bürgerstadt
Neben dem Militärlager entwickelte sich bald eine Stadt, in der Handwerker und Kaufleute wohnten. Dort gab es alles, was zu einer römischen Stadt gehörte: ein Forum mit Verwaltungsgebäuden und Markthallen, ein Theater mit 10 000 Plätzen, öffentliche Bäder und Tempel für die Götter. Am Rhein entstanden mehrere Häfen. Über den Fluss führte eine Brücke zum befestigten Lager Castellum auf der rechten Rheinseite. Wenn die Mainzer etwas für ihre Gesundheit tun wollten, besuchten sie die heißen Quellen in Aquae Mattiacorum. So hieß Wiesbaden damals.

T4 Hauptstadt Obergermaniens
Um das Jahr 90 n. Chr. hatten die Römer mit dem Ausbau des Limes begonnen. Deshalb zogen sie aus Mogontiacum, wie sie Mainz nannten, eine Legion ab. Aus dem Militärgebiet am Rhein bildeten sie zwei Provinzen: Ober- und Niedergermanien. Köln wurde die Hauptstadt Niedergermaniens, Mainz die Hauptstadt Obergermaniens. In beiden Städten setzte der Kaiser einen Statthalter als Chef der Verwaltung ein. Die Bürger von Mainz entschieden ihre Angelegenheiten aber selbst. Dazu wählten sie einen Rat, in dem freie, meist wohlhabende Männer Mitglied waren.

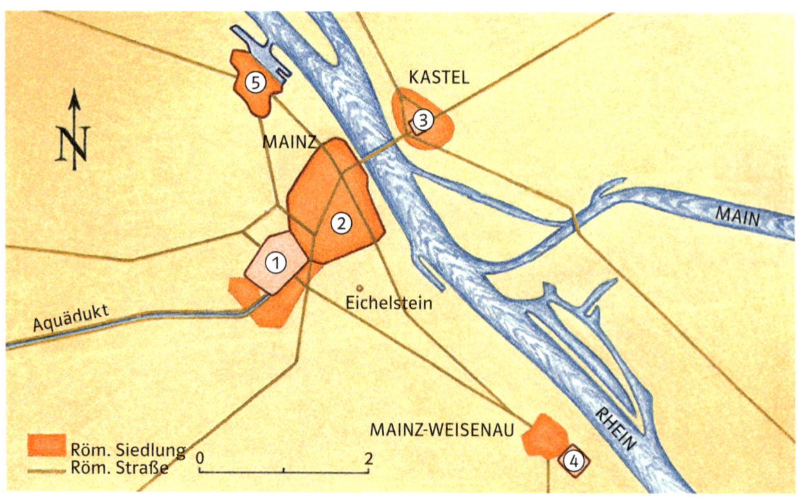

M1 Lageplan des antiken Mainz
① Legionslager, ② Zivilstadt (= Stadt der Bürger), ③ „castellum" auf der rechten Rheinseite (das heutige Kastel), ④ Militärlager Weisenau, ⑤ Hafensiedlung mit Kriegshafen

»

1. Mainz und Wiesbaden sind alte Römerstädte.
a) Wie hießen die beiden Städte vor fast 2 000 Jahren? (T3, T4)
b) Erkläre die Namen mit eigenen Worten. (Lexikon)

2. Warum gründeten die Römer zur Zeit des Kaisers Augustus auf dem Gebiet der heutigen Mainzer Innenstadt ein Militärlager? Für wie viele Soldaten musste dort Platz sein? (T1, T2)

3. Worauf achteten die Römer, als sie das Legionslager im heutigen Mainz anlegten? Wie sicherten sie den Übergang über den Rhein? (M1, T2)

M2 Ausgrabungen am römischen Theater in Mainz
Die Stützpfeiler der Zuschauerränge sind zu sehen, die Bühne ist verdeckt. Aus den Funden haben Archäologen das Theater aus dem 2. Jahrhundert n. Chr. zeichnerisch rekonstruiert (unten).

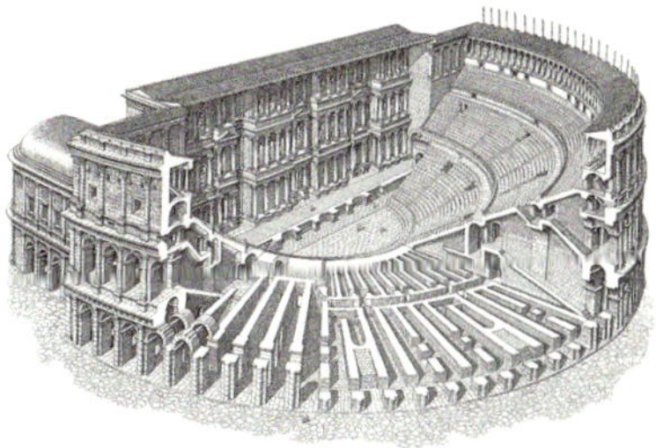

M3 Rekonstruktion eines Schiffes der römischen Rheinflotte (Foto)
Das Modell des Kriegsschiffes entstand nach Bodenfunden in Mainz. Solche Schiffe sicherten die Versorgung der Legionen am Rhein.

Lexikon

Mogontiacum
So lautet der lateinische Name der Stadt Mainz. Die Bezeichnung geht vermutlich auf eine keltische Siedlung in der Nähe zurück, die den Namen des Gottes Mogon trug. Mainz war mehr als 400 Jahre eine römische Stadt. Danach übernahmen die germanischen Franken die Herrschaft, doch als Bischofsstadt blieb Mainz ein bedeutender Ort.

Aquae Mattiacorum
So nannten die Römer das heutige Wiesbaden. Wörtlich heißt es „Bad der Mattiaker“. Aquae ist im Lateinischen die Mehrzahl von Aqua (= Wasser) und hat bei römischen Ortsnamen die gleiche Bedeutung wie das deutsche Wort „Bad“. Die Mattiaker gehörten zum Stamm der germanischen Chatten, die auf der rechten Rheinseite lebten.

4. Schau dir das Modell des römischen Kriegsschiffes in M3 an.
a) Wie war es konstruiert?
b) Welche beiden Möglichkeiten des Antriebs gab es?
c) Warum brauchten die Römer eine starke Rheinflotte?

* **5.** Vergleiche das Foto und die zeichnerische Rekonstruktion in M2. Wie war das römische Theater aufgebaut? Wodurch werden heute die Ausgrabungen der Theaterbühne erschwert? Schau dir dazu die Lage der Bühne in der Rekonstruktion und im Foto genau an.

* **6.** Um das Jahr 90 n. Chr. veränderte sich die Bedeutung des römischen Mainz. Woran lag das? (T4)

Auf den Straßen des Imperiums

Ob du nach Spanien oder Finnland reist, überall bezahlst du mit dem gleichen Geld. Du fährst über Grenzen ohne Kontrollen und die Straßen sind sicher und gut. Das alles gab es auch schon im Römischen Reich.

T1 Legionäre, Händler und Beamte

Wenn die Römer fremde Länder eroberten, bauten sie bald auch gute Straßen. Denn die Soldaten sollten schnell überall hinkommen, und sie mussten natürlich auch versorgt werden. Nach den Soldaten kamen Beamte in die eroberten Gebiete. Sie trieben für den Kaiser Steuern ein und verwalteten die neuen Provinzen. Natürlich benutzten auch Händler und Reisende die Straßen. Vor Schwertransporte spannte man Ochsen als Zugtiere, während reiche Römer mit Pferdewagen zu ihren Landhäusern und den Badeorten am Mittelmeer reisten.

T2 Straßen sind lebensnotwendig für ein großes Reich

An den Hauptstrecken gab es etwa alle 30 Kilometer Rasthäuser. Hier konnten die Reisenden etwas essen und ihre Tiere versorgen. Für Eilboten des Kaisers standen Pferde zum Wechseln bereit. So konnten Boten ihre Nachrichten an einem einzigen Tag mehr als 200 Kilometer weit überbringen.
Durch seine Fernstraßen wuchs das Reich zu einem großen Wirtschaftsraum zusammen. Überall reisten Händler, die mit römischen Denaren bezahlten und sich auf Lateinisch oder Griechisch verständigten.

M1 Die Via Appia bei Rom
Sie war die erste Fernstraße, die römische Techniker geplant haben.
Wie sie dabei vorgingen, siehst du rechts.

M2 Straßenbau bei den Römern

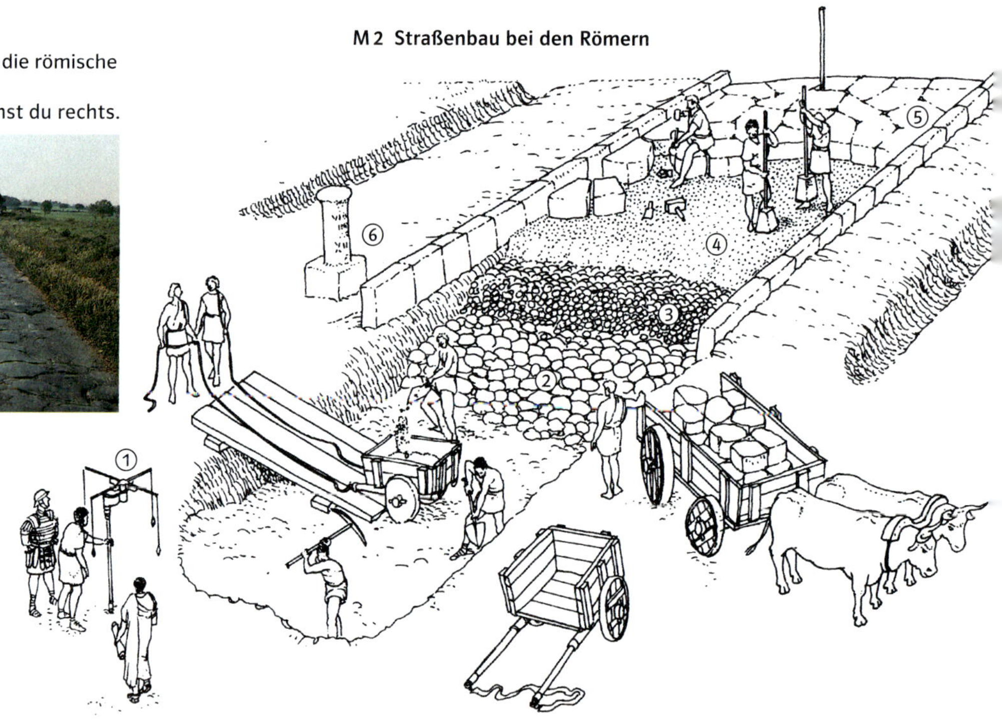

»

1. Welche Vorteile hatten die römischen Straßen …
a) für die Soldaten,
b) für den Kaiser,
c) für Reisende und Händler?
(T1, T2, M4)

2. Ordne den Zahlen in der Zeichnung M2 die folgenden Begriffe zu: Schicht aus Kies und Sand, Meilenstein, Schicht aus Schotter, Gerät zum Vermessen, Pflaster, Schicht aus groben Steinen.

Beschreibe jetzt mit eigenen Worten, wie eine römische Straße gebaut wurde. Du kannst folgendermaßen beginnen:
„Zuerst musste man …,
dann kam …
Danach … und zum Schluss ….“

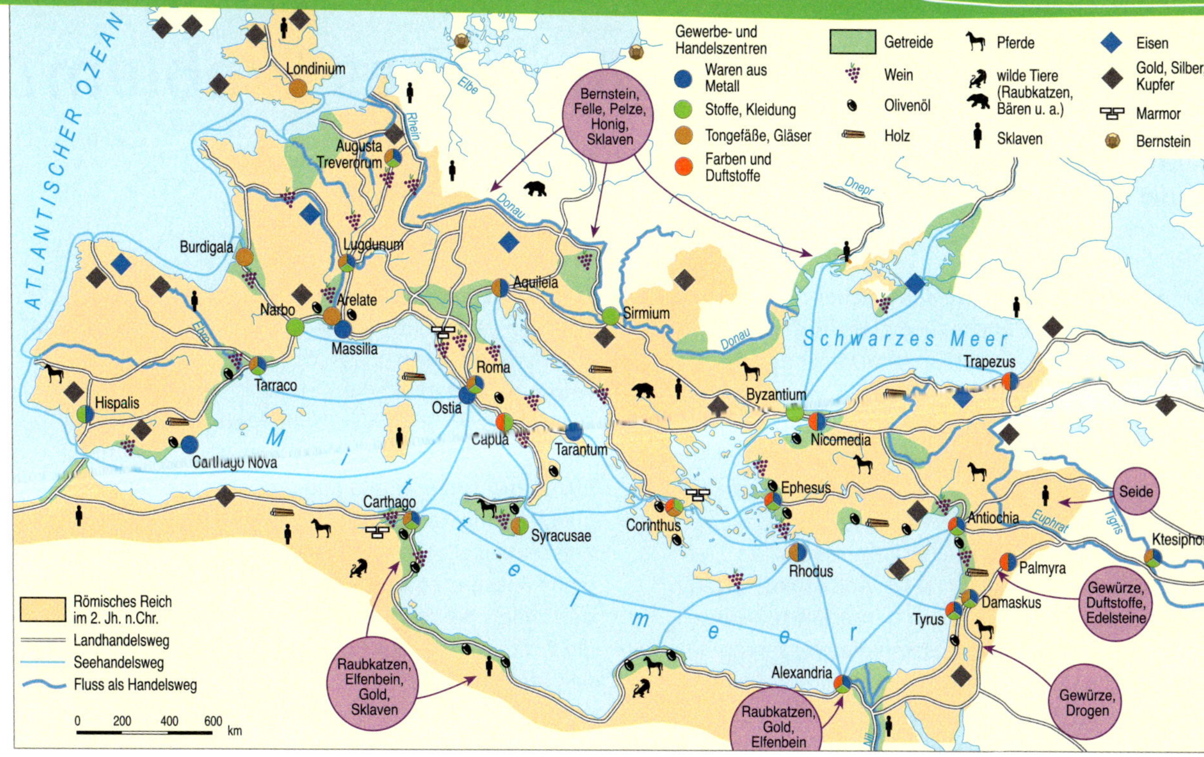

M 3 Wirtschaft im Römischen Reich
Alle Fernstraßen zusammen hatten eine Länge von fast 80 000 Kilometern. Schwere Güter wurden – wo immer das möglich war – auf dem Wasser befördert.

M 4 Reisewagen aus der Römerzeit (Relief)
Ein solcher Wagen konnte ganz bequem sein. Dieser hatte sogar schon eine Federung. So reiste vielleicht ein kaiserlicher Beamter in seine Provinz. Wenn er am Tag 120 km zurücklegte, war das für seine Zeit sehr viel.

Extra

M 5 Im 1. Jahrhundert n. Chr. schrieb der römische Schriftsteller Petronius einen Roman, in dem ein Kaufmann, ein ehemaliger Sklave, über seine Geschäfte berichtet:

„Ich kriegte Lust, Geschäfte zu machen. Ich baute fünf Schiffe, lud Wein – der wurde damals mit Gold aufgewogen – und schickte sie nach Rom. Alle fünf Schiffe gingen zu Bruch. An einem einzigen Tag hat Neptun 30 Millionen geschluckt.
Denkt ihr, ich hätte aufgegeben? Beim Jupiter, der Verlust hat mich überhaupt nicht gekratzt. Ich baute neue Schiffe, größere und bessere und glücklichere. Ich lud wieder Wein, auch Speck, Bohnen, Salben und Schminke aus Capua, außerdem Sklaven. Mit einer Fahrt habe ich 10 Millionen eingesackt.“

3. Nimm einen Atlas und suche auf der Karte M 3 die Gebiete folgender Staaten heraus:
Spanien, Frankreich, Griechenland, Türkei und Tunesien.
Schreibe in eine Tabelle, welche Waren die Römer aus diesen Gebieten einführen konnten. Nenne zu jedem Land mindestens 3 Waren.

4. In der Karte M 3 findest du auch Zeichen für wilde Tiere. Warum führten die Römer in großer Zahl Bären und Raubkatzen ein? Lies dazu noch einmal auf den Seiten 84/85 nach.

*
5. Du bist ein Händler aus Colonia und willst die berühmten Glaswaren aus deiner Heimatstadt in Alexandria verkaufen. Suche auf der Karte M 3 zwei verschiedene Wege für deine Reise. Welche Vor- und Nachteile sind damit verbunden?

Wasser – nur ein römisches Problem?

Auch die Römer sorgten sich schon um ihre Umwelt.
Dabei fanden sie Lösungen, die fast 2000 Jahre unübertroffen blieben.

T1 Wasser für die Städte des Reiches
Wasser ist die natürliche Grundlage für das Leben von Menschen, Tieren und Pflanzen. Dörfer und Städte können nur dort gegründet werden, wo es ausreichend Wasser gibt. Das galt und gilt noch heute besonders für die Länder am Mittelmeer.
Kein Staat der Antike hat so große Anstrengungen unternommen, um die Bevölkerung mit frischem Wasser zu versorgen, wie der römische Staat. Der technische Aufwand war riesig: Aquädukte leiteten das Wasser über Täler, durch Berge führten Tunnel, und auch in der Ebene mussten die Wasserkanäle mit gleichmäßigem Gefälle über Steinbögen geführt werden. Dies war wichtig, damit die Kraft des Wassers die Anlage nicht zerstörte.

T2 Wer bekommt Wasser?
Über die Aquädukte wurde fast jede größere Stadt mit frischem Quellwasser versorgt. Manche Aquädukte waren bis zu 100 Kilometer lang.
Die Menschen in Rom verbrauchten ungeheure Mengen an Wasser. Zur Kaiserzeit leiteten elf Aquädukte Frischwasser aus den umliegenden Bergen in die Millionenstadt. Wasserschlösser regelten, wie das Wasser verteilt wurde (M2). Dazu wurden die Abflüsse eines Beckens so konstruiert, dass bei Wasserknappheit zuerst die privaten Anschlüsse der Reichen, dann die Zuflüsse der Thermen versiegten. Die Brunnen an den Straßenkreuzungen und Plätzen mussten immer mit Wasser versorgt werden.

M1 Wasserleitung (Aquädukt) über den Fluss Gard in Südfrankreich, erbaut im 1. Jh. n. Chr.
Diese Brücke war 49 Meter hoch und 275 Meter lang. Sie war ein Teil der 50 Kilometer langen Wasserleitung, die die Stadt Nimes mit frischem Quellwasser versorgte. Das Wasser floss in einem Kanal ganz oben, der mit Steinplatten abgedeckt war.

1. Warum war es den Römern wichtig, ihre Städte mit frischem Wasser zu versorgen?
Denke dabei auch an das Wetter und an die Temperaturen am Mittelmeer.

2. Beschreibe aus T1 und M1, wie ein Aquädukt angelegt war. Verwende dabei die folgenden Begriffe:
Quelle, Steinbögen, Gefälle, Täler, Berge, Wasserschloss, Wasserkanal.

3. Zeichne das Wasserschloss in M2 als Skizze in dein Heft. Ziehe Linien zu den einzelnen Öffnungen und beschrifte sie: Zufluss aus dem Aquädukt, Abflüsse zu privaten Anschlüssen, Abflüsse zu den Thermen und Abflüsse zu den öffentlichen Brunnen.

T3 Wohin mit dem Abwasser?

Das Abwasser aus den privaten Bädern und den Thermen war kaum belastet: Es gab nämlich noch kein Chlor und keine Badezusätze. Dieses Wasser diente dazu, Obstgärten und Parkanlagen zu bewässern. Oder es floss über Kanäle zu den Färbereien und Gerbereien, die sonst viel Frischwasser verbraucht hätten.
Anders war es mit den Abwässern aus den öffentlichen Toiletten und manchen Handwerksbetrieben. Die übel riechende Brühe, in der auch alle möglichen Abfälle trieben, gefährdete die Gesundheit der Stadtbewohner. Aus diesem Grund verlegten die Römer die offenen Kanäle unter die Erde. Ein Hauptkanal, die Cloaca Maxima, beförderte das Abwasser und den Abfall in den Fluss Tiber.

T4 Die Wälder verschwinden

Griechen und Römer verbrauchten sehr viel Holz, vor allem um Schiffe zu bauen und um Metalle einzuschmelzen. So wurden die Wälder im ganzen Mittelmeerraum schneller abgeholzt als sie wieder nachwachsen konnten. Die Folge war, dass bei starkem Regen die Erde an den Hängen weggespült wurde. Übrig blieben oft nur Steine und Felsen, die in vielen Gegenden die Landschaft bis heute prägen.

M 2 Wasserverteilung nach Zuflussmenge
Die Wasserleitung nach Nimes in Südfrankreich endete in diesem Wasserschloss. Der Zufluss ist 1 mal 2 Meter groß, die Abflüsse sind der Höhe nach gestaffelt.

M 3 Öffentliche Toilette aus römischer Zeit
Diese Anlage befand sich in Ostia, dem Hafen der Stadt Rom am Mittelmeer. Unter den Steinsitzen floss ständig Wasser hindurch, das zu den Abwasserkanälen geführt wurde. Die Rinne vor den Sitzen spülte frisches Wasser heran, mit dem sich die Menschen waschen konnten.

M 4 Der griechische Geograph Strabon reiste zur Zeit des Kaisers Augustus durch weite Teile des Römischen Reiches. Er beschreibt das römische Abwassersystem:

» Die Römer (...) sorgten (...) für unterirdische Abwasserkanäle, die den Schmutz der Stadt in den Tiber spülen. (...) Die aus eng aneinandergefügten Steinen gewölbten Kloaken sind manchmal so weit, dass sie mit Heu beladenen Wagen Durchfahrt bieten könnten. «

Lexikon

Aquädukte
Dies waren Fernwasserleitungen für Frischwasser. Das Wasser floss in abgedeckten Kanälen oder durch Tonrohre.

4. Warum waren die Abwässer für Städte wie Rom, Trier oder Köln schon in der Antike ein wichtiges Problem? Wie haben die Römer das Problem gelöst? (T 3, M 3, M 4)

* **5.** Wasser ist auch für unser Leben eines der wichtigsten Güter. Stellt in einem kleinen Projekt alles Wissenswerte rund um das Wasser in eurer Gemeinde oder Stadt zusammen. Fragt eure Eltern, wie viel Wasser eure Familie verbraucht und wie viel das kostet.
Besucht ein Wasserwerk:
Wo kommt das Wasser her?
Wie funktioniert das Leitungsnetz?
Wer kontrolliert die Qualität?
Was geschieht mit dem Brauchwasser?
Fertigt eine Wandzeitung an:
„Wasser – seit 2000 Jahren ein wichtiges Gut“.

Ein Ausflug in die Römerzeit

Einen Klassenausflug planen, gemeinsam etwas erleben und gleichzeitig lernen. In Trier ist das möglich, denn da begegnet uns die Römerzeit auf Schritt und Tritt.

T1 Im ehemaligen Römerland

Vor fast 2000 Jahren kamen die Römer von Gallien, dem heutigen Frankreich, in das Gebiet von Rhein, Mosel, Saar und Nahe. Zuerst waren es die Legionäre auf dem Marsch zur Rheingrenze. Ihnen folgten Kaufleute mit wertvollen Handelswaren aus dem Mittelmeergebiet. Dann schickten die Kaiser Beamte in die nördlichen Provinzen des Römischen Reiches. Sie übernahmen für fast 500 Jahre die Verwaltung. Heute könnt ihr selbst in eine alte Römerstadt fahren und die Überreste dieser Zeit besichtigen.

T2 Projekt: Die Klasse auf Spurensuche

1. Informiert euch, wo in eurer Nähe die nächste Römerstadt liegt (zum Beispiel Trier oder Mainz).
2. Schreibt an das Verkehrsamt oder die Touristen-Information. Sucht nach Adressen im Internet und bittet um Prospekte und weiteres Info-Material über die Stadt.
3. Bildet Gruppen und findet heraus,
   - welche Museen und Ausstellungen es gibt,
   - welche Bauwerke aus der Römerzeit stammen,
   - ob ein „römischer Stadtrundgang" angeboten wird.

M1 Die Porta Nigra (Foto) wurde 160–180 n. Chr. als nördliches Stadttor gebaut.

M2 Die Palastaula (heute Basilika; Foto) wurde um 311 n. Chr. als Empfangssaal des römischen Kaisers Konstantin erbaut. Das Gebäude ist im Inneren fast 70 Meter lang und wird seit dem 19. Jahrhundert als evangelische Kirche genutzt.

1. Schau dir den Plan des römischen Trier in M3 an. Was fällt dir beim Verlauf der Straßen und bei der Anlage der Wohnviertel auf?

2. In M1, M2, M4 und M5 werden vier römische Bauwerke erwähnt. Drei der vier Bauwerke sind noch zum Teil erhalten. Welche?

3. Woran erkennst du, dass die Porta Nigra ein römisches Stadttor war? (M1)

M 3 **Plan der römischen Stadt Trier um 400 n. Chr. in einer Rekonstruktion**
① Dom, während der Regierungszeit des Kaisers Konstantin erbaute Bischofskirche;
② „Kaiserthermen", als Badeanlage errichtet, dann zum Kaiserpalast umgebaut;
③ Forum mit Verwaltungsgebäuden, Tempeln und Markthallen; ④ „Barbarathermen";
⑤ Asclepiustempel, dem Gott der Heilkunst gewidmet; ⑥ Getreidespeicher.

M 4 **Das Amphitheater** (Foto)
dürfte um das Jahr 100 n. Chr. entstanden sein. Es bot etwa 18 000 Zuschauern Platz.

M 5 **Der Zirkus**
besaß eine Rennbahn von etwa 600 Meter Länge. Das Fußbodenmosaik (Foto) zeigt den siegreichen Pferdelenker Polydus mit seinem Leitpferd Compressor. Ihr könnt es im Rheinischen Landesmuseum in Trier besichtigen.

4. M 5 zeigt eine Szene im Zirkus.
a) Was spricht dafür, dass Compressor das Pferd rechts ist?
b) Compressor heißt „Dränger"; das Leitpferd drängte die drei anderen in der Kurve nach innen. In welcher Richtung verlief also das Rennen im Zirkus – rechts oder links herum?

*
5. Stellt eine Wandzeitung zusammen. Hierfür solltet ihr auf eurem Ausflug möglichst viele Postkarten, Prospekte, Plakate und ähnliches Material sammeln. Macht auch Fotos von der Stadt und von euch selbst auf dem „römischen Rundgang".

6. Die folgenden Internetadressen könnten euch bei der Planung eures Ausflugs nach Trier oder in eine andere Römerstadt helfen:
www.landesmuseum-trier.de
www.rgzm.de
www.landesmuseum-mainz.de
www.deutsche-museen.de

Was ist von den Römern geblieben?

**Ohne die Römer wäre heute vielleicht vieles anders.
Doch manchmal ist es gar nicht so einfach, die Spuren zu erkennen, die sie hinterlassen haben.**

T1 Das Römerreich zerfällt
Im 4. Jahrhundert mussten sich die Römer gegen viele Angriffe von anderen Völkern wehren. Germanische Krieger überquerten den Rhein und die Donau, und auch an anderen Grenzabschnitten kam es immer wieder zu Überfällen und Kämpfen.
Damit der römische Kaiser das riesige Reich leichter verteidigen und regieren konnte, teilte er das Reich unter seinen Söhnen auf. So entstand ein Ostreich und ein Westreich. In das Westreich drangen immer häufiger germanische Völker ein, bis das Reich schließlich 476 n. Chr. zerfiel. Auf seinem Gebiet gründeten germanische Völker eigene neue Reiche.
Das Ostreich blieb noch weitere 1000 Jahre bestehen. 1453 eroberten die Türken die Hauptstadt Konstantinopel, das heutige Istanbul. Damit ging auch das römische Ostreich zu Ende.

M1 Römischer Tempel in Nimes (Frankreich) und die Neue Wache in Berlin
In Europa gibt es an vielen Orten Überreste von römischen Bauten zu sehen. Später haben sich Baumeister den Stil der Römer zum Vorbild genommen.

M3 Die wissenschaftlichen Namen für Pflanzen, Tiere und Körperteile sind lateinisch, denn lange Zeit war Latein die internationale Sprache der Mediziner und Forscher.

M2 Lehnwörter nennen wir Wörter, die aus einer Sprache in eine andere Sprache übernommen wurden. Auch viele deutsche Wörter kommen aus dem Lateinischen. Diese neuen Wörter haben die Germanen übernommen, als sie bisher unbekannte Dinge von den Römern kennengelernt haben.

»

1. Erzähle mit eigenen Worten, wie das Römische Reich zu Ende ging. Unterscheide dabei Westreich und Ostreich. (T1)

2. Die folgenden Wörter sind aus der lateinischen Sprache übernommen worden:
Birne, Kiste, Wein, Münze, Pfirsich, Keller, Käse, Zimmer (Kammer), Korb, Sack, Karren.
Ordne sie in einer Tabelle den passenden lateinischen Begriffen zu:
saccus, carrus, vinum, persica, cista, pirum, corbis, moneta, camera, caseus, cellarium

lateinischer Begriff	deutsches Lehnwort
vinum	Wein
...	...
...	...

T 2 Vielfältige Spuren der Antike

Die Spuren der Römer sind in vielen Bereichen bis heute zu finden. Jahr für Jahr werden aus dem Boden des ehemaligen Römischen Reiches Funde zutage gefördert: Münzen, Mauerreste, Mosaike, Vasen, Figuren, Schmuck, Inschriften, Waffen, Werkzeuge und vieles mehr. Das sind die Überreste einer Kultur, die wir anfassen und in Museen betrachten können.

Doch wichtiger als die Gegenstände aus der Römerzeit sind die Ideen der Griechen und Römer, ihre Kunst und ihre Art zu leben. Vieles davon hat Europa geprägt. Selbst unsere Sprache und unsere Rechtsprechung zeigen Spuren aus der Römerzeit.

M 4 Justitia war die römische Göttin der Gerechtigkeit. Ihre Statue steht noch heute vor vielen Gerichtsgebäuden. Aus dem römischen Recht wurde später vieles übernommen. So darf zum Beispiel niemand verurteilt werden, bevor seine Schuld nicht bewiesen ist.

M 5 Lateinische Buchstaben und römische Zahlen begegnen uns täglich. Römische Zahlen stehen oft auf den Zifferblättern von Uhren. Und unsere Buchstaben sind die gleichen wie zur Römerzeit.

M 6 Die romanischen Sprachen haben sich aus der Sprache der Römer entwickelt:

padre (italienisch)

padre (spanisch)

pater = Vater

père (französisch)

patrinke (rumänisch)

pai (portugiesisch)

Tipp

Ein Museum besuchen

Römische Funde zeigen z. B. die folgenden Museen:

- Archäologischer Park, Xanten
- Römisch-Germanisches Museum, Köln
- Römisch-Germanisches Zentralmuseum, Mainz
- Rheinisches Landesmuseum, Trier
- Saalbergmuseum, Bad Homburg

Weitere Adressen und Hinweise zu Veranstaltungen findet ihr unter: www.deutsche-museen.de

M 7 Viele Früchte und Gemüsesorten haben die Römer in den Norden gebracht, zum Beispiel Weintrauben, Pfirsiche, Pflaumen, Esskastanien, Knoblauch und Dill.

3. Erkläre, was Lehnwörter sind. (M 2)
Übersetze dann die abgebildeten Begriffe ins Deutsche.

4. Aus welchen Sprachen übernehmen wir heute viele neue Wörter? Nenne Beispiele.

*
5. Wann benutzen wir noch die römischen Zahlen? (M 5)
Warum rechnen wir wohl nicht mehr damit? Frage auch deinen Mathelehrer danach.
Weißt du, woher unsere heutigen Zahlen 1, 2, 3, 4, … kommen?

*
6. Aus dem römischen Recht haben wir die folgenden Rechtsgrundsätze übernommen:
„Im Zweifel für den Angeklagten" und „Keine Strafe ohne Gesetz".
Warum sind sie so wichtig, dass sie auch heute noch Gültigkeit besitzen?

Die Welt der Griechen und Römer

1. Richtig oder falsch?

Finde die falschen Aussagen und schreibe sie richtig auf.

- Die Griechen siedelten fast überall an den Küsten vom Mittelmeer und vom Schwarzen Meer.
- Alle Griechen lebten zusammen in einem Staat.
- Wenn die Griechen ihre Wettkämpfe in Olympia austrugen, kamen Sportler aus allen Ländern der Welt.
- In der Polis Athen durften die Bürger selbst die Politik bestimmen.
- Aquädukte waren Brücken, über die römische Reisewagen fuhren.
- Die Wölfin ist das Wahrzeichen der Stadt Athen.
- Die Plebejer waren reich, viele Patrizier arm.
- In den letzten 500 Jahren wurde das Römische Reich von Kaisern regiert.

2. Wer oder was ist gemeint?

Nenne den passenden Begriff, die Person oder das Ereignis

- Auf diesem Berg in Athen stand erst eine Burg: …
- So hieß die Regierungsform der Athener: …
- Dieser Mann gründete der Sage nach die Stadt Rom: …
- So hießen die höchsten Beamten in Rom: …
- Eine Arena, in der Menschen um ihr Leben kämpften: …
- Gegen diese Stämme im Norden kämpften die Römer: …
- Der erste römische Kaiser, der eigentlich Oktavian hieß: …
- Der römische Staat war zu Anfang eine: …
- So wurden die römischen Soldaten genannt: …
- Diesen Schutzwall errichteten die Römer gegen die Germanen: …

Zeitstrahl zur römischen Geschichte

800 v. Chr. ⟶ **500 n. Chr.**

3. Kennst du die Jahreszahl?

- Die ersten Olympischen Spiele finden statt.
- In Athen wird die Demokratie „erfunden".
- Rom wird der Sage nach gegründet.
- Kaiser Augustus regiert.
- Das Römische Reich hat seine größte Ausdehnung.
- Das römische Westreich geht unter.

*

4. Einen Zeitraum darstellen

Zeichne einen Zeitstrahl zur römischen Geschichte in dein Heft. Am besten nimmst du für jedes Jahrhundert einen Zentimeter, das heißt, du brauchst insgesamt 13 cm. Trage drei Jahreszahlen ein:

- Beginn der Republik,
- Beginn der Regierungszeit des Augustus,
- Ende des römischen Westreiches.

Du erhältst nun zwei Abschnitte. Trage darüber die folgenden Bezeichnungen ein: REPUBLIK und KAISERZEIT. Male die Felder in verschiedenen Farben aus.

Wichtige Begriffe:

Imperium

Republik

Senator

Olympische Spiele

Polis

Demokratie

Kaiser

*

5. Bilderrätsel
Welche Begriffe sind gesucht?

Schreibe die genannten Buchstaben von diesen Gegenständen hintereinander auf. Dann erhältst du die Lösungswörter.

a)

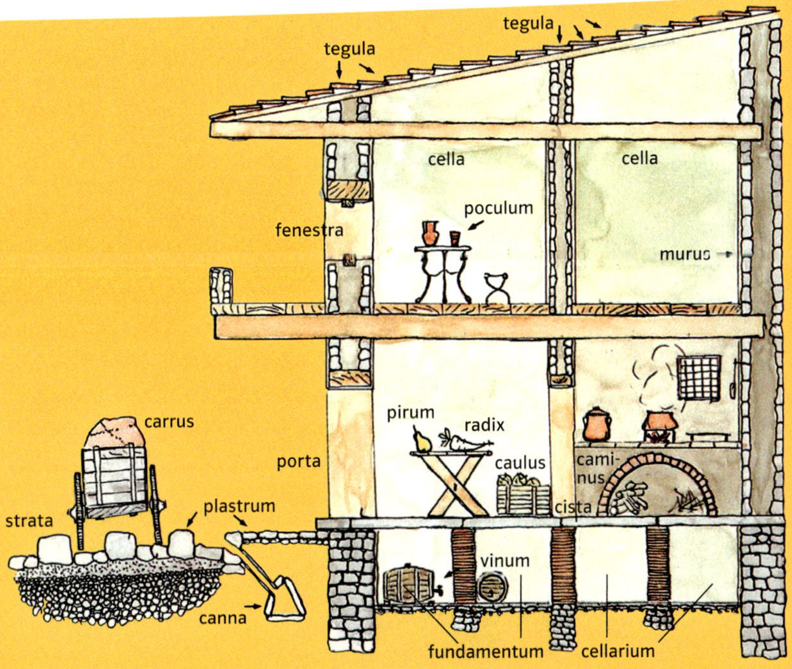

b)

c)

*

6. Ein Haus voller Rätsel?

Sicher nicht. Du hast ja schon einige „Lehnwörter“ kennengelernt, die unsere Vorfahren aus dem Lateinischen übernommen haben. Fertige eine Tabelle an, in der links die lateinischen Wörter stehen. Rechts daneben schreibst du die deutschen Lehnwörter, die sich daraus entwickelt haben.

Provinzen

Kolonie

Konsul

Legionär

Limes

Aquädukt

5 Religion und Staat im Mittelalter

Die meisten Menschen in Europa, so auch in Deutschland, sind Christen. Heute leben in Deutschland auch über drei Millionen Muslime. Ihre Religion ist der Islam. Christentum und Islam haben das Denken und Handeln der Menschen im Mittelalter stark beeinflusst. Sie haben die Entwicklung Europas über viele Jahrhunderte geprägt.

Bezug zu heute

Kaiserdom in Speyer am Rhein

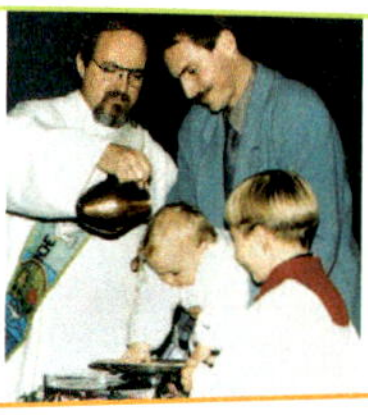

Taufe bei den Christen

Geschichte erleben

Chronologie

um 30 n. Chr.
Jesus Christus verkündet den christlichen Glauben.

532 – 537
Hagia Sophia
Die berühmte Kirche in Konstantinopel wurde unter Kaiser Justinian I. erbaut.

Tempelberg in Jerusalem

Betende Moslems

800

Karl der Große wird vom Papst in Rom zum fränkischen Kaiser gekrönt.

1099

Die Kreuzritter erobern Jerusalem.

Die christliche Lehre

Frauen und Männer, Arme und Reiche fanden in den frühen christlichen Gemeinden eine Heimat.

T1 Jesus aus Nazareth
Das genaue Datum der Geburt und des Todes von Jesus wissen wir nicht. Er erzählte von Gott, dem guten Vater und vom kommenden Reich Gottes. Er setzte sich besonders für die Armen und Schwachen ein. Viele Menschen begeisterte er mit seinen Taten und seiner Lehre. Einigen gefiel dies aber nicht. Er wurde von seinen Gegnern beim römischen Statthalter angeklagt, der ihn am Kreuz töten ließ.

T2 Christliche Gemeinden entstehen
Die Anhänger von Jesus nannten sich Christen. Sie erzählten die Geschichten über das Reich Gottes weiter und gründeten die ersten christlichen Gemeinden. Viele Menschen ließen sich taufen und wurden dadurch Christen. Frauen und Männer, Römer und Fremde, Arme und Reiche hatten in den christlichen Gemeinden die gleichen Rechte. Sie wählten aus ihrer Mitte einen Aufseher, einen Bischof, der aufpasste, dass sich alle an die christliche Lehre hielten. Besonders angesehen war der Bischof von Rom, der im 5. Jahrhundert den Titel „Papst" erhielt.

M1 Der gute Hirte
Jesusdarstellung auf einem Mosaik aus der italienischen Stadt Ravenna. Das Bild ist um 440 entstanden. In dieser Zeit wurde Jesus oft als guter Hirte dargestellt.

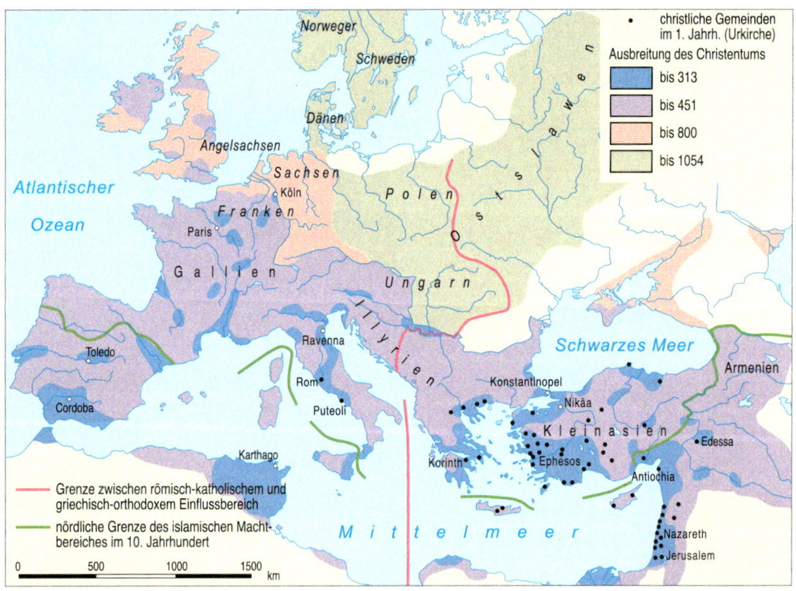

M2 Ausbreitung des Christentums bis zum 11. Jh.

1. Schreibe Informationen über das Leben von Jesus auf. (T1, T2, M3)

Schriftliche Quellen auswerten

2. Schildere mit eigenen Worten, warum die Menschen sich für Jesus und seine Lehre begeisterten.

3. Jesus wird oft als der gute Hirte und die Menschen werden als Schafe dargestellt. Nenne Gründe dafür.

M 3 Im Neuen Testament schreibt der Evangelist Matthäus etwa 70 n. Chr. in seinem Evangelium in Kapitel 4:

„Jesus zog durch ganz Galiläa. Er lehrte in den Synagogen und verkündete die Gute Nachricht, dass Gott jetzt seine Herrschaft aufrichten und sein Werk vollenden wird. Er heilte alle Krankheiten und Leiden im Volk. Die Kunde von ihm verbreitete sich sogar in ganz Syrien. Die Leute brachten alle zu Jesus, die an irgendwelchen Krankheiten oder Beschwerden litten, auch Besessene, Epileptiker und Gelähmte, und er machte sie gesund. Große Menschenmengen aus Galiläa (…) aus Jerusalem und Judäa und von der anderen Seite des Jordans zogen mit ihm. Als Jesus die Menschenmenge sah, stieg er auf einen Berg und setzte sich. Seine Jünger traten zu ihm. Dann begann er zu reden und lehrte sie, was Gott jetzt von seinem Volk verlangt."

Extra

M 4 Jesus wird vor den jüdischen König Herodes geführt, verhört und anschließend zum römischen Statthalter Pilatus zurückgebracht. (Gemälde des italienischen Malers D. di Buoninsegna, der von 1255 bis 1319 lebte)

Lexikon

Evangelist
Die Bibel, das heilige Buch der Christen, besteht aus dem Alten und dem Neuen Testament. Die Lebensgeschichte von Jesus und seine Lehren werden als Evangelium, das bedeutet „Frohe Botschaft" bezeichnet. Die Schriftsteller der frohen Botschaft werden Evangelisten genannt.

Reich Gottes
Jesus lehrte, dass das Reich Gottes nahe sei. Friede und Gerechtigkeit herrschten dann auf der Erde für alle Menschen, egal ob sie arm oder reich seien.

Papst
bedeutet „Papa" oder „Vater". Der Papst ist Bischof von Rom und gleichzeitig das Oberhaupt aller katholischen Christen.

*
4. Beschreibe mithilfe von M 2, wie sich die christliche Religion in Europa ausbreitete.
Notiere die Gebiete, in denen die ersten christlichen Gemeinden gegründet wurden.

*
5. Beschreibe M 4 und lies den Inhalt des Verhörs in der Bibel nach (Lukas-Evangelium Kapitel 23, Vers 1 – 12).

Ausbreitung des Christentums

Die ersten Christen haben sicherlich nicht erwartet, dass nach fast zweitausend Jahren das Christentum so viele Anhänger hat.

T1 Zuerst verfolgt ...

Fast ein Drittel der Weltbevölkerung bekennt sich heute zum Christentum. Das sind fast zwei Milliarden Menschen. Die ersten Christen hätten das sicher nicht für möglich gehalten. Vielen Römern waren die Christen verdächtig, denn sie verehrten nur ihren eigenen Gott und nicht den römischen Kaiser. Sie galten als Feinde des Römischen Reiches. Deshalb wurden sie oft grausam verfolgt, gefoltert und ermordet.

T2 ... dann anerkannt

Doch die Christen ließen sich nicht unterkriegen. Sie halfen und unterstützten sich gegenseitig. Kaiser Konstantin (312 – 337), ordnete an, dass alle Bürger des Römischen Reiches ihre Religion selbst bestimmen durften. Die Lage der Christen verbesserte sich. Sie trafen sich nicht mehr an geheimen Orten, sondern konnten Kirchen bauen und frei nach ihrer Lehre leben. Die römischen Kaiser lernten bei der Verwaltung des Landes von den gut organisierten christlichen Gemeinden. 381 wurde das Christentum Staatsreligion. Von nun an musste sich jeder römische Staatsbürger taufen lassen.

M1 Briefwechsel zwischen dem Statthalter Plinius und Kaiser Trajan (53 – 117 n. Chr.)

Plinius schrieb:

„Vorläufig habe ich bei denen, die mir als Christen angezeigt worden sind, folgendes Verfahren angewandt. Ich fragte sie, ob sie Christen seien. Bekannten sie sich dazu, so legte ich ihnen unter Androhung der Todesstrafe die Frage ein zweites und ein drittes Mal vor. Blieben sie verstockt, ließ ich sie hinrichten. Denn für mich bestand kein Zweifel: Was es auch sein mochte, was sie zu gestehen hatten, ihr Starrsinn und unbeugsamer Trotz verdiente unbedingte Strafe."

Trajan an Plinius:

„Bei der Prüfung der Anklagen gegen die Leute, die man dir als Christen bezeichnete, hast du das richtige Verfahren befolgt."

T3

In der folgenden Geschichte aus einem Jugendbuch wird erzählt, wie sich das Leben der Christen in Rom abgespielt haben könnte: Antonius, der an die römischen Götter glaubt, wird von seiner christlichen Mitschülerin Lucia aufgefordert, einen Abendgottesdienst in der Christusgemeinde zu besuchen.
Antonius hörte, wie sie sich nicht nur mit Namen, sondern auch als Bruder und Schwester anredeten. (...) Frauen und Männer, Junge und Alte. Sklaven waren da, aber auch

M2 Blick in den Gang einer Katakombe
Katakomben sind unterirdische Begräbnisstätten. Die frühen Christen bestatteten ihre Toten in Wandgräbern, die sie mit verzierten Steinplatten verschlossen.

1. Erkläre, warum die Christen zunächst verfolgt und später anerkannt wurden. (T1, T2)

2. Die ersten Christen hatten geheime Erkennungszeichen. Nenne Gründe dafür. (T2, M4, M5)

3. Gib den Briefwechsel zwischen Plinius und Trajan mit eigenen Worten wieder. (M1)
Überlege anschließend, welche Möglichkeiten Christen hatten, nicht hingerichtet zu werden.

solche, die aus besseren Kreisen stammten. Viele brachten etwas zum Essen mit (...).
Plötzlich endete das Stimmengewirr. Cornelius stimmte ein Lied an und alle sangen gemeinsam. Dann sprach er ein Gebet, die anderen antworteten mit „Amen". Eine Frau las einen Abschnitt aus dem Brief des Apostels Paulus vor. Einige Sätze blieben Antonius im Gedächtnis: „Gott hat Christus von den Toten auferweckt." Und: „Wir werden wie Christus auferstehen." Nach der Predigt gingen alle zum Tisch. Einige Männer und Frauen brachen das Brot und verteilten es. Danach reichten sie Becher mit Wein herum. „Wir tun das, um an das letzte Mahl Jesu mit seinen Jüngern zu erinnern", flüsterte Lucia. „Wir denken daran, dass er für uns gestorben ist und bald wiederkommen wird." Dann nahm sich jeder etwas von den Speisen.
Als alle satt waren, war noch Essen übrig. Cornelius ergriff noch einmal das Wort: „Ihr wisst, dass unsere Schwester Chloe krank ist und deshalb nicht kommen konnte." Eine Frau sagte: „Wir nehmen ihr etwas zu essen mit, sie hat sonst niemanden, der ihr hilft."
Nach kurzer Zeit war der Tisch leer. Viele hatten Essen für arme und hilfsbedürftige Christen mitgenommen.
Am nächsten Tag unterhielten sich Lucia und Antonius über den Abend. Lucia meinte: „Ich verstehe nicht alles, was die Erwachsenen in unseren Gottesdiensten reden. Aber eines schon: Wer an Jesus glaubt, ist nicht einsam."

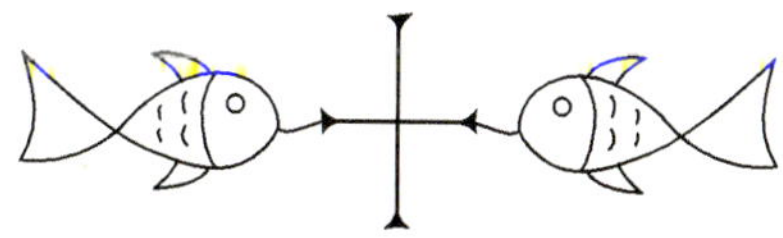

ΙΧΘΥΣ
I CH TH Y S

M 4 Geheime Zeichen der ersten Christen
Als die Christen verfolgt wurden, hatten sie eigene geheime Erkennungszeichen. Nur sie kannten die Bedeutung dieser Zeichen: Die Buchstaben des griechischen Wortes für „Fisch" (I CH TH Y S) bilden die Anfangsbuchstaben für „Jesus Christus, Gottes Sohn, Erlöser".

M 5 Auch heute verwenden manchmal sehr gläubige Christen dieses Zeichen. Vielleicht hast auch du schon Autos mit diesem Aufkleber gesehen.

M 3 Das Bild zeigt, was niemals geschah.
Kaiser Konstantin soll die Herrschaft über das Römische Reich an Papst Silvester I. übertragen haben. Erst über 1000 Jahre später konnte nachgewiesen werden, dass diese Urkunde, die dies bestätigt, gefälscht war.

*
4. Überlege, welche Folgen die angebliche Schenkung durch Kaiser Konstantin für die christliche Kirche hatte. (M 3)

Europa wird christlich

Heute ist die Taufe ein Festtag für Christen. Das war nicht immer so.

T1 Germanen werden Christen
Von Irland aus zogen viele Frauen und Männer als Missionare durch Europa, um den Menschen von Gott und Jesus zu erzählen. Sie nahmen die Worte aus dem Neuen Testament wörtlich. Denn dort stand: „Gehet hinaus in die Welt, überzeugt alle Menschen vom Wort Gottes und tauft sie." Die Germanen hatten aber ihre eigenen Götter und glaubten nicht an einen christlichen Gott. Vom germanischen Frankenkönig Chlodwig wird jedoch berichtet, dass er vor einer entscheidenden Schlacht geschworen habe: „Hilfst du mir, Gott, meine Feinde zu besiegen, so will ich glauben und mich und mein Volk taufen lassen." Nach seinem Sieg soll der König mit mehr als 3000 Franken getauft worden sein. Auch Karl der Große hatte sich in den Kopf gesetzt, so ein großes Reich wie die Römer zu schaffen. Darin sollten aber nur Christen leben. Im Osten seines Reiches lebten die Sachsen. Die Sachsen waren Heiden, keine Christen. Deshalb ging Karl der Große sehr grausam mit ihnen um. Fast 35 Jahre lang führte er Kriege, bis er sie endlich besiegt hatte.

T2 Der heilige Kolumban
Aber es gab auch Missionarinnen und Missionare, die versuchten, mit „friedlichen" Mitteln die Menschen zu überzeugen. Es wird erzählt, dass der Mönch Kolumban versuchte, die Menschen, die am Bodensee lebten, zum Christentum zu bekehren. Kolumban begann seine Mission damit, dass er die heidnischen Götterbilder zerschlug und in den Bodensee warf. Doch seine Taten beeindruckten die Bewohner nicht. Sie stahlen seine Kühe und verprügelten seine Knechte. Außerdem beschwerten sich die Menschen bei ihrem Herzog, dass das Geläut der Glocken sie störte und vor allem das Wild verjagte. Da Kolumban keine Geduld mehr mit den heidnischen Menschen aufbrachte, verfluchte er sie und zog nach Italien weiter.

M1 Taufe heute

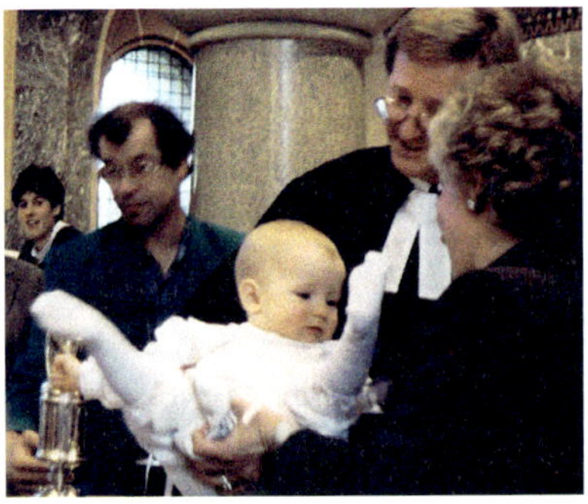

M2 Lioba war eine der ersten Missionarinnen. Sie war eine Freundin von Bonifatius. Es wird erzählt, dass Bonifatius den Wunsch hatte, mit seiner Freundin begraben zu werden. Sein Wunsch wurde nicht erfüllt. Liobas Grab befindet sich in der Peterskirche bei Fulda. Frauen als Missionare wurden von den Bischöfen nicht sehr geschätzt. Daher finden wir kaum Berichte über Missionarinnen in den Aufzeichnungen aus dieser Zeit.

»

1. Die Missionierung der Menschen verlief nicht immer erfolgreich. Nenne Gründe. (T1, T2)

2. Warum werden in den Quellen aus dieser Zeit kaum Missionarinnen erwähnt? (M2)

3. Schreibe einen Lebenslauf über Bonifatius. Benutze dazu ein Lexikon oder das Internet. (M3)

M 3 Zwei Szenen aus dem Leben des Bonifatius
Kunstvolle Bilder schmücken oft die von Mönchen geschriebenen Bücher des Mittelalters. Diese Buchmalerei stammt aus einem Gebetbuch, das Mönche um 875 n. Chr. im Kloster Fulda angefertigt haben.

M 4 Karl der Große unterwirft die Sachsen
Etwa 4 500 Sachsen sollen getötet worden sein. Karl nimmt an der Taufe der unterworfenen Sachsen teil. (Buchmalerei aus einer französischen Abtei, 14. Jh.)

4. Für alle Christen ist die Taufe ein wichtiges Fest. Versuche, Erklärungen dafür zu finden. Erkundige dich bei deinen Eltern oder befreundeten Familien, ob jemand von ihnen getauft wurde. Vielleicht bekommst du noch Fotos von einer Taufe. (M 1, M 3)

*
5. Sieh dir die Bilder M 3 und M 4 an. Versuche, mit deinem Partner folgende Fragen zu beantworten:
- Was zeigen die Bilder?
- Wie wirken sie auf dich?
- Was fällt dir auf?
- Welches der Bilder findest du besonders interessant? Warum?
- Was verstehst du nicht?

Das christliche Erbe Roms

Im Jahre 476 ging das Weströmische Reich unter. Damit endete auch das Römische Weltreich. Was folgte danach?

T1 Das Byzantinische Reich im Osten

Im Osten des ehemaligen Römischen Reiches (Oströmisches Reich) lebten Griechisch sprechende Menschen. Sie fühlten sich weiter als Römer. Nach seiner Hauptstadt Byzanz erhielt das Oströmische Reich den Namen Byzantinisches Reich. Byzanz hieß später Konstantinopel und heißt heute Istanbul. Kaiser Justinian I. (527 – 565) erweiterte sein Reich durch zahlreiche Eroberungen. An der Schnittstelle zwischen Europa und Asien gelegen, wurde Konstantinopel eine blühende Handelsstadt. Die Stadt am Bosporus hatte um das Jahr 500 über eine halbe Million Einwohner. Hier gab es Theater, öffentliche und private Bäder, Aquädukte (Wasserleitungen) und Zisternen (Brunnen), Paläste und berühmte Kirchen.

T2 Kaiser und Kirche

Der christliche Kaiser Justinian I. betrachtete sich selbst als den Stellvertreter Christi auf Erden und damit als Oberhaupt der Kirche in seinem Reich. Seine Nachfolger setzten im Jahre 731 durch, dass die oströmischen Christen nicht mehr dem Papst in Rom unterstanden. Die Christen im Byzantinischen Reich bezeichneten sich als „rechtgläubig" (griechisch: orthodox). Im Jahre 1054 erfolgte endgültig die Spaltung der Kirche in eine „griechisch-orthodoxe" Ostkirche und in eine „römisch-katholische" Kirche im Westen des ehemaligen Römischen Reiches.

T3 Das Frankenreich im Westen

König Chlodwig (482 – 511) aus dem germanischen Stamm der Franken war es gelungen, die ehemalige römische Provinz Gallien unter seine Herrschaft zu bringen. Chlodwig und die fränkischen Adligen ließen sich taufen. Sie wurden Christen. Die Franken übernahmen aber nicht nur den Glauben der Römer, sondern auch deren Verwaltung.
Über 200 Jahre später, im Jahr 732, besiegte ein fränkisches Heer unter seinem Führer Karl Martell die Araber. Jetzt gab es auf dem Boden des ehemaligen Römischen Reiches drei neue mächtige Staaten: das Byzantinische Reich, das Islamische Reich und das Frankenreich.

T4 Bündnis mit dem Papst

Die fränkischen Herrscher stellten sich die Aufgabe, die römisch-katholische Kirche und ihr Oberhaupt, den Papst, zu schützen. Als Gegenleistung erkannte der Papst die fränkischen Machthaber „als von Gott eingesetzte Herrscher" an und salbte sie zu Königen und Kaisern.

M1 Innenansicht der Hagia Sophia in Konstantinopel (heute Museum in Istanbul), erbaut von 532 – 537
Die Wände waren mit Marmor verkleidet bzw. mit prachtvollen Mosaiken verziert.

1. Welche neuen Reiche waren im 8. Jahrhundert auf dem Gebiet des Römischen Reiches entstanden? Beschreibe mithilfe eines Atlas die Gebiete genauer. (M 2)

2. Nenne Beispiele, die die Macht Kaiser Justinians I. und den Glanz der Stadt Konstantinopel belegen. (T 1, M 1)

3. Warum übernahmen die fränkischen Herrscher das Christentum? (T 3)

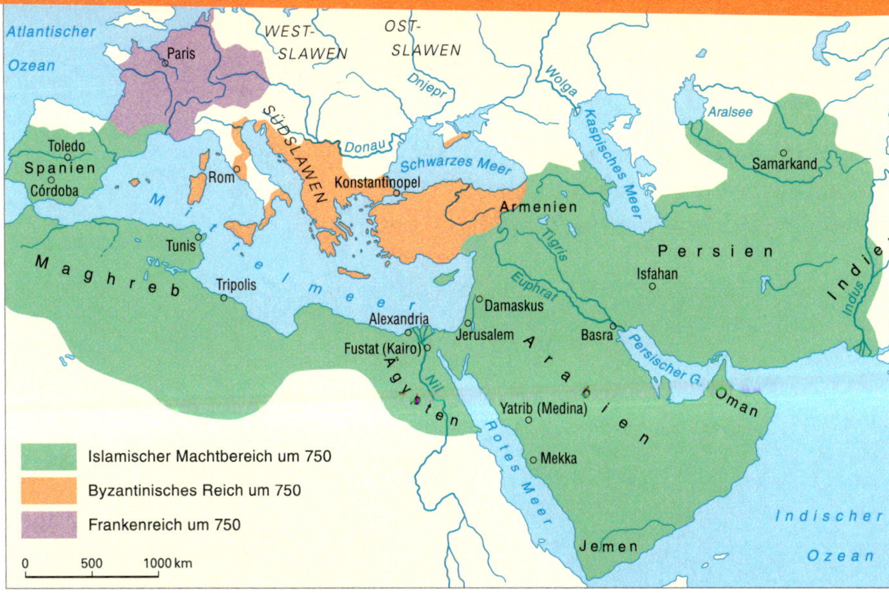

M 2 Die Gebiete des ehemaligen Römischen Reiches im 8. Jh.
Drei Machtzentren waren entstanden.

M 3 Der heilige Petrus, Papst Leo und Frankenkönig Karl
Papst Leo ließ das Mosaik zwischen 795 und 800 in seinem Palast in Rom anbringen. Petrus überreicht dem Papst ein besticktes Schulterband als Zeichen der höchsten kirchlichen Macht und dem König die Fahne der Stadt Rom als Zeichen der höchsten weltlichen Macht. Die Inschrift lautet: „Seliger Petrus, du schenkst Leben Leo dem Papst und Sieg Karl dem König".

M 4 Kaiser Justinian 553 in einem Brief an die Bischöfe der Kirche:

» Immer war es unser eifriges Bestreben, und ist es auch heute noch, den rechten, unbefleckten Glauben und den sicheren Bestand der heiligen, katholischen und apostolischen Kirche Gottes unversehrt zu bewahren. Das haben wir stets als die vordringlichste unserer Regierungssorgen betrachtet. Denn wir sind überzeugt, dass uns dafür in diesem irdischen Leben die Kaiserherrschaft von Gott verliehen wurde und von Gott beschützt wird, und dass wir dafür einmal, wie wir hoffen, im jenseitigen Leben Gnade vor Gottes Antlitz finden werden. «

M 5 Aus einem Schreiben Karls des Großen an Papst Leo III., 796:

» Unser ist, (...), die heilige Kirche Christi allenthalben vor dem Einbruch der Heiden und der Verwüstung der Ungläubigen außen mit Waffen zu verteidigen und mit der Erkenntnis des katholischen Glaubens zu unterstützen. Euer ist es, heiligster Vater, mit zu Gott erhobenen Händen (...) unser Waffenwerk zu unterstützen ... «

*
4. Wie sieht Kaiser Justinian I. die Stellung des Kaisers in der Kirche im Byzantinischen Reich? (T 2, M 4)

*
5. Welche Aufgaben hat nach Meinung Karls des Großen der Kaiser und welche Macht hat der Papst? Löse die Aufgaben in zwei Schritten:

a) Erläutere mithilfe von M 5 die Meinung Karls des Großen.
b) Was sagt das Mosaik M 3 über die Machtverteilung von Papst und König aus?

Ein neuer Glaube breitet sich aus

Der Prophet Mohammed verkündet den Glauben an Allah als den einzigen Gott. Er wird zum Gründer des Islam. Dieser Glaube breitet sich über die ganze arabische Halbinsel und über die Nachbarländer aus.

T1 Wer war Mohammed?

„Ich bezeuge, dass es keinen Gott gibt außer Allah und dass Mohammed sein Prophet ist." So lautet das Glaubensbekenntnis der Muslime. Wer war dieser Prophet? Das erfahren wir aus den Schriften arabischer Gelehrter aus dem 8. und 9. Jahrhundert. Sie berichten, dass Mohammed um das Jahr 570 in Mekka, einer Stadt im heutigen Saudi-Arabien, geboren wurde. Später kam er als Kaufmann viel herum und begegnete Christen und Juden. Diese verehrten nur einen einzigen Gott. Die meisten Landsleute Mohammeds aber beteten viele Götter an. Mohammed dachte nun immer mehr über religiöse Fragen nach.

T2 Mohammed wird ein Prophet

Um das Jahr 610 zog sich Mohammed in eine Berghöhle in der Wüste zurück. In der Einsamkeit wollte er Klarheit über den Sinn des Lebens gewinnen. Da erschien ihm ein Engel. Er überbrachte eine Botschaft Allahs. Mohammed erzählte das zunächst nur seiner Frau und wenigen Freunden. Doch dann forderte Allah ihn in einer zweiten Offenbarung auf, mit seiner Botschaft die Menschen zu „erwecken und zu warnen".

M1 Ausbreitung des Islam über die arabischen Länder und die Nachbarländer mit den heutigen Staatsgrenzen

»

1. Suche auf der Karte Mekka und Medina. Fertige anhand der Karte eine Liste mit den Heiligen Städten des Islam und den Ländern an, in denen sie liegen.

2. Warum wollten die reichen Händler in Mekka zunächst nichts von Mohammeds neuer Lehre wissen? (T3)

3. Warum interessierte sich Mohammed für den Glauben der Christen und der Juden? (T1)

T3 Von Mekka nach Medina

Nun begann Mohammed in Mekka zu predigen. Er rief die Menschen auf, nur noch Allah als den einzigen Gott zu verehren. Alle Gläubigen seien vor Gott gleich. Die Reichen sollten ihr Vermögen mit den Armen teilen. Alle Sklaven seien frei zu lassen. Aber in der reichen Handelsstadt Mekka lachten die meisten Menschen ihn aus. Manche nannten ihn einen Lügner. Daher floh Mohammed im Jahre 622 mit wenigen treuen Anhängern nach Medina. In Medina gewann der Prophet schnell viele Anhänger, die die neue Religion annahmen. Bald wurde er nicht nur religiöses, sondern auch politisches Oberhaupt.

Lexikon

Allah
Arabisches Wort für „der Gott". Es ist der Name für den einzigen Gott der Muslime.

Prophet
So nennt man einen Abgesandten Gottes. Dieser Abgesandte verkündet Gottes Willen.

T4 Der Sieger heißt Mohammed

Nachdem sich ihm auch alle wichtigen Stämme der Wüstenbewohner, der Beduinen, angeschlossen hatten, zog Mohammed im Jahre 630 mit einem großen Heer nach Mekka. Die Stadt ergab sich ihm fast kampflos. Er ließ die Standbilder der vielen Götter in der Kaaba zerstören. Seither wird hier nur noch Allah verehrt. Als Mohammed 632 starb, hatte sich der Islam in Arabien durchgesetzt.

*
4. Versuche aus dem Internet, aus Sachbüchern oder Zeitungen zu erfahren, welche Bedeutung der Islam in Saudi-Arabien, im Iran und in der Türkei heute hat.

Der Islam kommt nach Europa

Muslimische Araber drangen vor etwa 1300 Jahren über Nordafrika und Spanien bis Südfrankreich vor. Sie brachten den Ländern, die sie beherrschten, eine kulturelle Blüte.

M1 Die Mesquita-Moschee in Córdoba, die vor mehr als 1000 Jahren von arabischen Baumeistern erbaut wurde. Ihr Äußeres ist sehr schlicht. Den prächtigen Innenraum schmücken bis heute zahllose reich verzierte Säulen und Leuchter. Córdoba war damals das Zentrum der islamischen Kultur und Wissenschaft in Europa.

M2 Arabischer Einfluss
Ein Christ aus Córdoba schrieb um 854 n. Chr.:

„Viele meiner Glaubensgenossen lesen die Gedichte und Märchen der Araber, sie studieren die Schriften der muslimischen Theologen und Philosophen, nicht um sie zu widerlegen, sondern um sie zu lernen (...). Ach, all die jungen Christen, die sich durch ihr Talent bemerkbar machen, kennen nur die Sprache und Literatur der Araber! (...) Sie legen sich große Bibliotheken davon an. Redet man ihnen dagegen von christlichen Büchern, so antworten sie mit Geringschätzung."

T1 Mit Schwert und Feuer

Auch die Nachfolger Mohammeds waren religiöse und politische Führer. Sie nannten sich Kalifen. Sie wollten den Islam in der ganzen Welt verbreiten. In großen Eroberungszügen drangen Araber mit „Feuer und Schwert" bis nach Spanien vor. Oft konnten die Menschen in den eroberten Ländern wählen, ob sie zum Islam übertreten wollten oder als „Ungläubige" hohe Steuern zu zahlen hatten.

T2 Im Gepäck der Eroberer: Kultur und Wissenschaft

Als die arabischen Heere im Jahre 711 bei Gibraltar landeten, herrschten in Spanien Hunger und Not. Die unterworfenen Spanier erfuhren bald, dass die Eroberer keineswegs ungebildete und rohe Krieger waren. Die Araber errichteten Bewässerungsanlagen, so dass Orangen, Bananen und Baumwolle angebaut werden konnten. Sie führten eine leistungsstarke Verwaltung ein und bauten Krankenhäuser, Schulen und Universitäten. Unter den neuen Herren lebten Muslime, Christen und Juden friedlich miteinander. Das Land blühte auf.

»

1. Beschreibe in Stichworten, was die Araber in Spanien veränderten. (T2)

2. Beschreibe mithilfe der Karte M3, welche Länder von den Arabern erobert wurden.
Wie heißen diese Länder heute?

Geschichtskarten lesen

3. Eine gute Verwaltung ist genau so wichtig wie eine Bewässerungsanlage.
Begründe diese Behauptung.

732	Die Araber dringen über Spanien bis nach Frankreich vor. Dort werden sie von Karl Martell, einem Führer der Franken, zurückgeschlagen.
11. Jahrhundert	Ein türkisch-islamisches Volk (Seldschuken) erobert Syrien und Palästina.
1453	Die Türken erobern Konstantinopel (heute: Istanbul) und machen es zur Hauptstadt. Die christliche Kirche Hagia Sophia wird in eine Moschee verwandelt.
1529 und 1683	Die muslimischen Türken dringen bis Wien vor und belagern die Stadt. Sie können allerdings zurückgeschlagen werden.
1798	Napoleon erobert Ägypten. Damit beginnt die Herrschaft der Europäer über einige islamische Länder.

Lexikon

Kalif
Arabisches Wort für „Stellvertreter", Titel für den jeweiligen Nachfolger Mohammeds. Es bezeichnet einen religiösen und politischen Führer der islamischen Länder.

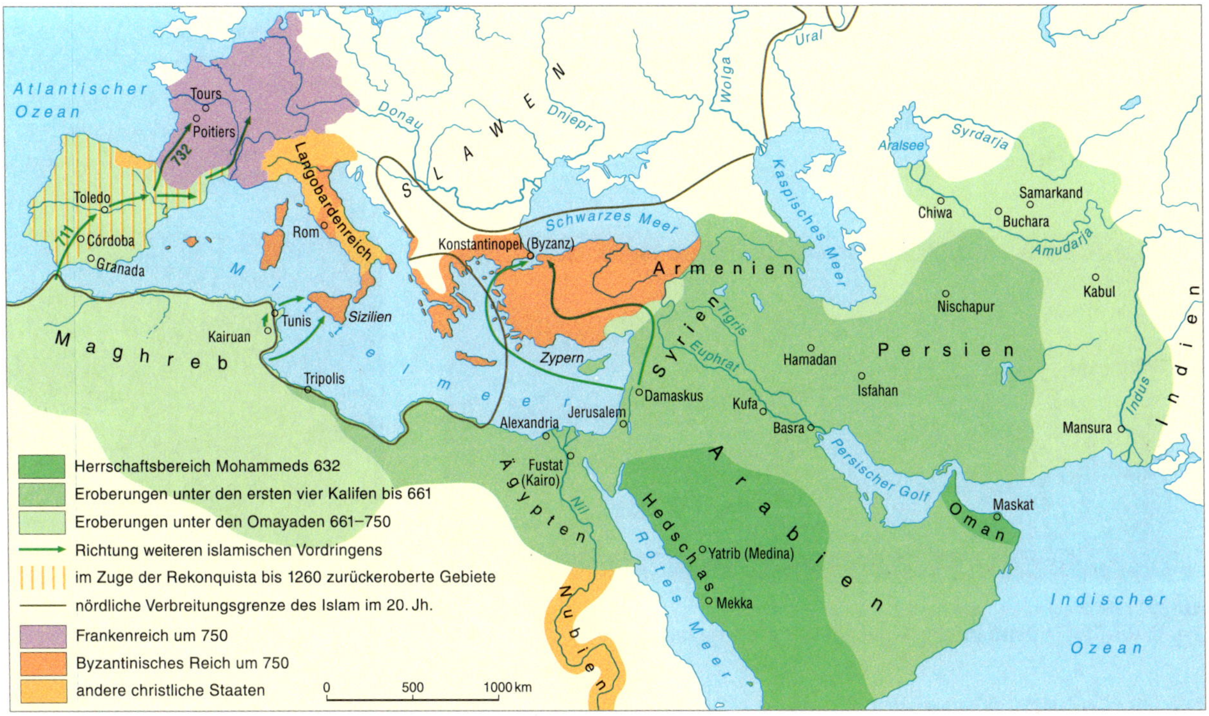

M 3 **Ausbreitung des Islam**

4. Warum beschwert sich der Christ in Quelle M 2 über andere Christen?

5. Suche in Lexika oder im Internet mehr Informationen über Córdoba und seine Bauwerke mit arabischem Ursprung.

Die fünf Pflichten der Muslime

Alle gläubigen Muslime haben gegenüber Allah und ihren Mitmenschen Pflichten zu erfüllen. Die wichtigsten sind die fünf Grundpflichten. Sie werden auch die fünf Säulen des Islam genannt.

T1 Wie die Finger einer Hand

Der Glaube spielt im täglichen Leben der Muslime eine sehr wichtige Rolle. Viele Regeln und Verbote sind zu beachten. Fünf Pflichten vor allem haben die Gläubigen zu erfüllen – so viele, wie die Hand Finger hat. Sie werden von allen Muslimen anerkannt. Allah hatte sie einst Mohammed offenbart.

T2 Die Shahada – das Glaubensbekenntnis

„Ich bezeuge, dass es keinen Gott außer Gott gibt und dass Mohammed sein Gesandter ist." Wer dieses Bekenntnis aus tiefster Überzeugung in Gegenwart anderer Muslime ausspricht, wird als Muslim anerkannt. Eine Taufe wie bei den Christen gibt es im Islam nicht.

T3 Die Sálat – das Gebet

Gläubige Muslime beten jeden Tag fünfmal zu festgelegten Zeiten. Das Gebet soll möglichst gemeinsam mit anderen Gläubigen verrichtet werden. Männer und Frauen beten getrennt voneinander. Vor dem Gebet waschen sich die Muslime. Beim Beten wenden sie sich nach Mekka. Sie beginnen stehend, verbeugen sich, gehen in die Knie und berühren mit der Stirn den Boden.

M1 Metallschild mit eingravierter arabischer Schrift
Der Text lautet in Deutsch: „Im Namen Gottes des Allbarmherzigen des Allerbarmers".

M3 Betende Muslime in einer Moschee
Sehr wichtig ist das gemeinsame Freitagsgebet, ähnlich wie für Christen der Gottesdienst am Sonntag.

M2 Über die Zakät steht im Koran:

„Die Almosen sind bestimmt für die Armen, die Bedürftigen (und für) (...) die, deren Herzen (mit dem Islam) vertraut gemacht werden sollen, die Gefangenen, die Verschuldeten, für den Einsatz auf dem Weg Gottes und für den Reisenden."

»

1. In der Quelle M2 ist beschrieben, wem die Spenden der Gläubigen zugute kommen sollen. Beschreibe mit deinen eigenen Worten, wer damit gemeint ist.

2. Male zu einer der fünf Pflichten der Muslime ein Bild.

3. Finde heraus, ob es Pilgereisen und Wallfahrtsorte auch in anderen Religionen gibt und welche das sind.

M 4 Ein prächtig verzierter Koran
Der Koran ist das heilige Buch des Islam. Nach Auffassung der Muslime enthält es die Botschaften Allahs, die ein Engel an Mohammed übergeben hat.

M 5 Fest zum Ende des Fastens
Auch die Muslime bei uns feiern das Ende des Ramadan mit dem „Zuckerfest".

T 4 Das Ssaum – das Fasten im Monat Ramadan

Der neunte Monat im islamischen Kalender ist der Ramadan, der Fastenmonat. Während des Ramadans dürfen die Gläubigen zwischen Sonnenaufgang und Sonnenuntergang weder essen noch trinken. Kinder und Schwerkranke sind von der Fastenpflicht ausgenommen. Zudem vermeiden die Muslime im Ramadan Streitigkeiten und kümmern sich besonders um Notleidende. Sie zeigen damit, dass für sie Gottes Gesetz Vorrang vor den menschlichen Trieben hat.

T 5 Die Zakāt – die Sozialabgabe

Muslime sind verpflichtet, Abgaben für Arme, Bedürftige sowie für Gemeinschaftsaufgaben zu leisten. Sie betrachten das als „Darlehen an Gott". In der Vergangenheit war die Zakāt die einzige Unterstützung für Arme. Heute wird sie in einigen muslimischen Ländern vom Staat eingezogen. Daneben sollen die Gläubigen notleidenden Fremden oder Familienangehörigen auch mit Spenden helfen.

T 6 Die Hadjj – die Pilgerreise nach Mekka

Einmal im Leben sollte jeder Gläubige eine Pilgerfahrt zur Kaaba in Mekka unternehmen. Dort treffen sich viele Tausende von Muslimen aus allen Weltgegenden. Während der Reise darf der Pilger keinem Lebewesen ein Leid antun. Alle Pilger tragen das gleiche weiße Gewand, weil vor Gott alle Menschen gleich sind. Nur Muslime haben Zutritt zur Kaaba. Siebenmal gehen sie betend um die Kaaba herum und küssen den heiligen Stein, der in einen der vier Pfeiler eingelassen ist.

<Extra>

M 6 Regeln für das Alltagsleben der Muslime:

„Der Moslem darf keine Glücksspiele spielen (…) Er darf den Islam nicht verlassen, wenn er von Gott (Allah) abfällt, muss er bekämpft werden. Der Moslem muss gut zu seinem Gast sein. Der Moslem muss das Leben achten. Der Moslem muss im Handel anständig wiegen und messen. Der Moslem muss Dankbarkeit und Güte seinen Eltern erweisen. Der Moslem muss Glaubensgenossen helfen, die bedürftig sind. Er muss gut zu seinen Untergebenen sein. Essensregeln: Vor dem Speisen spült sich der gläubige Moslem den Mund und wäscht seine Hände (…). Verboten sind alle Speisen, die das Bewusstsein verwirren und trüben. Deshalb ist jeder Alkohol verboten, auch mit Wasser gemischter Wein. Es heißt: Im Blut ist der Sitz des Lebens. Das Leben gehört Gott. Deshalb darf ein Moslem nur Fleisch eines ausgebluteten Tieres essen. Das Tier wird nicht erschlagen, sondern mit einem Messer geschlachtet und das Blut muss vollständig abgeflossen sein."

*

4. Kennst du Gemeinschaftsaufgaben und Hilfsmaßnahmen für Notleidende auch in anderen Ländern, um die sich die christlichen Kirchen kümmern?

Gelehrte, Künstler, Wissenschaftler

Vor tausend Jahren waren die Kultur und Wissenschaft der islamischen Völker weit höher entwickelt als die des christlichen Abendlandes.

T1 Al-Biruni – ein bedeutender islamischer Gelehrter

Abu Raihan al-Biruni – der Name dieses bedeutenden islamischen Gelehrten ist nur noch wenigen bekannt. Er lebte von 973 bis 1048 im heutigen Iran und unternahm viele Studienreisen, vor allem nach Indien. Astronomie (Sternkunde), Mathematik, Geometrie, Erdkunde, Physik – kaum eine Wissenschaft seiner Zeit, in der er sich nicht sehr gut auskannte und wichtige Erkenntnisse gewann. Er wusste bereits, dass die Erde Kugelform hat und sich um sich selbst dreht. Er fertigte einen Globus und berechnete den Durchmesser der Erde mit großer Genauigkeit. Dabei war er ein gläubiger Muslim.

T2 Muslimische Wissenschaft

„Wer nach Wissen strebt, betet (damit) Allah an." – So steht es im Koran. Anders als bei den Christen des Mittelalters galten bei den Muslimen Wissenschaft und Glauben nicht als Gegensätze. Schon im Jahre 830 gründete der Kalif von Bagdad (heute Irak) das „Haus der Weisheit", eine Art Forschungszentrum. Hier arbeiteten viele Gelehrte zusammen – nicht nur Muslime, sondern auch Juden und Christen. Kein Muslim hatte ein Problem damit, auch von den „Ungläubigen" zu lernen. Landkarten arabischer Kartenzeichner waren wegen ihrer Genauigkeit sehr begehrt. Die Araber konnten sie auf ihren Eroberungszügen gut gebrauchen.

In den ersten deutschen Universitäten, die um 1200 in Deutschland gegründet wurden, verwendete man arabische Lehrbücher. Sie mussten allerdings zuvor ins Lateinische übersetzt werden. Latein war in Europa die Sprache der Wissenschaft.

M1 Astrolabium
Mit dieser arabischen Erfindung konnte man Sterne anpeilen und so auf See oder an Land den eigenen Standort bestimmen.

M2 Arabische Astronomen mit ihren Instrumenten (Miniatur aus dem 16. Jh.)
Die Sternbeobachtung war auch für die Bestimmung der genauen Gebetszeiten wichtig.

»

1. In welchen Bereichen der Wissenschaften haben die Araber besondere Leistungen vollbracht? Nenne Beispiele. (T1)

2. Vergleiche die Methoden des arabischen und des fränkischen Arztes in Quelle M5.

3. Verschaffe dir Abbildungen der römischen Ziffern I bis XII und vergleiche sie mit den arabischen. Findest du Gründe dafür, warum fast nur noch die arabische Ziffern verwendet werden?

M 3 Ziffern

Die Zeichen für Zahlen, die wir heute verwenden, verdanken wir den Arabern. Sie heißen daher auch „Arabische Ziffern". Sie lösten mit Beginn des 13. Jahrhunderts in Westeuropa die römischen Ziffern ab, bei denen es kein Zeichen für die 0 gibt.

0 1 2 3 4
5 6 7 8 9

M 4 Arabische Ärzte behandeln Christen. (Ausschnitt aus einer Bilderchronik, 1196)
Der Kranke ist König Wilhelm von Sizilien. Die Insel Sizilien war lange in arabischer Hand.

Extra

M 5 Wer ist der bessere Arzt?

„Ein islamischer Beamter hatte einen tüchtigen Arzt zu einem erkrankten Christen geschickt. Der muslimische Arzt kehrte schnell wieder zurück. (Die Araber nannten die europäischen Christen „Franken".) „Wie hast du so schnell den Kranken geheilt?", fragten wir ihn erstaunt. „Man brachte mir einen Reiter, an dessen Bein sich ein Geschwür gebildet hatte", erwiderte der Arzt. (...) „Dem Reiter habe ich ein Zugpflaster aufgelegt. Das Geschwür brach auf und nahm einen gutartigen Verlauf. (...) Da kam ein fränkischer (hier: christlicher) Arzt hinzu und sagte: „Der (islamische) Arzt versteht nicht, (die kranken Christen) zu heilen." Darauf wandte er sich an den Reiter mit der Frage: „Was ist dir lieber: zu leben mit einem Bein oder zu sterben mit zwei Beinen?" Der antwortete: „Leben mit einem Bein." Da sagte der fränkische Arzt: „Holt mir einen starken Reiter mit einem scharfen Beil (...)" und befahl dem Reiter: „Schlag ihm das Bein mit einem einzigen Axthieb ab!" (...) Der Unglückliche starb zur Stunde. (...)
Ich fragte die Leute: „Habt ihr noch eine nötige Verrichtung für mich?" Sie antworteten: „Nein", und so ging ich, nachdem ich von ihrer Heilkunst gelernt hatte, was mir bis dahin unbekannt (...) war."

M 6 Wörter arabischer Herkunft

Algebra, Alkohol, Baldachin, Benzin, Chemie, Fanfare, Gitarre, Jasmin, Lack, Laute, Massage, Matratze, Orange, Quark, Reis, Sofa, Spinat, Watte, Ziffer, Zimt, Zucker.

*
4. Kannst du dir denken, warum im christlichen Europa früher alle wissenschaftlichen Texte nur in lateinischer Sprache verfasst wurden?

Karl der Große

**ist ein vom Papst gekrönter christlicher Kaiser.
Er sieht sich als Nachfolger des Römischen Reiches.**

T 1 Karl wird Kaiser
Unter den Nachfolgern Chlodwigs hatten die Könige im Reich der Franken große Macht, jedoch spielte auch der Papst in Rom immer mehr eine wichtige Rolle. Gegen 799 kam es zwischen Papst Leo III. und dem römischen Adel zu Auseinandersetzungen. Papst Leo III. floh nach Paderborn zum Frankenkönig Karl, den er um Hilfe bat. Im Jahre 800 zogen Karl und der Papst nach Rom und stellten die Macht des Papstes wieder her. Zum Dank für seine Verdienste krönte der Papst am Weihnachtstag 800 Karl zum Kaiser.

T 2 Karl, der kluge Reisekaiser
Karl wurde nicht nur wegen seiner Taten „der Große" genannt. Obwohl kein Bild oder Gemälde aus seiner Zeit vorhanden ist, wissen wir aus Beschreibungen, dass er körperlich größer war als die meisten seiner Mitmenschen. Zeitlebens konnte er eigentlich nicht schreiben, trotzdem legte er großen Wert auf die Bildung und hatte viele kluge Berater. Karl der Große hatte, wie die Könige im Frankenreich, keine Hauptstadt und reiste mit seinem Gefolge durch das Reich. Längere Aufenthalte gab es in den Pfalzen. Das waren durch Mauern befestigte Gebäude, in denen Karl mit seinem Gefolge wohnte. Hier hielt er auch Gericht. Oft war er in seiner Lieblingspfalz in Aachen, wohl auch wegen der heißen Quellen, die es dort gibt. Eine andere berühmte Kaiserpfalz war Ingelheim am Rhein in der Nähe von Mainz.

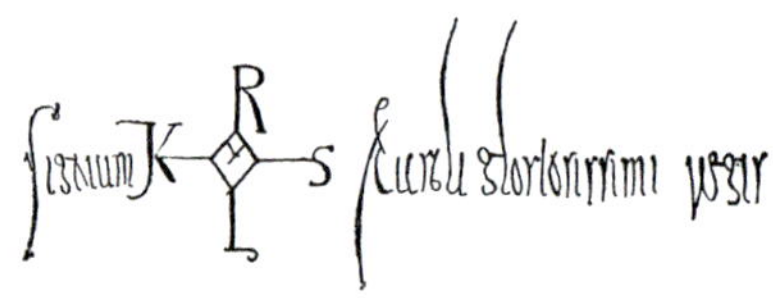

M 2 Die Unterschrift Karls des Großen unter einer am 31. August 790 ausgefertigten Urkunde: Eigenhändig ist nur der v-förmige so genannte Vollziehungsstrich innerhalb der Raute. Der Kaiser konnte weder lesen noch schreiben.

M 1 Die Aachener Pfalz, nach Ausgrabungen rekonstruiert und gezeichnet
① Kapelle, die noch heute steht;
② „Lateran", Wohnraum des Papstes bei Besuch; ③ Königshalle, hier hielt der König Gericht und empfing Gesandte.

1. Karl wird auf Lateinisch „Karolus" geschrieben. Zeichne den Namen ab und trage dabei Karls Vollziehungsstrich rot ein. (M 2)

2. Entwirf für deinen Vornamen ein ähnliches Zeichen.

3. Sieh dir M 3 an und benenne die wichtigen Zeichen, die Karl als Kaiser des Römischen Reiches trug.

4. Welche Bedeutung hatten die Pfalzen für die Verwaltung des Reiches? (T 2, M 1)

M 3 Idealbild Karls des Großen
Das Bild entstand etwa 700 Jahre nach Karls Krönung in Rom. Der Künstler Albrecht Dürer wusste 1513 also nicht, wie der Kaiser aussah. Damit man ihn dennoch erkennt, bildete er die Zeichen der Kaiserwürde ab: die Reichskrone und das Reichsschwert.

Bilder beschreiben

M 4 Die Kaiserkrönung in Rom:

» Als der König gerade am heiligen Weihnachtstag sich vom Gebet vor dem Grab des seligen Apostels Petrus zur Messe erhob, setzte ihm Papst Leo eine Krone aufs Haupt, und das ganze Römervolk rief dazu: „Dem erhabenen Karl, dem von Gott gekrönten großen und Frieden bringenden Kaiser der Römer, Leben und Sieg!“ Und nach den lobenden Zurufen wurde er vom Papst nach Sitte der alten Kaiser durch Kniefall geehrt. «

< Extra >

M 5 Karl der Große mit seinen Beratern (Buchmalerei aus der Benediktinerabtei Saint-Denis, 14. Jh.)

5. Erkläre mit eigenen Worten, warum Papst Leo III. Karl den Großen zum Kaiser krönte. (T 1)

6. Einige Historiker sind der Meinung, dass die Kaiserkrönung für Karl überraschend kam. Gibt es Hinweise für eine solche Meinung? Lies dir M 4 noch einmal genau durch.

7. Obwohl Karl weder lesen noch schreiben konnte, traf er kluge Entscheidungen. Wie kommt es dazu? (T 2, M 5)

Vom Frankenreich zum deutschen Reich

Für viele Historiker ist das Jahr 919 ein wichtiges Datum. Die deutsche Geschichte beginnt.

T1 Teilung des Frankenreiches
Im Jahre 813 starb Kaiser Karl der Große. Das Frankenreich wurde unter seinen Söhnen aufgeteilt. Da es immer wieder Streit unter den Nachfolgern Karls des Großen gab, änderte sich mehrmals die Herrschaft. Schließlich entstanden zwei Reiche: das Westfrankenreich und das Ostfrankenreich.

T2 König Heinrich I.
Das Westfrankenreich behielt den Namen „Frankenreich", aus dem später „Frankreich" wurde.
Im Ostfrankenreich lebten fünf große Stämme, an deren Spitze ein Herzog stand: Lothringen, Bayern, Franken, Schwaben, Sachsen. Im Jahre 919 ließ sich der Sachsenherzog Heinrich zum König krönen. Er zwang die Herzöge, ihn als König Heinrich I. anzuerkennen. Historiker meinen, mit seiner Machtübernahme beginnt die deutsche Geschichte.

T3 König Otto der Große
Im Jahr 962 wurde König Otto I. vom Papst in Rom zum deutschen Kaiser gekrönt. Otto I. führte viele Kriege. Er erwarb große Gebiete in Italien. Danach führte er Kriege gegen slawische Stämme. In den eroberten Gebieten gründete Otto I. Bistümer und setzte Bischöfe ein. Die Slawen wurden gezwungen, den christlichen Glauben anzunehmen. Otto I. war ein mächtiger Herrscher. Deshalb wird er auch „Otto der Große" genannt.

M1 Der Tod Karls des Großen
(Buchmalerei aus der Benediktinerabtei Saint-Denis, 14. Jh.)
Bischof Theodulf und Karls Sohn Ludwig erhalten die Todesnachricht.

1. Was wurde aus dem Frankenreich nach dem Tode Karls des Großen? (T1)

2. Beschreibe mithilfe der Karte und deines Atlas, wo die fünf deutschen Stämme lebten. (T2, M4)

3. Wer waren die ersten beiden deutschen Könige und aus welchem Herzogtum kamen sie? (T2, T3)

4. Beschreibe mit eigenen Worten, was über die Krönung Ottos I. berichtet wird. (M2)

M2 Über die Königskrönung Ottos I. im Jahre 936 ließ sich der Mönch Widukind von anderen erzählen. Lange Zeit war dies der einzige überlieferte Bericht über so ein Ereignis:

„Und als Ort der allgemeinen Wahl bestimmte man die Pfalz Aachen (...). Als man dort angekommen war, versammelten sich die Herzöge und vornehmsten Grafen und die Schar der fürstlichen Vasallen im Säulengang der Basilika Karls des Großen und sie setzten den neuen Herrscher auf einen hier aufgestellten Thronsessel. Hier huldigten sie ihm, gelobten ihm Treue und versprachen ihm Hilfe gegen alle seine Feinde und machten ihn so nach ihrem Brauch zum König. Als er [König Otto I.] eintrat, ging ihm der Erzbischof [von Mainz] entgegen (...). Dann (...) sprach er: „Seht, ich bringe euch den von Gott erkorenen, einst von König Heinrich bezeichneten, nun aber von allen Fürsten zum König gemachten Otto; wenn euch diese Wahl gefällt, so erhebt die rechte Hand zum Himmel!" Darauf erhoben alle die Rechte in die Höhe und wünschten mit lautem Rufen dem neuen Herrscher Heil."

M4 Das Reich zur Zeit Ottos des Großen (936–973)

M3 Krone der deutschen Kaiser
Sie soll zur Krönung Ottos I. hergestellt worden sein.

5. Wie verhielten sich die Herzöge bei der Krönungsfeier? (M2)

6. Was schließt du aus ihrem Verhalten über die Macht des neuen Königs? (M2)

7. Zeige auf der Karte die Gebiete, die unter Otto I. erobert wurden. (T3, M4)

Papst oder Kaiser – Wer bestimmt?

Kennt ihr das? Zwei Menschen, die sich eigentlich gegenseitig brauchen, geraten in Streit miteinander. Und das nur, weil jeder sich dem anderen überlegen fühlt. Solche Streitereien gab es schon im Mittelalter – vor allem unter Päpsten und Kaisern.

T1 Päpste krönen Kaiser
Im Jahr 800 hatte Papst Leo den Frankenkönig Karl den Großen zum Kaiser gekrönt (vgl. S. 122). Damit stand er über allen anderen christlichen Königen. Als Kaiser war es seine Pflicht, die Kirche zu verteidigen, das Christentum zu verbreiten und die Heiden zu bekämpfen.

M1 König Heinrich IV. vor der Burg Canossa (Buchmalerei aus dem 11. Jh.)
Das Bild zeigt Heinrich IV. mit seinem Taufpaten Abt Hugo von Cluny und die Markgräfin Mathilde. In ihrem Gebiet lag Canossa. Der Text unter dem Bild lautet: „Der König bittet den Abt. Er fleht Mathilden an."

T2 Wer steht über wem?
Allerdings kam es schon sehr bald zu heftigen Auseinandersetzungen unter den Nachfolgern Karls und Leos. Sie gerieten immer wieder über dieselbe Frage in Streit: Steht das Oberhaupt der Kirche, also der Papst, über ihrem Beschützer, dem Kaiser, oder ist es genau umgekehrt? Sowohl die Päpste als auch die Kaiser meinten, Gott habe nur sie auserwählt. Beide Seiten sahen sich als Stellvertreter von Jesus Christus auf der Erde.

T3 Heinrich IV. gegen Papst Gregor VII.
Im 11. Jahrhundert erreichte dieser Machtkampf seinen Höhepunkt. Bischöfe und Äbte regierten zu der Zeit über große Ländereien und waren zu wichtigen Helfern des Königs geworden. Wenn ein Bischof starb, bestimmte der König den Nachfolger.
Im Jahr 1073 wurde Gregor VII. zum Papst gewählt. Er beschloss, dass die Könige keine Bischöfe mehr in ihr Amt einsetzen durften. Geistliche dürften nur von anderen Geistlichen gewählt werden, meinte Gregor. Der deutsche König Heinrich IV. hielt sich nicht an das Verbot. Stattdessen erklärte er, dass er den Papst absetze. Gregor reagierte sofort und schloss den König aus der Kirche aus. Nun drohten Heinrichs Untertanen ihrem König damit, einen neuen Herrscher zu wählen.

T4 Der König geht in die Knie
Im Winter 1076/1077 machte sich Heinrich mit seiner Frau, seinem zweijährigen Sohn und einigen Begleitern zu einer gefährlichen Reise auf. Über die verschneiten Alpen zog er nach Norditalien. Dort hielt sich zu der Zeit Papst Gregor auf. Barfuß und nur mit einem einfachen Gewand bekleidet – so die Legende – erschien Heinrich vor dem Tor der Burg Canossa. Aber erst nach drei Tagen wurde er zum Papst vorgelassen. Heinrich fiel vor Gregor auf die Knie und bat um Verzeihung. Daraufhin nahm der Papst den König wieder in die Kirche auf.

T5 Das Ende eines langen Streits
Im Jahr 1122 schloss der Sohn Heinrichs IV. einen Vertrag mit Papst Kalixt II. Von nun an setzte der Papst die Bischöfe und Äbte in ihr geistliches Amt ein. Der König hatte nur noch das Recht, den Geistlichen ihre weltlichen Besitzungen, z. B. Ländereien, zu übergeben.

»

1. Vervollständige folgenden Satz: Kaiser und Päpste stritten im Mittelalter häufig über die Frage, …

2. Worum ging es zwischen König Heinrich und Papst Gregor? Wie verlief der Streit und welche Lösung wurde am Ende gefunden? (T3 – T5)

3. Beschreibe M1. Überlege, worum König Heinrich IV. den Abt und die Markgräfin gebeten haben könnte.

Extra

M 3 Papst und Kaiser in Buchmalereien aus dem 13. und 14. Jh. Auf dem linken Bild erhält der Papst von Christus einen Schlüssel, mit dem er den Gläubigen den Himmel aufschließen kann. Kannst du erkennen, was Christus dem Kaiser gibt?

M 2 Papst Gregor VII. forderte 1075:

❞ 3. Nur der Papst allein kann Bischöfe absetzen und auch wieder einsetzen.
8. Nur er verfügt über kaiserliche Insignien (Herrschaftszeichen).
9. Alle Fürsten haben die Füße einzig und allein des Papstes zu küssen.
12. Der Papst kann Kaiser absetzen.
18. Sein Entscheid kann von niemandem aufgehoben werden, er selbst aber kann Urteile aller anderen aufheben.
27. Der Papst kann Untertanen vom Treueid gegen ungerechte Herrscher entbinden. ❝

M 4 König Heinrich IV. schrieb 1076 an Papst Gregor VII.:

❞ Du hast unsere Demut für Furcht gehalten und dich nicht gescheut, dich sogar gegen die uns von Gott verliehene königliche Gewalt zu erheben. Du hast zu drohen gewagt, du würdest sie uns nehmen, als ob wir von dir das Königtum empfangen hätten, als ob in deiner und nicht in Gottes Hand Königs- und Kaiserherrschaft lägen. (…) Mich, der ich (…) zum Königtum gesalbt worden bin, hast du angetastet, mich, von dem die Überlieferung der heiligen Väter sagt, dass ich nur von Gott gerichtet werden darf, (…). So steige du denn, herab, verlasse den päpstlichen Stuhl, den du dir angemaßt hast (…). Ich, Heinrich, durch die Gnade Gottes König, sage dir zusammen mit meinen Bischöfen: Steige herab, steige herab! ❝

4. Vergleiche die Aussagen von Gregor VII. und Heinrich IV. aus M 2 und M 4.

Schriftliche Quellen auswerten

* **5.** Betrachte die Bilder in M 3. Welche Aufgaben haben Papst und Kaiser? Wie ist ihr Verhältnis zueinander?

* **6.** Die Bilder M 3 zeigen, wie sich die Menschen im Mittelalter das Verhältnis von Kaiser und Papst vorgestellt haben.
Erkläre mithilfe des Textes und der anderen Materialien, warum diese Vorstellungen mit der Wirklichkeit nicht übereinstimmten.

Das Heilige Land befreien?

Papst Urban II. ruft die Christen auf, Jerusalem zu erobern und das Grab Christi aus der Hand der Muslime zu befreien. Im 1. Kreuzzug folgen viele Zehntausende seinem Aufruf.

M1 Aus der Rede Papst Urban II., 1095:

„Bewaffnet euch mit dem Eifer Gottes, liebe Brüder, gürtet eure Schwerter an eure Seiten (...) wendet eure Waffen, mit denen ihr in sträflicher Weise Bruderblut vergießt, gegen die Feinde des christlichen (...) Glaubens! Die Diebe, Räuber, Brandstifter und Mörder werden das Reich Gottes nicht besitzen. Wir aber erlassen (...) allen gläubigen Christen, die gegen die Heiden die Waffen nehmen (...) all die Strafen, welche die Kirche für ihre Sünden über sie verhängt hat.“

T1 Wem gehört Jerusalem?

In Jerusalem stand der Tempel der Juden, hier befindet sich das Grab Jesu, von hier stieg Mohammed in den Himmel auf. Die für Christen, Muslime und Juden heilige Stadt ist bis heute ein Ziel für Gläubige und friedliche Pilger aus aller Welt, aber auch immer wieder ein Schauplatz blutiger Kämpfe.

M2 Der 1. Kreuzzug 1096 – 1099

1. Schildere mit deinen eigenen Worten, wie es zum 1. Kreuzzug kam. (T1 – T3)

2. Aus welchen Gründen gingen so viele Menschen auf die lange und gefährliche Kreuzfahrt? (T3)

3. Was bedeutete der Aufruf von Papst Urban II. für die Christen und welche Folgen konnte er für Andersgläubige haben? (M1)

M3 Papst Urban II. ruft zum Kreuzzug auf. (Holzschnitt von 1482)

M4 Christus führt die Kreuzritter an (Buchmalerei aus dem 15. Jh.). Das Bild bezieht sich auf die Worte Jesu: „Jeder nehme sein Kreuz und folge mir."

Um das Jahr 1071 stieß ein muslimischer Volkstamm türkischer Herkunft, die Seldschuken, nach Palästina vor und eroberte auch Jerusalem. Der christliche Kaiser von Konstantinopel, zu dessen Gebiet Palästina gehörte, fühlte sich von den Seldschuken bedroht. Er bat den Papst um Hilfe.

T2 Der Papst hat eine Idee

Papst Urban II. machte sich nicht nur um Jerusalem Sorgen. Probleme bereiteten ihm auch viele Ritter, die sich bekämpften, aber auch Kirchenbesitz raubten, Bauern das Vieh stahlen sowie Kaufleute, Pilger und Geistliche überfielen und ausraubten. Frieden und Sicherheit waren gestört. Im Jahre 1095 rief der Papst daher alle Christen auf, den „Gottesfrieden" zu wahren.

Für die streitsüchtigen Ritter hatte er eine neue Aufgabe: Er rief sie zu einer „bewaffneten Wallfahrt" nach Palästina auf. Dort sollten sie das Grab Christi befreien. Wenn die Ritter ihre Kampfeslust an den „Heiden" auslassen konnten, würden sie mit ihren christlichen Brüdern und Schwestern Frieden halten. So glaubte der Papst.

T3 Auf nach Jerusalem

Urbans Aufruf hatte großen Erfolg. Prediger trugen die Botschaft in viele Länder. Ein großes Heer von Rittern kam zusammen. Auch andere Menschen, arme Bauern vor allem, wollten auf Kreuzfahrt gehen. Sie taten das nicht nur aus christlichem Eifer, sondern auch aus Abenteuerlust und weil sie auf reiche Beute hofften.

M5 Ein Teilnehmer berichtet von den Strapazen der Kreuzzüge:

„Als sie in das Innere des Landes (...) eingedrungen waren, konnten sie von den verhassten Bewohnern dieser Gegend weder Brot bekommen noch Lebensmittel anderer Art. (...) Daher auch kam es, dass viele von ihnen (...) grausam von Hunger gequält wurden (...) Hunger, Kälte, Regengüsse, alle diese Übel und viele andere mussten wir um der Liebe zu Gott willen ertragen. (...) zitternd und von Schrecken ergriffen, waren wir von allen Seiten von Türken umzingelt."

*
**4. Beschreibe mithilfe eines Atlas den Weg der Kreuzfahrer auf der Karte M 2.
Schreibe auf, durch welche Länder und Städte (heutige Namen) sie zogen und welche Gebirge und Flüsse auf ihrem Weg lagen.**

Kreuzritter erobern Jerusalem

Als die Kreuzritter nach langer Belagerung Jerusalem erobern, plündern sie die Stadt und berauben und töten die wehrlosen, unschuldigen Bewohner.

T1 Eine Spur der Verwüstung

In Köln, Trier, Speyer und Worms hatten sich seit der Römerzeit jüdische Gemeinden erhalten. Die Juden hatten viel zum Aufblühen der Städte beigetragen und lange Zeit in Frieden mit ihren christlichen Nachbarn gelebt. Als die Kreuzfahrer am Rhein auftauchten, war es mit dem Frieden vorbei. Es war ein Trupp von Bauern, Bettlern und Abenteurern, die als Erste aufgebrochen waren. Kaum einer war im Kampf ausgebildet. Sie behaupteten, die Juden seien schuld am Tod Christi. Unter diesem Vorwand erschlugen sie die jüdischen Stadtbewohner und raubten ihren Besitz. Auch in Ungarn und auf dem Balkan hatten die Menschen unter den Morden und Plünderungen der durchziehenden Kreuzfahrer schwer zu leiden.

T2 Das Ritterheer schmilzt zusammen

Als die Kreuzfahrer in Kleinasien erstmalig einem gut ausgebildeten und straff geführten türkischen Heer gegenüberstanden, erlitten sie eine vernichtende Niederlage. Die wenigen, die überlebt hatten, entschlossen sich nun, auf das Heer der Ritter zu warten. Die Kreuzritter trafen in mehreren Gruppen 1095 und 1096 in Konstantinopel ein. Von dort war es immer noch weit bis Jerusalem. Auf endlosen Märschen kam es wiederholt zu verlustreichen Kämpfen mit muslimischen Kriegern. Hitze, Hunger, Durst und Krankheiten forderten weitere Opfer. Es war eine abgerissene und erschöpfte Truppe, die schließlich 1099 vor den Toren Jerusalems stand.

M1 Die Kreuzfahrer erobern Jerusalem (Buchmalerei aus dem 13. Jh.). Oben in den Fenstern ist das Leiden Christi dargestellt, das sich mehr als 1000 Jahre vorher ereignet hatte.

»

1. Vergleiche die Quellen M2 und M3. Worin gleichen sie sich, worin unterscheiden sie sich?

2. Welche Gründe gaben die Kreuzfahrer für die Tötung Unschuldiger an, welche mögen sie wirklich gehabt haben?

3. Warum hat auf Bild M1 der Künstler das Leiden Christi in das Bild von Jerusalem mit aufgenommen?

Lexikon

Franken
So bezeichnen die Muslime alle Kreuzfahrer, da die meisten aus Frankreich kamen.

T3 Mord und Plünderung

Die Einwohner Jerusalems waren entschlossen, ihre Stadt gegen das Ritterheer zu verteidigen. Doch nach sechs Wochen Belagerung gelang es den Kreuzrittern, in die Stadt einzudringen. Es folgte ein schreckliches Morden unter den muslimischen Einwohnern der Stadt. Weder Frauen noch Kinder wurden verschont.

M2 Ibn al Atir, ein arabischer Gelehrter, berichtet von der Eroberung Jerusalems:

„Die Franken nahmen die Stadt von der Nordseite, morgens am Freitag, den 15. Juli 1099. Die Einwohner wurden ans Schwert geliefert, und die Franken blieben eine Woche in der Stadt, während derer sie die Einwohner mordeten. Eine Gruppe von diesen suchte Schutz in Davids Bethaus, verschanzte sich dort und leistete einige Tage Widerstand. Nachdem die Franken ihnen das Leben zugesichert hatten, ergaben sie sich. Die Franken hielten den Vertrag. In der Al-Aqsa-Moschee dagegen töteten sie siebzigtausend Muslime (...). Aus dem Felsendom raubten die Franken mehr als vierzig Silberleuchter (...) und mehr als 20 goldene, und andere unermessliche Beute.“

M3 Ein unbekannter Kreuzritter erzählt:

„In die Stadt eingedrungen, verfolgten unsere Pilger die Sarazenen (Muslime) bis zum Tempel des Salomo, wo sie sich gesammelt hatten und wo sie während des ganzen Tages den Unsrigen den wütendsten Kampf lieferten, so dass der ganze Tempel von ihrem Blut überrieselt war. Nachdem die Unsrigen die Heiden endlich zu Boden geschlagen hatten, ergriffen sie im Tempel eine große Zahl Männer und Frauen und töteten sie oder ließen sie leben, wie es ihnen gut schien. Bald durcheilten sie die ganze Stadt und rafften Gold, Silber, Pferde und Maulesel an sich; sie plünderten die Häuser, die mit Reichtum überfüllt waren.
Dann, glücklich und vor Freude weinend, gingen die Unsrigen hin, um das Grab Unseres Erlösers zu verehren und erledigten sich ihm gegenüber ihrer Dankesschuld.“

M4 Der Tempelberg in Jerusalem heute

*
4. Bis in die Gegenwart hat es in Jerusalem und um die Stadt immer wieder blutige Kämpfe gegeben. Kannst du dir denken, warum?

Was von den Kreuzzügen blieb

Viele Kreuzfahrer blieben im Orient und gründeten dort Kreuzfahrerstaaten. Doch diese Staaten wurden nach und nach von den Muslimen zurückerobert.

T1 Kreuzfahrerstaaten enstehen
Auf den 1. Kreuzzug folgten noch sechs weitere. Immer wieder zogen adlige Ritter, sogar Könige und Kaiser ins Heilige Land. Um ihre Herrschaft zu sichern, gründeten sie eigene Staaten, Kreuzfahrerstaaten genannt. Einige Kreuzfahrer schlossen sich zu Ritterorden zusammen, ähnlich den Mönchsorden. Es gab Tempelritter, Johanniter und andere. Ihre Aufgabe war nicht nur der Kampf gegen die Muslime. Die Ordensritter schützten auch die christlichen Pilger, halfen in Not geratenen Christen und pflegten die Kranken und Verletzten.

T2 Das Ende der Kreuzfahrerstaaten
Der größte Kreuzfahrerstaat war das Königreich Jerusalem. Es wurde aber schon 1187 von muslimischen Truppen unter der Führung des Sultans Saladin zurückerobert. Nach und nach gingen viele andere christliche Stützpunkte wieder verloren. Auch neue Kreuzzüge konnten das nicht verhindern. Im Jahre 1291 schließlich mussten die Kreuzritter den letzten christlichen Stützpunkt in Akkon aufgeben und sich ganz aus dem Nahen Osten zurückziehen. Die Ritteroden verlegten ihre Tätigkeit in andere Weltgegenden.

M2 Heimkehrender Kreuzritter mit seiner Ehefrau (Standbild aus dem 12. Jh.)

M1 Denkmal des Sultans Saladin in Damaskus, Syrien

T3 Die Folgen im Osten ...
In den islamischen Ländern hat man bis heute nicht vergessen, dass die Christen ihre Kreuzzüge nicht als friedliche Pilger unternahmen. Als aggressive Krieger und grausame Eroberer leben die Kreuzritter im Gedächtnis vieler Muslime bis heute fort. Andererseits führten die Kreuzzüge dazu, dass die zerstrittenen islamischen Völker und Stämme eine gemeinsame Kraft entwickelten, die schließlich die Vertreibung der Eindringlinge möglich machte.

»

1. Fertige in Stichworten eine Zeittabelle über den Ablauf der Kreuzzüge an.

2. Warum war die Herrschaft über Jerusalem für beide Seiten so wichtig?

3. Malteser und Johanniter gibt es heute noch. Erkundige dich im Internet oder direkt nach ihren Aufgaben.

M 5 **Kreuzritter des Johanniterordens in Jerusalem** (Buchmalerei, 15. Jh.)

T 4 . . . und im Westen

Die heimkehrenden Kreuzfahrer hatten eine völlig andere Welt als die ihrer Heimat kennengelernt. Im Osten fanden sie eine feinere Lebensweise, eine reichere Kultur und viele Luxusgüter vor. Darauf wollten sie in ihrer Heimat nicht mehr verzichten. So führte die Begegnung mit dem Islam zu einem Aufschwung von Kultur und Wissenschaft sowie zu einer Belebung des Fernhandels in Westeuropa.

M 3 Europäer werden Orientale
Ein Kreuzfahrer schrieb im 12. Jahrhundert:

„Wir (...) sind Orientale geworden (...) Mancher unter uns besitzt bereits in diesem Lande Häuser und Dienerschaft, die ihm gehören, als hätte er sie ererbt; andere haben eine Frau geheiratet, die keine Landsmännin ist. (...) Einer baut Wein an, der andere Felder; (...) Der Pilger wurde zum Bürger (...) Jene, die in ihrer Heimat arm waren, hat Gott hier reich gemacht. (...) Wer nur einen Pachthof sein eigen nannte, dem gab Gott hier eine Stadt."

Extra

M 4 Kreuzfahrer aus der Sicht der Muslime:

„Alle Franken, die erst seit kurzer Zeit das Land hier bewohnen, zeigen sich unmenschlicher als die, die schon lange unter uns wohnen und mit uns vertraut geworden sind (...) Als ich Jerusalem besuchte, ging ich in die Moschee Al-Aqsa, die sich im Besitz der Tempelritter, meiner Freunde, befindet, um dort ein Gebet zu verrichten. (...) Ich war in mein Gebet vertieft, als einer der Franken sich auf mich stürzte und mein Gesicht nach Osten drehte, indem er sagte: „So betet man!" Eine Schar Tempelritter ergriff ihn und trieb ihn hinaus. Dann entschuldigten sie sich bei mir und sagten: „Er ist ein Fremder, weil er erst in diesen Tagen aus Europa angekommen ist. Er hat noch nie gesehen, dass jemand nicht nach Osten betet." (Die Christen in Europa beteten damals in Richtung Jerusalem.)"

M 6 **Die Johanniter heute**

*
4. Erkläre, warum es durch die Kreuzzüge in Westeuropa zu einer Belebung des Fernhandels kam. (T 4)

*
5. Aus den Quellen M 3 und M 4 erfahren wir, wie sich das Verhalten von Christen im Orient allmählich veränderte.
Worin unterscheidet sich die Schilderung des Christen von der des Muslimen?
Findest du Gründe für diese Unterschiede?

Gottesburgen

Es ist schon erstaunlich, welche gewaltigen Bauwerke Menschen vor 1000 Jahren geschaffen haben.

T1 Romanische und gotische Kirchen
Seit dem 11. Jahrhundert entstanden in den reichen Städten Europas große Kirchen. Zuerst wurden sie im romanischen, später im gotischen Baustil erbaut. Die romanischen Kirchen, wie die Dome in Speyer und Worms, erinnern mit ihren gedrungenen Türmen sehr an Burgen. Deshalb wurden sie auch „Gottesburgen“ genannt.

Bei einer gotischen Kirche, wie dem Dom von Köln, entsteht ein anderer Eindruck: Die gewaltigen spitz zulaufenden Türme überragen die Stadt. Die spitzbogigen Fenster sind prachtvoll bemalt und lassen viel Sonnenlicht in den Kirchenraum. Im Inneren des Domes befinden sich zahlreiche Heiligenstatuen. Viele Menschen konnten damals nicht lesen und schreiben. So erfuhren sie über die Figuren einiges vom Leben der Heiligen, denen sie nacheifern wollten.

M1 Der Kaiserdom in Speyer
Die romanische Kirche wurde zwischen 1030 und 1106 gebaut.

1. Nenne Unterschiede zwischen einem romanischen und gotischen Dom. (T1)

2. Beschreibe den Kaiserdom in Speyer. Woran erkennst du, dass es sich um eine romanische Kirche handelt? (T1, M1)

3. Welche Stadtbewohner werden am Dombau in ihrer Stadt interessiert gewesen sein? (T2)

M 2 Baustelle der Kathedrale Saint-Denis bei Paris
(Darstellung aus dem 14. Jh.)

M 4 Die Krypta im Dom in Speyer
Hier, in der Unterkirche, befinden sich in der Kaisergruft die Gräber von acht Kaisern und Kaiserinnen und drei Königen.

M 3 Ein Wissenschaftler beschreibt, wie im Mittelalter ein Dom gebaut wurde:

„Der Platz für die Kathedrale [Dom] glich einer gewaltigen Baustelle mit einem Gewirr von Kränen, Handwinden, Treträdern und anderen Hebewerkzeugen und unzähligen Karrenladungen von Steinen (...). Die Arbeit am Bau war einer Gruppe von Handwerkern übertragen, die miteinander arbeiteten – Maurer, Zimmerer, Steinmetzen, Bildhauer, Bronzegießer und Glasmacher. Manche Gruppen blieben jahrelang zusammen (...). Gewöhnlich standen einer solchen Bauhütte zwei Männer vor, ein Architekt, der alle Arbeiten überwachte, und ein Bauleiter, der Arbeit und Material einteilte."

T 2 Ansehen und größere Einnahmen

Die wohlhabenden Bürger gaben viel Geld für den Bau eines Domes in ihrer Stadt aus, denn damit förderten sie die Wirtschaft. Viele Bürger bekamen über längere Zeit Arbeit und hatten ein geregeltes Einkommen. Die städtischen Handwerker zeigten, welche großen Fähigkeiten sie besaßen. So ein mächtiges Bauwerk erhöhte aber auch das Ansehen der Stadt und brachte Gewinn. Die Fremden besuchten nicht nur den Dom, sondern gaben ihr Geld in den Herbergen und auf den Märkten aus.

4. Beschreibe das Bild M 2.
a) Welche Personen sind zu sehen?
b) Worüber könnte der Kaiser mit dem Bauleiter sprechen?
c) Welche Arbeiten werden verrichtet?

5. Erzähle anhand der Quelle M 3 mit eigenen Worten, wie im Mittelalter ein Dom gebaut wurde.
a) Welche Handwerksberufe waren beteiligt?
b) Wie war die Arbeit organisiert?
c) Wer leitete den Bau?

* **6.** Die Krypta in Speyer wird oft als „die schönste Unterkirche der Welt" bezeichnet. Was könnte der Grund dafür sein? (M 4)

Klosterleben

„Bete und arbeite", nach dieser Regel lebten und leben Frauen und Männer, gestern wie heute.

T1 Im Kloster
In Deutschland und auf der ganzen Welt gibt es heute noch Frauen und Männer, die als Nonnen und Mönche in Klöstern leben, beten und arbeiten. Die Klöster werden von einem Abt oder einer Äbtissin geleitet. Das Leben im Kloster verlief damals und verläuft heute nach festen Regeln. Der Tagesablauf ist streng gegliedert.

T2 Bete und arbeite
So lautete das Motto der Benediktiner. Diese Mönche richteten ihr Leben nach den Regeln des Benedikt von Nursia. Er hatte im Jahre 529 in Süditalien ein Kloster gegründet und dort die Ordnung für das Klosterleben festgelegt. Die Benediktiner wollten und wollen auch heute noch Gott mit Gebet und Arbeit dienen.

T3 Bibliotheken und Schreibstuben
In den Bibliotheken findet man heute noch eine große Anzahl wertvoller Bücher, die von Nonnen und Mönchen angefertigt wurden. In ungeheizten Schreibstuben, bei schlechtem Licht, auf einfachen Holzstühlen schrieben sie nicht nur die Bibel ab, sondern auch Arbeiten früherer Schriftsteller. Einmal, als ein Mönch genug von seiner Arbeit hatte, schrieb er ganz klein zwischen die Zeilen eines Buches: „Lieber Gott, erlöse mich von dieser Schreiberei!"

T4 Leben in Armut?
Durch ihre Arbeit und durch Geschenke von Fürsten und Adeligen wurden viele Klöster reich. Manche Nonnen und Mönche hielten sich einfach nicht mehr an die Regeln von Benedikt. Sie fasteten nicht mehr und lebten wie vornehme Damen und Herren. Da das einigen Mönchen und Nonnen nicht gefiel, zogen sie aus ihren Klöstern aus und gründeten neue.

M1 Schreibender Mönch

M2 Benediktinerinnen heute

M3 Arbeitende Mönche

»

1. Liste in einer Tabelle auf, was alles zu den drei Bereichen der Klosteranlage gehört. (M 4)

2. Zeichne den Plan ab und trage die einzelnen Bereiche (Klosteranlage, Wirtschaftsgebäude, Bereiche der Nächstenliebe) farbig ein. (M 4)

3. Vergrößert den Klosterplan und baut die Klosteranlage nach. Ihr könnt dabei Streichholzschachteln benutzen. (M 4)

4. Fertige eine Liste an und trage die Tätigkeiten der Nonnen und Mönche ein. (T 3, M 1 – M 3)

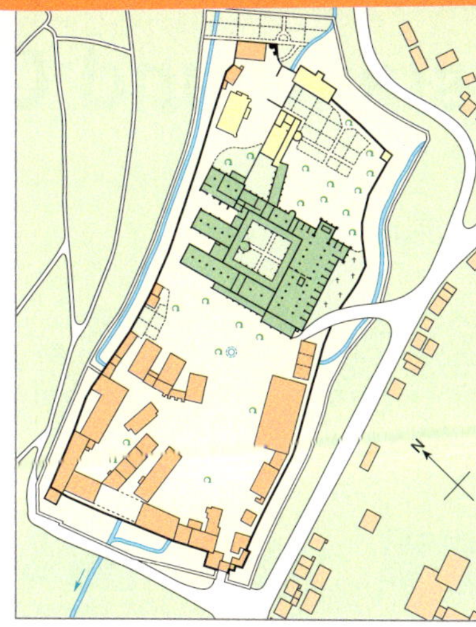

M 4 Die Klosteranlage von Maulbronn in Baden-Württemberg wurde im 12. Jh. gegründet.
Das Foto (links) zeigt, wie die Klosteranlage heute aussieht.
Auf dem Klosterplan (rechts) könnt ihr erkennen, dass das Kloster wie eine kleine Stadt aufgebaut ist. Wie die Mönche in diesem Kloster lebten und arbeiteten, kann aus diesem Plan herausgearbeitet werden: Die eigentliche Klosteranlage befindet sich im Zentrum mit Kirche, Kreuzgang, Schlaf- und Speisesaal der Mönche. Im südlichen Teil befinden sich die Wirtschaftsgebäude mit Herberge, Weinkellerei, Verwaltung, Schmiede, Pferdestall, Mühle, Bäckerei, Scheunen und Ställen. Im nördlichen Teil sind die Bereiche der Nächstenliebe: Schule, Pflege- und Krankenhaus und Friedhof.

M 5 Schulalltag in einem Benediktinerkloster um 1000. Der Abt Aelfric unterhält sich mit seinen Schülern:

„1. Schüler: Wir Jungen bitten dich, Lehrer, dass du uns lehrst, richtig Latein zu sprechen.

Lehrer: Worüber sollen wir sprechen?

2. Schüler: Was kümmert es uns, worüber wir sprechen, wenn die Rede nur nützlich und richtig ist.

Lehrer: Was hast du Schüler zu tun?

3. Schüler: Ich habe das Gelübde des Mönchs abgelegt und singe jeden Tag die sieben Stundengebete zusammen mit den Brüdern und beschäftige mich mit Singen und Lesen. Zwischendurch aber möchte ich lernen, die lateinische Sprache zu sprechen.

Lehrer: Was isst du den Tag über?

4. Schüler: Ich esse noch Fleisch, weil ich zur Schule gehe.

Lehrer: Was isst du außerdem?

5. Schüler: Kohl und Eier, Fisch und Käse, Butter und Bohnen.

Lehrer: Was trinkst du?

6. Schüler: Bier, wenn ich es habe, oder Wasser.

Lehrer: Wo schläfst du?

7. Schüler: Im Schlafsaal mit den Brüdern.

Lehrer: Wer weckt dich zum Gebet um 2 Uhr nachts?

8. Schüler: Manchmal höre ich das Zeichen und stehe auf; manchmal weckt mich mein Lehrer unsanft mit dem Stock.“

5. Lest M 5 über den Schulalltag mit verteilten Rollen. Erzählt dann mit eigenen Worten, wie und was die Schüler lernen sollten.

6. Erkläre mit eigenen Worten das Motto der Benediktiner „bete und arbeite“. (T 2)

7. Finde heraus, ob in deiner Nähe ein Kloster liegt.
Besuche das Kloster oder schreibe es an und bitte um Informationen. Vielleicht hat es auch eine eigene Homepage.

Islam- und Christenexperten

1. Silbenrätsel

Das sind keine Autokennzeichen, sondern Silben, aus denen sich die Namen von fünf Städten zusammensetzen lassen, die in der Geschichte des Islams eine Rolle spielen.

BAG TI KON ME STAN MEK CÓR BA KA NA DAD PEL DI DO NO

2. Hier stimmt doch etwas nicht!

Verbessere die falschen Aussagen und schreibe sie richtig auf. Manchmal sind mehrere Fehler in einer Aussage:

1. Im Jahre 234 wurde der Islam Staatsreligion im Römischen Reich.
2. Das Oströmische Reich ging im Jahre 399 unter.
3. Die Lieblingspfalz Kaiser Karls des Großen war Nürnberg.
4. Papst Gregor VII. bat in Rom König Heinrich IV. um Verzeihung.
5. Einmal im Leben sollte jeder gläubige Muslim eine Pilgerfahrt zur Mesquita-Moschee in Córdoba unternehmen.
6. Abu Raihan al-Biruni ist der Name eines bedeutenden christlichen Gelehrten, der von 973 bis 1048 in Frankreich lebte.
7. Um das Jahr 1071 stieß ein muslimischer Volksstamm türkischer Herkunft, die Kreuzfahrer, nach Deutschland vor und eroberte auch Wuppertal.
8. Im Jahre 818 ließ sich der mächtige Herzog Heinrich zum König des Westfrankenreiches krönen.
9. Der Dom von Speyer wurde im gotischen Baustil erbaut.
10. Benedikt von Nursia gründete im Jahre 629 ein Kloster in Südfrankreich.

3. Wie heißt doch gleich ...

Schreibe die gesuchten Begriffe untereinander auf. Wenn du es nicht gleich weißt, sieh in den entsprechenden Kapitelseiten nach. Tausche die Lösungen mit deinem Banknachbarn/deiner Banknachbarin aus und stellt die Punktzahl fest:

- Fränkischer König, der zum Christentum übertrat
- „Vorsteher eines Klosters“
- Begründer des Islam
- Stadt, in der der Prophet Mohammed geboren wurde
- europäische Stadt, die muslimische Türken 1529 und 1683 belagerten
- Missionar, der die Germanen am Bodensee zum Christentum bekehrte
- neunter Monat im islamischen Kalender, in dem die Muslime fasten
- Papst, der im Jahre 1095 die Christen zum Kreuzzug nach Jerusalem aufrief?

Wichtige Begriffe:

Kalif

Karl der Große

Papst

Frankenreich

Prophet

Moschee

*

4. Papst oder Kaiser – Wer bestimmt?

Hier sind die Aussagen von Papst Gregor VII. und König Heinrich IV. durcheinandergeraten.
Schau dir dazu die Materialien 2 und 4 auf Seite 126/127 an.
Ordne sie zu und gib auch die Zeile an, in der du sie gefunden hast.

- Wenn ich mein Einverständnis gebe, brauchen Untertanen ihrem ungerechten König nicht mehr zu gehorchen.
- Niemand darf sich meinem Urteil widersetzen.
- Der einzige Richter, dem ich mich fügen muss, ist Gott.
- Ich darf als Einziger Geistliche in ihr Amt einsetzen.
- Zum König hat mich Gott gemacht und nicht der Papst.
- Ich habe das Recht, den Kaiser zu entmachten.
- Papst Gregor muss von seinem Amt zurücktreten, weil meine Bischöfe und ich das so beschlossen haben.

*

5. Verlorene Wörter

Zu dumm, bei der nachfolgenden Quelle sind ein paar wichtige Wörter aus dem Text verschwunden. Nun warten sie unten darauf, dass du den Text abschreibst und sie an der richtigen Stelle einsetzt – eine Kleinigkeit für dich, oder?

Ein Teilnehmer berichtet von den Strapazen der Kreuzzüge:
Als sie in das ------ des Landes (…) eingedrungen waren, konnten sie von den verhassten ---------- dieser Gegend weder Brot bekommen noch ------------ anderer Art. (…) Daher auch kam es, dass ----- von ihnen (…) grausam von Hunger gequält wurden (…) Hunger, -----, Regengüsse, alle diese Übel und viele andere mussten wir um der ----- zu Gott willen ertragen. (…) zitternd und von Schrecken ergriffen, waren wir von allen Seiten von Türken umzingelt.

Bewohnern – Innere – Kälte – Lebensmittel – Liebe – viele

*

6. … für Super-Geschickte: Ein Begriff wird gesucht …

Finde die gesuchten Begriffe. Wenn du die Buchstaben in den farbigen Karos von oben nach unten liest, findest du einen wichtigen Begriff aus diesem Kapitel. Wie lautet er?

1. Geburtsstadt Mohammeds
2. Deutsche Stadt, in der viele Juden getötet wurden
3. Im Mittelalter Sprache der Wissenschaft
4. Abu Raihan al- …
5. Das Zeichen der Kreuzfahrer
6. Das Wort kommt aus dem Arabischen, ein Gewürz
7. Papst … II. rief zum Kreuzzug auf.
8. Das Wort aus dem Arabischen für „Apfelsine"

Kaaba

Ritterorden

Evangelist

Ramadan

Otto der Große

Staatsreligion

6 Bauer und Edelmann

Jedes Jahr finden auf Burgen Ritterturniere statt, die Tausende Besucher anziehen.
Tapfere Ritter und schöne Burgfräuleins – das gehört heute für viele Menschen zum Mittelalter. Aber 90 Prozent der Bevölkerung waren damals Bauern. Wie sah ihr Leben aus?

Bezug zu heute

Weit sichtbare Burgen ziehen noch heute Tausende Besucher an.

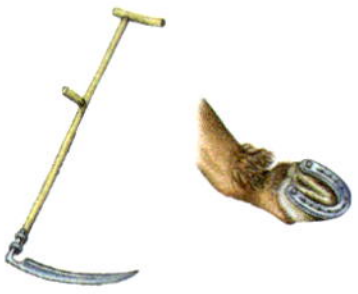

Einige Erfindungen in der Landwirtschaft sind über 1000 Jahre alt.

Geschichte erleben

Chronologie

um 1000
Neue Arbeitsgeräte in der Landwirtschaft, die Dreifelderwirtschaft setzt sich durch.

Berühmte Maler haben das schwere Leben der Bauernfamilien auf Bildern festgehalten.

1300/1315

„Sachsenspiegel“

Rechtssammlungen erscheinen, die das Zusammenleben der Dorfbewohner regeln.

1524/1525

Deutscher Bauernkrieg

In vielen Gebieten kämpfen die Bauern um mehr Gerechtigkeit.

König, Herzog, Ritter, Bauer, Bürger

Wer stand oben und wer stand unten in der mittelalterlichen Gesellschaft? Und wie sahen die Beziehungen zwischen den Bevölkerungsgruppen aus?

T1 Ständeordnung

Im Mittelalter waren die Menschen in Stände eingeteilt. Die Geburt entschied darüber, wer welchem Stand angehörte. Wer als Sohn eines Bauern zur Welt kam, konnte niemals König, Graf oder Ritter werden. Damals glaubten die Menschen, dass diese Ständeordnung von Gott so gewollt sei.

T2 Geistlichkeit, Adel, Bauern und Bürger

Macht besaß derjenige, der Grund und Boden, d.h. der Land hatte. Der König besaß das meiste Land, er war der größte Grundherr und daher am mächtigsten. Er entschied über Krieg und Frieden, erließ Gesetze und war der höchste Richter im Land. Die Herzöge, Grafen und Bischöfe besaßen ebenfalls große Ländereien. Sie halfen dem König als Heerführer, Ratgeber oder Richter, das Reich zu verwalten. Sie gehörten zum Adel. Die Ritter, auch die Äbte und Äbtissinnen, die einem Kloster vorstanden, gehörten ebenfalls dem Adel an. Sie waren aber längst nicht so reich und mächtig. Ganz unten in der Rangordnung standen die Bauern in den Dörfern und die Bürger in den Städten.

M1 Ist die Ständeordnung gerecht?

a) Bischof Burchard von Worms schrieb in dem von ihm zusammengestellten Kirchenrecht (1008–1012):

» Der gerechte Gott hat das Leben der Menschen folgendermaßen unterschieden gemacht: Die einen machte er zu Knechten, die anderen zu Herren. Damit soll die Möglichkeit der Knechte, Böses zu tun, durch die Macht der Herren eingeschränkt werden. «

b) Im Rechtsbuch „Schwabenspiegel" von 1280 steht:

» Man kann mit der Heiligen Schrift beweisen, dass niemand des anderen eigen sein soll. Gott hat den Menschen nach seinem Ebenbild gebildet und von der Hölle erlöst. Als man das früheste Recht setzte, waren alle freie Leute. «

M2 Karl der Große schickte an Abt Fulrad von Altaich (Bayern) im Jahre 804 folgenden Befehl:

» Wir teilen dir mit, dass wir in diesem Jahr die große Heeresversammlung nach Ostsachsen zusammengerufen haben, und zwar nach Staßfurt an der Bode. Deshalb befehlen wir dir, am 17. Juni mit allen deinen wohlbewaffneten und ausgerüsteten Leuten an dem genannten Platze dich einzustellen. (...) Jeder Berittene soll Schild, Lanze, Schwert und Hirschfänger haben, dazu Bogen, Köcher mit Pfeilen, und eure Packwagen sollen Vorräte aller Art mitführen, Spitzhacken, Äxte, Bohrer, Beile, Spaten, eiserne Grabscheite und alle anderen Werkzeuge, die man bei einem Feldzug braucht. Die Lebensmittel müssen von der Heeresversammlung an gerechnet drei Monate reichen, Waffen und Bekleidung ein halbes Jahr. «

1. Welche Personengruppen (Stände) gab es in der mittelalterlichen Gesellschaft und wie stehen sie zueinander in Beziehung? (T1, T2, M3)

2. Vergleiche die beiden mittelalterlichen Quellen. (M1)
Wie bewerten die Verfasser die mittelalterliche Ständegesellschaft?

* **3.** Erkläre mithilfe von T3–T5 und M3 das Lehnswesen.
Die Pfeile beschreiben das Verhältnis zwischen den Gruppierungen, welche Abhängigkeiten und Verpflichtungen zwischen ihnen bestehen.

M 3 Die Lehnspyramide

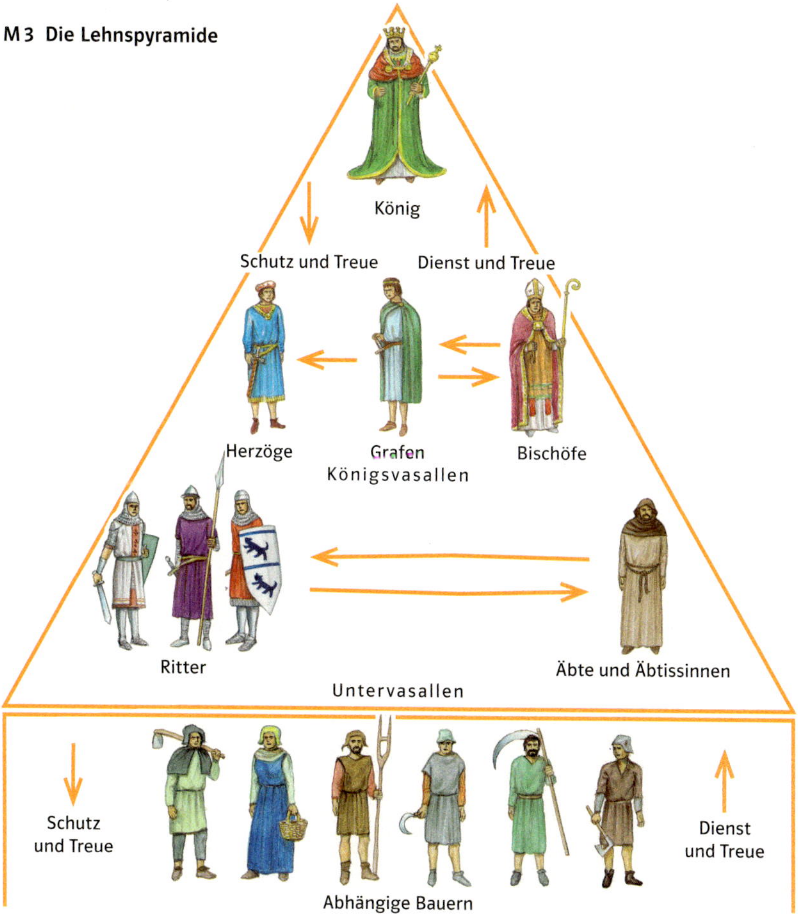

T 3 Lehnsherr und Vasall

Der König verlieh seinen treuesten Gefolgsleuten für ihre Dienste Land und Ämter. Er ernannte sie zu Herzögen, Grafen oder Bischöfen. Beides, das Land und das Amt, nennt man Lehen. Der König war der Lehnsherr, die adligen Gefolgsleute die Königsvasallen. Die Vasallen mussten ihrem Herrscher treu und gehorsam sein. Dafür standen sie unter dem Schutz ihres Lehnsherrn. Eine ihrer Aufgaben war, dem König Krieger für dessen Feldzüge zu stellen. Die Königsvasallen wiederum belehnten Ritter, Äbtissinnen und Äbte mit Land und Ämtern. Die Untervasallen standen unter dem Schutz ihres Lehnsherrn und mussten diesem dafür Dienste leisten und Treue schwören. Die Untertanen der Vasallen, die abhängigen Bauern, bearbeiteten den Grund und Boden ihres Herrn, der ihnen dafür Schutz versprach.

T 4 Die Lehnsvergabe

Bei der Vergabe des Lehens wurde ein Vertrag abgeschlossen, der vom Lehnsherrn und seinem Vasallen feierlich unterzeichnet wurde.
Nach dem Handgang oder der Huldigung, bei dem der Vasall sich symbolisch unterwarf, schworen sich beide gegenseitige Treue. Dann übergab der Lehnsherr einen Gegenstand, häufig eine Fahne oder einen Schlüssel, der für das Lehen stand.

T 5 Lehen werden erblich

Für beide – Lehnsherr und Vasall – ergaben sich aus dem Lehnswesen Vorteile: Der Lehnsherr konnte seinem Vasallen, wenn dieser untreu wurde, das Lehen wieder entziehen. Für die Vasallen war der Schutz durch ihren Lehnsherrn in diesen kriegerischen Zeiten wichtig. So konnte das Land besser verwaltet werden.
Seit dem 9. Jahrhundert kam es aber auch vor, dass Grafen und Herzöge von Bischöfen oder der Abt eines Klosters von einem Ritter ein Lehen erwarben. Der Vasall hatte dann mehr als einen Lehnsherrn. Der größere Landbesitz stärkte seine Macht. Das führte im Laufe der Zeit dazu, dass das Treueverhältnis zwischen Lehnsherrn und Vasall immer mehr untergraben wurde. Die Vasallen betrachteten das Lehen als Eigentum und vererbten es weiter.

a) Was drücken die senkrechten Pfeile aus? (T 3)
b) Was drücken die waagerechten Pfeile aus? (T 5)

*
4. Was forderte der Lehnsherr Kaiser Karl der Große von seinem Lehnsmann Abt Fulrad von Altaich? (M 2)

Ritterburgen

Über mittelalterliche Burgen wird viel Abenteuerliches berichtet. Wie lebten die Burgbewohner wirklich?

T1 Ritterburgen entstehen

Zwischen dem 10. und 14. Jahrhundert entstanden überall in Europa Burgen mit dicken Steinmauern. Die Burgherren, die Ritter, legten die Burgen so an, dass sie von ihnen aus einen Fluss, ein Tal oder auch eine Handelsstraße einsehen konnten. Die Burgen waren der Landschaft angepasst: Wo es gebirgig war, ließen die Ritter auf Bergkuppen oder Felsvorsprüngen Höhenburgen bauen. Auf einer Insel oder an einer Flussgabelung errichteten sie Wasserburgen.

In dieser Zeit griff man schnell zu den Waffen, wenn es zum Streit kam. Die Burg bot nicht nur den Burgbewohnern, sondern auch den Bauern der umliegenden Dörfer Schutz vor Feinden. Außerdem verwaltete der Burgherr von hier aus seinen Besitz.

M1 Burg Wildenberg im Odenwald (Rekonstruktion)

M2 Heutiges Aussehen der Burg Wildenberg, Bayern

»

1. Warum errichteten die Ritter Burgen? An welchen Stellen entstanden sie? (T1)

2. In welchen Teilen der Burg lebten:
a) der Ritter und dessen Familie?
b) die Knechte und Mägde?
(T2, M1)

*
3. Beate und Sven sind unterschiedlicher Meinung:
Beate: „Ich hätte damals gern auf der Burg gelebt."
Sven: „Damals auf der Burg zu leben war das Letzte."

T2 Das Leben auf der Burg

Die Burg war eine kleine Stadt für sich mit Wohnräumen, Stallungen und Verteidigungsanlagen. Im Herrenhaus wohnte die Familie des Ritters. Hier befanden sich der Rittersaal und die Gemächer (= Zimmer) für die Frauen und Kinder. Die Knechte und Mägde wohnten in den Nebengebäuden. Sie arbeiteten in Haus und Hof und versorgten das Vieh, das in den Stallungen untergebracht war.

Es war finster und kalt in den Burgräumen. Fackeln erzeugten ein düsteres Licht. Nur wenige Räume konnten beheizt werden. Mit dem Wasser mussten die Bewohner der Höhenburgen sparsam umgehen. Es wurde aus tiefen Brunnen mit einer Winde an die Oberfläche geholt. Besonders hart waren die Winter. Oft waren die Burgbewohner durch Schnee und Eis von der Außenwelt abgeschnitten und froren. Verglaste Fenster gab es sehr selten. Manchmal hängte man Tierhäute vor die Fensteröffnungen, aber auch die konnten Feuchtigkeit und Kälte kaum abhalten.

M3 Belagerung einer Burg
(Französische Buchmalerei aus dem 14. Jh.)

T3 Die Verteidiger wehren sich

Kam es zum Krieg, wurden die Burgen nicht selten monatelang belagert. Im Schutze der Zinnen und Schießscharten wehrten sich die Verteidiger mit Pfeil und Bogen oder mit einer Armbrust. Steine, heißes Wasser und Pech schütteten sie auf die Angreifer herab. Aber spätestens, wenn die Lebensmittelvorräte ausgingen, sah es für die Verteidiger der Burg schlecht aus.

Extra

M4 Der Ritter Ulrich von Hutten beschreibt im Spätmittelalter 1518 das Leben der Bewohner auf der Steckelburg an der Weinstraße:

„Die Burg selbst, mag sie auf dem Berg oder im Tal liegen, ist nicht gebaut, um schön, sondern um fest zu sein; von Wall und Graben umgeben, innen eng, da sie durch die Stallungen für Vieh und Herden versperrt wird. Daneben liegen die dunklen Kammern, angefüllt mit Geschützen, Pech, Schwefel und dem übrigen Zubehör der Waffen und Kriegswerkzeuge. Überall stinkt es nach Pulver, dazu kommen die Hunde mit ihrem Dreck, eine liebliche Angelegenheit, wie sich denken lässt, und ein feiner Duft! Reiter kommen und gehen, unter ihnen sind Räuber, Diebe und Banditen.“

Lexikon

Ritter
Ursprünglich waren sie Reiterkrieger des Königs, die für ihre Dienste ein Lehen erhielten. Seit dem 12. Jahrhundert gehörten zum Ritterstand auch die Dienstmannen des Königs, die ihren Besitz von Burgen aus verwalteten.

Wem würdest du zustimmen? Begründe deine Meinung und setze dich dabei auch mit dem Text und der Quelle auseinander. (T2, M3, M4)

*
4. Burgen wurden oft belagert. Die Bewohner bereiten sich darauf vor. Erstelle eine Liste, was sie alles beachten mussten. (T2, T3, M3)

*
5. Beschreibe das Bild: Wie versuchten die Angreifer die Burg einzunehmen?
Wie wehrten sich die Verteidiger? (M3)

Zum Ritter wird man nicht geboren

Ritter und Burgherrin – dazu brauchte man eine umfangreiche Ausbildung. Leicht war sie nicht ...

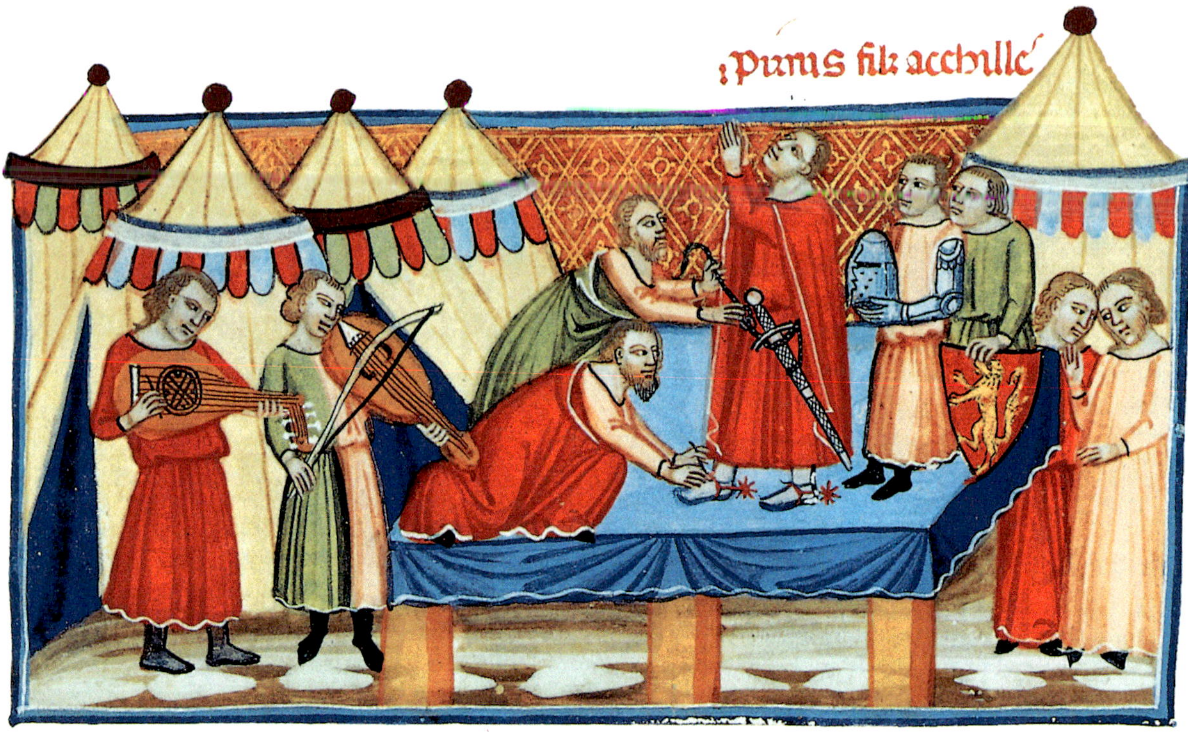

M1 „Schwertleite" – ein Knappe wird zum Ritter erhoben (Miniatur aus dem 13./14. Jh.).

M2 Im Jahre 1217 hat ein Dichter die Zeremonie der „Schwertleite" beschrieben, in der Godehard, gemeinsam mit anderen Knappen, zum Ritter erhoben wurde:

„Posaunen- und Hörnerklänge ertönen. Graf Ludwig mit seinem Gefolge reitet auf den Platz. Unter dem Klang der Posaunenklänge schreiten sie in das Münster. Die Knappen, alle mit neuen Rüstungen und Kleidern ausgestattet, knien vor dem Altar. Sie hören die Messe und empfangen den Segen. Ein Priester segnet auch die Waffen der jungen Ritter. Jetzt ist der große Augenblick da. Graf Ludwig tritt auf Godehard zu, gürtet ihn mit dem Schwert, legt ihm die Sporen an und richtet einige mahnende Worte über die Tugenden des Ritters an ihn. Danach reicht er Godehard den Schild und legt ihm die Hand auf die Schulter: „Nun Glück auf, Godehard! Möge dir die Kraft Gottes Heil zu deiner Ritterschaft geben!" Danach tritt er zu den anderen Knappen, gibt ihnen Schwert, Sporen und Schild und legt auch ihnen Demut, Treue und Freigiebigkeit ans Herz."

»

1. Schreibe die Lebensläufe von Tristan und Bettina in Kurzform. (T1, T2)

2. Sieh dir das Bild M1 mit dem darunter stehenden Text (M2) genau an. Beantworte folgende Fragen:
- Wer von den dargestellten Personen könnten die Knappen und der Ritter sein? Begründe deine Beobachtung.
- Welche Aufgabe haben die anderen Personen bei der Zeremonie?
- Beschreibe in wenigen Sätzen, was bei der „Schwertleite" im Einzelnen geschieht.
- Ist es dem Maler gelungen, die „Schwertleite" tatsächlich als ein feierliches Ereignis darzustellen?

Bilder beschreiben

Zwei Ritterkinder stellen sich vor: Ihre Namen und Lebensläufe sind erfunden. Aus Berichten wissen wir, dass ihre Jugend sich so oder so ähnlich zugetragen haben könnte.

T1 Edelknabe Tristan erzählt ...
Als ich sieben war, begann meine Ausbildung. Ich lernte, was von einem Ritter erwartet wird: gute Manieren bei Tisch, Ehrlichkeit, rücksichtsvoll und höflich gegenüber Damen zu sein. Mit 14 wurde ich Knappe des Ritters Berthold. Er brachte mir bei, Lanze und Schwert zu gebrauchen und den Speer zu werfen. Auch Reiten, Laufen und Springen gehörten zur Ausbildung. Als ich 21 wurde, war mein großer Tag gekommen: Die Ausbildung war beendet. Ich wurde feierlich in der Schwertleite zum Ritter geschlagen. Jetzt durfte ich auch an Ritterturnieren teilnehmen.

M4 Eine Ritterfrau gibt ihrer Tochter Ratschläge für das Verhalten. (Miniatur aus der 1. Hälfte des 14. Jh.)

T2 Ritterfräulein Bettina berichtet ...
In meiner Erziehung spielte „höfisches" Benehmen eine wichtige Rolle. Meine Erzieherinnen lehrten mich, wie ich mich als vornehme Dame bei Tisch und in der Gesellschaft zu verhalten habe.
Um Gäste zu unterhalten, lernte ich singen, ein Musikinstrument spielen, aber auch das Schachspiel. Andere „Unterrichtsfächer" waren Lesen und Schreiben. Denn, wenn mein Mann im Krieg ist, muss ich als künftige Herrin die Burg mit ihren Ländereien verwalten. Außerdem lernte ich kochen und das Schneidern von Kleidern.

M3 Der Ritter Walter von Klingen besiegt einen Gegner im Turnier.
(Buchmalerei aus dem 14. Jh.)

Lexikon

Turnier
Im Turnier kämpften zwei oder mehrere Ritter gegeneinander. Durch Mut und Geschicklichkeit wollten die Kämpfer den adligen Damen gefallen.

M5 Mahnung an den Knappen bei der Weihe zum Ritter, 1247:

»Es ziemt sich, dass jeder, der Ritter werden will, hochgemut, anständig, freigiebig, tadellos und ehrenhaft sei. Ehe du dein Gelübde ablegst, höre mit reiflicher Überlegung erst die Regeln an: Zuerst mit frommer Sammlung täglich die Messe hören, für den katholischen Glauben kühn das Leben wagen, die heilige Kirche mit ihren Dienern von allen Quälgeistern befreien, Witwen, Kinder und Waisen in ihrer Not beschützen, ungerechte Kriege vermeiden, für die Befreiung eines jeden Unschuldigen den Zweikampf annehmen, Turniere allein der kriegerischen Übung wegen besuchen, dem Kaiser (...) ehrfurchtsvoll gehorchen, den Staat schützen.«

*
3. Für die Eltern von Bettina und Tristan ist es beschlossene Sache: Beide werden heiraten. Spielt eine Szene, in der die Eltern beraten, welche Aufgaben ihre Kinder später als Burgherrin und Burgherr erfüllen müssen.

*
4. Welche Eigenschaften sollten einen Ritter auszeichnen? Welche davon findest du gut, welche weniger? (M5)

Im mittelalterlichen Dorf

Schon damals gab es feste Regeln, an die sich die Dorfbewohner halten mussten ...

T1 Vor 800 Jahren

Die Bauernhütten waren einfach gebaut: Zuerst setzten die Bauern ein Balkengerüst. Die Balken verbanden sie mit einem Geflecht aus Weidenruten, in das eine Mischung aus Lehm und Stroh geschmiert wurde. Später benutzte man auch Feldsteine zum Bau. Fenster hatten die Hütten nicht, nur viereckige Löcher, die meist mit Häuten bespannt waren. Mensch und Tier lebten unter einem Dach, das aus Stroh, Schilf oder Holzschindeln bestand.

T2 Gemeindeeigentum

Im Dorf gab es Einrichtungen, die der gesamten Gemeinde gehörten und von allen Bewohnern genutzt werden durften: die Mühle, der Backofen und das Waschhaus. In manchen Dörfern gehörten auch die Badestube, der Weinkeller und das Wirtshaus dazu. Die „Allmende" – das waren der Gemeindewald, die Gemeindewiese und die Gewässer – war ebenfalls Gemeindeeigentum.

T3 Gemeindeversammlung

Alle wichtigen Probleme des Dorfes wurden auf der Gemeindeversammlung geregelt, wie die Wahl des Dorfschulzen (= Bürgermeisters), die jährlichen Termine für das Pflügen, Säen und Ernten oder auch die Entscheidung, welche Straßen und Brücken gemeinsam gebaut werden. Die von der Gemeindeversammlung bestimmten Bauernmeister (Gemeinderäte) unterstützten den Dorfschulzen. Kleine Streitigkeiten schlichteten die Dorfrichter.

T4 Dorfordnung

Die Dorfordnung enthielt alle wichtigen Bestimmungen, die das Zusammenleben der Dorfbewohner regelten:
- welche Rechte und Pflichten die Dorfbewohner hatten,
- wie die nachbarlichen Beziehungen zu gestalten waren,
- wie das Gemeindeeigentum genutzt werden konnte oder
- welche Strafen auf Raub oder Diebstahl standen.

M1 Bäuerliche Familie bei der Arbeit (Buchmalerei, um 1023)

1. Stell dir vor, du lebst in einem mittelalterlichen Dorf. Eines Tages kommt ein Fremder. Er möchte wissen, wie das Dorf aufgebaut und das Leben organisiert ist. Erkläre es ihm. (T1 – T4)

2. Was stand alles in der Dorfordnung? (M2 – M4)
- Bildet 3 Arbeitsgruppen. Jede Gruppe beschäftigt sich mit einer Quelle.

Löst folgende Einzelaufgaben:

a) Ein Schüler liest die Quelle laut vor. Die anderen lesen mit und korrigieren ihn gegebenenfalls.
b) Jeder Schüler unterstreicht die ihm unbekannten Wörter.
c) In der Gruppe wird versucht, die Bedeutung der unterstrichenen Wörter gemeinsam zu klären.

Was damals so alles in den Dorfordnungen stand ...

M 2 ... zum Schutz des Eigentums:

„Hat einer auf seinem eigenen Grund und Boden wilde Bäume (...) stehen, so darf ihm niemand die ausgraben, abhauen oder schütteln. Kommt aber eine Frau ohne betrügerische Absicht dahin, so mag sie wohl eine Schürze voll auflesen; kommt ein Vieh aus der Gemeinde dahin, so soll er auch dies nicht mit Schlägen fortjagen.“

M 3 ... zur Benutzung der Wege:

„Will einer Mist oder anderes auf sein Feld bringen oder Korn und Heu heimfahren und muss dabei über das Gebiet eines anderen innerhalb der Grenzzäune, so darf er nur mit des Besitzers Willen über das Gebiet fahren und den Zaun öffnen. Will der Besitzer nicht die Erlaubnis geben, so mag er zum Schultheiß gehen und sich von diesem die Erlaubnis holen.“

M 4 ... zum Verhalten bei Bränden:

„Wenn jemand bei Tag oder Nacht ruft: Es brennt, so soll jedermann zulaufen, Weib und Mann, alle, die retten können. Sie sollen alles mitbringen, was man zum Feuerlöschen braucht. Wer die Glocken oder das Geschrei des Volkes hört, aber trotzdem nicht mithilft, wird bestraft.“

<Extra>

M 5 Eine der bekanntesten Rechtssammlungen aus dem Mittelalter war der Sachsenspiegel, um 1300/1315. Doch einiges ist durcheinandergeraten.
Ordne Bilder und Texte richtig zusammen. Begründe deine Entscheidung.

„60: Der Bauer darf eine Hopfenranke (= Pflanze), die auf sein Grundstück hinüberhängt, an sich ziehen und mit der Axt einen überragenden Baumast abhacken.“

„55: Wer irrig Nachbars Vieh mit seinem abends eintreibt, vergeht sich nicht, wenn er es morgens wieder austreibt, ohne es zu nutzen.“

„58: Die Traufe (= Begrenzung einer Dachfläche) darf nicht in des Nachbarn Hof gehen. Jeder hat seinen Hof einzufrieden.“

d) Gemeinsam formulieren die Schüler mit eigenen Worten 1–2 Sätze, die den Inhalt der Quelle wiedergeben. (T 4, M 2 – M 4)

*3. Dorfbewohner haben beim Löschen des Feuers nicht geholfen und müssen vor dem Dorfrichter erscheinen.
Spielt diese Szene nach.
Überlegt, ob ihr die Angeklagten bestrafen müsst.

Auf dem Land wird vieles anders

Neue Methoden und Arbeitsgeräte veränderten vieles. Aber auch unter den Bauern gab es jetzt Unterschiede.

T1 Neues Land durch Rodungen
In den Jahren 800 bis 1200 nahm die Bevölkerung in Europa stark zu. Es wurde immer schwieriger, alle Menschen zu ernähren, denn es fehlte an Weide- und Ackerland. Deshalb begannen die Bauern die dichten Wälder zu roden, um Felder anzulegen und Höfe zu bauen. Der Wald wurde niedergebrannt und die Baumstümpfe aus dem Boden gerissen. Anschließend pflügten die Bauern das neu gewonnene Land.

T2 Von der Zweifelder- zur Dreifelderwirtschaft
Bisher hatte der Bauer sein Ackerland in etwa zwei gleich große Felder aufgeteilt. Das erste Feld wurde bestellt. Das zweite blieb brachliegen und wurde als Viehweide benutzt. Im nächsten Jahr wechselte der Bauer den Anbau. Mittlerweile hatten die Bauern herausgefunden, dass manche Getreidearten besser reiften, wenn sie bereits im Herbst gesät wurden und überwinterten. Das Wintergetreide konnte früher als das im Frühjahr ausgesäte Sommergetreide geerntet werden. Deshalb teilte der Bauer jetzt sein Ackerland in drei Felder auf. Ein Feld bestellte er mit Wintergetreide, das zweite mit Sommergetreide, das dritte blieb brach liegen und wurde als Weide genutzt. Im folgenden Jahr wurde der Anbau gewechselt. So konnten bei der Dreifelderwirtschaft statt der Hälfte zwei Drittel der Ackerfläche bewirtschaftet werden. Im Laufe der Zeit wurden auch immer bessere Geräte entwickelt. Das alles führte zur Steigerung der Ernteerträge.

T3 Bauern verlieren ihre Freiheit
Wer Land besaß, musste Kriegsdienst leisten. Deshalb musste jeder freie Bauer in den Krieg ziehen, wenn sein König ihn rief. Die Kriege wurden im Sommer geführt – also wenn der Bauer auf seinem Feld arbeiten musste. Um nicht in den Krieg ziehen zu müssen, übergaben viele Bauern ihr Land einem Ritter oder einem Kloster. Einige Bauern hatten Schulden, andere besaßen nur noch einen kleinen Hof – auch für diese Bauern war es ein Ausweg, ihr Land einem Ritter oder Kloster zu übergeben.
Auf diesem Wege wurden die freien Bauern von einem Ritter oder Abt abhängig. Sie mussten nun ihrem Grundherrn Abgaben zahlen und Dienste leisten. Die neuen Herren verpflichteten sich, ihre Untertanen zu schützen.

M1 Bauer beim Pflügen (Ausschnitt aus einem Monatsbild, 1416)
Der Räderpflug, der den Hakenpflug ersetzte, wendete die abgetrennten Erdschollen gleichzeitig um.

»

1. Noch heute erinnern Ortsnamen mit den Endungen -wald, -tann, -rode, -brand an die Zeit der Rodungen. Suche solche Ortsnamen aus deiner Gegend. (T1)

2. Beschreibe die neuen Anbauweisen und Arbeitsgeräte in der Landwirtschaft. (T2, M1, M4 – M7)

3. Welche Folgen hatte die neue Technik auf die Ernterträge und auf die Arbeit der Bäuerin und des Bauern?

M 2 Bäuerlicher Abgabenkalender (Heidelberger Bilderschrift des Sachsenspiegels)
In dieser Rechtssammlung wurde genau festgelegt, welche Abgaben die Bauern im Laufe des Jahres an ihren Grundherrn leisten mussten. Am 1. Mai musste der Bauer Lämmer abliefern (siehe oberste Zeile).

M 3 Ein unbekannter Verfasser aus dem Kloster Muri berichtete im 12. Jh. über das Verhältnis eines Grundherrn zu seinen Bauern:

„Im Dorf Wohlen wohnte einst ein mächtiger weltlicher Mann namens Guntran. Er hatte dort und auch anderswo große Besitzungen und war gierig auf das Eigentum seiner Nachbarn. Einige Freie nun, die in dem Dorf wohnten, waren im Glauben, er sei ein gütiger und gnädiger Mensch. Daher übergaben sie ihm Land gegen den üblichen rechtmäßigen Zins unter der Bedingung, dass sie unter seinem Schutz und Schirm immer sicher leben könnten. Jener freute sich darüber und begann sie sofort arglistig zu unterdrücken: erst richtete er Forderungen an sie, dann machte er willkürlich von seiner Macht Gebrauch und befahl ihnen, ihm zu dienen, als wenn sie seine Knechte wären. In seiner Landwirtschaft mussten sie mähen und Heu machen. Er bedrückte sie bei jeder Gelegenheit, die er fand. (...) Er untersagte den Leuten, seinen Wald zum Holzfällen zu betreten, wenn sie ihm nicht jährlich zwei Hühner gäben. (...) Da sie unfähig waren sich zu wehren, befolgten sie widerwillig seine Befehle.“

Extra

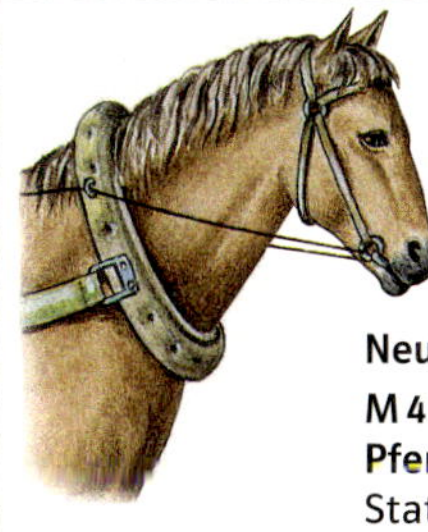

Neue Arbeitsgeräte:

M 4 Neues Pferdegeschirr:
Statt Leinen, die den Pferden den Hals zuschnürten, legte man ihnen das Kummet um, einen „gepolsterten Kragen“.
Die Kraft der Pferde konnte so besser genutzt werden.

M 5 Das Hufeisen:
Es schützt die Pferde vor Verletzungen.

M 6 Die Sense:
Mit der Sense brauchten die Bäuerin und der Bauer sich beim Gras- oder Getreideschneiden nicht mehr so tief zu bücken als zuvor mit den Sicheln.

M 7 Der Dreschflegel:
Das Getreide wird gedroschen, um die Getreidekörner aus der Ähre herauszulösen. Bisher taten das Tiere, die auf dem Getreide herumtrampelten.

*
4. Spielt folgende Szene:
Du bist Bauer Friedhelm/Bäuerin Gundula und willst die anderen Bauern und Bäuerinnen von den Vorteilen der Dreifelderwirtschaft überzeugen.
Was würdest du sagen?
(T2, M1, M4–M7)

*
5. Nenne Gründe, warum freie Bauern sich in die Abhängigkeit begaben. (T3)

*
6. Welche Folgen hatte die Abhängigkeit vom Grundherrn für die Bauern des Dorfes Wohlen? (M2, M3)

Leben in der Grundherrschaft

Fronen heißt ins heutige Deutsch übersetzt „Herrschaftsdienst". Die abhängigen Bauern „fronten" ihrem Grundherrn.

T1 Der Aufbau der Grundherrschaft
Wir bezeichnen den Herrschaftsbereich des Grundherrn mit allen seinen Untertanen als Grundherrschaft. Zu einer Grundherrschaft gehörten oft mehrere Dörfer. Für den Grundherrn war es schwierig, alle Arbeiten auf seinen Höfen und Feldern zu beaufsichtigen und zu kontrollieren. Die Menschen, die das in seinem Auftrag taten, hießen „Meier" oder „Vögte". Sie bewirtschafteten einen Meierhof oder Fronhof. Zum Fronhof gehörten die Wohngebäude des Meiers und diejenigen des Grundherrn, wenn dieser auch auf dem Fronhof lebte. Außerdem gab es dort Stallungen, Scheunen, Wirtschaftsgebäude, Werkstätten und die Unterkünfte für Knechte und Mägde.

T2 Leibeigene des Grundherrn
In der Grundherrschaft lebten die Knechte und Mägde gewöhnlich auf dem Herren- oder Fronhof. Sie „gehörten dem Grundherrn durch ihre Person". Wir bezeichnen sie deshalb auch als Leibeigene. Die Knechte und Mägde mussten auf dem Hof, im Haushalt oder auf den Feldern des Grundherrn arbeiten und besaßen keine Rechte. Ohne Einverständnis ihres Herrn durften sie nicht vom Hof wegziehen. Sogar für die Heirat benötigten sie die Erlaubnis des Grundherrn. Da sie keine Einnahmen hatten, leisteten sie auch keine bzw. wenige Abgaben. Es war aber auch möglich, dass ein Leibeigener eine Hofstelle des Grundherrn verwaltete oder als Pächter auf dieser eingesetzt wurde.

T3 Hörige Bauern
Die meisten Bauern waren Hörige. Sie waren an ihren Hof gebunden, den sie zur Bewirtschaftung vom Grundherrn erhalten hatten. Der Grundherr durfte das Grundstück dem Hörigen nicht einfach entziehen. Der Hörige vererbte es an seinen Sohn, der damit auch wieder hörig wurde. Da die Frondienste sich ständig erhöhten, hatten die Bauern immer weniger Zeit, ihre eigenen Felder zu bewirtschaften.

T4 Grundherr als Gerichtsherr
Hatten die abhängigen Bauern Streit oder wurden sie eines Verbrechens angeklagt, so mussten sie vor dem Hofgericht erscheinen. Dort entschied der Grundherr oder ein von ihm eingesetzter Richter. Mächtige Grundherren besaßen auch die Blutgerichtsbarkeit: Sie konnten körperliche Züchtigungen und sogar die Todesstrafe verhängen.

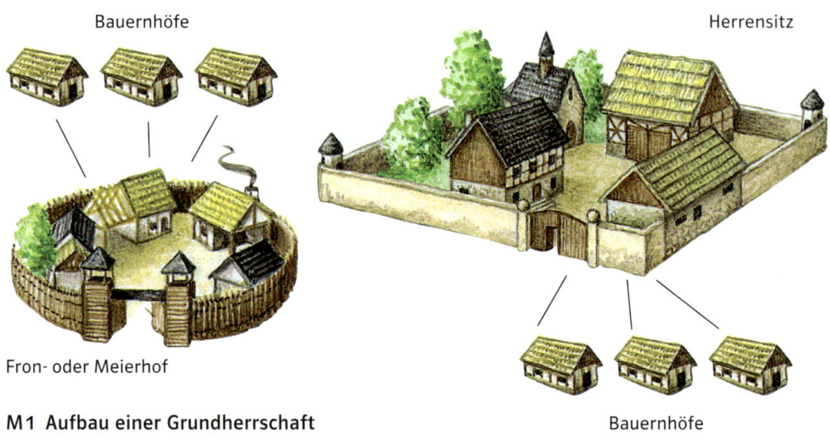

M1 Aufbau einer Grundherrschaft

1. Wo wohnten und lebten der Grundherr, der Meier, die Mägde, Knechte und die hörigen Bauern innerhalb einer Grundherrschaft? Erstelle eine kleine Tabelle. (T1–T3, M1, M3)

2. Wodurch unterschieden sich die leibeigenen von den hörigen Bauern? (T2–T4, M2)

3. Lies die einzelnen Textabschnitte aufmerksam durch. Lege eine Folie darüber und markiere die wichtigsten Stellen. Diskutiert in der Klasse, warum die ausgewählten Stellen wichtig sind. (T1–T4)

M 2 Aus dem Inventar des Fronhofes Staffelsee, das im 9. Jh. für den Grundherren, den Bischof von Augsburg, aufgeschrieben wurde. In seiner Grundherrschaft gab es acht weitere Fronhöfe.

❝ Zu den Fronhöfen gehören 740 Tagwerk (1 Tagwerk = ca. 3 400 m²) Ackerland und Wiesen mit einem Ertrag von 610 Wagenladungen Heu, (...) eine Tuchmacherei, in der 24 Frauen arbeiten. Es gibt auch eine Mühle, die jährlich zwölf Scheffel (Mehl) abgibt (ein Scheffel: etwa 8,7 l). Zu diesem Hof gehören 23 besetzte freie Hufen; Sechs von ihnen geben jährlich jeweils 14 Scheffel Getreide, vier Ferkel, Leinen in bestimmtem Gewicht, zwei Hühner, zehn Eier (...). (Ihre Inhaber) leisten fünf Wochen Frondienst jährlich, pflügen drei Tagwerk, mähen eine Wagenladung Heu auf der Herrenwiese und führen sie (in die Scheune) ein. (...) Es gibt dort 19 besetzte unfreie Hufen. (Jeder ihrer Inhaber) gibt jährlich ein Ferkel, fünf Hühner, zehn Eier, zieht vier Schweine des Grundherren auf, pflügt ein halbes Tagwerk; er leistet drei Tage Frondienst in der Woche, macht Transportdienst und stellt ein Pferd. Seine Ehefrau gibt ein Hemd und ein Wolltuch, braut Malz und bäckt Brot. (...) Insgesamt hat das Bistum Augsburg 1 006 (mit Bauern) besetzte und 35 nicht bebaute freie Hufen, 421 besetzte und 45 nicht bebaute unfreie Hufen. ❞

M 3 Mittelalterliches Dorf mit Herrenhof und Bauernsiedlung (Rekonstruktionszeichnung)

Extra

M 4 Als Kaiser Konrad II. 1035 das Kloster Limburg gründete und ihm Güter schenkte, legte er fest:

❝ Es schien uns gut anzuzeigen, was der Abt, wenn nötig, fordern darf und was die Gemeinschaft der Grundholden [Bauern, die außerhalb des Fronhofes auf eigenen Bauernhöfen leben] zahlen muss. Jeder Mann muss jährlich zwölf, jede Frau sechs Pfennig* zahlen oder einen Tag in der Woche am Hof des Abtes dienen. Der Abt hat auch das Recht, jeden der unverheirateten Söhne zu jedem Dienst einzuteilen; den einen kann er in der Bäckerei, den anderen zum Wäschewaschen, den dritten zum Bewachen der Pferdeherden einsetzen. Die Verheirateten aber sollen, je nach dem Willen des Abtes, Kellermeister, Getreideverwalter, Zöllner oder Förster sein. (...) Nach dem Tod des Mannes soll sein bestes Stück Vieh zum Abtshof gehören, wenn die Frau stirbt, ihr bestes Kleid. Tötet ein Grundholde einen andern Grundholden, muss er 7 ½ Pfund (Silber) und noch einen halben Pfennig zahlen. Wenn eine Frau außerhalb der Grundherrschaft heiratet, muss sie trotzdem 6 Pfennige zahlen. Diese Pflichten haben die Leute aus Dürkheim, Eichen, Sindlingen und Fauerbach; ebenso die aus Schifferstadt (...). ❞

*Der Pfennig war die einzige Geldmünze des früheren Mittelalters. Sie bestand aus Silber und wog zur Zeit Karls des Großen etwa 1,6 g. Ein Huhn war im 12. Jahrhundert etwa ½ Pfennig wert, ein gewöhnliches Arbeitspferd konnte 240 Pfennig bis 480 Pfennig kosten.

* **4.** Welche Ländereien und Gebäude gehören zum Fronhof Staffelsee? Welche Abgaben und Dienste müssen die abhängigen Bauern dem Kloster erbringen? (M 2)

* **5.** Die Grundherrschaft wird von Historikern oft als „Herrschaft über Land und Leute“ bezeichnet. Begründe, warum.

* **6.** In M 4 werden die Rechte des Grundherrn und die Pflichten der hörigen Bauern genau beschrieben. Liste sie im Einzelnen auf:
a) Rechte des Grundherrn,
b) Pflichten der hörigen Bauern.

Bauern greifen zu den Waffen

Die Menschen vor 500 Jahren wussten, Ungehorsam gegen die Obrigkeit ist eine schwere Sünde. Warum griffen 1524/25 die Bauern dennoch zu den Waffen?

T1 Die Ungerechtigkeiten nehmen zu

Am Ende des 15. Jahrhunderts nahm die Not der abhängigen Bauern zu. Das lag daran, dass die Grundherren immer mehr Abgaben und Frondienste verlangten. Auch versuchten sie, die seit Jahrhunderten bestehenden Rechte der Bauern einzuschränken. Viele Grundherren verlangten zusätzliche Abgaben für die Nutzung der Allmende, obwohl sie Gemeindeeigentum war. Auch die Landesherren – die Fürsten, Herzöge und Bischöfe – forderten von den Bauern immer neue Steuern für ihre kostspielige Hofhaltung und für den Ausbau der Verwaltung.

M1 **„Der Bundschuh" 1513, Bewegung aufständischer Bauern**
Sie schwören auf die Fahne mit dem Christusbild.

T2 Für mehr Gerechtigkeit

Die Bauern waren nicht damit einverstanden, dass ihre Herren immer mehr Abgaben und Frondienste verlangten. Um das deutlich zu zeigen, schlossen sie sich in verschiedenen Gegenden in Bündnissen zusammen. Ihre Beschwerden und Forderungen schrieben Handwerker oder Prediger, die Schreiben gelernt hatten, auf. Im Mittelpunkt stand die Forderung nach mehr Gerechtigkeit. Die Bauern beriefen sich dabei auf die Bibel: Vor Gott waren alle Menschen gleich. Ungerechtigkeit und Unterdrückung widersprachen dem göttlichen Gebot.

T3 Die Bauern erheben sich

Da die Obrigkeit auf die Forderungen der Bauern nicht einging, erhoben sich im Sommer 1524 die Bauern im südlichen Schwarzwald. Sie verweigerten ihren Herren den Gehorsam und schlossen sich zu militärischen Einheiten, den „Haufen", zusammen. Bewaffnet mit Sensen, Dreschflegeln, Heu- und Mistgabeln stürmten die aufrührerischen Bauern Burgen, Schlösser und Klöster und zerstörten sie. Im Frühjahr 1525 erfasste der Aufstand ganz Schwaben, das Elsass, auch Thüringen und Tirol. In einigen Gegenden schlossen sich auch Handwerker, Ackerbürger und Lohnarbeiter den Bauern an.
Wo die Aufständischen siegten und ihre Herren ablösten, begannen sie, ihre Angelegenheiten selbst zu regeln: Sie suchten kriegserfahrene Männer, die ihnen beim Kampf helfen sollten. Sie schrieben Briefe an die Bürger der Städte, an Geistliche und Adlige mit der Bitte, sich ihnen anzuschließen. Sie wählten Räte, die ihre Interessen in den Verhandlungen vertraten.

»

1. Nenne Gründe dafür, dass Ende des 15. Jahrhunderts die Not der Bauern zunahm. (T1–T3)

2. Erarbeitet in Gruppen die Forderungen der Bauern in den „Zwölf Artikeln" (M3):
Geht in folgenden Schritten vor:

a) Worüber beschweren sich die Verfasser?
b) Was fordern sie?

M 2 Bauern umringen einen Ritter (Holzschnitt von Petrarca, 1532)
Manchmal nahmen die Aufständischen einen Ritter oder Abt gefangen. So eine Situation hat ein damals lebender Künstler im Bild festgehalten. Stellt euch vor, ihr wäret bei der Verhaftung des Ritters dabei gewesen. Ihr seid neugierig und habt viele Fragen an die Bauern. Schreibt eure Fragen auf. Anschließend besprecht ihr in der Klasse, über welche historischen Sachverhalte ihr mehr erfahren möchtet, um die Fragen gut beantworten zu können.

M 3 Aus den Zwölf Artikeln der Schwäbischen Bauern. Verfasst vom Kürschnergesellen und Laienprediger Sebastian Lotzer und dem Stadtpfarrer von Memmingen, Christian Schappeler, gedruckt Februar/März 1525:

» 1. Es ist unsere demütige Bitte und unser Begehr, dass jede Gemeinde den Pfarrer selbst wählen soll und diesen auch wieder absetzen kann. (...)
2. Wir geben gern den rechten Korn-Zehnten, wie es die Bibel gebietet. Der Viehzehnt soll wegfallen, denn Gott der Herr hat das Vieh dem Menschen abgabenfrei erschaffen.
3. Bisher hat man behauptet, wir seien Eigenleute. Nun hat uns aber Christus alle mit seinem kostbaren vergossenen Blut erlöst – den Hirten ebenso wie den Höchsten, keinen ausgenommen. Nicht, dass wir völlig frei sein und keine Obrigkeit haben wollen. Das lehrt uns Gott nicht. Wir wollen der Obrigkeit gehorsam sein, wie es die Heilige Schrift lehrt. Wir bezweifeln auch nicht, ihr werdet als wahre Christen uns aus der Leibeigenschaft gern entlassen. (...)
5. Alle Wälder, die geistliche und weltliche Herren nicht durch Kauf erworben haben, sollen wieder an die Gemeinde fallen. Daraus soll jeder seinen Bedarf an Brennholz und Bauholz mit Wissen derer, die von der Gemeinde gewählt werden, umsonst haben. (...)
6. Unsere Dienstleistungen werden von Tag zu Tag vermehrt. Wir erkennen aber nur die an, die unsere Eltern geleistet haben. (...)
8. Die Abgaben der Bauern sollen nach der Ertragslage des Hofes festgesetzt werden. «

3. Nicht alle Pflichten wollten die Bauern abschaffen.
Was erkennen sie an? (M 3)

* **4.** Warum berufen sich die Bauern in ihren Beschwerden und Forderungen auf die Heilige Schrift und in welchen Artikeln wird das sichtbar?
Sage in diesem Zusammenhang deine Meinung zum Bild M 1.

* **5.** Welchen Weg wollen die Bauern zur Durchsetzung ihrer Forderungen gehen?
Wollen sie sich friedlich mit der Obrigkeit verständigen oder wollen sie Krieg?
Begründe deine Meinung. (T 1 – T 3)

War der Kampf der Bauern gerecht?

Auch der Reformator Martin Luther (1483 – 1546) äußerte sich dazu . . .

T1 An die Fürsten und an die Bauern

In seinen Schriften äußerte sich Martin Luther zum Verhalten der Obrigkeit und zum Kampf der Bauern. Er äußerte sich aber auch darüber, ob die Heilige Schrift den Bauern das Recht gibt, sich gegen ihre Herren zu erheben.

M1 An die Fürsten schrieb Martin Luther im April 1525:

» Eigentlich verdanken wir den Aufruhr euch, ihr Fürsten. Als weltliche Herren tut ihr nichts anderes, als zu schinden und zu schatzen [Steuern zu erheben] und in Pracht und Hochmut zu leben, bis der arme Mann es nicht länger ertragen kann und mag. (...) Was würde es helfen, wenn der Acker eines Bauern ebenso viele Halme und Körner trüge? Die Obrigkeit würde nur umso mehr davon nehmen. Sie würde ihre Pracht vergrößern und das Gut der Bauern verschleudern mit Kleidern, Fressen, Saufen, Bauen und dergleichen, (...). Ich kann euch nur raten, meine Herren, einigt euch mit den Bauern im Guten, damit nicht ein Funke ganz Deutschland entzündet. «

M3 An die aufständischen Bauern schrieb Martin Luther im Mai 1525:

» Dreierlei gräulich Sünden laden diese Bauern auf sich: Erstens haben sie ihrer Obrigkeit Treue geschworen, untertänig und gehorsam zu sein. Nun brechen sie diesen Gehorsam mutwillig und frevelhaft und widersetzen sich ihren Herren. Zweitens stiften sie Aufruhr. Sie berauben und plündern Klöster und Schlösser. Dadurch machen sie sich zu Straßenräubern und Mördern. Sie verspielen damit ihr Leben an Leib und Seele, (...). Darum soll die Aufrührer niederwerfen, würgen und stechen, wer es immer vermag, denn es gibt nichts Teuflischeres als einen aufrührerischen Menschen. Drittens decken die Bauern solch schreckliche Sünde noch mit dem Evangelium. Sie nennen sich christliche Brüder und sind doch eigentlich die größten Gotteslästerer und Schänder seines heiligen Namens. «

M2 Gefangene Bauern werden abgeführt.
(Holzschnitt vom Petrarca-Meister)

»

1. Welche Ratschläge gibt Luther den Fürsten? Wie begründet er seine Ratschläge? (T1, M1)

2. Welche Meinung hat Luther zu den Forderungen der Bauern und zu ihrem Kampf?
Wie begründet er seine Ansichten? (M3)

3. Nenne Gründe für die Niederlage der Bauern. (T2, T3)

T2 Überlegenheit der Fürstenheere
Die anfänglichen Erfolge der Bauern jagten den Grundherren, Herzögen und Fürsten einen mächtigen Schrecken ein. Im Sommer 1525 stellten die Fürsten überall große Heere auf, die von erfahrenen Heerführern befehligt wurden. Doch die Bedingungen für den Kampf der Fürsten- und Bauernheere waren ungleich. Die Soldaten der Fürsten erhielten Sold (= Geld). Sie waren militärisch ausgebildet und besser bewaffnet als die aufrührerischen Bauern mit ihren primitiven Waffen.

T3 Die Niederlage der Bauern
Die vereinzelt kämpfenden Bauernhaufen schafften es nicht, sich zu einem großen gemeinsamen Heer zu vereinigen. So gelang es den Fürsten, einen Bauernhaufen nach dem anderen zu besiegen. Gnade kannten die Sieger nicht. Allein in der Schlacht von Zabern im Elsass verloren über 70000 Bauern ihr Leben.

M5 Bauern werden verurteilt, gefoltert und hingerichtet. (Zeitgenössischer Holzschnitt)

M4 Erzherzog Ferdinand befiehlt seinen Kommissaren (Helfern):

„Die Kommissare sollen mit 300 Reitern nach den aufrührerischen, ungehorsamen Bauern und Untertanen (...) fahnden, sie fangen und unter der Folter befragen, wer ihre Hauptleute, Anführer und Rädelsführer sind. Danach sollen sie diese (...) erstechen, erwürgen oder auf andere Weise ernstlich strafen (...) Besonders sollen sie die Rädelsführer mit allem Fleiß ausspähen, wo sie sich am meisten aufhalten, (...) unversehens und ungewarnt zu nächtlicher Stunde in ihren Häusern, Herbergen und Wohnungen überfallen und sie auf die genannte Weise, wie es am bequemsten ist, verderben. Diejenigen, die nicht ergriffen werden können, sondern in die Wälder oder an andere Orte flüchten, denen sollen ihre Häuser und Güter (...) verödet, verdorben, verbrannt werden. Den flüchtigen obersten Rädelsführern aber sollen nicht nur ihre Häuser und Güter verheert werden, sondern auch ihre Frauen und Kinder verjagt und aus dem Lande gewiesen werden.“

T4 Umsonst war der Kampf dennoch nicht
Nach der Niederlage der Bauernhaufen folgte ein schlimmes Strafgericht für die Bauern. Tausende Bauern wurden hingerichtet, gefoltert und verstümmelt. Auch ließen sich die Herren den angerichteten Schaden gut bezahlen.
Umsonst war der Kampf der Bauern trotzdem nicht. In den folgenden Jahrhunderten mussten die Grundherren die Abgaben und Frondienste teilweise begrenzen. Trotz der Niederlage hatte der Kampf der Bauern ihr Selbstbewusstsein gestärkt. Sie widersetzten sich ihren Herren, wenn diese die Abgaben und Frondienste erhöhen wollten. Auch deshalb, weil sich die Bauern nicht mehr alles gefallen ließen. Bis ins 18. Jahrhundert hinein kam es in Deutschland immer wieder zu Bauernunruhen.

*
4. Welche Meinung habt ihr zu den Ansichten Luthers? Sprecht darüber in der Klasse.

*
5. Wie gingen die siegreichen Fürsten mit den Bauern um? Beurteile das Vorgehen der Fürsten. (M1, M2, M4, M5)

*
6. Schreibt aus den Texten, den bildlichen und schriftlichen Quellen einen kurzen Text, der das Ende des Bauernkrieges zeigt.

Wer weiß Bescheid?

1. Richtig oder falsch?

Mehr als die Hälfte der folgenden Aussagen sind falsch.
Finde die falschen Aussagen heraus und schreibe sie richtig auf.

- Im Mittelalter entschied die Leistung darüber, wer welchem Stand angehörte.
- In den Burgräumen war es gemütlich und man fühlte sich wohl.
- Als der Knappe 21 Jahre alt war, wurde er zum Ritter geschlagen.
- Martin Luther zeigte Mitgefühl mit den aufständischen Bauern und unterstützte sie.
- Die Armbrust war eine Waffe im Mittelalter.
- Der König entschied über Krieg und Frieden und war der höchste Richter.
- Grafen und Bischöfe waren ihrem Lehnsherrn nicht zu Treue und Gehorsam verpflichtet.
- Die freien Bauern mussten keinen Heeresdienst leisten.
- Die hörigen Bauern hatten einen eigenen Hof.
- Der Meier organisierte im Auftrag des Grundherrn die Arbeiten der Bauern.

2. Silbenrätsel

Löse mithilfe der Silben die nachfolgenden Aufgaben.
Die Buchstaben in den Klammern, von oben nach unten gelesen, nennen ein Ereignis, das im 16. Jahrhundert große Teile des deutschen Reiches erschütterte.

ARM DORF SCHUL HUF HOF MEN EI SASS ER RIT PE DE EL KNAP SEN ZE BRUST NIER RÄ MEI PFLUG BURG TUR FRON ALL TER DER

1. Waffe im Mittelalter (4)
2. Gebiet, das vom Bauernkrieg erfasst wurde (4)
3. Wettstreit mit Waffen zwischen den Rittern (2)
4. Land, das Gemeindeeigentum war (5)
5. Von hier aus verwaltete der Ritter seinen Besitz (1)
6. Erfindung, schützt Pferde vor Verletzungen (8)
7. Das konnte der Edelknabe im 14. Lebensjahr werden (1)
8. Hier wurde die Arbeit für die abhängigen Bauern verteilt (2)
9. Verwalter im Auftrag des Grundherrn (3)
10. Damaliger Name für Bürgermeister im Dorf (11)
11. Ackergerät, das den Hakenpflug ablöste (10)

Wichtige Begriffe:

Königsvasallen

Ritterburgen

Bundschuh

Ständeordnung

Martin Luther

3. Experten für das mittelalterliche Dorfleben

Löse die Bilderrätsel. Jedes Rätsel ergibt einen Begriff, den ihr im Kapitel kennengelernt habt.

a)

c)

4. Wer oder was ist gemeint?

Ermittle die richtigen Lösungen und schreibe sie ins Heft.

- Dieser Mann stand in der Lehnspyramide ganz oben: …
- So heißen die Personen, die dem Lehnsherr Treue schworen: …
- So heißt die Vorsteherin eines Frauenklosters: …
- So nennt man die Burgen auf einer Insel oder Flussgabelung: …
- So wird die feierliche Zeremonie des Ritterschlages bezeichnet: …
- Solches „Benehmen" wurde dem Ritterfräulein anerzogen: …
- So nannte man die Gemeinderäte im mittelalterlichen Dorf: …
- Gemeindewald, Gemeindewiese und die Gewässer nennt man: …
- Bauern, die vom Grundherrn abhängig sind, aber einen Hof besitzen, nennt man: …
- Knechte und Mägde, die vom Grundherrn abhängig sind und keine Rechte besitzen, sind: …
- Der Kirchenmann, der das Verhalten der Fürsten und Bauern im Bauernkrieg bewertete, war: …

Lehnspyramide

Kaiser

Grundherrschaft

Leibeigene

Lehen

Dorfordnung

Schwertleite

7 Die Stadt im Mittelalter

Du warst sicher schon einmal in einer mittelalterlichen Stadt und hast viel rund um den Marktplatz entdeckt: das Rathaus, die Stadtkirche oder die schmucken Fachwerkhäuser.
Wie sie entstanden sind und welche Bedeutung sie hatten – darüber wird in diesem Kapitel berichtet. Vor allem aber erfährst du mehr über die Bürgerinnen und Bürger vor über 500 Jahren.

Bezug zu heute

Historisches aus dem Mittelalter entdecken.

Damals wie heute gab es Vorschriften beim Handel auf dem Markt.

Geschichte erleben

Chronologie

1150 – 1350
Städtegründungen in Mitteleuropa. Köln wurde bereits durch die Römer gegründet.

1347/1348
Die Pest erfasst Europa. Millionen Menschen sterben.

Einen Bürgermeister, nicht aber eine Bürgermeisterin gab es schon damals.

Sogar Banken gab es schon in mittelalterlichen Städten.

1368
Kämpfe um die Stadtherrschaft.
In Augsburg übernehmen die Zünfte die Macht.

1405
Der große Stadtbrand in Bern.

Städte entstehen und wachsen

Im Jahr 1000 gab es in Deutschland – die alten Römerstädte ausgenommen – praktisch keine Städte, 400 Jahre später gab es bereits 4000. Wie kam es dazu?

T1 Aus Bauern werden Handwerker
Im 11. Jahrhundert wuchs in Deutschland die Bevölkerung stark an. Da die Bauern neue Anbaumethoden und Arbeitsgeräte benutzten, konnten sie mehr ernten und es ging ihnen besser. So entstand bei den Menschen das Bedürfnis, Waren zu kaufen, die für ihr Leben wichtig waren. Das waren Nahrungsmittel, Kleidung und Arbeitsgeräte. Die besseren Ernten führten auch dazu, dass nicht mehr so viele Menschen in der Landwirtschaft arbeiten mussten. Einige Bauern wurden Handwerker, die jetzt Geräte für die Landwirtschaft, Sensen oder Pflüge, herstellten.

T2 Marktsiedlungen entstehen
Die Plätze, an denen die Menschen ihre Waren anboten, entwickelten sich allmählich zu Märkten. Sie lagen dort, wo viele Menschen zusammenkamen: in der Nähe von Römersiedlungen, Burgen, Bischofssitzen, Kaiserpfalzen und Klöstern. Mit der Zeit wurden aus den Märkten Marktsiedlungen, weil sich neben den Handwerkern auch Kaufleute ansiedelten. Sie boten ihre Waren – auch aus anderen Gegenden und Ländern – an: Tuche, Gewürze, Schmuck. Bäuerinnen und Bauern verkauften Früchte vom Feld und aus dem Garten oder auch selbst angefertigte Körbe.

T3 Von der Siedlung zur Stadt
Die Bewohner der Marktsiedlungen waren vielen Gefahren ausgesetzt. Groß war die Angst vor Soldaten, Räubern und Dieben. Deshalb suchten sie Schutz bei Königen, Fürsten, Bischöfen und Äbten. Dieser Schutz wurde ihnen gern gewährt, denn die Bewohner mussten dafür bezahlen. Stolz waren sie, wenn ihnen vom Landesherren das Stadtrecht verliehen wurde. Dann bauten sie auf dem Marktplatz ein Rathaus und eine Kirche. Im Zeughaus lagerten sie die Waffen, um die Stadt zu verteidigen. Um die Stadt wurde eine hohe Stadtmauer mit Wehrtürmen und Stadttoren gebaut.

M1 Das mittelalterliche Köln von der Rheinseite aus gesehen (Schedelsche Weltchronik um 1493)

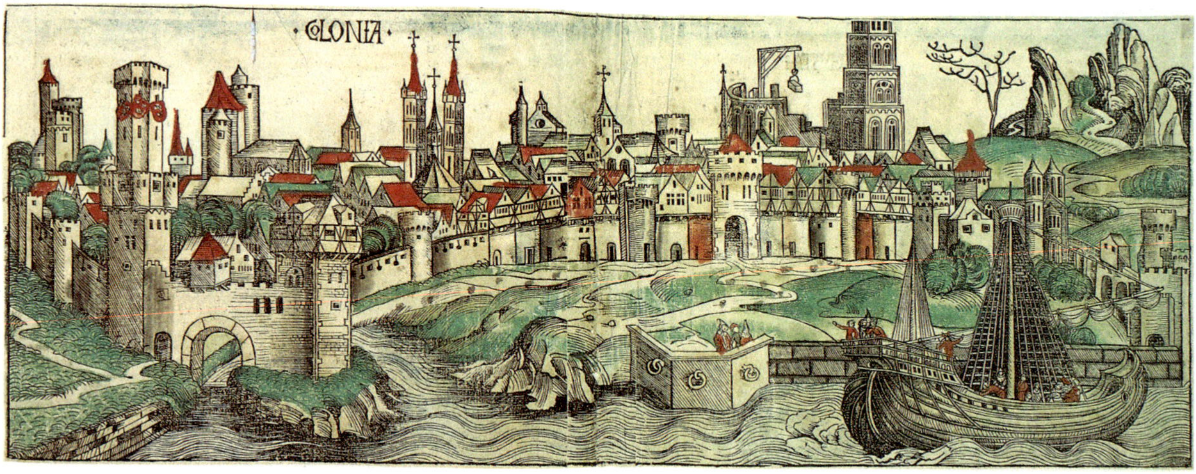

»

1. Warum wurden Marktsiedlungen und später Städte gegründet? (T1–T3)

2. An welchen Stellen wurden Städte gegründet? (T2)

3. Woran erkennst du, dass Köln eine ziemlich große mittelalterliche Stadt war? (T3, M1)

4. Suche die in M3 genannten Städte in deinem Atlas. In welchen Staaten liegen sie heute? (M3)

5. Erkläre die Begriffe: Stadtrat, Bürgermeister, Freiheitsbrief, freie Reichsstadt, Stadtsiegel. (T3, T4, M4)

Extra

M 2 Die Gründungsurkunde von Freiburg im Breisgau wurde zum Vorbild für viele Städte im 12. Jahrhundert:

„Ich verspreche all jenen, die zu meinem Markt kommen, Frieden und Schutz. (…)
Allen Kaufleuten der Stadt erlasse ich den Zoll.
Meinen Bürgern will ich keinen anderen Vogt (Vertreter des Herzogs in der Stadt) oder Priester geben, außer dem, welchen sie selbst gewählt haben.
Wenn ein Streit oder Rechtsfall entsteht, soll nicht von mir oder meinen Richtern darüber entschieden werden, sondern nach Gewohnheit und Recht aller Kaufleute, wie sie besonders in Köln geübt werden. (…)
Jede Frau wird dem Mann gleichgesetzt und umgekehrt. (…)
Jeder, der in diese Stadt kommt, darf sich hier frei niederlassen, wenn er nicht der Leibeigene irgendeines Herrn ist und diesen auch anerkennt als seinen Herrn. (…) Wenn aber ein Leibeigener seinen Herrn verleugnet, kann der Herr mit sieben Zeugen beweisen, dass der Leibeigene ihm gehört. Dann soll der Leibeigene ihm gehorchen. Wer aber über Jahr und Tag in der Stadt gewohnt hat, ohne dass irgendein Herr ihn als seinen Leibeigenen gefordert hat, der genieße von da an sicher die Freiheit. (…)“

T 4 Die Bürger regieren sich selbst

Bald wollten die Bürger unabhängig vom Schutzherrn sein und selbst ihre Stadt regieren. Einige Städte kauften sich von ihrem Schutzherrn frei. Andere bekamen ihre Unabhängigkeit erst nach heftigen Kämpfen. Jetzt verwaltete ein Stadtrat mit dem Bürgermeister an der Spitze die Stadt. Wieder andere Städte bekamen einen Freiheitsbrief vom Kaiser verliehen. Die Bürger dieser Städte waren besonders stolz. Sie waren von nun an freie Reichsstädte, unterstanden direkt dem Kaiser und besaßen besondere Privilegien (= Vorrechte).

M 3 Die Einwohnerzahl einiger europäischer Städte im 14. Jh.:
Im Mittelalter gab es noch keine genauen Bevölkerungsstatistiken. Die Einwohnerzahlen in der Tabelle wurden anhand der Stadtfläche und der Anzahl der Haushalte in einer Stadt geschätzt:

Konstantinopel	über 100 000
Gent	60 000
Barcelona	35 000
Venedig	90 000
Neapel	60 000
Lübeck	25 000
Genua	84 000
Köln	40 000
Nürnberg	23 000
Mailand	über 80 000
London	40 000
Hamburg	17 000
Paris	über 80 000
Rom	40 000
Frankfurt/Main	10 000

M 4 Siegel der Stadt Trier aus dem 12. Jh.
Seit dieser Zeit führten deutsche Städte eigene Siegel. Sie zeigten den Schutzheiligen der Stadt oder typische Stadtansichten (Türme, Tore, Rathäuser).

M 5 Mit folgendem Eid wurden Stadtbewohner um das Jahr 1355 in die Bürgerschaft Kölns aufgenommen:

„Dies sollen diejenigen schwören, welche man als Neubürger von Köln aufnimmt. Zum Ersten sollen sie schwören, dem Rat und der Stadt Köln treu und hold zu sein und ihren Nutzen zu fördern und Schaden [von ihr] abzuwenden, wo irgend sie davon wissen oder vernehmen; sodann der Sturmglocke zu folgen und eine volle Rüstung zu besitzen zum Nutzen des Rates und der Stadt Köln. Wenn sie diesen Eid geleistet haben, so soll man ihnen das Bürgerrecht verleihen mit der vollen Freiheit, die andere Bürger haben.“

6. Welche Rechte gewährte der Schutzherr Konrad den Freiburger Bürgern und welche Pflichten hatten sie? (M 2)

7. Welche Verpflichtungen gegenüber der Stadt übernahm der Schutzherr? (M 2)

8. „Stadtluft macht frei“ hieß es im Mittelalter. Erkläre den Satz anhand von M 2.

* **9.** Welche Pflichten übernahmen die neuen Bürger der Stadt Köln? (M 5)

Auf dem Markt

Der Markttag war ein besonderer Tag für die Stadtbewohner. Aber auch für die wirtschaftliche Entwicklung der Stadt war dieser Tag wichtig.

M1 Markt in einer mittelalterlichen Stadt (Rekonstruktionszeichnung)

T1 Markttag in der Stadt

Der Mittelpunkt der Stadt war der Marktplatz. Das war ein runder oder lang gestreckter Platz, um den das Rathaus, die Kirche, Häuser und Läden einiger Kaufleute und Handwerker standen.

Ursprünglich gab es im Jahr nur wenige Markttage, im Frühjahr oder Herbst oder zu kirchlichen Feiertagen. Später wurde der wöchentliche Markt üblich.
An den Markttagen drängten sich die Menschen schon frühmorgens auf dem Marktplatz. Wenn die Marktfahne aufgezogen war, konnte der Handel beginnen:

»

1. Zähle die Vorteile auf, die eine Stadt durch das Marktrecht besaß. (T2)

2. Setze die durcheinandergeschüttelten Wörter sinnvoll zusammen und ordne sie a, b oder c richtig zu:
ÖTPEF – IEER – ÖRKEB – IEDSE – FEPFRFE – EFGLGFLEÜ – USECHH – EZLPE – ÜREBN

a) Waren der Bauern,
b) Waren der Handwerker,
c) Waren der Fernhändler.
(T1, T2)

M 2 Brotmaß am Freiburger Münster
Wenn sich ein Bäcker nicht an die vorgeschriebenen Maße hielt, wurde er hart bestraft.

Bäuerinnen und Bauern aus der Umgebung hatten ihre Stände aufgeschlagen. Laut schreiend boten sie ihre Waren an: Eier, Honig, Geflügel, Zwiebeln und anderes von Feld und Hof. Auch Handwerker stellten ihre Ware aus. Wer Töpfe, Körbe, Tonwaren oder anderes Geschirr brauchte, fand es hier. Lag die Stadt an einer großen Handelsstraße, verkauften auch Fernhändler ihre Waren: Salz und Heringe, aber auch Tuche, Seide, Pelze, Waffen und manchmal sogar Pfeffer und andere Gewürze aus dem Orient. Anfangs wurde auf dem Markt noch Ware gegen andere Ware getauscht. Später setzten sich Geldmünzen als Zahlungsmittel durch. Der Kaiser konnte einer Stadt das Recht verleihen (das Recht geben), Münzen zu prägen.

T 2 Die Stadt lebt vom Markt

Nicht in jeder Stadt durfte Markt gehalten werden. Dazu benötigten die Bürger das Marktrecht. Es wurde ihnen vom Landesherrn, manchmal auch vom Kaiser verliehen. Jeder musste sich an die Marktordnung halten. Wer beim Betrügen erwischt wurde, Streit anfing oder mit Waffen angetroffen wurde, brach den Marktfrieden. Er wurde von einem Marktgericht verurteilt. Viele Stadtbewohner lebten vom Markt: nicht nur Handwerker und Kaufleute, sondern auch Lastenträger, Gaukler, Bettler und Herbergsbesitzer.

M 3 Stadtwaage in Nürnberg
Der Wiegemeister (Mitte) wiegt den Stoffballen eines Kaufmanns (rechts), um den Zoll festzulegen. Sein Gehilfe (links) setzt die Gewichte.

M 4 Aus der Marktordnung der Stadt Landshut aus dem Jahr 1526:

» 1. Wir verbieten, Schwerter und Dolche innerhalb der Stadt zu tragen. Wer ein Schwert trägt, zahlt 6 Schilling und dem Richter 60 Pfennig. (…)
10. Wir verordnen, dass kein Kauf außerhalb des öffentlichen Marktes stattfindet. Dies gilt für Leute, die Waren in die Stadt bringen. Wer gegen diese Anordnung verstößt, muss der Stadt 6 Schilling und dem Richter 60 Pfennig bezahlen. Wenn er kein Geld besitzt, wird ihm die Hand abgeschlagen (…).
11. Wir verordnen, dass zwei gute Würste, die die vorgeschriebene Größe besitzen, für einen Pfennig verkauft werden, sie dürfen aber nur aus reinem Schweinefleisch gemacht sein. Zuwiderhandelnde müssen 1 Pfund (= 240 Pfennig) zahlen und werden ein Jahr lang von ihrem Handwerk ausgeschlossen (…).
20. Lotterbuben jeder Art, fahrende Schüler mit langen Haaren halten wir fern. Die Leute, die sie über eine Nacht hinaus beherbergen, verurteilen wir zu 1 Pfund. «

3. Erläutere, was alles in der Marktordnung M 4 geregelt wird.

4. Stell dir vor, du führst einen Freund, der zum ersten Mal in der Stadt ist, über den mittelalterlichen Markt. (M 1 – M 3)
Erkläre ihm, was an den einzelnen Ständen geschieht und was sonst noch alles passiert.

* **5.** Erkläre, warum das Brotmaß (M 2) und die Stadtwaage (M 3) für den Handel damals wichtig waren.

Handwerker und Zünfte

Ein Sprichwort aus dem Mittelalter heißt: „Handwerk hat goldenen Boden." Traf es für das Handwerk damals zu?

T1 Ohne Handwerker geht es nicht
In der mittelalterlichen Stadt waren die Handwerker begehrte Leute. Für das leibliche Wohl der Bürger sorgten Metzger, Bäcker und Bierbrauer. Es wurden auch Schneider, Schuster, Weber, Zimmerer und Bauleute gebraucht. Um die Stadt zu verteidigen, waren Waffenschmiede, Kettenhemd- und Eisenhandschuhmacher notwendig.
Die Anforderungen der Stadtbewohner und Bauern an das Handwerk stiegen. Deshalb spezialisierten sich Handwerker, wenn sie auf bestimmten Gebieten besondere Fähigkeiten erworben hatten. Im Schmiedehandwerk arbeiteten beispielsweise Huf- und Nagelschmiede, aber auch Löffel-, Pfannen- und Goldschmiede. Einige damalige Berufe gibt es heute noch, andere sind ausgestorben.

T2 Im Hause des Meisters
Die Werkstatt lag im Erdgeschoss des Fachwerkhauses. Hier arbeitete der Meister mit den Gesellen und Lehrlingen. Seine Frau führte den Haushalt und verkaufte die Waren. Sie war auch für die Erziehung der Kinder verantwortlich. Nur in einigen Berufsgruppen führte sie selbst auch das Handwerk aus. Die Gesellen und Lehrlinge, aber auch die Mägde und Knechte lebten in winzigen Kammern unter dem Dach. Die Familie des Meisters wohnte im ersten Stock.
Handwerker, die denselben Beruf ausübten, hatten ihre Werkstätten in einer Straße. Namen, wie Gerberstraße, Weber- oder Schustergasse, erinnern noch heute daran.

T3 Die Zünfte
Alle Meister, die das gleiche Handwerk ausübten, gehörten einer Zunft an. Jede Zunft hatte ihre Zunftordnung. Darin war festgehalten, wie man Meister wurde, wie viele Meister es in der Zunft geben und wie viele Gesellen und Lehrlinge ein Meister einstellen durfte.

M1 Schusterwerkstatt und Laden

»

1. In M 2 werden die Zeichen folgender Zünfte vorgestellt: Radmacher, Schuhmacher, Bäcker, Schneider, Metzger, Dachdecker. Ordne die Zunftzeichen den Berufen richtig zu. Begründe deine Entscheidung.

2. Beschreibe, wie es in der Werkstatt eines Schuhmachers (M 1) oder eines Hufschmieds (M 3) zuging. Beantworte dabei folgende Fragen:
- Wie sind Laden und Werkstatt eingerichtet?
- Welche Arbeiten werden ausgeführt und welche Werkzeuge werden dabei benutzt?
- Welche Aufgaben haben der Meister und die Meisterin sowie die Gesellen?

Auch über Menge, Qualität und Preise der Erzeugnisse gab es Vorschriften. Wer dagegen verstieß, wurde bestraft. In der Kirche hatten die Zünfte oft ihren eigenen Altar und verehrten einen Heiligen als ihren Schutzpatron. Auch im Kriegsfall traten die Zünfte als Gemeinschaft auf: Jeder Berufszweig verteidigte einen bestimmten Teil der Stadtmauer.

T4 Ein Lehrvertrag damals

Sollte der Sohn eine Lehre beginnen, dann schloss sein Vater mit dem Meister einen Vertrag ab. In einem Lehrvertrag aus dem Jahre 1406 steht: „Meister Marten soll meinen Sohn die ganzen fünf Jahre anständig kleiden, wie es die Zunft verlangt. Für die Lehre will ich dem Meister sechzehn Gulden an Lehrgeld aushändigen."
Hatte der Lehrling die Ausbildung erfolgreich beendet, nahmen die Gesellen ihn in ihre Gemeinschaft auf. Der neue Geselle ging oft zunächst auf Wanderschaft, um in der Fremde Berufserfahrungen zu sammeln. Meister zu werden, blieb für viele Gesellen ein Traum. Meisterstellen waren selten. Außerdem verlangte die Zunftordnung die Anfertigung eines Meisterstückes, aber auch die Zahlung eines hohen Geldbetrages in die Zunftkasse.

M3 Hufschmiede in der Werkstatt (Niederlande, 14. Jh.)

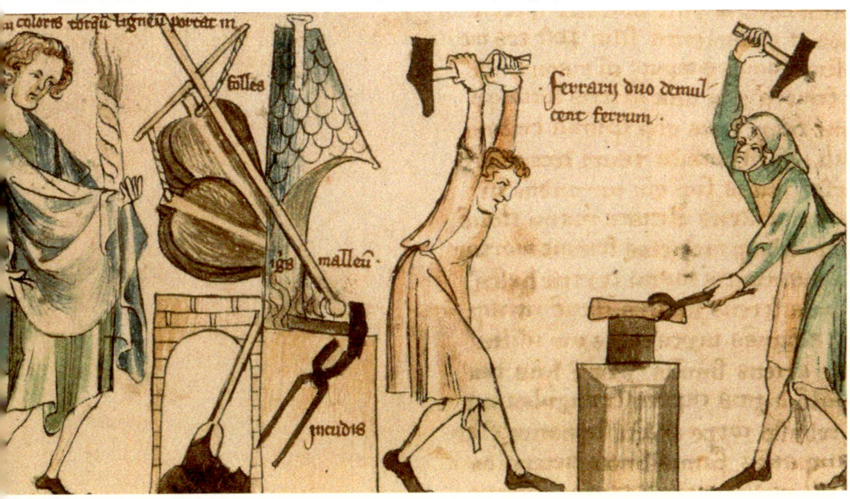

M2 Zunftzeichen
Jede Zunft hatte ihr Wappen oder Zunftzeichen

M4 Aus dem Zunftbrief der Schmiede der Stadt Nördlingen:

❞ Wer vom Land hereinkommt und unserer Zunft angehören will, der muss ehelich geboren sein. (...) Der soll unserer Zunft innerhalb von acht Tagen drei Gulden zahlen. (...) Kein von auswärts kommender Meister, der nicht Bürger von Nördlingen ist, darf in der Stadt unser Handwerk ausüben. (...) Wir wählen zwei Zunftmeister, von denen einer aus dem Schmiedehandwerk und der andere aus anderen Handwerken sein soll, und zwölf Geschworene. (...) Und wer von der Mehrheit gewählt wurde, denen müssen wir anderen Zunftgenossen gegenüber treu und wahrhaftig sein. (...) Sollten Streit und strafbare Handlungen unter uns begangen werden, dann sollten die Zunftmeister und die Geschworenen eingreifen, darüber richten und die Strafe nach ihrer Meinung festsetzen. ❝

3. Welche Bestimmungen enthalten die Zunftordnungen? (T3, M4)

4. Welche Bedeutung hatte die Zunftordnung (T3, M4) für ...
a) die Zunftmitglieder,
b) die Käufer der Waren,
c) die Stadt insgesamt?

*
5. Informiere dich, ob es heute auch noch Zünfte, Meister und Gesellen gibt.

Wer bestimmt in der Stadt?

Darüber, wer im Rathaus bestimmte, gab es heftige Auseinandersetzungen. Schon damals hatte die Stadtverwaltung vieles zu regeln ...

T1 Die Patrizier regieren die Stadt
In den freien Städten, die sich von ihrem Schutzherrn freigekauft oder im Kampf ihre Unabhängigkeit errungen hatten, waren nun die Patrizier an der Macht. Das waren Nachkommen hoher Beamter, die im Auftrag des Königs, eines Herzogs oder Bischofs früher die Stadt verwaltet hatten. Sie regierten gemeinsam mit wohlhabenden Kaufleuten, Fernhändlern und anderen reichen Stadtbürgern die Stadt. Sie stellten die Ratsherren, besetzten die wichtigsten Ämter und wählten aus ihrer Mitte den Bürgermeister. Grundlage für die Entscheidungen der Ratsherren war die Ratsverfassung, in der die Rechte und Pflichten der Bürger festgeschrieben waren. Außerdem gab es eine Bau-, Straßen- und Marktordnung.

T2 Gewaltsame Auseinandersetzungen um die Macht
Im 14. Jahrhundert regte sich in vielen Städten Widerstand gegen die Alleinherrschaft weniger reicher Familien. Vor allem Handwerker waren unzufrieden. Sie mussten Steuern zahlen und die Stadt in Notzeiten verteidigen. Als Ratsherr oder Bürgermeister über die

M1 Rathaus von Paderborn
Das Rathaus wurde 1279 erstmals urkundlich erwähnt. Das Stadtrecht erhielt Paderborn bereits um das Jahr 1000.

M2 Die Zünfte werden 1368 an der Stadtherrschaft in Augsburg beteiligt. Je ein Vertreter der Weber, Bäcker, Kürschner, Metzger, Kaufleute und Bierbrauer betritt die Ratsstube, in der 30 Patrizier sitzen. (Malerei im Ratsbuch in Augsburg)

1. Wer regierte ursprünglich in den Städten? (T1, siehe auch S. 162/163)

2. Warum wollten die Zünfte in den Städten mitbestimmen? Erreichten sie ihr Ziel? (T2, M2)

3. Beschreibe, was in der Stadt Köln zu Pfingsten 1369 geschah: (M3)
a) Warum kam es zu gewaltsamen Auseinandersetzungen?
b) Was veränderte sich im Rat der Stadt?

Entwicklung der Stadt mitbestimmen, das durften sie nicht. Es kam zu gewaltsamen Auseinandersetzungen zwischen den immer mächtiger werdenden Zünften und den Patriziern. In einigen Städten siegten die Handwerker und regierten im Rathaus. In anderen Städten blieben die Patrizier an der Macht. Andere Städte wurden von einem Fürsten oder Bischof regiert.

M 3 Ein unbekannter Verfasser berichtet über einen Bürgeraufstand in Köln, Pfingsten 1369:

» Da sprach ein Weber: „Ihr Herren, die Schöffen, haben einen Mann in der Hacht [Haft] liegen. Über ihn, so wollen unsere Zunftgenossen, soll Gericht gehalten werden; denn er hat auf der Straße geraubt.“ „Ihr Herren“, gab der Rat zur Antwort, „geduldet euch noch einige Tage, bis die Wahrheit an den Tag gebracht worden ist und man die Verteidigung gehört hat; dann mag er nach der Schöffen Urteil sein Leben verlieren.“ Hierauf hielten die Weber eine Einigung ab und berieten, wie man den herrschenden Geschlechtern ihre Macht nehmen könne. (...) Der neue Rat wurde in folgender Weise gebildet: Fünfzehn Männer wurden aus den Geschlechtern gewählt, wie das von alters her Sitte war; daneben wurde noch ein weiterer Rat erkoren, der zählte 15 Mitglieder. In diesem Rate waren viele Ämter [Zünfte] vertreten, Pelzer, Schmiede, Gürtelmacher, (...) So trieben es die Weber und hatten es dabei so eingerichtet, dass sie die Mehrheit im Rate hatten und alles nach ihrem Willen gehen musste. Ihre Gewalt war so groß, dass es die Besten sehr verdross; aber sie konnten es nicht ändern. (...) Auch hatten sie die Schlüssel der Stadt, ihr Siegel und ihren Schatz. «

< Extra >

M 4 In den Stadtordnungen von Zürich steht u. a.:

» 1417: Bürgermeister und Rat verordnen, dass niemand Mist, Erde und Abraum in den Stadtgraben schütten soll. Wer es dennoch tut, muss 10 Schilling zahlen und den Abraum auf eigene Kosten wegführen oder wegtragen lassen.

1319: So oft Meister Johannes, der Wundarzt, (...) seine gebrauchten Verbände vor das Haus auf die Straße wirft, muss er 10 Schilling Strafe zahlen.

1403: Man soll die Schweine nicht auf die Straße gehen lassen. Will einer seinen Stall misten, darf er die Schweine auslassen, doch muss ein Bote dabei sein. Nach dem Tränken und Misten müssen die Schweine wieder in den Stall getrieben werden. Wird dennoch ein Schwein auf der Straße angetroffen, hat der Besitzer eine Buße zu zahlen. «

M 5 Stadtbrand in Bern (Zeitgenössische Buchmalerei)
Da im Mittelalter beim Hausbau viel Holz verwendet wurde und die Gassen sehr eng waren, kam es oft zu großen Stadtbränden. Deshalb erließ die Ratsversammlung Bestimmungen zur Einhaltung des Brandschutzes und der Brandbekämpfung. Jeder Stadtbewohner hatte die Pflicht, beim Löschen von Bränden zu helfen.

4. Wer regierte am Ende des 14. Jahrhunderts in den verschiedenen deutschen Städten? (T 2, M 2)

5. Nenne einige Probleme in der mittelalterlichen Stadt, die die Ratsherren lösen mussten. (M 1, M 4, M 5)

* **6.** Was sagt die Stadtordnung von Zürich über die Lebensbedingungen in der mittelalterlichen Stadt und über das Umweltbewusstsein der Bewohner aus? (M 4)

Juden und Christen

In den mittelalterlichen Städten lebten Juden und Christen oft friedlich zusammen. Es gab aber auch Zeiten, in denen Christen jüdische Mitbürger verfolgten und töteten.

T1 Gemeinsam für das Wohl der Stadt

Innerhalb der Stadtbevölkerung bildeten die Juden eine besondere Gruppe. Obwohl sie keine Christen waren, standen sie schon seit der Herrschaft Karls des Großen unter dem Schutz der Kaiser und Könige. Diese gestatteten ihnen auch, ihre Religion frei auszuüben. In vielen Städten waren die Juden geachtete Mitbürger, die es als Händler, Geldverleiher, Gelehrte oder Ärzte oft zu beträchtlichem Wohlstand gebracht hatten. In Städten wie Speyer, Worms, Köln, Frankfurt, Wien oder Prag hatten die jüdischen Bürger großen Anteil am wirtschaftlichen Aufschwung. Jüdische und christliche Gelehrte tauschten ihre Meinungen aus und trugen so gemeinsam dazu bei, Wissenschaft und Bildung zu fördern.

T2 Jüdisches Leben

Die Juden lebten in eigenen Stadtvierteln, den Gettos. Hier regelten die jüdischen Gemeinden ihr Zusammenleben nach Rechtsvorstellungen, die im jüdischen Glauben wurzelten. Die Gemeindemitglieder besaßen ein eigenes Gotteshaus, die Synagoge. Die Gemeinde kümmerte sich um die Kranken, Alten und Hilfsbedürftigen. Sie besaß ein eigenes Spital und einen eigenen Friedhof. In der jüdischen Schule lernten die 5 bis 13-jährigen Mädchen und Jungen lesen und schreiben und waren den christlichen Kindern in der Bildung oft überlegen. In den Tanz- und Badehäusern pflegte man die Geselligkeit. Eigene Backstuben und Fleischereien sorgten für Brot und Fleisch, das nach den besonderen Glaubensvorschriften zubereitet wurde.

M1 Gespräch zwischen christlichen und jüdischen Gelehrten
(Holzschnitt von 1483)
Juden waren oft verpflichtet, Spitzhüte zu tragen.

T3 Juden – Menschen zweiter Klasse

Trotz des kaiserlichen Schutzes benachteiligten zahlreiche Bestimmungen die jüdischen Mitbürger und verletzten ihre Ehre: Juden hatten eine vorgeschriebene Kleiderordnung, damit man sie sofort auf der Straße erkannte. Sie durften kein Handwerk ausüben, kein Land erwerben und nicht Bauer sein. Auch für öffentliche Ämter wurden sie nicht zugelassen.

»

1. Beschreibe das Leben der Juden in ihren Vierteln (Gettos). (T2)

2. Welche Rolle spielten die Juden in der mittelalterlichen Stadt? Wie waren die Beziehungen zwischen Christen und Juden? (T1–T3, M1)

3. Sage deine Meinung zu den Vorwürfen mancher Christen gegenüber den jüdischen Mitbürgern. (T4)

T 4 Hass und Verfolgung

Es gab auch Zeiten, in denen die religiösen Vorstellungen der Juden, ihre Bräuche und Gewohnheiten Misstrauen und Neid bei den christlichen Bürgern weckten. Das hatte noch einen anderen Grund: Da es für Christen verboten war, für geliehenes Geld Zinsen zu nehmen, betrieben die Juden im Mittelalter das Geschäft des Geldverleihes. Einige wurden sehr reich dabei. Dies alles führte dazu, dass unter den Christen ungeheuerliche Beschuldigungen gegen die Juden die Runde machten. Einer der schlimmsten Vorwürfe war, die Juden hätten sich am Tod Jesu schuldig gemacht. Auch wurde behauptet, sie würden Christenkinder schlachten, um mit dem Blut Brot für ein Fest zu backen. Juden wurde auch vorgeworfen, sie hätten die Brunnen vergiftet und damit die Tod bringende Pest verbreitet. Der aufkommende Hass führte immer wieder dazu, dass der Besitz jüdischer Bürger geplündert wurde und sie aus den Städten verjagt wurden. Tausende wurden bei den Judenverfolgungen umgebracht.

M 3 Richtlinien deutscher Städte für die jüdischen Mitbürger
a) Beschluss des Rates der Stadt Köln, 1510:

„Fortan wird keinem Juden (...) Aufenthaltserlaubnis gewährt, der nicht einen gelben Ring an seinem äußersten Kleide trägt, wie das von alters her üblich und auch in anderen Städten Gewohnheit ist.“

b) Straßburger Judenordnung vom 25. September 1383:

„Unsere Herren, Meister und Rat, Schöffen und Amman, sind übereingekommen, dass alle Juden, Jüdinnen und ihre Kinder, die in unserer Stadt Straßburg sesshaft sind, in dieser unserer Stadt Frieden und Schirm haben und behalten sollen und dass man sie handhaben soll, wie alle anderen Bürger. Was ihnen geschieht, es sei durch Schlagen, Stoßen, Wunden, Totschlag oder andere Dinge, in welcher Weise es auch sei, darüber sollen Meister und Rat richten in gleicher Weise, als ob es einem anderen unserer Bürger geschehen sei.“

M 4 In Straßburg verfolgten christliche Bürger Juden, weil sie von Juden geliehenes Geld nicht zurückzahlen wollten. Dies geschah mit der Begründung, die Juden hätten sie betrogen. In einer Chronik steht 1349:

„Am Freitag fing man die Juden, am Samstag verbrannte man die Juden, deren waren schätzungsweise wohl gegen zweitausend. Die sich aber wollten taufen lassen, die ließ man leben. Es wurden auch gegen ihrer Mütter und Väter Willen viele junge Kinder aus dem Feuer genommen, die getauft wurden. Was man den Juden schuldig war, das war alles erledigt, und es wurden alle Schuldbriefe, die diese hatten, zurückgegeben. Das bare Geld, das sie hatten, das nahm der Rat und teilte es unter die Zünfte und Handwerker.“

M 2 Juden fliehen aus einer fränkischen Stadt
(Illustration in einer Handschrift jüdischer Klagelieder)

4. Gib mit eigenen Worten den Inhalt der Verordnungen der Städte Köln und Straßburg über die jüdischen Mitbürger wieder. (M 3) Wodurch unterscheiden sie sich?

5. Welche Absichten verfolgten die Verfasser dieser Verordnung?

* **6.** Beschreibe M 2 und M 4. Warum kam es zu den Judenverfolgungen und wie verliefen sie? (T 4)

Reichtum und Elend

Wohlhabende Patrizier und Kaufleute, Bettler und Aussätzige – die mittelalterliche Stadt war voller Gegensätze.

T1 Nicht alle Stadtbewohner waren „Bürger“

In der mittelalterlichen Stadt wurde streng unterschieden, ob ein Bewohner zu den „Bürgern“ zählte oder nicht. Das Bürgerrecht besaßen meist nur die Patrizier (= die Reichen oder die Adligen), Kaufleute und Handwerksmeister. Bürger einer Stadt konnte man nur sein, wenn man ein Grundstück, ein Haus und ein Vermögen besaß. Handwerksgesellen, Fuhrleute, Lastenträger, Knechte und Mägde, Tagelöhner und Lohnarbeiter galten nicht als Bürger, weil sie nicht über Grund und Boden verfügten. Kein Bürgerrecht hatten auch die Obdachlosen, Bettler, Totengräber, Scharfrichter, Spielleute und Gaukler sowie Juden. Frauen besaßen das Bürgerrecht nur in Ausnahmefällen, wenn sie selbstständig Handel oder ein Gewerbe betrieben, d. h. wenn sie selbst ihr Geld verdienten. Als Bürger war man frei und unterstand nur der Gerichtsbarkeit der Stadt.

T2 Die städtische Ober- und Mittelschicht

Je nach dem Vermögen, das die Bewohner einer Stadt besaßen, ordnete man sie der städtischen Oberschicht, den Mittelschichten oder Unterschichten zu. Die städtische Oberschicht bildeten die Reichen der Stadt – Adlige und Fernkaufleute. Anfangs waren nur diese Personengruppen „ratsfähig“, bestimmten also allein als Ratsherren über die Geschicke der Stadt. Auch einige Handwerksmeister brachten es im Laufe der Zeit zu einigem Wohlstand.

Die städtische Mittelschicht bildete die größte Bevölkerungsgruppe, in manchen Städten bis zu 70 Prozent der Bevölkerung. Hierzu zählten die Handwerker und Gewerbetreibenden, Kleinhändler und die städtischen Beamten.

M1 Geschlechterreigen in einem Augsburger Tanzhaus im Jahre 1500
(Zeitgenössisches Gemälde im Maximilian-Museum in Augsburg)

1. Im Grundgesetz steht heute: „Alle Menschen sind vor dem Gesetz gleich.“ Erläutere, ob das auch damals zutraf.

2. Welche Voraussetzungen mussten erfüllt sein, um das Bürgerrecht einer Stadt zu erhalten? (T1)

3. Beschreibe die Bilder M1 und M2. Was sagen sie aus über die unterschiedliche Lebensweise der abgebildeten Bevölkerungsgruppen?

4. Sag deine Meinung dazu, wie in der Stadt Nürnberg mit den Leprakranken verfahren wurde. (M4)

5. Vergleicht das Jahreseinkommen der Bevölkerungsgruppen. Überlegt, was ein Tagelöhner nach Abzug der Kosten für Nahrungsmittel noch übrig hatte und was er sich dafür leisten konnte. (M3)

T3 Städtische Unterschichten

Zu den Unterschichten zählten die Tagelöhner, Hilfs- und Transportarbeiter, Knechte und Mägde sowie Lehrlinge und Gesellen. Wenn sie auch keinen Grundbesitz hatten, so verfügten sie doch über ein bestimmtes, wenn auch geringes Einkommen. Sie wohnten zur Miete oder in den Häusern ihrer Dienstherren und Meister. Eine besondere Gruppe bildeten die „Pfahlbürger“. Das waren neu in die Stadt gezogene Personen, die sich vor der Stadtmauer, in der so genannten Vorstadt ansiedelten.
Zur Unterschicht zählten auch die „unehrlichen Berufe“ – Bader, Schäfer, Scharfrichter, Totengräber – und die „Außenseiter“: Bettler, Gaukler, Aussätzige, Obdachlose, Arbeitslose, Verarmte, Dirnen und auch die Juden. Sie lebten am Rande der städtischen Gesellschaft und konnten aus der Stadt verwiesen werden. Sie durften auch nicht vor Gericht als Zeugen aussagen. Weil sie oft in Armut lebten, besaßen diese Gruppen in vielen Städten das Recht, Almosen (= Gaben, Geschenke) zu empfangen. Von der Stadt angestellte Ärzte, Apotheker und Hebammen behandelten sie oftmals kostenlos. Zu den Unterschichten gehörte fast jeder fünfte Bewohner. Die Angehörigen der Unterschichten lebten in primitiven Hütten, Kellern oder Mietshäusern. Wichtigste Erwerbsquelle zum Überleben war das Betteln.

M2 Bettler (Ausschnitt aus einer Miniatur in der Chronique de France, 14. Jh.)

M3 Jahreseinkommen (in Gulden) einiger Berufsgruppen in Deutschland zu Beginn des 16. Jahrhunderts:

Dienstmädchen	3–5
Hausknechte	6–7
Tagelöhner*	20
Niedere Geistliche	20–40
Professoren	50–150
Hohe städtische Beamte	150–250

* Ein Tagelöhner benötigte jährlich allein 14 Gulden für Lebensmittel

M4 Wie mit Aussätzigen in der Stadt Nürnberg verfahren wurde:

„Wenn Verdacht auf Lepra (ansteckbare, unheilbare Krankheit, die zum Tod führt) auftrat, untersuchte der Stadtarzt (...) den Patienten. Fiel die Untersuchung schlecht aus, dann schickte man die Kranken hinaus aufs Feld, wo sie sich Hütten bauten und vom Betteln ernährten. Einmal im Jahr durften sie die Stadt betreten, und es wurde ihnen reiches Almosen zugeteilt. (...)
Die Ausstoßung aus der weltlichen Gemeinde war hart genug. Die armen Menschen, die oft noch jahrzehntelang im Besitz ihrer geistigen Kräfte waren, wurden, wie heute Geisteskranke, entmündigt. Ihr Vermögen wurde ihnen damit entzogen und durch Verwandte oder durch die Stadt verwaltet. (...) Da der fromme mittelalterliche Mensch die Krankheit als Strafe Gottes empfand, war die Ausstoßung aus der christlichen Gemeinschaft die Folge. (...)“

*
6. **Untersucht die gesellschaftliche Stellung der Personengruppen in der mittelalterlichen Stadt.
Bildet dazu drei Gruppen, die sich jeweils mit einer der drei städtischen Bevölkerungsschichten beschäftigen.** (T2, T3)
**Ein Mitglied jeder Gruppe trägt die Ergebnisse der Arbeit in der Klasse vor.
Die folgenden Teilaufgaben helfen euch, die Gesamtaufgabe gut zu lösen:**

a) **Welche Bevölkerungsgruppen gehörten der Schicht an?**
b) **Beschreibe diese Bevölkerungsgruppen näher (Lebensverhältnisse, gesellschaftliche Stellung, Ansehen in der Stadt, Rechte und Pflichten).**

Armut im Mittelalter

Heute versucht der Staat, die Bedürftigen mit Sozialhilfe zu unterstützen. Im Mittelalter war ein solches System noch nicht bekannt ...

T1 Armut und Hunger

Im Mittelalter waren viele Menschen arm oder von der Armut bedroht. Auf dem Land waren die Menschen zudem vom Wetter abhängig. Eine schlechte Ernte konnte zu Hungersnöten führen. Für viele Kleinbauern mit wenig Land und schlechten Geräten reichte die normale Ernte schon kaum für das Überleben aus. Andere Auslöser von Armut waren hohe Abgaben an die Obrigkeit, Seuchen oder Kriege (Diebstahl, Plünderungen). Oft waren es aber ganz persönliche Schicksale der Menschen, die in die Armut führten (Unfälle, Krankheiten u.a.). Der Tod des Ehepartners konnte für Frauen eine erhebliche Belastung darstellen, aber auch im Alter lebten die meisten ohne Absicherung und waren auf die Hilfe anderer angewiesen.
Auch die Städte hatten ähnliche Probleme. Teilweise lebte weit über die Hälfte der Stadtbevölkerung von der Hand in den Mund.

T2 Fürsorge

Eine staatliche Fürsorge gab es noch nicht. Neben der Versorgung der Armen durch Bekannte, Gemeinden und Zünfte war es vor allem die Kirche, die sich um die Armenfürsorge kümmerte. Kirchliche Einrichtungen verteilten Nahrung, Kleidung oder gaben Unterkunft. Die Bevölkerung war durch ihren christlichen Glauben zur Nächstenliebe aufgerufen. Durch milde Gaben konnte sie ihre „Barmherzigkeit" (caritas) zeigen und Ansehen in der Öffentlichkeit erwerben.

1 2

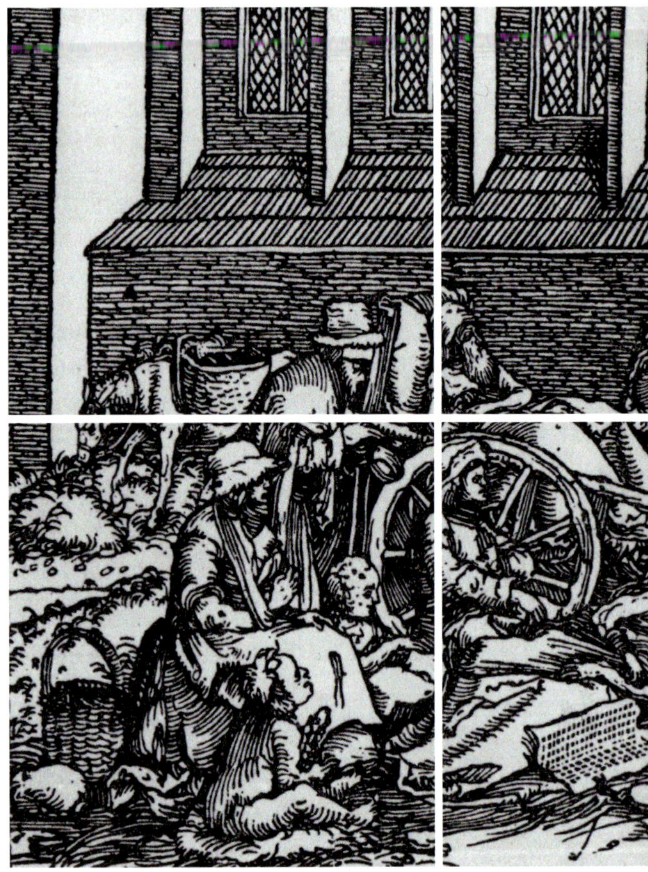

M1 „Von der Traurigkeit und der Trübseligkeit"
(Holzschnitt des Petrarca-Meisters, 1532)

»

1. Nenne Gründe, die im Mittelalter zur Armut führen konnten. (T1)

2. Wer kümmerte sich im Mittelalter um die Armen? (T2)

3. Arbeite mit M1:
Während verarmte Menschen aus den oberen und mittleren Schichten Hilfe über persönliche Bekanntschaften erhielten, mussten viele andere betteln. Das Bild aus dem Spätmittelalter zeigt eine Szene von Bettlern.

a) Versuche, M1 so genau wie möglich zu beschreiben:
Wer wird gezeigt? Wie werden diese Personen dargestellt?
Wo wird hier gebettelt?
Begründe deine Antworten.
Notiere auch die Koordinaten (vgl. Tipp).

3

A

B

Lexikon

Sozialhilfe
Darunter versteht man eine gesetzlich geregelte Unterstützung für mittellose Bürgerinnen und Bürger. Diese Unterstützung kann durch Geld oder auch durch Sachleistungen (z. B. Wohnungseinrichtung) erfolgen. Die Menschen, die Sozialhilfe bekommen, nennt man Sozialhilfeempfänger.

Tipp

Bild einteilen
Wenn man ein Raster über ein Bild legt, wie bei M 1, kann man sich besser mit anderen über das Abgebildete unterhalten.
Die Koordinaten helfen dabei, sich schneller zurechtzufinden.

b) Versuche, die Bettlerin links unten so genau wie möglich zu beschreiben (Koordinaten: 1 B). Achte dabei darauf, dass du nur das festhältst, was du im Bild erkennen kannst.

c) Stelle Überlegungen an, warum die Bettler und Bettlerinnen genau an diesem Ort betteln.

4. Welche Gründe für das Betteln kann man auf dem Bild erkennen? (T 1, T 2, M 1)

Bettler und Bettlerinnen

Nicht alle, die bettelten, wollte die mittelalterliche Gesellschaft unterstützen.

(A) **„Von der Traurigkeit und der Trübseligkeit"** (Holzschnitt des Petrarca-Meisters, 1532)

T1 Am Ende des Mittelalters nahm die Zahl der Bettlerinnen und Bettler zu. Die Gesellschaft versuchte trotzdem, den armen und verarmten Menschen zu helfen. Gesunde und arbeitsfähige Menschen sollten aber nicht unterstützt werden. Dazu zählten „Berufsbettler", die eigentlich einer Tätigkeit nachkommen hätten können, jedoch lieber bettelten. (1) Gleich erging es jenen Armen, die kein geregeltes Leben an einem Ort führten oder in den Augen der Gesellschaft unmoralisch waren. Als unmoralisch galten zum Beispiel offen gelebte uneheliche Beziehungen. (2)

(C) **In der Nürnberger Bettelordnung von 1478 regelte die Stadt Nürnberg das Betteln:**

„Zum Ersten ordnen unsere Ratsherrn an, setzten fest und gebieten, dass weder Bürger noch Bürgerin, weder männlicher Gast noch weiblicher Gast in dieser Stadt Nürnberg, weder Tag noch Nacht betteln darf, wenn es ihm nicht von jemandem, der durch den erhabenen Rat damit betraut und eingesetzt ist, zugestanden oder erlaubt wird. (…)
Die Bettler und Bettlerinnen, denen hier zu betteln erlaubt ist und die nicht Krüppel, lahm oder blind sind, sollen an keinem Werktag vor den Kirchen müßig an dem Bettelort sitzen, sondern spinnen oder andere Arbeit, die zu verrichten sie in der Lage sind, ausführen. (…)
Es dürfen auch solche, die nicht Bürger sind, hier betteln, jedoch nicht mehr als zwei Tage je Vierteljahr, und überhaupt nicht dürfen hier betteln, wenn sie es nicht mit Wissen des (…) vom ehrbaren Rate Beauftragten tun, sowie darüber hinaus noch das Vaterunser, das Ave Maria, das Glaubensbekenntnis und die Zehn Gebote beten und aufsagen können. (…)
Jeder selbstverschuldete Arme soll nicht mehr als einen Tag im Jahr hier in der Stadt betteln, wenn er das Stadtverbot auf ein Jahr vermeiden will. (…) Auch Aussätzige, sowohl die hier vor der Stadt als auch fremde, sollen sich nicht hier in der Stadt betteln herumtreiben (…)"

»

1. Lies T1 genau durch. Hinweise für die Beschreibung des Bildes M1 hast du auf den Seiten 174/175 erhalten.

2. Erzählungen über die Vergangenheit beziehen sich auf Quellen aus der Vergangenheit und auf Forschungsergebnisse von Historikern. Sieh dir alle Materialien, die um den Text angeordnet sind, an. Wobei handelt es sich um Quellen aus dem Mittelalter und wobei handelt es sich um Darstellungen von Historikern oder Historikerinnen? Beachte dafür die Angaben zu den Texten.

Tipp

Quellenkunde
Unter den Materialien befindet sich auch eine Verordnung. Verordnungen gehören zu den Quellen aus dem Bereich des Rechts. Solche Quellen zeigen vorrangig auf, wie man eine Situation haben wollte. Sie wurde verordnet. Das bedeutet aber nicht, dass die Menschen nicht auch anders handelten, also gegen die Verordnung verstießen.

Seit dem Spätmittelalter versuchten einige Städte, die wachsende Schar an Bettlern in unterschiedliche Gruppen einzuteilen. Man wollte nämlich nur den wirklich Bedürftigen helfen. Die meisten Städte führten dazu „Bettelordnungen" ein. Diese Ordnungen schrieben vor, welche Menschen betteln durften. Oft wurden darin auch die Orte festgelegt, an denen gebettelt werden konnte. (3) Einige Städte vergaben auch „Bettelzeichen". Sie waren eine Art Ausweis. Wer ein solches Zeichen hatte, durfte in der Stadt betteln. (4) Das „Bettelzeichen" alleine reichte aber nicht aus, um als Bettlerin oder Bettler genügend Almosen zu bekommen. Der Platz, wo sie bettelten, war dafür ebenso entscheidend wie ihr Aussehen. Kranke und Menschen mit Behinderung nutzen ihre Gebrechen, um Mitleid zu erwecken. (5)

(D) Bettelzeichen der Stadt Nürnberg

(B) Ein Historiker stellte nach dem Studium der Quellen fest:

„Für das Aussehen des Bettlers hat der Körper fundamentale Bedeutung. Zu den Techniken des professionellen Bettelns gehört vor allem, dass man seine Gebrechen, Krankheiten und körperlichen Mängel geschickt zur Schau stellt.
(...) Die Berechtigung zum Betteln beruht vor allem auf körperlicher Gebrechlichkeit, und sie in geeigneter Form zu betonen war ein Mittel, das Betteln zu legitimieren (=rechtfertigen) und Mitleid zu erwecken."

(F) Eine Historikerin fand heraus:

„Folgende Armen wurden vom Recht auf Almosen ausgeschlossen: Vagabundierende, Müßiggänger, Konkubinatspaare[1], Frauen von unmoralischem Lebenswandel, insbesondere ledige Mütter. Des Weiteren besaß kein Recht auf Unterstützung, wer seine Armut selbst verschuldet hatte. Zu diesen zählte, wer in Trinkstuben Lohn, Hab und Gut verprasste oder sein Geld verspielte, anstatt zu arbeiten."

[1] Konkubinatspaare = dauerhafte und eigentlich verheimlichte Beziehung zwischen einer Frau und einem Mann, ohne verheiratet zu sein

(E) In der Darstellung von zwei Historikern heißt es:

„Von Bettelei ernährten sich nicht nur diejenigen, für die es aufgrund individueller Notlagen, insbesondere Arbeitsunfähigkeit, keine anderen Erhaltungsmöglichkeiten gibt. Daneben gibt es „Nebenerwerbsbettler", das sind zumeist unselbstständige Lohnabhängige, die ihr Einkommen nach Feierabend durch Bettelei aufbessern. Es gibt eine große Zahl von Berufsbettlern, also durchaus gesunde und arbeitsfähige, aber unwillige Individuen, die es vorziehen, ihren Unterhalt durch Betteln zu erwerben."

3. Versuche, die Materialien (Darstellungen und Quellen) den Textabschnitten zuzuordnen. Manche können auch öfters zugeordnet werden. Die Kästen im Text und die Buchstaben vor den Materialien helfen dir dabei.

4. Auch heute gibt es noch arme Menschen und sie gehen teilweise auch betteln. Informiere dich, welche Möglichkeiten diese Menschen haben, damit ihnen geholfen wird. Denke dabei nicht nur an staatliche Hilfe, sondern auch an private Einrichtungen.

* **5.** Lies dir die Nürnberger Bettelordnung und den Tipp zur Quellenarbeit nochmals genau durch. Welche Probleme könnte die Stadt gehabt haben, um solche Regelungen festzusetzen?

„Wenn Frau und Mann einig sind ...“

Aus Bildern und Textquellen erfahren wir Interessantes über das Zusammenleben von Mann und Frau in der mittelalterlichen Stadt. War das so, wie bei uns heute? Über manches wirst du überrascht sein ...

T1 Informationen aus Bildern und Quellen

Über das Zusammenleben von Mann und Frau gab es im Mittelalter viele Bestimmungen. Sie erzählen uns etwas darüber, wie nach den Vorstellungen der Menschen damals die Beziehungen zwischen den Geschlechtern geregelt sein sollten.
Aus Bildern und Textquellen könnt ihr euch selbstständig eine Meinung von den Beziehungen zwischen Mann und Frau in der mittelalterlichen Stadt machen. Ihr könnt vergleichen, ob das Verhältnis von Mann und Frau heute noch genauso ist. Was hat sich geändert? Was glaubt ihr, warum es anders geworden ist?

M1 Die Stellung der Frau in der Ehe, Sachsenspiegel, um 1230:

„Der Mann ist auch Vormund seines Weibes, sogleich wenn sie ihm getraut ist. Das Weib ist auch des Mannes Standesgenossin, sogleich, wenn sie in sein Bett tritt, nach des Mannes Todes ist sie ledig von des Mannes Recht.“

M2 In einem Roman aus dem 11. Jahrhundert rät der Vater dem Sohn:

„Sobald du sie (deine künftige Frau) gefunden hast, ziemt es sich, sie in jeder Weise in Ehren zu halten und mit Güte zu behandeln, sei dennoch ihr Herr, damit sie sich nicht etwas herausnimmt, mit dir irgendeinen Streit zu haben; denn kein größeres Übel kann es für Männer geben, wenn sie denen unterworfen sind, deren Herren sie sein sollten.“

M3 In einer mittelalterlichen Anordnung heißt es:

„Wenn ein Jüngling 14 Jahre geworden ist, so darf er ohne Zustimmung seines Vaters eine Ehefrau nehmen (...), wenn eine Jungfrau 12 Jahre geworden ist, so ist sie zu ihren Tagen gekommen. Und nimmt sie gegen den Willen ihres Vaters und den Willen ihrer anderen Verwandten einen Ehemann, so hat die Ehe dennoch Bestand.“

M4 Aus dem Ratsbeschluss über die Schuldverpflichtung von Eheleuten, 1457:

„Weiterhin, wenn Frau und Mann als Eheleute zusammenleben, und dann der Mann ein eigenes Kaufmannsgeschäft hat und betreibt, und die Frau gleichfalls ihr eigenes Kaufmannsgeschäft hat und betreibt, und jeder sein gesondertes Gut hat, machen sie gemeinsam Schulden, so sollen sie die Schuld auch gemeinsam bezahlen, und macht aber einer von ihnen gesondert Schulden, so soll der Mann oder die Frau, der die Schulden gemacht hat, auch gesondert bezahlen.“

»

1. Zunächst musst du den Inhalt der Bilder und Textquellen genau erfassen. Die nachfolgenden Aufgaben helfen dir dabei:

a) Inwieweit konnten Mann und Frau selbstständig über die Eheschließung entscheiden? (M1, M3, M9)

b) Sag deine Meinung zu den Ratschlägen des Vaters, wie der künftige Ehemann seine Frau behandeln soll. (M2)

c) Bewerte die Bestimmungen zur Ehescheidung (M9) und zum Erbrecht. (M6)

d) Beschreibe das Bild M5. Welche Unterschiede in den Wohnverhältnissen zu heute stellst du fest?

e) Sage deine Meinung zur Stellung der Frau im Beruf. (M4, M7, M8) Findest du die Regelungen gerecht?

M 5 Kaufmannsfamilie in der Wohnung (Holzschnitt, 1476)

M 6 Aus dem Mühlhäuser Reichsrechtsbuch, 1224/30, über das Erbrecht:

„Ist es, dass ein Mann und eine Frau zusammengekommen sind zu rechter Ehe und auch Gut miteinander haben und auch Kinder (…), so erbt ihr Gut gleich auf ihre Kinder, die sie beide hinterlassen haben, und das eine Kind hat ebenso gutes Recht an dem Gute wie das andere, es sei Weibsperson oder Mannsperson, beides an Eigen und an Erbe (…).“

M 7 Töpferin (Spielkarte, 1450)

M 8 Aus der Ordnung der Lübecker Tuchfärber, 1500:

„Wenn jemand von den Färbern stirbt, darf die Frau des Verstorbenen die Ware, die sie bei sich hat, je nach Gelegenheit mit der restlichen Farbe aufarbeiten oder zu Geld machen, um dann von der Färberei abzulassen, es sei denn, dass sie sich mit jemand verheiratet, der dem Rat genehm ist.“

M 9 Scheidung einer Ehe (Sachsenspiegel, um 1230)
Die Frau erhält ihr Leibgedinge, d. h. ein lebenslängliches Recht auf Leistungen. Außerdem erhält sie das Gebäude und vom Besitz ihres Mannes, was ihr bei der Eheschließung versprochen wurde.

2. Nachdem du die Aufgaben gelöst und die Ergebnisse mit deinen Mitschülern ausgetauscht hast, könnt ihr gemeinsam herausfinden, wie die Beziehungen zwischen Mann und Frau im Mittelalter geregelt waren:

a) Was sagen die Bilder und Textquellen aus, inwieweit Mann und Frau im Mittelalter gleichberechtigt oder nicht gleichberechtigt waren?
b) Welche Regelungen gefallen euch, welche gefallen euch nicht?
c) Welche Unterschiede gibt es in den Regelungen zu uns heute?
d) Worauf führt ihr die Unterschiede zurück?

Der „schwarze Tod“

Die Pest – eine Strafe Gottes?
Damals glaubten es viele. Heute wissen wir es besser.

M1 Die Pest von Tournai, 1349
(Gemälde, Brüssel, Königliche Bibliothek)
In großer Eile werden die Toten in Massengräbern bestattet.

T1 Die Pest – das große Sterben

Im Jahre 1346 brach im mongolischen Heer, das das genuesische Handelskontor Caffa auf der Halbinsel Krim belagerte, die Pest aus. Schwarze Schwellungen in den Achselhöhlen und in der Leistengegend waren erste Anzeichen bei den Infizierten. Bald bedeckten die Geschwüre den ganzen Körper, was zum qualvollen Tod führte. Die Seuche war ansteckend und niemand wusste, wie sie bekämpft werden konnte. Um die Leichen schnell loszuwerden, schafften die Mongolen diese in die belagerte Stadt Caffa. Unter den Bewohnern brach Panik aus. Viele flohen auf Schiffen nach Sizilien und schleppten hier die Krankheit ein. In Windeseile breitete sich die Pest von hier aus über große Teile Europas, Nordafrikas und des Vorderen Orients aus.

T2 Todesangst und die Folgen

Die Angst ging unter den Menschen in den Städten und Dörfern um, wenn das Glöckchen läutete und die Toten auf Karren weggebracht wurden, um sie in Massengräbern zu verscharren. Die noch Gesunden, die den möglichen nahenden Tod auf sich zukommen sahen, reagierten unterschiedlich. Erst im Jahre 1353 – sieben Jahre später – hörte das große Sterben allmählich auf.
Die Folgen waren furchtbar: Jeder dritte Bewohner Europas starb an der Pest. Städte wurden entvölkert, ganze Landstriche verödeten. Die durchschnittliche Lebenserwartung der Menschen ging stark zurück: In England lag sie 1348 bei 25 Jahren, 1376 nur noch bei 17 Jahren.

T3 In den Städten „stank es zum Himmel“

Heute wissen wir, dass der Pestbazillus durch Flöhe übertragen wird, die von Ratten auf Menschen überspringen. Die Ursachen für damals auftretende Seuchen und Krankheiten lagen aber auch in den Lebensbedingungen der Stadtbürger. Auf engstem Raum lebten die Menschen zusammen. Aller Unrat wurde auf die Straße geschüttet, auf der auch Schweine, Gänse und Enten fraßen. Eine Kanalisation gab es nicht, die Abwässer flossen auf die Straße oder in den Stadtbach. Viele Brunnen wurden

»

1. Woran erkennt man, dass Menschen von der Pest befallen sind? (T1, T2)

2. Wie und warum breitete sich die Pest aus? (T3)

3. Nenne Gründe für die schnelle Ausbreitung der Seuche und ihren Einfluss auf die Lebensbedingungen. (T1–T3, M1, M3)

dadurch verunreinigt. Läuse, Wanzen, Flöhe und Ratten nisteten sich in den Häusern ein und übertrugen die Erreger für Krankheiten.

T 4 Medizin und Aberglauben
Oft vermischten sich Heilkunst und Aberglauben, wenn es darum ging, Menschen zu heilen. Quacksalber, die nichts von Medizin verstanden, bereicherten sich am Unwissen der Menschen. Da die Ursachen der Krankheiten kaum bekannt waren, hielten viele Menschen Krankheiten und Seuchen für eine Gottesstrafe. Sie suchten nach Sündenböcken, denen sie die Schuld am Ausbruch der Seuche gaben. Das waren Minderheiten, die sich kaum wehren konnten. Nicht selten wurde den jüdischen Mitbürgern die Schuld an der verheerenden Pest gegeben.

M 3 Ehgraben und darüber ein Abtritt (= Toilette) (Buchmalerei, 15. Jh.)
Ehgraben dienten in den Städten als Kloake und Grundstücksgrenze.

M 2 Berichte, wie Menschen damals auf die Pest reagierten und wie sie sich schützten:

❝ a) Ein Professor an der Prager Universität mahnte, „von der Pest weder zu sprechen noch an sie zu denken, da schon allein die Angst vor der Seuche, die Einbildung und das Reden Menschen ohne Zweifel pestkrank machen“.

b) Sie zogen auf's Land, feierten Feste in froher Gesellschaft, genossen jeden Tag, jede Stunde, die ihnen noch blieb. Musik, Spiel, gutes Essen, Geselligkeit sollte die Widerstandskräfte stärken.

c) Gegen die Pest sollte in Wein getauchtes Brot helfen und Gewürznelken wirken. Auch Süßigkeiten aus Melisse, Ochsenzungenblüten und sehr gutem Zucker sollten gegen die Pest schützen. Ebenso wurde angepriesen, Holundersaft und Wolfsmilchpflanzen in Ziegenmilch zu lösen, und das zu trinken.

d) Wer zu Pestzeiten in die Stadt München kommen wollte, wurde auf ein Bärenfell gelegt und hoch in die Luft geschleudert. So wollte man die Pest abschütteln und verhüten, dass sich die furchtbare Krankheit nach München einschleppte. ❞

M 4 Der Jude Josef ha Cohen berichtet:

❝ Die Juden hatten sich in Deutschland in der Landschaft Thüringen sehr vermehrt, und da die Bevölkerung des Landes neidisch auf sie war, trachtete sie danach, sie zu töten. Als nun damals (wegen der Pest) viele erkrankten, sprachen sie: Die Juden haben Gift in die Brunnen geworfen, um uns zu töten. Sie erhoben sich gegen die Juden und verbrannten sie. ❞

*
4. Wie verhielten sich die Menschen, die von der Pest bedroht waren?
Warum machten sie das? (M 2)

*
5. Sage deine Meinung dazu, wie die Menschen sich damals vor der Pest schützten. (T 4, M 2)

*
6. Warum glaubten damals viele Menschen, die Pest sei „eine Strafe Gottes“ oder meinten, die jüdischen Mitbürger seien schuld? (T 4, M 4)

Fernhandel bringt Gewinn

**Der Seehandel war ein einträgliches Geschäft.
Das hatten auch norditalienische und deutsche Kaufleute bald entdeckt.**

T1 Der Seehandel gewinnt an Bedeutung

Seit den Kreuzzugen blühte der Handel zwischen Ober italien und dem Orient auf. Die italienischen Kaufleute erreichten mit dem Seehandel große Gewinne, denn Teppiche aus Persien, Gewürze aus Indien, Weihrauch aus Arabien oder auch Baumwolle aus Ägypten waren in Europa sehr begehrt. Städte wie Venedig, Genua, Mailand und Florenz erreichten Ansehen und Macht.

M1 Hamburger Hafen (Buchmalerei von 1497)

T2 Die Gründung der Hanse

Inzwischen waren auch die deutschen Kaufleute an der Nord- und Ostseeküste reich und bekannt geworden. Ihre seetüchtigen Schiffe, die Koggen, liefen Häfen in Russland, Schweden, Norwegen und England an. Doch das war ein schwieriges und gefährliches Geschäft: Ein Fernhändler konnte es sich kaum leisten, allein eine Kogge auszurüsten und auf Fahrt zu schicken. Außerdem überfielen immer wieder Piraten, wie der berühmte Klaus Störtebeker, die Koggen. Deshalb schlossen sich die Kaufleute der Nord- und Ostseeküste zu Genossenschaften zusammen. Daraus entstand später ein Städtebund, die Hanse. Gemeinsam rüsteten die Kaufleute nun ihre Schiffe aus, organisierten die Fahrten und besorgten sich bewaffnete Männer zum Schutz der Schiffe und der Waren.

T3 Von London nach Nowgorod

In der Blütezeit gehörten mehr als 80 Städte der Hanse an – nicht nur Hafen-, sondern auch Binnenstädte. Im Ausland gründeten die Hansekaufleute Handelskontore auf einem eigenen Hafengelände. Kräne be- und entluden Schiffe, Arbeiter transportierten die Waren in die Lagerhallen und in den Büros schlossen die hanseatischen Kaufleute mit ausländischen Unternehmern Verträge ab. Die Hanse war wirtschaftlich und politisch sehr mächtig geworden. Ihre Mitglieder hatten eine eigene Maß- und Münzordnung und eine eigene Rechtsprechung. Über 200 Jahre beherrschte die Hanse den Handel an der Nord- und Ostsee. Im 16. Jahrhundert wurden England und Holland die führenden Seemächte. Die Hanse verlor immer mehr an Bedeutung.

»

1. Beschreibe die Handelsrouten der norditalienischen Handelsschiffe. Zeige sie an der Karte. (T1, M2)

2. Welche Bedeutung hatte der Handel für Italien? (T1)

3. Warum schlossen sich deutsche Kaufleute in der Hanse zusammen? (T2)

4. Beschreibe das Handels- und Geschäftsleben im Hamburger Hafen. (M1)

5. Warum konnten die Hansekaufleute über lange Zeit ihre Vormachtstellung gegenüber anderen Kaufleuten behaupten? (T2, T3)

6. Welche Handelsstraße führte durch deine Gegend? Welche Städte lagen an der Handelsstraße?

Extra

Aufgaben:
Jede Gruppe löst einen der „vier Fälle" und bestimmt dabei mithilfe der Karte die günstigste Reiseroute für den Transport der Ware.

Gruppe 1: Im Petershof in Nowgorod:
Russische Adlige haben Geschmack am Wein gefunden. Du brauchst dringend 100 Fässer aus dem Rheingebiet. Elbe und Weichsel führen zur Zeit aber Hochwasser und können nicht überquert werden. Welche Reiserouten sind möglich? Welche Waren aus Russland könntest du im Rheinland verkaufen?

Gruppe 2: In Danzig:
Es ist bald Fastenzeit. Die Christen essen in diesen Wochen kein Fleisch. Krakau hat bei dir 200 Fässer eingesalzene Heringe bestellt. Salz zum Einsalzen kaufst du in Lübeck, Holz für die Fässer in Stockholm. Wo kaufst du die Heringe? Denke daran, dass sie schnell verderben! Stelle die günstigste Route zusammen.

Gruppe 3: Im Handelskontor in Brügge:
Flandrische Tuche sind bei den adeligen Damen in ganz Europa gefragt. Auf deinem Tisch liegen mehrere Bestellungen: 30 Ballen von Ratsmitgliedern aus Riga, 50 Ballen vom Königshof in Paris, 40 Ballen von Kaufleuten aus Florenz. Wie gelangen die Tuche am günstigsten auf dem See- und Landweg zu den Abnehmern?

Gruppe 4: Im Stalhof zu London:
Der englische Königshof hat orientalische Gewürze bei dir angefordert. Du hast diese bei einem Gewürzhändler in Venedig bestellt und möchtest die Waren abholen. Aber: Bei Straßburger Kaufleuten hast du hohe Schulden und willst besser nicht in ihre Nähe kommen. Wie sehen deine Reiserouten aus?

Geschichtskarten lesen

M 2 Wichtige Hansestädte und Handelswege der Hansekaufleute um 1400

7. Hinweise zur Gruppenarbeit: Geht in folgenden Schritten vor:

a) Findet das entsprechende Symbol für „eure" Ware in der Kartenlegende.
b) Grenzt das Gebiet ein, in dem der Handel stattfindet, und beschreibt die See- und Handelswege für den Transport.
c) Entscheidet euch für einen Weg. Schreibt in Stichworten auf, auf welchen Flüssen, Seen, Meeren (Seeweg) oder auf welchen Landstraßen – die wichtige Städte berühren (Landweg) – der Transport erfolgen soll.
d) Ein Vertreter der Gruppe begründet die Entscheidung vor der Klasse und zeigt auf der Schulwandkarte den Transportweg. Die anderen Schüler der Klasse vollziehen ihn an der Schulbuchkarte nach.

Einflussreiche Geldgeschäfte

Geld ist nicht nur ein Zahlungsmittel. Wer das Geld für sich „arbeiten" lässt, kann manchmal sehr reich und einflussreich werden. Das ist heute genauso wie vor 600 Jahren.

T1 Geldgeschäfte statt Tauschhandel

Lange Zeit war der Warenhandel ein Tauschgeschäft: Der Schuster gab dem Bauern ein Paar Schuhe und erhielt dafür Lebensmittel. Mit der Zeit wurde es üblich, Waren nicht mehr zu tauschen, sondern gegen Münzgeld zu verkaufen. Die Landesherren prägten eigene Münzen, sodass es bald in Europa viele Münzen von unterschiedlichem Gewicht und Wert gab. Das erschwerte den Handel, weil der Kaufmann die im Land gültige Währung besitzen musste.

Italienische Kaufleute richteten die ersten Wechselstuben ein. Der Kaufmann konnte sein Geld in die gewünschte Währung umtauschen. Die Banken, so nannten sich die Wechselstuben, verwalteten sein Geld gegen eine Gebühr. Der Kaufmann erhielt dafür eine Bescheinigung, mit der er Geld bei einer anderen Bank einlösen konnte. Banken stellten auch Kredite zur Verfügung. Die Kreditnehmer verpflichteten sich, den Kredit zu einem festgelegten Termin mit Zinsen zurückzuzahlen. Die Bankgeschäfte brachten Vorteile: den Kaufleuten und den Banken.

T2 Von der Weberfamilie zum größten Handelshaus

Wohlhabende Fernkaufleute nahmen bald nicht mehr selbst an den beschwerlichen Handelsreisen teil. Sie organisierten von ihrem Stammsitz aus die Handelsgeschäfte und gründeten in anderen Städten Niederlassungen. Auf diese Weise entstanden vor allem in Italien, aber auch Deutschland die ersten Handels- und Bankhäuser. Eines der bekanntesten war das der Familie Fugger in Augsburg. Die Fugger hatten klein angefangen. Sie lieferten Flachs und Baumwolle an Bauern und städti-

M1 Das Wirtschaftsnetz der Fugger

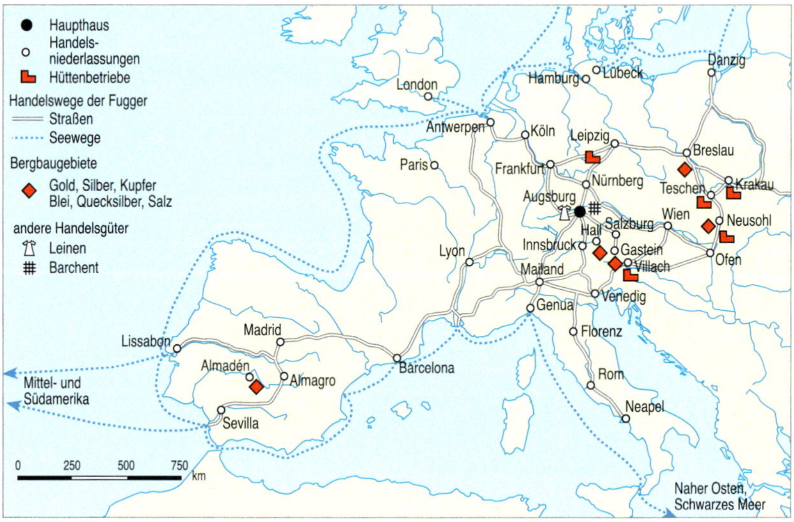

» **1.** Wie kam es, dass die Geldwirtschaft sich im Handel durchsetzte? Wie unterstützten die Banken die Kaufleute? (T1)

2. Welche Vorteile hatten die Kaufleute, welche die Banken? (T1)

3. Sage mit eigenen Worten, was du unter den Begriffen Bank und Monopol verstehst. Erkundige dich auch bei deinen Eltern oder bei einem Geldinstitut, welche Bedeutung heute die Begriffe bei der Abwicklung von Geldgeschäften haben. (Lexikon) sche Weber, die diese dann weiterverarbeiteten. Die fertigen Stoffe kauften die Fugger den Webern zu einem festgelegten Preis ab und verkauften sie weiter – mit beträchtlichem Gewinn. So waren die Fugger „Verleger" geworden. Ihre Planwagen und Schiffe brachten die Tuche nach ganz Europa. Der Gewinn war hoch und bald handelten die Fugger auch mit anderen Rohstoffen. Aus dem Verlag war das zu seiner Zeit mächtigste europäische Handelshaus geworden.

T3 Geld macht mächtig

Bald stiegen die Fugger auch ins Bankgeschäft ein und verliehen Geld gegen hohe Zinsen. Herzöge und Fürsten, sogar der Papst und der Kaiser liehen sich bei ihnen Geld. Einer ihrer Schuldner war der deutsche Kaiser Maximilian I. Er überließ den Fuggern als Pfand für seine Schulden alle Kupfer- und Silbergruben in Tirol, Böhmen und Ungarn. Im Laufe der Jahre besaß das Handelshaus alle wichtigen Kupfer- und Silberminen in Europa. Die Fugger bestimmten von nun an allein über die Preise für diese Metalle. Sie hatten das Monopol auf dem Markt. Der Nachfolger Maximilians I., Kaiser Karl V., hatte Bestechungsgelder von der Kaufmannsfamilie erhalten, um bei der Kaiserwahl 1519 seine Konkurrenten zu schlagen. Dafür wurde das Handelshaus der Fugger vom Kaiser reichlich belohnt.

M2 Jakob Fugger und sein Buchhalter im Augsburger Kontor
(Buchmalerei aus dem Jahre 1516)

Lexikon

Bank
Ursprünglich ein Tisch, auf dem ein Geldwechsler die verschiedenen Münzsorten wie eine Ware ausbreitete. Heute werden in Banken alle wichtigen Geldgeschäfte abgewickelt.

Monopol
Wenn es für eine Ware nur einen Anbieter gibt, so besitzt dieser eine Monopolstellung. Das ermöglicht ihm auch, den Preis für die Ware weitestgehend allein zu bestimmen. In der Bundesrepublik wird durch Gesetze diese Möglichkeit eingeschränkt.

M3 1523 klagten Grafen und Ritter gegen Jakob Fugger. Dieser besaß fast alle Erzbergwerke und konnte so die Preise für Erze allein bestimmen. Daraufhin schrieb Jakob Fugger an Kaiser Karl V.:

» Allerdurchlauchigster, großmächtigster Römischer Kaiser, Allergnädigster Herr!
Es ist auch wissentlich und liegt am Tag, dass Ew. Kaiserl. Majestät die römische Krone ohne mein Zutun nicht hätten erhalten können. (…) Ich habe hierin auch meinen eigenen Nutzen nicht angesehen; denn wenn ich von dem Hause Österreich abstehen und Frankreich hätte fördern wollen, so wollte ich groß Gut und Geld, wie mir denn angeboten worden ist, erlangt haben. Was aber Ew. Kaiserl. Majestät für Nachteil daraus entstanden wäre, das mögen Ew. Kaiserl. Majestät aus hohem Verstande wohl erwägen.
Bisher ist mir nun Ew. Kaiserl. Majestät 152 000 Dukaten schuldig geblieben. Nach alledem ist an Ew. Kaiserl. Majestät mein untertänigstes Anrufen und Bitten, Sie wolle solch meine getreuen und untertänigen Dienste, die Ew. Kaiserl. Majestät zu hohem Nutzen erwachsen sind, gnädiglich bedenken und verordnen, dass mir solch meine ausgelegte Summe Geldes samt der Zinsen ohne längeren Verzug entrichtet und bezahlt werde. «

4. Erläutere, wie die Familie Fugger Reichtum und Macht gewann. (T2, T3, M3)

5. Anhand von T2, T3 und M1 kannst du einiges über die Fugger erfahren. Schau dir die Legende der Karte genau an und beantworte folgende Fragen:
- Wie organisierten sie ihre Handels- und Geldgeschäfte?
- Welche Handelswege benutzten die Fugger?
- Worin zeigt sich ihr Reichtum?

* **6.** Versuche, aus dem Inhalt und dem Tonfall des Briefes von Jakob Fugger die Beziehungen zwischen dem Kaufmann und dem Kaiser näher zu beschreiben. (M3)

Kluge Köpfe sind gefragt

1. Experten gesucht

Finde die folgenden Umschreibungen. Die Buchstaben der markierten Spalte ergeben, von oben nach unten gelesen, eine Verordnung, nach der die Stadt regiert wurde.

1. Hier siedelten sich u. a. Kaufleute und Handwerker an.
2. Schutzwall um die Stadt.
3. Platz im Stadtzentrum.
4. Weil es dies in der mittelalterlichen Stadt nicht gab, konnten Krankheiten sich schnell verbreiten.
5. Anderes Wort für Vorrechte bzw. besondere Rechte einer Gruppe von Städtebürgern.
6. Eine Gruppe von Stadtbewohnern, die kein Bürgerrecht besaß.
7. Jedes Mitglied einer Zunft hatte sich danach zu richten.
8. Mittelalterlicher Handwerksberuf.
9. Hier trafen sich die Juden zum Gottesdienst.
10. Städtebund deutscher Kaufleute.
11. Hatte in der Stadt viel zu sagen.
12. In dieser Stadt waren die Fugger beheimatet.
13. Bekannte Freie Reichsstadt am Main.
14. Schiffstyp, mit dem die Hansekaufleute Handel trieben.

Wichtige Begriffe:

Städte

Handel

Markt

Zünfte

Pest

2. Weißt du es?

Ergänze die Sätze. Wähle dabei unter folgenden Begriffen aus:

Ämter, Gaukler, Getto, Kredite, Marktfrieden, Marktsiedlungen, Ratsverfassung, vergiftet.

- Mit der Zeit wurden aus den Märkten …
- Kein Bürgerrecht hatten die …
- Wer beim Handel auf dem Markt Streit anfing, brach den …
- Die Juden einer Stadt lebten in einem eigenen Stadtviertel, dem …
- Die jüdischen Mitbürger waren nicht zugelassen für öffentliche …
- Grundlage für die Entscheidungen der Ratsherren war die …
- In der mittelalterlichen Stadt waren viele Brunnen …
- Die Banken gewährten den Kaufleuten …

*

3. An den Zunftzeichen den Handwerksberuf erkennen

Ordne die folgenden Berufe den Zunftzeichen zu:

Bäcker, Barbier (Friseur), Böttcher, Fischer, Maurer, Metzger, Schmied, Schuster, Tuchmacher, Winzer.

Synagoge

Patrizier

Hanse

Kogge

Fugger

Bank

8 Religionsstreit in Europa

Manche Schüler und Schülerinnen feiern Erstkommunion, andere werden konfirmiert. Das liegt daran, dass zwar alle Christen sind, aber die einen sind Protestanten, die anderen Katholiken. Das ist seit Anfang des 16. Jahrhunderts so. Warum kam es damals zur Spaltung der Christen und welche Folgen hatte dies auf das Leben der Menschen?

Bezug zu heute

Prozession am Fronleichnam

Gemeinsamer Gottesdienst von Katholiken und Protestanten

Geschichte erleben

Chronologie

1517

Mit der Veröffentlichung der 95 Thesen durch Martin Luther beginnt die Reformation.

Lutherstube
auf der Wartburg
in Eisenach

Vertreter verschiedener
Religionen auf einem
Treffen in Assisi, 2002

1618
Mit dem Prager
Fenstersturz
beginnt der
Dreißigjährige
Krieg.

1648
Der fürchter-
liche Krieg ist
nach dreißig
Jahren beendet.

Angst im Mittelalter

Religion half den Menschen des Mittelalters über ihre Ängste hinweg. Die Kirche nutzte jedoch auch Ängste, um ihre Anhänger an sich zu binden.

T1 Ängste im Alltag der Menschen

Die Menschen im Mittelalter mussten sich vor vielen Dingen fürchten. Unvorsichtiger Umgang mit dem Feuer zerstörte oft ganze Dörfer und Städte. Man konnte nach einem schlechten Erntejahr leicht an Hunger leiden, an heute heilbaren Krankheiten sterben oder im Winter frieren. Insgesamt war man der Natur stärker ausgeliefert als heute.

In den großen und dichten Wäldern lebten noch viele wilde Tiere (Bären, Wölfe) und Räuber lauerten dort auf einsame Reisende. Viele glaubten, dass in den Wäldern auch Riesen und wilde Leute hausten. Ähnliche Vorstellungen hatte man von der Nacht. In der Dunkelheit fürchtete man sich vor bösen Dämonen.

T2 Angst vor dem strafenden Gott

Die Menschen des Mittelalters hatten auch Angst vor Gott. Er konnte sie in ihrer Vorstellung bestrafen. Mit einem frommen Leben, dem Kirchgang und Gebeten versuchte man sich zu schützen. Auf diese Weise musste man sich nicht davor fürchten, nach dem Tod in der Hölle zu landen. Diese Angst nutzte die Kirche aus. Sie konnte Könige und Königinnen, aber auch einfache Bäuerinnen und Bauern beeinflussen. Nur mithilfe der Kirche konnten die Menschen dem Teufel und der Hölle entkommen.

Der Teufel und seine Dämonen waren überall, das bezweifelte man nicht. Mit Bildern in Kirchen und hässlichen Figuren an den Fassaden wurden die Menschen schon im Kindesalter an das Böse erinnert.

Extra

M1 Der Dichter Dante aus der italienischen Stadt Florenz schrieb in einem Buch über die Hölle. Er fasste darin die Vorstellungen seiner Mitmenschen zusammen. Auch der Teufel wird beschrieben.

„Der Herrscher des schmerzerfüllten Reiches
ragte mit halber Brust aus dem Eis. (…)
Oh, wie war ich verwundet,
als ich drei Gesichter auf seinem Kopf gesehen habe!
Das eine vorne, das war hochrot;
Die anderen zwei, die an dieses angewachsen waren,
erhoben sich seitlich über jeder Schulter,
und sie vereinten sich am Scheitel:
das rechte schien zwischen weiß und gelb zu sein;
das linke war anzuschauen so, wie
jene (Menschen) von dort, wo der Nil fließt.

Unter jeden (der drei Gesichter) ragten zwei große
Flügel heraus,
so wie es für einen solchen Vogel passend ist,
solche Meeressegel habe ich noch nie gesehen.
Sie hatten keine Federn, aber sie waren wie jene
der Fledermaus, und sie flatterten,
ja so, dass drei Winde von ihnen wegwehten.“

1. Wovor hatten die Menschen im Mittelalter Angst? Versuche, Begründungen zu geben. (T1, T2)

2. Beschreibe die Dämonen der Hölle in M2. Achte dabei auf Einzelheiten der Figuren.

3. Nicht nur die Gestalt der Dämonen soll den Menschen Angst machen, sondern auch die Bestrafungen in der Hölle. Welche Bestrafungen kannst du erkennen? (M2, M3)

M 2 **Das Bild stammt aus einem handgeschriebenen Buch.** (Spätmittelalter/Mitte 15. Jh.) Die kleine Darstellung erzählt den Traum des fünfzehnjährigen Wilhelm aus England über die Hölle. Er erlebte den Traum 1146. Wie in einer Bildgeschichte werden drei Szenen aus seiner Reise durch die Hölle gezeigt.

Lexikon

Dämonen
Man glaubte, dass Dämonen ursprünglich Engel gewesen sind, die von Gott aus dem Himmel vertrieben worden waren. Diese Wesen galten als böse und erschienen in unterschiedlichen Gestalten. Sie verführten und quälten die Menschen auf der Erde.

M 3 **Fratze** – Vor allem an Außenwänden von Kirchen wurden seltsame und teilweise furchterregende Köpfe und Wesen angebracht. Man nennt sie „Fratzen" (= Gesichter).

4. Wer könnte solche Bilder den Menschen des Mittelalters gezeigt haben? (T 1, T 2, M 2)

5. Welchem Zweck dienten Bilder von Dämonen? (T 1, T 2, M 2, M 3)

*
6. Der Dichter Dante beschreibt in M 1 den Teufel. Literatur dient hier als historische Quelle. Lies dir die Quelle M 1 nochmals durch und male ein Bild vom Teufel. Achte dabei darauf, dass alle Einzelheiten der Quelle vorhanden sind.

Religiöse und soziale Einrichtungen

Zu allen Zeiten gab es Menschen, die sich um Bedürftige kümmern.

T1 Nächstenliebe in der Vergangenheit
Die Benediktiner und andere christliche Gemeinschaften halfen den Menschen, die in Not waren. Wer krank war, wurde auf die Krankenstation gebracht und gepflegt. Aber nicht nur Arme, Kranke, Alte und Schwache bekamen Hilfe. Man kümmerte sich auch um Witwen, Behinderte, Waisen und Findelkinder. Die Menschen missachteten diese ausgestoßenen Kinder. Da es im Mittelalter noch keine besondere Einrichtung für diese Kinder gab, nahmen die Klöster sie auf. Sie wurden dort erzogen und konnten so lange bleiben, bis sie sich selbst ernähren konnten.

T2 Caritas und Diakonie heute
Auch zu unserer Zeit gibt es kirchliche Einrichtungen, die sich um die „Vergessenen" der Gesellschaft kümmern. Die evangelische und die katholische Kirche versuchen Fragen zu lösen, die auch heute die Menschen beschäftigen. Wie geht die Gesellschaft mit Schwachen und Hilfsbedürftigen um? Wo und wie muss für soziale Gerechtigkeit gesorgt werden? Die beiden großen Hilfswerke Caritas und Diakonie versuchen, christliche Antworten zu geben.

M1 Die Diakonissen aus Kaiserswerth bei Düsseldorf kümmern sich liebevoll um die kranken Kinder.

M2 Die Beginen waren unverheiratete, fromme Frauen, die keinem kirchlichen Orden angehörten. Sie pflegten Kranke und bestatteten Tote. Ihre sozialen Taten wurden von der Kirche lange Zeit nicht anerkannt.

»

1. Lies dir M3 genau durch und erkläre, warum viele Menschen sich heute ein Leben als Diakonisse nur schwer vorstellen können.

2. Erkundige dich in der Gemeinde oder im Internet, von wem bei uns Alte, Kranke und Notleidende Hilfen erhalten können.

3. Rufe im Internet die Seite www.caritas.de auf und suche den Unterpunkt „Unsere Arbeit". Fertige dann eine Liste mit den Bereichen der Arbeiten an.

M3 Tagesordnung der Diakonissen

» 6 Uhr im Winter, 5 Uhr im Sommer: Aufstehen. Gebet, Betten machen, Schlafstube aufräumen. Beginn des Dienstes auf der Krankenstation.
7 Uhr: Gebet, Frühstück der Diakonissen, Hausgottesdienst. Anschließend bis 11 Uhr Arbeit auf den Stationen: Betten machen, Waschen der Kranken, Ausleeren der Nachttöpfe, Begleitung des Arztes bei den Krankenbesuchen, Berichten über den Zustand der Kranken, Anweisungen des Arztes aufschreiben.
11 Uhr: Mittagessen der Kranken.
12 Uhr: Mittagessen der Diakonissen, Bibelworte, Lied, Gebet.
13–14 Uhr: Abwechselnd können die Diakonissen im Garten spazieren gehen.
14–18 Uhr: Dienst auf der Station.
18 Uhr: Abendessen der Kranken.
19 Uhr: Abendessen der Diakonissen, danach gemeinschaftliches Nähen, Stricken, Häkeln, wenn kein Unterricht vom Arzt erteilt wird. Um 21 Uhr werden noch einmal die Kranken besucht, danach ist die Hausandacht; um 22 Uhr schlafen die Diakonissen. Sind die Krankheiten der Patienten sehr schlimm, so wacht eine Schwester von 22 bis 4 Uhr und darf dann bis gegen Mittag schlafen. «

caritas

M4 Logo der Caritas

Diakonie

M5 Logo der Diakonie

Lexikon

Caritas
Das Wort kommt aus dem Lateinischen und bedeutet „edle Liebe". In der katholischen Kirche gibt es eine Einrichtung (Caritas), die sich insbesondere um Menschen in Not kümmert.

Diakonie
Das Wort Diakonie ist abgeleitet von dem Begriff Diakon. Das Wort kommt aus dem Griechischen und heißt übersetzt Diener. In der evangelischen Kirche bezeichnet die Diakonie jede Form der Hilfe und Sorge für Arme und Bedürftige.

M6 Rat und Hilfe in Not am Beispiel der katholischen Kirche in Mülheim an der Ruhr (Auszug)

Einrichtung	Telefonnummer
Alleinerziehende (Kath. Familienbildungsstätte)	3083-141
Allgemeiner Sozialer Dienst (Caritas)	30853-0
Aussiedlerberatung (Caritas)	404034
Baby-Fenster, das Essener („Haus Nazareth", Beethovenstraße 15, Essen)	0800/0102210
Begleitung von Schwerstkranken und Sterbenden(Hospizverein e. V.)	305 2063
Ehe-, Familien- und Lebensberatung (Gemeindeverband)	30008-80
Erziehungsberatung (Caritas)	30008-90
Flüchtlingsberatung (Caritas)	448348
Psychisch Behinderte, Tagesstätte (Caritas)	30008-32
Schwangerenberatung (Caritas)	30853-40/41
Suchtberatung (Caritas)	30008-42/43/44
Telefonseelsorge (gebührenfrei)	0800/1110111

4. Rufe im Internet die Seite www.diakonie.de auf und suche den Unterpunkt „Rat & Tat". Fertige dann eine Liste mit den Bereichen der Arbeiten an.

5. Vergleiche die beiden Listen. Was stellst du fest?

*
6. Informiere dich, wie sich andere Kulturen um arme und bedürftige Menschen kümmern.

Die Frommen kommen in den Himmel

Religiöse Vorstellungen bestimmten im Mittelalter das Denken und Handeln der Menschen. Fromm sein war der Schlüssel für den Himmel.

M1 Kirchenprozession in einem mittelalterlichen Dorf
(Luzerner Bilderchronik, Schweiz, 1513)

M2 Wallfahrt zur Kapelle zur „Schönen Madonna" in Regensburg 1519 (Holzschnitt von Michael Osterdorfer)
Die Kirche war an der Stelle erbaut worden, wo vorher zwei jüdische Synagogen gestanden hatten. Diese waren nach schweren Ausschreitungen gegen die Juden 1519 zerstört worden.

T1 Frömmigkeit zur Rettung der Seele

Anders als heute spielte im Mittelalter der Gedanke an den Tod im Leben der Menschen eine weit größere Rolle. Die Lebenserwartung war damals bedeutend geringer als heute, denn die Menschen waren den Seuchen und Krankheiten, Naturkatastrophen und vielen Kriegen meist schutzlos ausgeliefert. Als Christen – und das waren damals fast alle – machten sie sich oft Gedanken darüber, was sie bereits zu Lebzeiten tun konnten, um nach dem Tode in den Himmel und nicht in die Hölle zu kommen.

Zuallererst war es wichtig, die christlichen Gebote einzuhalten und in der Beichte von einem Geistlichen die Sünden erlassen zu bekommen. Aber vielen Menschen genügte das nicht. Sie wollten durch einen frommen Lebenswandel ihre Seele retten.

T2 Fromme Taten

Es gab viele Möglichkeiten, mit frommen Taten etwas für das Seelenheil zu tun. Manche Menschen verzichteten auf ihren Besitz und traten ins Kloster ein, um die Armen und Hilfsbedürftigen besser zu unter-

»

1. Welche Bedeutung hatte die Religion im Mittelalter für die Menschen? Beschreibe dies anhand der Materialien. (T1 – T3, M1 – M5)

2. Erkläre, warum ein „frommes Leben" für viele Menschen damals weit wichtiger war als heute.

3. Welche Möglichkeiten gab es, mit „frommen Taten" für sein Seelenheil zu sorgen? (T2, T3, M1 – M5) stützen. Wer genügend Geld oder Besitz hatte, spendete für den Lebensunterhalt der Armen und Kranken in den städtischen Spitälern. Andere kauften Reliquien, also Gegenstände aus dem Leben heiliger Männer und Frauen. Geschäftstüchtige Betrüger nutzten das nicht selten aus, denn oftmals konnte man nicht nachweisen, ob die Gegenstände tatsächlich den Heiligen gehört hatten oder von ihnen benutzt worden waren.

T3 Pilgerreisen

Wer besonders fromm sein wollte, machte eine Pilgerreise zu Orten, an denen Jesus und andere Heilige gewirkt hatten. Menschen aus allen Bevölkerungsgruppen gingen auf eine lange und nicht ungefährliche Reise zu einem Wallfahrtsort. Berühmt ist die Wallfahrt nach Santiago de Compostella in Spanien. Hier wurde der heilige Jakobus verehrt. Aber auch in Deutschland gab es zahlreiche Wallfahrtskirchen.

M3 Der Kleriker Bernhard von Angers setzt sich mit der Verehrung von Heiligenstatuen auseinander, 1013 oder 1014:

„Es ist alte Sitte und Gewohnheit aus Vorzeiten, dass (…) jeder aus Gold oder Silber oder beliebigem Metall seinem Heiligen nach Vermögen eine Statue errichtet, in der das Haupt oder sonst ein bedeutender Körperteil des Heiligen gar ehrfürchtig geborgen wird. Wenn das auch den Weisen nicht als abergläubisches Unrecht erscheinen mag, (…) so schien es mir Törichtem nichtsdestoweniger in allzu hohem Maße eine verkehrte und dem christlichen Gesetz entgegengesetzte Sache, als ich zum ersten Male auf dem Altar die Statue des heiligen Geraldus erblickte, durch reinstes Gold und kostbarste Steine ausgezeichnet und so betont auf die Ähnlichkeit mit der Menschengestalt hin gebildet, dass den meisten Landleuten scheint, sie sähe, wenn sie hinschauten, sie mit durchdringendem Blicke an und sie sei mit erwidernden Augen zuweilen den Bitten der Beter milder gewogen.“

M4 Aus dem Schenkungsbuch von Freising, 772:

„Ich, Ramuolf, habe, von Krankheit befallen, die Hoffnung auf ein ferneres Leben aufgegeben. Für die Sünden, die ich auf Einflüsterung des Teufels in gesunden Tagen begangen habe, habe ich meinen freieigenen Besitz, den mir mein Vater Heripald als Erbe hinterlassen hat und den ich als meinen Anteil gegen meinen Bruder erlöst habe, den Stätten der Heiligen geschenkt, um dafür entsprechend beim gnädigen Gott Vergebung der Sünden zu erlangen.“

M5 Pilger bei einem Heiligengrab (Meister von San Sebastian, Palazzo Barberini, Rom, 16. Jh.)

*
4. Beschreibe M2 genau.
Folgende Fragen können dir dabei helfen:
a) Wie verhalten sich die Menschen, was machen sie?
b) Welche Gegenstände tragen die Menschen, welche hängen an der Kirche?
c) Wie findest du die Frömmigkeit der Menschen?
d) Erinnert dich das Bild an Ereignisse in der Gegenwart?

*
5. Was hält der Schreiber in M3 davon, Heiligenstatuen zu verehren?

Ist die Kirche noch zu retten?

Im späten Mittelalter befand sich die Kirche in einer schweren Krise. Viele Gläubige machten sich deshalb große Sorgen und forderten, dass sich die Kirche verändern müsse.

T1 Ein Glaube, zwei Kirchen
Warum gibt es heute eine evangelische und eine katholische Kirche, obwohl doch beide Glaubensgemeinschaften christlich sind? Um dieser Frage nachzugehen, müssen wir ins 16. Jahrhundert zurückblicken.

T2 Die Kirche in der Krise
Am Ende des Mittelalters besaß die Kirche großen Einfluss auf die Menschen. Die Gläubigen hatten nicht nur große Angst vor dem Teufel und der Hölle, sondern auch vor dem Zorn Gottes. Sie fürchteten sich davor, von Gott für ihre Fehler bestraft zu werden. Priester erlegten den Gläubigen deshalb harte Strafen für begangene Sünden auf. Dabei verhielten sich die Geistlichen selbst oftmals sehr eigenartig: Die Päpste in Rom führten Kriege und lebten verschwenderisch.

M1 Auf diesem Flugblatt gegen den Ablasshandel sind im Vordergrund drei Gruppen zu sehen: Rechts ein Kardinal (hoher Geistlicher) auf einem Pferd, daneben ein Kreuzträger. In der Mitte fertigt ein Mann Siegel zum Verschließen von Ablassbriefen an. Ein reicher Mann schaut ihm dabei zu. Kannst du erkennen, was die drei Männer am linken Bildrand machen? (Holzschnitt von Jörg Breu d. Ä. um 1530)

»

1. Schreibe die Namen möglichst vieler Kirchen aus deiner Umgebung auf. Finde heraus, ob sie evangelisch oder katholisch sind.

2. Übertrage das Schaubild M2 in dein Heft und setze folgende Begriffe richtig ein:
Ungerechtigkeit – kriegerisches – Kritik – Ablassbriefen – unchristlich – Thesen – ausgebildet – Zustand

3. „Sobald das Geld im Kasten klingt, die Seele in den Himmel springt."
Erkläre diesen Satz mithilfe der Informationen aus dem Text. (T1 – T3)

Päpste
- führen ein ___…___ und verschwenderisches Leben.
- verdienen viel Geld mit den ___…___.

Geistliche
- verhalten sich zum Teil ___…___.
- sind oftmals schlecht ___…___.

Missstände in der Kirche

Luther
- will mit seinem Schreiben auf eine ___…___ aufmerksam machen.
- verurteilt in seinen 95 ___…___ das Geschäft mit den Ablassbriefen.

Gläubige
- sind verärgert über den ___…___ ihrer Kirche.
- stimmen der ___…___ von Martin Luther zu.

M 2 Das Schaubild zeigt, wie die mittelalterliche Kirche in die Krise geraten ist und welche Folgen das für die Gläubigen hatte. Es ist noch unvollständig.

Lexikon

Ablassbriefe
Die Päpste ließen seit dem späten Mittelalter so genannte Ablassbriefe anfertigen. Die Gläubigen konnten diese Briefe kaufen. Dafür wurden ihnen die Strafen für ihre Sünden erlassen.

So gab Papst Leo X. riesige Geldsummen für Musiker und Dichter, für Jagden und Karneval und für seine Elefantenwärter aus. Einige Bischöfe, Priester und Mönche tranken übermäßig viel Alkohol und hatten Geliebte. Die Prediger waren zum Teil so ungebildet, dass sie im Gottesdienst nicht einmal aus der Bibel vorlesen konnten. Die Menschen wurden deshalb immer unzufriedener mit ihrer Kirche.

T 3 Geld befreit von allen Sünden

Der Papst in Rom benötigte für den Bau des Petersdoms sehr viel Geld. Darum versprach er allen Christen die Vergebung von Sünden, wenn sie einen Ablassbrief kauften. Prediger zogen durch das Land, um den Christen den Ablass zu verkaufen.

T 4 Ein Mönch namens Luther

Im Oktober 1517 schrieb der Mönch Martin Luther an den Erzbischof von Mainz einen Brief mit 95 Thesen (= Behauptungen) gegen diesen Ablasshandel. Mit seinem Schreiben wollte er lediglich auf die Missstände in der Kirche aufmerksam machen. Aber jetzt geschah, was niemand vorausahnen konnte: Die Thesen verbreiteten sich wie ein Lauffeuer in ganz Deutschland und viele Menschen stimmten ihnen zu.

M 3 Der Ablassprediger Johann Tetzel spricht vor vielen Menschen in der Nähe von Magdeburg, zwischen 1507 und 1519:

» Du Adliger, du Kaufmann, du Frau, du Jungfrau, du Braut, du Jüngling, du Greis! (…) Wisse, dass ein jeder, der gebeichtet, bereut und Geld in den Schrein getan hat, so viel ihm der Beichtvater geraten hat, eine volle Vergebung aller seiner Sünden haben wird. Habt ihr nicht die Stimmen eurer Verstorbenen gehört, die rufen: Erbarmt euch, denn wir leiden unter harten Strafen und Foltern, von denen ihr uns durch eine geringe Gabe loskaufen könnt. «

4. Mit welchen Argumenten versucht der Ablassprediger Johann Tetzel die Gläubigen dazu zu bringen, bei ihm Ablassbriefe zu kaufen? (M 3)

5. Beschreibe die einzelnen Figuren auf dem Flugblatt möglichst genau. Woran kann man erkennen, dass sich dieses Flugblatt gegen das Geschäft mit den Ablassbriefen richtet? (M 1)
Begründe deine Beobachtungen.

* **6.** Damals haben die Menschen mit Flugblättern gegen den Ablasshandel protestiert.
Heute würde man wahrscheinlich eher eine Demonstration mit Plakaten und Transparenten veranstalten. Entwirf ein solches Plakat gegen den Ablasshandel.

Ein Mönch verändert die Kirche

Vor Martin Luther war die Einheit der Kirche etwas Selbstverständliches. An ihrer Spitze stand der Papst, der als unfehlbar galt. Wer war der Mensch, der dies alles verändern sollte?

T1 Luther und Gott

Über seine 95 Thesen hatte er viele Jahre lang nachgedacht. Immer wieder hatte er sich gefragt, wie die Menschen leben sollten, um nach ihrem Tod in Gottes Reich aufgenommen zu werden. Luther kam schließlich zu dieser Auffassung: Denjenigen Menschen würden die Sünden vergeben werden, die fest an Gott glaubten und nach seinen Geboten lebten. Darüber dürfe aber kein Mensch, nicht einmal der Papst, urteilen, sondern nur Gott selbst.

T2 Der Kaiser verhört den Mönch

Der Papst verlangte, dass Luther seine Thesen zurücknahm. Luther weigerte sich aber. Deshalb schloss der Papst ihn aus der Kirche aus. Drei Monate später lud der Kaiser Luther zum Reichstag nach Worms. Dort wurde er verhört und sollte seine Lehre widerrufen (= sagen, dass etwas nicht richtig ist). Doch auch vor den Mächtigen des Reiches nahm Luther kein Wort zurück.

T3 Luther übersetzt die Bibel

Seine Anhänger mussten Luther anschließend heimlich auf die Wartburg bei Eisenach bringen, da der Kaiser ihn für „vogelfrei" erklärt hatte: Niemand sollte ihn aufnehmen, seine Bücher durften nicht gedruckt oder gelesen werden und wer ihn tötete, würde nicht bestraft. Monatelang lebte Luther auf der Wartburg, ohne erkannt zu werden. In dieser Zeit übersetzte er das Neue Testament vom Lateinischen ins Deutsche. Jetzt konnten es viel mehr Menschen verstehen.

M1 Luther wird in Worms auf dem Reichstag von Kaiser Karl V. verhört.
(Holzschnitt, 1557)
Der Reichstag war eine Versammlung von Reichsfürsten und Vertretern der Städte.

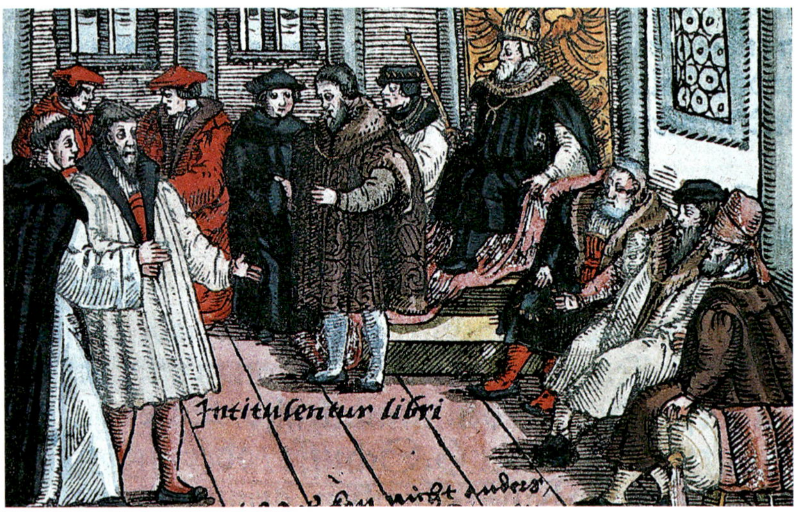

M2 Über Martin Luther schwebt die Taube des Heiligen Geistes.
(Holzschnitt, 1521)

»

1. Übertrage die Grafik M4 in dein Heft und vervollständige sie mit deinen eigenen Worten.

2. Ordne folgende Personen und Personengruppen M1 zu: Kaiser Karl V., Luther, geistliche Fürsten, weltliche Fürsten. Lässt sich anhand des Bildes etwas über das Verhältnis zwischen dem Kaiser und dem Mönch sagen?

3. In M2 und M5 wird Luther von zwei Künstlern unterschiedlich dargestellt. Haben die Künstler wohl auf der Seite Luthers oder auf der Seite des Papstes gestanden? Begründe deine Meinung.

T4 Evangelische Kirchen entstehen

Die Reformation breitete sich rasch aus. In vielen Städten und Gemeinden kam es dabei allerdings zu heftigen Auseinandersetzungen. Oft wurden katholische Priester einfach aus ihren Kirchen verjagt. Die evangelischen Gemeinden schafften die Beichte und die katholische Messe ab. Sie hielten ihre Gottesdienste in deutscher, nicht mehr in lateinischer Sprache. Mit der Zeit wurden manche Landesteile evangelisch, andere blieben katholisch. Die einfachen Menschen mussten den Glauben annehmen, zu dem sich ihr Herrscher bekannte.

M3 Der Theologe Johannes Cochläus berichtet über die Wirkung der Lutherbibel:

„Luthers Neues Testament wurde durch die Buchdruckerei dermaßen vermehrt, dass auch Schneider und Schuster, ja Weiber und andere einfältige Idioten dies neue lutherische Evangelium angenommen haben. Wenn sie auch nur ein wenig Deutsch lesen gelernt hatten, lasen sie es wie einen Brunnen der Weisheit mit größter Begierde. Etliche lernten es auswendig und erwarben innerhalb weniger Monate so viel Geschicklichkeit und Erfahrung, dass sie keine Scheu hatten, mit Priestern und Mönchen, ja selbst mit Doktoren der Heiligen Schrift zu disputieren. Ja, es fanden sich auch armselige Weiber, die so vermessen waren, mit Doktoren und ganzen Universitäten zu disputieren."

Lexikon

Reformation
Erneuerung und Umgestaltung der Kirche im 16. Jahrhundert. Luther löste die Reformation mit seinen 95 Thesen aus. Durch die Reformation entstanden die evangelischen Kirchen.

M5 Luther und der Teufel reichen sich die Hand. (Titelseite eines Buches, 1535)

Extra

M4 Der Verlauf der Reformation

1517	1518	1520	1521	1522	1555
Luther kritisiert in seinen 95 Thesen den Ablasshandel der Kirche.	Der Papst fordert den Mönch vergeblich dazu auf, …	Luther wird vom Papst …	Der Kaiser erklärt …	Die Reformation …	
			In Worms verteidigt Luther vor den Mächtigen des Reiches …	Auf der Wartburg …	Ein Teil des Landes …

4. Lies M3 und finde heraus, ob Cochläus ein Anhänger oder ein Gegner Luthers war. Begründe deine Meinung.

5. Welche Folgen hat Luthers Übersetzung der Bibel ins Deutsche aus der Sicht des Geistlichen Johannes Cochläus?

* **6.** Erkundige dich, welche Unterschiede es zwischen katholischem und evangelischem Glauben gibt. Woran kann man diese Unterschiede in den Kirchen erkennen? Du könntest z. B. deine Religionslehrerin oder deinen Religionslehrer fragen.

Luthers Leben als Kinohit

Der Kinofilm „Luther" schildert das Leben des Reformators. Ein Mönch als Leinwandheld, die schwierige Geschichte der Glaubensspaltung als spannendes Kinoereignis – geht das überhaupt?

T1 „Luther" lässt die Kinokassen klingeln

Im Jahre 2003 lockte der deutsche Spielfilm „Luther" fast drei Millionen Menschen in die Kinos. Er zeigt wichtige Stationen aus dem Leben des Reformators. „Luther" gehört zu den so genannten historischen Filmen, in denen Personen und Ereignisse aus vergangenen Zeiten im Mittelpunkt stehen. Durch aufwändige Kostüme und herrliche Kulissen lassen solche Filme die Vergangenheit für die Zuschauer noch einmal lebendig werden.

T2 Geschichte auf der Leinwand

Die Filmemacher von „Luther" wollten eine Geschichte erzählen, die „möglichst interessant, einzigartig und voller Überraschungen" ist. Gleichzeitig sollte der Film aber auch über Luther und seine Zeit informieren und so die Kenntnisse der Zuschauer über die Reformation vergrößern. Daraus ergibt sich ein Problem, das typisch für historische Filme ist: Wer geschichtliche Ereignisse darstellen möchte, sollte möglichst genau und nah an der Wirklichkeit sein. Wer einen erfolgreichen Film machen möchte, muss jedoch vor allem dafür sorgen, dass Handlung und Figuren möglichst spannend und außergewöhnlich sind. Das passt nicht immer zusammen.

T3 Film ≠ historische Wirklichkeit

Um die nötige Spannung zu erzeugen, werden die historischen Geschehnisse auf der Leinwand deshalb manchmal abgewandelt. So verändern die Filmemacher zum Teil die Reihenfolge der Ereignisse. Daneben werden einige Begebenheiten in selbst erdachten Szenen besonders ausführlich dargestellt, andere müssen aus Zeitgründen ganz wegfallen.

T4 Frei erfundene Dialoge und Figuren

In Filmen wie „Luther" sind auch die Dialoge (= Gespräche) fast immer frei erfunden. Das gibt den Filmemachern die Möglichkeit, bestimmte Personen besonders sympathisch, andere besonders unsympathisch erscheinen zu lassen. Denselben Zweck können auch frei erfundene Filmfiguren erfüllen. So tritt in „Luther" mehrfach eine arme Mutter namens Hanna mit ihrer behinderten Tochter auf. Martin Luther kümmert sich rührend um die beiden und wirkt durch diese guten Taten auf das Kinopublikum noch großherziger und heldenhafter.

M1

M1 Luther übergibt seinem Landesherrn, dem Kurfürsten Friedrich dem Weisen, seine Übersetzung des Neuen Testamentes. (Filmszene)

M2 Martin Luther befestigt den Zettel mit seinen 95 Thesen am Tor der Wittenberger Schlosskirche. (Filmszene)

M3 Luther begegnet Frau Hanna und ihrer verkrüppelten Tochter. (Filmszene)

»

1. „Film ≠ historische Wirklichkeit" Erkläre, was mit dieser Überschrift aus dem Text gemeint ist. (T3)

2. Beschreibe das Szenenfoto M3 möglichst genau. Wie wirkt Luther in dieser Situation auf dich?

3. Film-Check „Luther": Überprüfe, ob die Aussagen der beiden Historiker über Martin Luther und Friedrich den Weisen mit der Filmszene übereinstimmen. (M1, M4, M5)

M 4 Friedrich der Weise war als Kurfürst von Sachsen der Landesherr von Martin Luther. Er beschützte seinen berühmten Untertanen gegen die Anfeindungen durch Papst und Kaiser. Der Historiker Bernd Moeller beschrieb 1988 das Verhältnis zwischen Friedrich dem Weisen und Luther:

» Der mit dem Wittenberger Professor [Martin Luther] etwa gleichaltrige Georg Spalatin, seit Herbst 1516 Mitglied der kursächsischen Kanzlei [Verwaltung] und bald enger Vertrauter des Kurfürsten, knüpfte und pflegte die Beziehung des Landesherrn zu Luther (...); nicht weniger als 427 Briefe hat Luther im Lauf der Jahre an Spalatin geschrieben, die meisten vor 1525. Zwar haben Friedrich der Weise und Luther sich nach Aussage des Letzteren nie gesprochen, und der Kurfürst hat den Reformator nur in Worms gesehen. Doch war der Schutz, den er dem Professor seiner Landesuniversität in der Folge zuteil werden ließ, eine Bedingung für dessen Überleben. «

M 5 Der Historiker Heinz Schilling schrieb 1994 in seinem Buch „Aufbruch und Krise" über Friedrich den Weisen:

» Wesentlich für das Schicksal Luthers – und damit für die reformatorische Volksbewegung – war die Identifizierung (Übereinstimmung) Kurfürst Friedrichs von Sachsen mit dem Professor seiner Landesuniversität (Martin Luther). (...) In religiöser Hinsicht blieb der Sachse indes eher konservativ (am Alten festhaltend), wahrscheinlich auch aus angeborener Vorsicht dem Neuen gegenüber. Nicht zufällig nannte man ihn den Weisen. Der Kurfürst soll einer Begegnung mit Luther konsequent aus dem Weg gegangen sein. Auf seinem Sterbebett im Mai 1525 im Schloss Lochau nahm er dann aber das Abendmahl in beiderlei Gestalt und bekannte sich somit doch noch zum Neuen. «

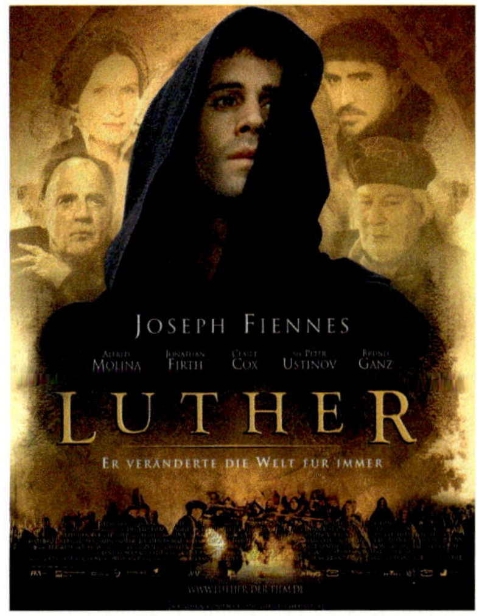

M 6 Cover der DVD des Filmes „Luther"

M 2

M 3

*
4. „Die Geschichtsbuchhalter werden uns für diesen Film eine Rüge erteilen."
Was könnte Christian Stehr, einer der Filmemacher von „Luther", mit dieser Aussage gemeint haben?

*
5. Die evangelische Kirche hat die Herstellung von „Luther" mit Geldmitteln unterstützt.
Überlege, was das für Auswirkungen auf den Inhalt des Films gehabt haben könnte.

*
6. Hat der Thesenanschlag an der Schlosskirche stattgefunden? Versuche, dich über das Internet und mit Fachbüchern auf die Suche zu machen, ob diese Szene wirklich stimmt.

Dreißig Jahre Krieg

**Von 1618 bis 1648 kämpften in Deutschland Christen gegen Christen.
Worum ging es in diesem Krieg?
Wer waren die Gewinner, wer die Verlierer?**

T1 Ein Krieg um Glaube ...
Die Reformation hatte die Christen Deutschlands in zwei große religiöse Lager gespalten: die Katholiken und die Anhänger Luthers. Ein friedliches Nebeneinander gab es zwischen diesen beiden Religionsgemeinschaften nicht. Im Gegenteil – mit den Jahren wurden die Auseinandersetzungen der Glaubensparteien immer heftiger.

T2 ... und Macht
Der Streit um den „richtigen" Glauben war aber auch ein Kampf um die Macht im Reich: Dem katholischen Kaiser und seinen Verbündeten standen die evangelischen Fürsten gegenüber. 1618 kam es schließlich zum Krieg, an dem sich auch zahlreiche andere europäische Staaten beteiligten. Er dauerte 30 Jahre und forderte über 7 Millionen Opfer.

T3 Söldnerheere bringen den Tod
Beide Seiten warben Soldaten an, die für Geld und Beute Krieg führten. Diese Soldaten nannte man Söldner. Sie kamen aus ganz Europa. Für sie spielte die Religion kaum eine Rolle, sie sollten nur für Geld töten. Deshalb kämpften sie für den Heerführer, der das meiste Geld zahlte und die größte Beute versprach.

T4 Endlich Frieden!
Als die Gegner erkannten, dass es in diesem Krieg keinen Sieger geben konnte, begannen sie zu verhandeln. 1648 wurde in den Städten Osnabrück und Münster schließlich der Westfälische Friede geschlossen. Unter den Folgen des Krieges – Zerstörung, Hungersnot und Pest – litten die Menschen jedoch noch lange nach seinem Ende.

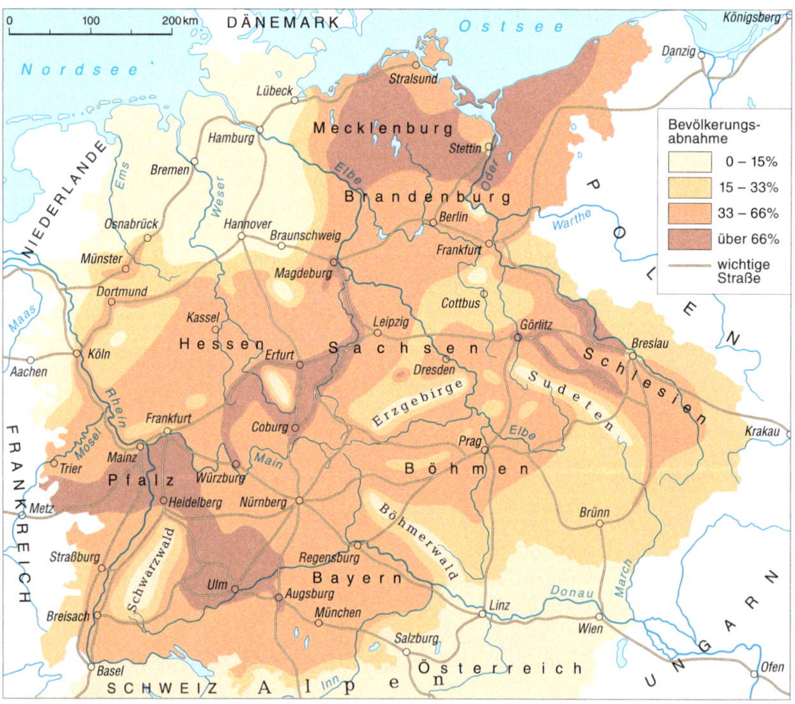

M1 Bevölkerungsabnahme während des Dreißigjährigen Krieges

»

1. Eine Stadt wird zerstört, ein Dorf wird geplündert.
Solche Szenen haben sich im Dreißigjährigen Krieg unzählige Male abgespielt.
Beschreibe die Vorgänge, die auf den zwei Gemälden zu erkennen sind, möglichst genau. (M3, M5)

2. Zeige mithilfe der Karte M1:
- Welche Teile Deutschlands mussten besonders stark unter dem Krieg leiden?
- Welche Teile blieben weitgehend verschont?
- Was kannst du über deine eigene Region sagen?

3. Schreibe einen Bericht über das Vorgehen der Soldaten und die Leiden der Bevölkerung im Dreißigjährigen Krieg.
Verwende dazu die bildlichen Quellen M3 und M5 sowie die schriftliche Quelle M4. Achte darauf, dass du nur solche Dinge anführst, die du auch in den Quellen nachweisen kannst.

Geschichtskarten lesen

M 2 Ein Bauer klagt in einem Gedicht über das brutale Vorgehen der Soldaten gegenüber der Landbevölkerung, Ort und Zeit unbekannt:

» Die Häuser seind verbränt/die Kirchen seind zerstört/
Die Dörfer seind verkehrt/der Vorrhat ist verzehrt/
Mann siht der Länder trost die grossen Stäät verbrennen/
Die Herrlichkeit deß Landes mag keiner mehr erkennen/
Durch Krieg/raub/mord und brand wird es zur wüsteney/
Das freye Römisch Reich wird jetzt zur Barbarey/
Trägt schon der acker frucht/unnd meinen wir zuschneiden/
So dörffen wir nicht hin/und müssen solches leyden/
Das sie der Reuter nimt/und uns noch drüber schmiert/
Daß wir nit mehr gesät/weil ihm noch mehr gebürt;
Wie werden auff das blut und marck gantz außgesogen/
Ja gar biß auff die Haut/ganzt nackend außgezogen/
Es geht Gut/Blut und Muth/mit sambt dem Leben auff/
Es herschet über uns der mehr als Höllen hauff/
Das schwerd frist weib und kind; nach dem die pferd gestohlen/
Und nichts mehr übrig ist/das die Soldaten holen/
So muß der arme Baur o übergrosse pein!
Mit einem Maul-Gebiß das Roß und Esel sein/
Der Reuter dummelt ihn/gibt ihm die scharpffe sporen/
Meint wann er nicht so renn/er hät die sach verloren. «

M 4 Ein Geistlicher schreibt über die Lage Deutschlands am Ende des Dreißigjährigen Krieges:

» Wie jämmerlich sehen die Städte aus! Wo zuvor tausend Gassen waren, sind nun nicht mehr hundert (...). Wie elend sehen die kleinen Städte aus! Da liegen sie verbrannt, zerfallen, zerstört, dass weder Dach, Türen, noch Fenster zu sehen sind. Was haben die Soldaten aus den Kirchen gemacht! Sie haben sie verbrannt, zu Pferdeställen oder Kneipen gemacht (...). Ach Gott, wie jämmerlich sind die Dörfer! Man wandert zehn Meilen und sieht nicht einen Menschen, nicht ein Stück Vieh, nicht einen Sperling, nur manchmal sieht man einen alten Mann oder ein paar alte Frauen (...). «

Bilder beschreiben

M 3 Die Plünderung des Dorfes Wommelgen
(Gemälde von Sebastian Vrancx, um 1620)

M 5 Während des Dreißigjährigen Krieges wurde die Stadt Magdeburg durch kaiserliche Truppen völlig zerstört. Dabei kamen etwa 20 000 Menschen ums Leben. (Gemälde eines Augenzeugen aus dem Jahre 1631)

*
4. Das Gedicht M 2 liefert dir weitere Informationen, die du für deinen Bericht in Aufgabe 3 verwenden kannst.
Es ist in der Sprache des 17. Jahrhunderts geschrieben.

Du kannst seinen Inhalt aber „entschlüsseln", indem du
- den Text mehrfach laut liest.
- die Bedeutung schwieriger Begriffe durch den Satzzusammenhang klärst.
- das Gedicht Satz für Satz mit deinen eigenen Worten wiedergibst.

Weltreligionen

Überall auf der Welt beten Menschen – Christen zu „Gott", Juden zu „Jahwe" und Moslems zu „Allah". Worin unterscheiden sich diese drei großen Religionen? Und gibt es auch Gemeinsamkeiten?

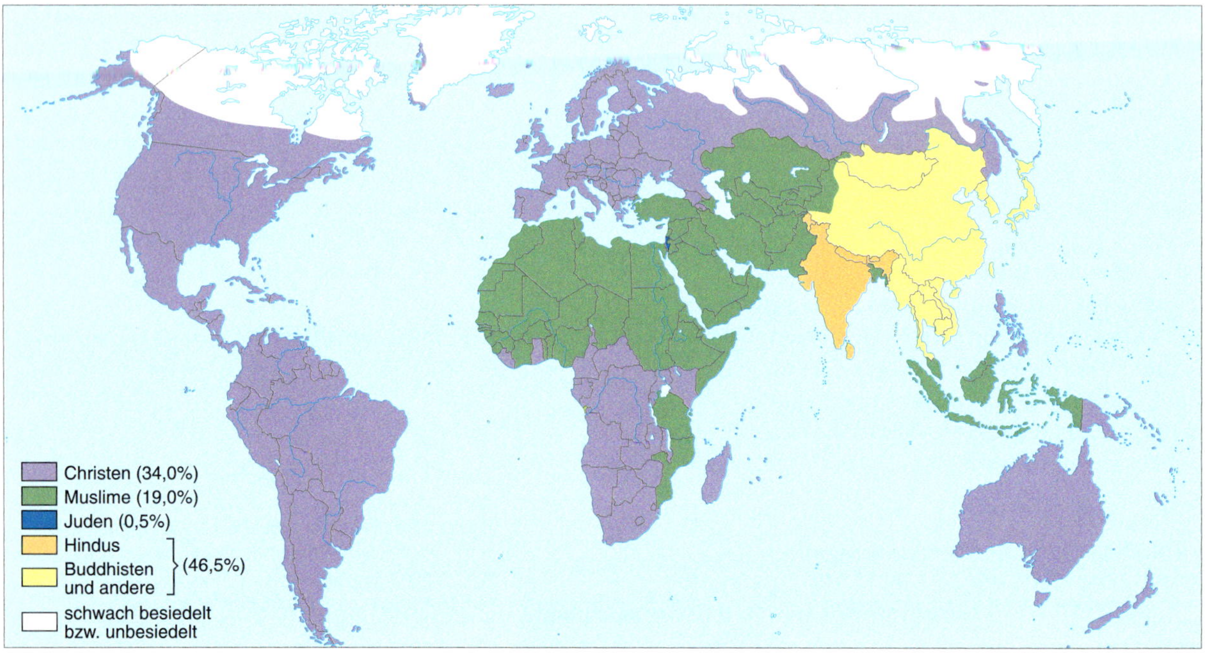

M1 Diese Karte zeigt nur, in welchen Ländern die Menschen überwiegend den einzelnen Religionen angehören.

T1 Verständnis für Andersgläubige

In jeder Religion gibt es Menschen, die kein Verständnis für Andersgläubige haben. Sie glauben, dass ihre eigene Religion die einzig Richtige ist. Dabei wissen die meisten von ihnen nicht einmal, nach welchen Geboten Juden leben, dass Jesus ein Mensch war, wie Muslime beten oder wie Buddhisten den Weg zur Erlösung finden. So entstehen Vorurteile.

T2 Fragen an die Religionen

Die verschiedenen Religionen haben nicht nur Unterschiede, sondern auch Gemeinsamkeiten. Eigentlich stellen sich alle Menschen auf der ganzen Welt die gleichen Fragen: Woher komme ich? Warum lebe ich? Was passiert mit mir, wenn ich sterbe? In ihrem Glauben finden sie Antworten auf diese Fragen, egal, welcher Religion sie angehören.

T3 Unterschiede und Gemeinsamkeiten

Wie für das Judentum gelten auch für Christen die Zehn Gebote. Diese Religionen und der Islam werden auch die Buchreligionen genannt, weil sie jeweils ein heiliges Buch haben, nach denen die Gläubigen sich richten: die Thora, die Bibel und den Koran. Den Gottesdienst feiern Juden in Synagogen, Christen in Kirchen und Moslems

»

1. Nenne die Religionen, die in diesem Kapitel vorgestellt werden.

2. Schreibe die Gründer der jeweiligen Religion auf. (M 2)

3. Erkläre den Begriff Buchreligion und nenne jeweils das entsprechende Buch. (M 2)

4. Beschreibe M 5 mit eigenen Worten. Welche Person gehört wohl welcher Religion an?

M 2 Zeitstrahl

in Moscheen. Die Buddhisten verehren Buddha in Tempeln. Der Buddhismus hat sich im Gegensatz zu anderen Religionen überwiegend friedlich ausgebreitet. Buddhas Botschaft, dass allein die guten Taten zählen, gilt für alle Menschen, egal ob sie arm oder reich sind.

M 3 Dudu, ein frommer Jude aus Jerusalem, erzählt:

„Am Samstag gehe ich mit meinen Söhnen in den Synagogengottesdienst. Ansonsten ist der Tag der Ruhe gewidmet. Es ist ein erholsamer Tag. Gegen Abend verabschiede ich den Sabbat im Kreis der Familie. Dann essen wir gemeinsam das Abendbrot."

M 4 Täglich sagen die Muslime: Es gibt keinen Gott außer Allah und Mohammed ist sein Prophet. Im Koran in der Sure 112 steht:

„1. Im Namen Allahs, des Gnädigen, des Barmherzigen.
2. Sprich: „Er ist Allah, der Einzige;
3. Allah, der Unabhängige und von allen Angeflehte.
4. Er zeugt nicht und ward nicht gezeugt;
5. und keiner ist Ihm gleich."

M 5 Vier Religionen trafen sich im Januar 2002 in der italienischen Stadt Assisi, um für den Frieden zu beten. Auf dem Bild sind ein orthodoxer und zwei katholische Priester, ein Imam, ein Buddhist und ein Rabbiner abgebildet.

5. Erstelle eine Liste mit drei Merkmalen der Religionen und benenne anschließend auch ihre Gemeinsamkeiten.

6. Die Juden, die Christen und die Muslime haben einen „Feiertag" in der Woche, wie nennen sie ihn und um welchen Wochentag handelt es sich? Informiere dich dazu bei Freunden und Bekannten.

7. Besucht eine Kirche, eine Moschee und wenn möglich eine Synagoge.
Fertigt Notizen dazu an, wie die Gotteshäuser aussehen.
Schreibt anschließend einen Bericht für eure Schülerzeitung über euren Besuch.

Warum Streit unter Christen?

1. Lückenrätsel für Experten des Dreißigjährigen Krieges:

Schreibe den Lückentext ab.
Setze die unten angegebenen Wörter an den richtigen Stellen ein.

Die … hatte die Christen in zwei Lager gespalten: die Katholiken und die Anhänger … . Der Streit zwischen ihnen ging nicht allein um den „richtigen“ … . Es ging vor allem um mehr … .
Beide Seiten warben … an. Diese kämpften für … und … . Die … war für sie nicht wichtig. Sie kämpften für den …, der sie am besten … .
Die Heere plünderten … und Dörfer. Wer gefangen wurde, musste … Strafen erdulden. Die Stadt … an der … wurde durch … Truppen völlig zerstört. Nach … Jahren Krieg wurde im Jahre … in den beiden Städten … und … Frieden geschlossen.

Wörter:
Beute, bezahlte, dreißig, Elbe, Geld, Glauben, grausame, Heerführer, kaiserliche, Luthers, Macht, Magdeburg, Münster, Osnabrück, Reformation, Religion, Söldner, Städte, 1648

2. Silbenrätsel

Löse mithilfe der Silben die nachfolgenden Aufgaben.
Die Buchstaben in der Klammer, von oben nach unten gelesen, nennen ein Ereignis, das im 16. Jahrhundert für die Christen große Folgen hatte.

BURG · REICHS · BURG · FREI · ERZ · SÖLD · OS · BRÜCK · NA · WIT · QUI · VO · LI · NE · WART · TAG · BE · BERG · GEL · BI · TET · NER · EN · MAG · TEN · NER · TI · DIK · SCHOF · ZEL · DE · RE

1. Gegenstände aus dem Leben Heiliger (1)
2. Bekannter Ablasshändler (2)
3. Hoher kirchlicher Würdenträger (10)
4. Stadt, in der der Westfälische Frieden abgeschlossen wurde (1)
5. Versammlung der Reichsfürsten und der Vertreter der Städte (1)
6. Stadt an der Elbe, die von kaiserlichen Truppen zerstört wurde (1)
7. Burg in Thüringen, Fluchtort von Martin Luther (2)
8. Christlicher Männerorden (8)
9. Stadt, in der Martin Luther die 95 Thesen veröffentlichte (2)
10. Der Kaiser erklärte Luther für … . (2)
11. Soldaten, die für Geld kämpfen (5)

Wichtige Begriffe:

Thesen

Dreißigjähriger Krieg

Weltreligion

Reformation

Ablasshandel

Dämonen

3. Weißt du es?

Nenne den passenden Begriff, die Person oder das Ereignis.

1. Böse Wesen, vor denen die Menschen im Mittelalter viel Angst hatten: …
2. Dieser Papst führte ein verschwenderisches Leben: …
3. Diese zwei kirchlichen Einrichtungen kümmern sich in der Bundesrepublik um Hilfsbedürftige: …
4. So nennt man die Reisen von frommen Christen zu Wallfahrtsorten: …
5. Für den Bau dieses Gebäudes benötigte der Papst viel Geld: …
6. Auf dieser Versammlung wollte der Kaiser, dass Luther seine Lehre widerrufe: …
7. Dieses Buch übersetzte Luther auf der Wartburg vom Lateinischen ins Deutsche: …
8. Dieser Spielfilm schildert das Leben des großen deutschen Reformators: …
9. Name des Friedensabschlusses, der den Dreißigjährigen Krieg beendete: …
10. Name des heiligen Buches der jüdischen Religion: …

4. Glaube und Reformation

Löse das Bilderrätsel.
Erkläre den Begriff. Schau dir dazu nochmals die Seiten über die Reformation an.

a)

b)

5. Kennst du die Jahreszahl?

- Beginn des Dreißigjährigen Krieges
- Abschluss des Westfälischen Friedens in Münster und Osnabrück
- Luther veröffentlicht seine 95 Thesen in Wittenberg

6. Richtig oder falsch?

Finde die falschen Aussagen heraus. Schreibe sie anschließend richtig in dein Heft.

- Vor Gott hatten die Menschen im Mittelalter keine Angst.
- Die Benediktiner halfen den Armen, Kranken und Alten.
- Die Klöster weigerten sich, ausgestoßene Kinder aufzunehmen.
- Im Mittelalter wurden die Menschen viel älter als heute.
- Fromme Christen machten eine Pilgerreise.
- Der Papst unterstützte Luther bei der Verkündung der neuen Lehre.
- Luthers Anhänger brachten den Reformator heimlich auf die Wartburg.
- Die Beichte übernahmen die evangelischen Gemeinden von der katholischen Kirche.
- In dem Film „Luther" sind die Dialoge (Gespräche) fast immer frei erfunden.
- Alle Söldner im Dreißigjährigen Krieg waren Deutsche.
- Die Juden feiern den Gottesdienst in einer Synagoge.
- Die Buddhisten verehren Buddha in Tempeln.

Westfälischer Friede

Neues Testament

Beginen

Söldner

Wallfahrtskirchen

historischer Film

9 Aufbruch in eine neue Zeit

Ende des 15. Jh. begann in Europa ein neues Zeitalter. Seefahrer wagten sich auf ferne Ozeane hinaus. Auf der Suche nach einem Seeweg nach Indien erreichte Kolumbus den in Europa noch unbekannten Erdteil Amerika.
Ihm folgten Eroberer, die die Völker dort unterwarfen.
Deren Länder wurden Kolonialbesitz europäischer Könige.

Bezug zu heute

Nachkommen der Inkas heute

TRANSFAIR
FAIRTRADE

gepa
Fair Handelshaus

Logos von Produkten des „Fairen Handels“

Geschichte erleben

Chronologie

1492
Martin Behaim stellt den ersten Globus her.

1492
Kolumbus entdeckt Amerika.

Barriada
am Rande von
Lima

Eine Feldfrucht
aus Amerika

1521
Cortés erobert
Tenochtitlan/
Mexiko.

um 1600
Zwangsarbeiter
aus Afrika
verarbeiten
Zuckerrohr.

Bücher, Brillen, Taschenuhren

Zu Beginn der Neuzeit veränderten viele bedeutsame Erfindungen das Leben der Menschen.

M1 Papst Gregor am Schreibpult, darunter drei Schreiber (Elfenbeinschnitzerei, 11. Jh.)

M2 Druckerwerkstatt im 16. Jh. (Kupferstich von Philipp Galle)

T1 Eine mühevolle Arbeit

Im Mittelalter gab es nur sehr wenige Bücher. Sie wurden in den Bibliotheken der Klöster sorgfältig aufbewahrt. Gern liehen Mönche oder Nonnen Bücher von anderen Klöstern aus und schrieben sie vollständig ab. Manche Klöster fertigten aber auch Abschriften für reiche Auftraggeber, etwa Bischöfe oder Fürsten. In einer Schreibwerkstatt, dem Scriptorium, schrieben die Mönche Tag für Tag mit zugespitzten Gänsefedern und selbstgefertigter Tinte. Satz für Satz setzten sie sorgfältig auf Pergament. Das war eine äußerst anstrengende und mühevolle Arbeit. Für ein Buch brauchten sie oft länger als ein Jahr. Kein Wunder, dass kaum ein Kloster mehr als 200 oder 300 Bücher besaß.

T2 Die Nachfrage wächst

Im 13. Jahrhundert wurden in vielen Städten Europas Universitäten gegründet. Nun brauchte man mehr Bücher. Immer mehr Menschen lasen. Reiche Kaufleute wollten selbst Bücher besitzen. Doch für ein Buch musste der Gegenwert von 30 bis 50 Ochsen bezahlt werden. Es wurde versucht, ganze Buchseiten spiegelbildlich in Holzbretter zu

»

1. Erkläre, warum vor der Erfindung des Buchdruckes Bücher so teuer waren. (T1)

2. Warum stieg im 13. Jh. die Nachfrage nach Büchern an? (T2)

3. Das von Gutenberg erfundene Verfahren war komplizierter als das Abschreiben. Trotzdem waren gedruckte Bücher billiger als handgeschriebene. Erkläre, warum. (T3)

4. Beschreibe die Tätigkeiten der Männer auf M2.

schnitzen und viele Seiten wie mit einem Stempel zu „drucken". Doch das war noch umständlicher als das Abschreiben.

T3 Gutenberg hat einen Idee
Ein Goldschmied in Mainz, Johannes Gutenberg, hatte eine bessere Idee: Er goss alle Buchstaben des Alphabets in Metall. Diese Buchstaben wurden Lettern genannt. Gutenberg fügte sie zu Wörtern, zu Sätzen und zu einer ganzen Seite zusammen. Mit Druckerschwärze und einer Presse konnte er nun viele Drucke dieser Seite fertigen. Wenn er genügend Seiten gedruckt hatte, konnte man die Lettern wieder auseinandernehmen und mit ihnen eine neue Seite „setzen". Zwar war auch das eine langwierige Arbeit. Doch am Ende hatte man nicht nur eine einzige Buchabschrift, sondern viele hundert Exemplare hergestellt.

T4 Der Buchdruck verbreitet sich
1455 erschien zum ersten Mal ein gedrucktes Buch – eine Bibel. In den nächsten Jahrzehnten entstanden überall in Europa Buchdruckereien. Für den gleichen Preis, den man für ein handgeschriebenes Buch bezahlen musste, bekam man jetzt zehn bis fünfzehn gedruckte. Noch billiger waren einzelne gedruckte Seiten. Mit diesen „Flugblättern" verbreiteten sich Neuigkeiten rasch. Immer mehr Menschen hatten jetzt Zugang zu Büchern, nicht nur hohe Geistliche und Reiche. Es lohnte sich, lesen zu lernen.

T5 Brillen erleichtern das Lesen
Menschen mit altersschwachen Augen konnten keine Bücher mehr lesen, nicht mehr schreiben, nähen oder sticken. Nun wurden Brillen hergestellt, die es auch weitsichtigen Kaufleuten und Gelehrten ermöglichten, Bücher und Papiere zu lesen.

M3 Taschenuhr aus dem 16. Jh.
Pendeluhren, die durch Gewichte betrieben wurden, funktionierten nur, wenn sie nicht bewegt wurden. Die neu erfundenen Taschenuhren hatten ein Federwerk. Sie konnten herumgetragen und auch auf schwankenden Schiffen verwendet werden.

M4 Kanone (Holzschnitt von 1529)

M5 Bücherproduktion seit dem 15. Jh.
Es ist die geschätzte Zahl der Titel angegeben. Die Zahl der gedruckten Exemplare war wesentlich höher.

15. Jahrhundert	40 000 Titel
16. Jahrhundert	520 000 Titel
17. Jahrhundert	1 250 000 Titel
18. Jahrhundert	2 000 000 Titel
19. Jahrhundert	8 000 000 Titel

M6 Die erste Gutenberg-Bibel kostete 42 Gulden, so viel wie 14 Ochsen. 1522 war das „Neue Testament" für nur 1 ½ Gulden zu haben.

Lexikon

Pergament
wurde aus gereinigten und geglätteten Tierhäuten hergestellt und wie Papier beschrieben und bemalt.

5. Zähle die Erfindungen auf und erkläre, wie sie das Leben veränderten. (T3 – T5, M2 – M4)

* **6.** Erkennst du einen Zusammenhang zwischen M5 und M6? Vergleiche M6 mit Preisen heutiger Bücher.

* **7.** Das gedruckte Buch war im 15. Jh. ein neues Medium. Welche „neuen Medien" gibt es heute?

Der Mensch steht im Mittelpunkt

Ende des Mittelalters wurden in Europa Kunst und Wissenschaft der griechischen und römischen Antike wiederentdeckt.

M1 Standbild aus Ravensburg (um 1480, Lindenholz)
Schützend breitet Maria, die Mutter Gottes, ihren Mantel über die betenden Christen aus. Die „Schutzmantel-Maria" ist in der Übergangszeit vom Mittelalter zur Neuzeit entstanden. Noch war die Religion der Mittelpunkt des Lebens.

T1 Im Mittelpunkt die Religion

Im Mittelalter waren die Menschen sehr religiös. Der christliche Glaube und die Kirche standen im Mittelpunkt ihres Lebens. Der arme Bauer und der mächtige Fürst – jeder hatte seinen festen Platz in der Gesellschaft. Diese Ordnung war von Gott gewollt. Es war sein Wille, dass der Bauer harte Feldarbeit verrichten musste, der Priester die Messe las und der Adel über Land und Leute herrschte. So verkündete es auch die Kirche.

T2 Religiöse Kunst

Auch die Werke der Künstler des Mittelalters waren Ausdruck tiefer Frömmigkeit. Vor allem das Leiden Christi, die Mutter Gottes und die Heiligen wurden immer wieder dargestellt. Im späten Mittelalter wurden auch Alltagsszenen, Landschaften oder Gebäude gezeigt, meist aber nur im Hintergrund.

T3 Zurück zu den Griechen

Als 1453 die muslimischen Türken Konstantinopel (heute Istanbul) erobert hatten, waren viele christliche Gelehrte nach Italien geflohen. Sie brachten Schriften aus der griechischen und römischen Antike mit. Diese Schriften weckten das Interesse der gebildeten Bürger in den Städten Oberitaliens. Viele von ihnen, die durch Handel zu Reichtum und Ansehen gelangt waren, wollten sich aus den Zwängen der Kirche befreien. Sie suchten nach neuen Ideen. Die Zeit der Antike war im Mittelalter als „heidnisch" verdammt worden. Jetzt wurden Kunst und Wissenschaft der Antike bewundert und zum Vorbild genommen.

»

1. In welcher Epoche suchten die Menschen der Renaissance ihre Vorbilder? (T3, T4)

2. M2 – M4 stammen von italienischen Künstlern, M1 nicht. Kannst du dir erklären, warum?

3. Welche Gründe gab es dafür, dass Ende des 15. Jh. Wissenschaft und Kunst der Antike „wiedergeboren" wurden? (T3, T4)

4. Erkläre den Begriff „Renaissance". (T4)

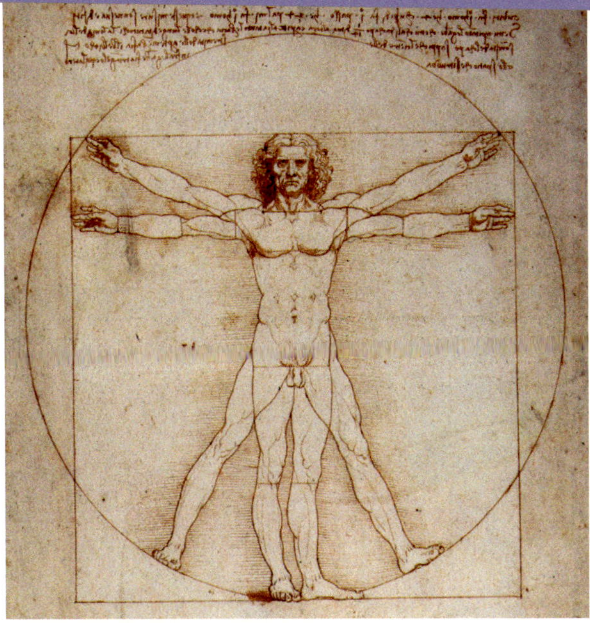

M 2 Zeichnung von Leonardo da Vinci (um 1490)
Der Künstler betont die Harmonie des menschlichen Körpers durch geometrische Figuren.

M 3 Der heilige Augustinus als Lehrer (Gemälde von Benozzo Gozzoli um 1465)
Der Heilige trägt die Kleidung eines Universitätsprofessors. Seine Zuhörer diskutieren miteinander.

T 4 Eine Wiedergeburt

Renaissance (= Wiedergeburt) nennen wir diese Zeit, weil in ihr Geist, Kunst und Wissenschaft der Antike gleichsam „wiedergeboren“ wurden. Der Mensch wurde nicht länger als willenloser Spielball überirdischer Mächte angesehen. Er war ein Wesen, das durch seinen eigenen Willen und seinen Geist sein Leben selbst gestalten konnte. Dieses Menschenbild stand nicht im Gegensatz zum christlichen Glauben, denn Gott hatte ja den Menschen „nach seinem Bilde erschaffen“.

M 4 Lesender Knabe
(Ausschnitt eines Bildes von Vincenzo Foppa, 1468)
Es stellt vermutlich einen römischen Gelehrten aus der Antike als Kind dar.

Lexikon

Antike
Die geschichtliche Zeit vor dem Mittelalter, die auch Altertum genannt wurde.

Harmonie
Ausgewogenheit, schöner Gleichklang

5. Vergleiche die Haltung der betenden Menschen auf M 1 mit der der Studierenden auf M 3. Welche Unterschiede fallen dir auf?

* **6.** Woran kannst du bei M 1 erkennen, dass es in der Übergangszeit vom Mittelalter zur Neuzeit entstanden ist?

* **7.** Erläutere den Titel dieser Doppelseite mithilfe von T 4 und M 1 – M 4.

Wo der Pfeffer wächst ...

Heute sind sie aus unserem Alltag nicht mehr wegzudenken, damals waren sie eine unschätzbare Kostbarkeit – Gewürze.

T1 Im Eiscafé

„... also zweimal Erdbeer-Vanille und für mich Schoko-Zitrone." Katrin sitzt mit ihren Freundinnen in dem kleinen Eiscafé an der Ecke. Sie hat die beste Englisch-Arbeit geschrieben. Deswegen hat sie zum Eis eingeladen. Als das Eis kommt, sagt Mona nachdenklich: „Erdbeeren und Zitronen kenne ich ja, aber wie sieht eigentlich Vanille aus?" „Vanille – das ist doch ein Gewürz, so ein schwarzer Stängel – oder sind die gelb?", fragt Anja. „Vanillesoße ist jedenfalls gelb", behauptet Katrin. Die Mädchen nehmen sich vor, einmal in der Küche nach den Gewürzen zu schauen.

Ingwerbonbons, Chili con Carne, Pfeffersalami, Zimtsterne, ... – kaum einmal denken wir daran, dass die meisten Gewürze in unseren Lebens- und Genussmitteln aus fernen Ländern stammen. Vor etwa 500 Jahren waren sie selten und teuer. Manche wurden mit Gold aufgewogen. Das war nur etwas für Reiche. Arme mussten sich mit etwas Salz und heimischen Kräutern begnügen. Heute bekommt man Gewürze für wenig Geld im Supermarkt – auch Zimtstangen.

T2 Luxusgüter aus fernen Ländern

Durch die Kreuzzüge hatten die Europäer die Schätze des Orients kennengelernt, also der Länder östlich und südöstlich des Mittelmeeres. Noch weiter östlich lag Indien. So nannte man damals alle Länder Asiens, auch China und Japan. Reiche Bürger und Adlige begehrten die Luxusgüter aus diesen fernen Ländern: Edelsteine, Seide und Teppiche – vor allem aber Gewürze. Aus drei Gründen waren damals Gewürze so begehrt:

- Sie verbesserten den Geschmack der oft faden und wenig abwechslungsreichen Speisen jener Zeit, sie regten den Appetit an und förderten die Verdauung.
- Manche Gewürze erhöhten die Haltbarkeit leicht verderblicher Lebensmittel. Scharf gewürzt schmeckte auch das, was nicht mehr ganz frisch war – sehr wichtig in einer Zeit, in der man nur durch Salzen (Pökeln), Räuchern und Trocknen Lebensmittel haltbar machen konnte.
- Einige Gewürze galten als Medizin. Heute wissen wir, dass dies zum großen Teil Aberglaube war. Aber maßvoller Gebrauch von Gewürzen wirkt tatsächlich gesundheitsfördernd.

M1 Preistabelle von 1393

Ware	Preis
1 fetter Ochse	11 Schillinge
1 Pfund Zucker	58 Schillinge
1 Pfund Muskatnüsse	80 Schillinge

1 Schilling war ungefähr der Lohn für 2 bis 3 Arbeitstage eines Bauarbeiters.

M2 Gewürzkrämer auf einem Markt in Nürnberg (Mitte des 15. Jh.)

»

1. Warum wollten die Europäer die fernen Gewürzländer selbst erreichen? (T3)

2. Erkundige dich nach dem heutigen Preis einiger Gewürze. Vergleiche mit dem späten Mittelalter. Was sind die Gründe für die Preisunterschiede? (M1)

3. Arbeite mit dem Atlas:
   a) Suche die Länder, in denen heute Gewürze angebaut werden.
   b) Suche die Wege, auf denen die Gewürze aus Asien nach Europa kamen.

Extra

T3 Gewürzhandel

Mit Gewürzen konnte man viel Geld verdienen. War in Indien eine Hand voll Pfefferkörner für ein oder zwei Schillinge zu haben, so kostete in Alexandria die gleiche Menge schon 12, in Venedig 16, bei den Verbrauchern in Deutschland schließlich 30 Schillinge oder mehr.

Lange Landwege und der Seeweg über das Schwarze Meer und das Mittelmeer ließen die Preise steigen. Die italienischen Städte am Mittelmeer – allen voran Venedig – verdienten gut am Zwischenhandel. Ebenso die muslimischen Araber, durch deren Gebiet die Karawanenstraßen führten. Daher versuchten die europäischen Händler immer wieder vergeblich, selber zu den Ursprungsländern dieser Waren vorzudringen.

Als die muslimischen Türken im Jahre 1453 das christliche Konstantinopel (heute Istanbul) eroberten, war auch den Kaufleuten aus Venedig der Zugang zum Schwarzen Meer und zu den wichtigsten Handelsplätzen versperrt.

Wenn man doch nur die Gewürzländer direkt mit dem Schiff erreichen könnte …

M3 Anis

M4 Chili

M5 Fenchel

M6 Ingwer

M7 Koriander

M8 Muskat

M9 Safran

M10 Vanille

M11 Wo Gewürze heute angebaut werden

Gewürz	Anbaugebiet
Anis	Mexiko, China, Russland, Spanien, Italien, Niederlande, Türkei
Chili	Äthiopien, Kenia, Tansania, Nigeria, USA, Mexiko, China, Japan, Pakistan, Indien
Fenchel	China, Indien
Ingwer	Indien, China, Jamaika, Nigeria
Koriander	Argentinien, Russland, Indien, Rumänien, Marokko
Muskatnuss	Indonesien, Grenada
Nelken	China, Tansania, Indonesien
Pfeffer	Indien, Brasilien, Ceylon, Indonesien
Piment	Mexiko, Jamaika
Safran	Spanien
Vanille	Madagaskar, Indonesien
Zimt	China, Ceylon, Vietnam, Malaysia, Tansania

*

4. Stell dir vor, du begegnest einem Zeitreisenden aus dem Mittelalter. Erkläre ihm, wie wir heute unsere Lebensmittel frisch halten.

*

5. Zucker gehört nicht zu den Gewürzen. Finde heraus, warum er trotzdem im Mittelalter sehr teuer war.

Nach Süden, bis die Butter schmilzt

Die Entwicklung der Navigation half den Seefahrern, den Weg über die Weiten der Ozeane zu finden.

T1 Die Erde – eine Scheibe?

Im Mittelalter hielten viele Menschen die Erde für eine riesige Scheibe im Mittelpunkt des Weltalls. Um sie kreisten Sonne, Mond und Sterne. Doch schon den griechischen Wissenschaftlern war aufgefallen: Der Schatten der Erde auf dem Mond ist kreisförmig. Zudem scheint ein Schiff, das sich vom Ufer entfernt, am Horizont zu versinken. Das war nur erklärbar, wenn man annahm, dass die Erde die Gestalt einer Kugel hat.

T2 Ein neues Bild der Welt

Doch das war nur noch wenigen Gelehrten bekannt. Mit der Renaissance erwachte aber das Interesse an den Wissenschaften der Antike neu. Bald setzte sich unter den Gelehrten die Erkenntnis durch, dass die Erde die Gestalt einer Kugel hat.

T3 Erfahrung weist den Weg

Mehr als tausend Jahre lang hatten die Schiffe auf dem Mittelmeer, der Nordsee und Ostsee immer wieder die gleichen Routen befahren. Erfahrene Kapitäne bestimmten ihren Weg nach auffälligen Punkten an der Küste und nach dem Stand der Sonne. Sie kannten die Wassertiefen und die Meeresströmungen. Es interessierte sie kaum, ob die Erde eine Scheibe war oder eine Kugel.
Als aber die Entdeckerschiffe sich immer weiter auf die endlosen Flächen des Ozeans hinauswagten, reichte die „Erfahrungsnavigation" nicht mehr aus. Es mussten neue Möglichkeiten der Orientierung auf See gefunden werden. Dabei halfen die Beobachtung der Gestirne und die Mathematik.

M1 Globus von 1492, hergestellt von Martin Behaim in Nürnberg

M2 Eine holländische Schule für Navigation (Kupferstich von 1622)

1. Welches Bild von der Erde hatten die meisten Menschen im Mittelalter? (T1)

2. Welche Erkenntnis der Gelehrten wird in T2 beschrieben?

3. Erkläre den Begriff „Erfahrungsnavigation" mithilfe von T3 und dem Lexikon.

4. Welche Navigationsinstrumente erkennst du auf M2? Nimm auch M4 zu Hilfe.

5. Schiffe und Flugzeuge finden heute auch bei Nacht und Nebel zum Ziel. Viele Pkw verfügen über GPS. Erkundige dich, wie das funktioniert.

M3 Winkelmessung mit dem Jakobsstab

Stechzirkel – mit ihm wurden Entfernungen auf Karten oder Globen abgegriffen.

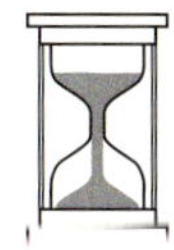

Sanduhr – die Pendeluhren funktionierten auf bewegter See nicht.

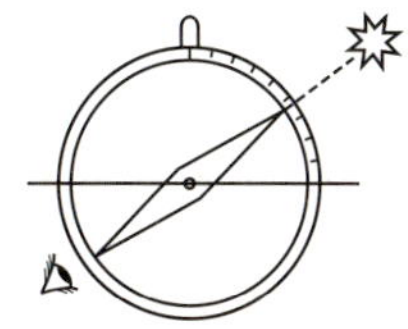

Astrolabium – mit ihm konnte man Gestirne genau anpeilen und ihre Winkelhöhe auf einer Skala ablesen.

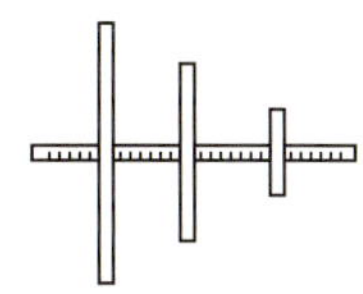

Jakobsstab – mit ihm konnte man ebenfalls Gestirne anpeilen. Er war auf See leichter zu bedienen als das Astrolabium. Beide Navigationsinstrumente wurden später vom Sextanten abgelöst.

M4 Navigationsinstrumente

T4 Ein altes Segelhandbuch

„Nach Süden, bis die Butter schmilzt, und dann geradewegs nach Westen." So sollten die Seeleute den Weg zu den Westindischen Inseln finden. Es schien ganz einfach, nach Süden bis in die heißen Tropen zu segeln und dann westwärts, bis man auf die gesuchten Inseln stieß.

T5 Der Kompass zeigt die Richtung

Die Himmelsrichtungen konnte man am Kompass ablesen. Seine magnetische Eisenspitze zeigte immer nach Norden. Oft waren die Schiffe viele Wochen unterwegs, ohne dass Land in Sicht war. Da war es schwer, den Standort zu bestimmen. Hierbei half auch der Kompass nicht weiter.

T6 Peilen und schätzen

Nur am Äquator steht die Sonne mittags genau senkrecht am Himmel über dem Standort. Je weiter man sich vom Äquator entfernt, umso tiefer steht die Sonne um 12 Uhr und umso kleiner wird der Winkel zwischen Sonne und Horizont. Also konnten die Seeleute ihre Nord-Süd-Position, die „Breite", durch Anpeilen der Sonne recht genau ermitteln. Für die Peilung wurden besondere Instrumente entwickelt. Die West-Ost-Position, die „Länge", ließ sich dagegen nur grob schätzen.

Lexikon

Navigation
Das ist die Standortbestimmung und Wegfindung bei Schiffen, Land- und Luftfahrzeugen innerhalb eines geographischen Raumes.

GPS
Darunter versteht man eine modernes Navigationssystem.

6. Warum reicht ein Kompass zur Navigation in fremden Gewässern allein nicht aus?

* **7.** Vergleiche den Behaim-Globus M1 mit einem modernen Globus oder mit der Weltkarte in deinem Atlas. Was kannst du über die Kenntnisse des Martin Behaim ablesen?

* **8.** Erkläre anhand von M3, wozu die Navigationsinstrumente auch auf dem Land genutzt wurden.

Der lange Weg nach Indien

Indien – so nannten die Europäer im Mittelalter alle fernen Länder im Osten. Dorthin zog es Kaufleute, Seefahrer und Abenteurer.

T1 Ein Prinz sucht neue Seewege

Am Westrand Europas, weitab von den wichtigen Handelswegen, lag das kleine Königreich Portugal. Hier wurde 1394 Prinz Heinrich geboren. Er glaubte fest daran, dass es einen Weg gäbe, den Machtbereich der Araber und Türken zu umgehen. Vielleicht war es möglich, um Afrika herum zu segeln und Indien sowie China direkt anzusteuern.

M1 **Portugiesischer Soldat**
(Bronzestatue von einem afrikanischen Künstler aus Benin, Westafrika, 16. Jh.)

T2 Sklaven, Gold und Elfenbein

Prinz Heinrich wollte aber nicht nur die Herkunftsländer von Gewürzen, Gold und Elfenbein erreichen. Auch der Handel mit Sklaven aus Afrika lockte ihn. Sklaven wurden in Italien und Spanien als billige Arbeitskräfte eingesetzt. Zudem hatte er von einem christlichen König gehört, dessen Reich irgendwo im Osten Afrikas liegen sollte. Mit ihm wollte er Kontakt aufnehmen. Der Prinz rüstete Segelschiffe aus, die die Westküste Afrikas erkundeten. Jahr für Jahr segelten die Portugiesen immer weiter nach Süden. Sie errichteten Stützpunkte auf den Inseln westlich von Afrika und entlang der Westküste.

T3 Portugiesen an Afrikas Westküste

Als Prinz Heinrich 1460 starb, hatten seine Seeleute noch nicht einmal den Äquator erreicht. Afrika war viel größer, als man erwartet hatte. Aber Portugal beherrschte nun den Handel an Afrikas Westküste und drang immer weiter vor. Das kleine Land hatte bewiesen, dass Entdeckungsreisen großen Nutzen bringen konnten.

T4 Der Seeweg nach Indien

So war es auch ein Portugiese, dem es als erstem Europäer gelang, die Südspitze Afrikas zu umsegeln. Vasco da Gama hatte es gewagt, von der Westküste Afrikas aus seine Schiffe nach Südwesten weit in den Ozean hinauszuführen. Von August bis November sahen seine Seeleute kein Land. In einem großen Bogen steuerte er dann um die Südspitze Afrikas herum nach Osten. So umfuhr Vasco da Gama gefährliche Stürme und die Klippen an den Küsten. Das hatten seine Vorgänger nicht geschafft.

»

1. Warum suchten die Portugiesen einen Seeweg um Afrika herum? (T1)

2. Warum dauerte es so lange, bis ihnen die Umrundung gelang? (T2–T4)

3. Was hatten die Portugiesen in Indien erwartet und was fand Vasco da Gama dort tatsächlich vor? (T5)

T5 Große Städte, reiche Kaufleute

Am 20. Mai 1498 erreichte Vasco da Gama die Stadt Kalikut (heute Koschikode) an der Westküste Indiens. Fast ein Jahr war er unterwegs gewesen. Die Portugiesen hatten erwartet, hier auf arme Wilde zu stoßen.
Doch sie fanden eine große Stadt vor, die durch den Handel mit Gewürzen, Gold und Edelsteinen reich geworden war. Ihre Bewohner zeigten wenig Interesse an den ärmlichen Waren der Europäer. Nur mit Verlust konnte Vasco da Gama seine Ladung loswerden. Aber er hatte bewiesen, dass Indien von Europa aus auf dem Seeweg erreicht werden konnte. Dieser Weg war jedoch weiter und gefahrvoller, als man angenommen hatte.

M3 Ein Seemann aus Vasco da Gamas Mannschaft berichtet, wie einer der Portugiesen in Kalikut zwei Männer findet, mit denen er sich auf Spanisch verständigen kann:

» Sie begrüßten ihn mit den Worten: „Hol dich der Teufel! Wer hat dich hierher gebracht?“ Und sie fragten, was wir so weit in der Ferne suchten, und er antwortet ihnen: „Wir kommen Christen und Gewürze suchen (…)“
Dann bewirteten sie ihn, und nachdem er gegessen hatte, kam er zurück zu den Schiffen, und mit ihm kam einer (…) (der Männer) und als selbiger an Bord trat, waren seine ersten Worte: „Willkommen, willkommen! Viel Rubinen, viel Smaragden! Danket Gott auf den Knieen, dass er euch in ein Land gebracht hat, wo des Reichtums so viel ist! «

M2 So könnte es auf einem Entdeckerschiff ausgesehen haben (Rekonstruktionszeichnung)
Die Schiffe waren nur etwa 20 m lang. Die Laderäume waren vollgestopft mit Vorräten für eine mehrmonatige Reise. Ein Bett hatte nur der Kapitän. Die Matrosen mussten sich einen Schlafplatz an Deck oder auf der Ladung suchen. (1) Kapitänskammer, (2) Ruderpinne, (3) Kompass, (4) Luke zum Laderaum, (5) Kanone, (6) Pumpe, (7) Ankerwinde, (8) Pökelfleisch, (9) Schiffszwieback, (10) Fässer mit gesalzenem Fisch, (11) Öl, (12) Laderaum, (13) Trinkwasser, (14) Wein, (15) Zwiebeln und Knoblauch, (16) Mehlsäcke, (17) Waffen und Munition, (18) Segel, (19) Taue

4. Was lässt sich aus M1 über das Auftreten der Portugiesen in Afrika schließen?

* **5.** Erläutere, wozu die in der Legende zu M2 benannten Teile des Schiffes und seiner Ladung gebraucht wurden.

* **6.** Welches ist heute der kürzeste Weg für eine Schiffsreise von Europa nach Ostasien?

Auf Westkurs in die Neue Welt

Christoph Kolumbus versuchte, Indien auf dem Seeweg zu erreichen, indem er nach Westen über den Atlantik fuhr. Dabei stieß er auf einen in Europa unbekannten Kontinent.

M1 Christoph Kolumbus (Gemälde von 1506)

M2 Rekonstruktion von Toscanellis Karte. Hinzugefügt wurde eine Linie, die die wirklichen Umrisse der Länder, Inseln und Kontinente zeigt.

T1 Kolumbus hat einen Idee
Vasco da Gama hatte bewiesen, dass man das ferne Indien mit dem Schiff erreichen konnte. Doch der Weg um Afrika herum war viel länger, schwieriger und gefährlicher als gedacht.
Kolumbus glaubte, einen kürzeren Weg nach Indien zu kennen. Er wusste, dass die Erde die Gestalt einer Kugel hat. Eine Kugel aber lässt sich in beliebiger Richtung umrunden. Daher wollte er Indien nicht auf der Route um Afrika herum, sondern direkt nach Westen segelnd „durch die Hintertür" ansteuern.

T2 Toscanellis Karte
Auch Toscanelli, ein Gelehrter aus Italien, hatte über den Westkurs nach Indien nachgedacht und sogar eine Karte gezeichnet. Er schickte diese an Kolumbus und schrieb dazu, man könne aus ihr erkennen, dass der Weg nicht so schwierig sei, wie man glaubte. Reiche Städte seien dort zu finden mit mächtigen Königen, die nur darauf warteten, mit Christen in Verbindung zu treten. Doch auch Toscanelli schätzte die Größe der Erde viel zu gering ein. Es ahnte niemand, dass zwischen Europa und Japan ein riesiger Doppelkontinent liegt.

T3 Drei Schiffe vom König
Kolumbus brauchte Geld für die geplante Reise. Er trug seine Pläne dem König von Portugal vor. Doch der wies ihn ab. Enttäuscht versuchte Kolumbus nun sein Glück am spanischen Königshof. Nach langer Wartezeit erhielt er endlich das Kommando über drei Schiffe. Zudem sollte er Vizekönig über alle neu entdeckten Gebiete werden und den zehnten Teil der erbeuteten Schätze erhalten.

»

1. Was hat Kolumbus auf seiner Reise gesucht und was hat er gefunden? (T1)

2. Kolumbus glaubte, dass zwischen Europa und Japan nur der Atlantik läge. Was liegt in Wirklichkeit alles dazwischen?

3. Wie kam es, dass Kolumbus nicht erkannte, dass er einen unbekannten Kontinent erreicht hatte? (T4)

M 3 Kolumbus aus der Sicht der Spanier
Kolumbus landet auf der Insel Haiti (kolorierter Kupferstich von Dietrich de Bry aus dem Jahre 1594)

T 4 Indien oder unbekannter Kontinent?

Am 3. August 1492 stach die kleine Flotte in See. Der September verging, ohne dass Land in Sicht kam. Die Seeleute wurden unruhig. Meuterei drohte. Als am 12. Oktober endlich eine kleine Insel in Sicht kam, war Kolumbus fest überzeugt, dass Indien vor ihm lag. So nannte er die Menschen dort „Indianer" (spanisch: Indios). Bis zu seinem Tode 1506 glaubte Kolumbus, den Seeweg nach Indien gefunden zu haben.

M 4 Aus dem Tagebuch des Kolumbus:

„(Ich) (...) traf eine Halbinsel an, (...) die in wenigen Tagen Arbeit zu einer Insel umgestaltet werden könnte. Doch halte ich eine derartige Umgestaltung nicht für erforderlich, da ja die Bewohner keine besonderen Kenntnisse von Waffen besitzen. Sollten Eure Hoheiten (das spanische Königspaar) den Befehl erteilen, alle Inselbewohner nach Kastilien (Spanien) zu schaffen, oder aber sie auf ihrer eigenen Insel als Sklaven zu halten, so wäre dieser Befehl leicht durchführbar, da man mit einigen fünfzig Mann alle anderen niederhalten und zu allem zwingen könnte (...)"

M 5 Die Spanier aus der Sicht der Indianer
Spanier landen an der Küste Mexikos (aztekische Darstellung aus dem Kodex Duràn)

Lexikon

Kontinent
Darunter versteht man eine andere Bezeichnung für Erdteil.

4. Aus T 3 und M 4 können wir einiges über Absichten und Pläne des Kolumbus erfahren. Was hatte er wohl mit dem Land und den Menschen dort vor?

5. Welche Gründe mag der spanische Königshof gehabt haben, Kolumbus die Reise zu finanzieren und ihm wichtige Ämter zu übertragen?

* **6.** Wie stellen die Künstler auf den Bildern die Menschen des eigenen Volkes dar, wie die Fremden? Vergleiche auch die Darstellung der Schiffe. (M 3, M 5)

Wem gehört die Federkrone?

Zur Zeit des Kolumbus herrschten im heutigen Mexiko die Azteken, ein kriegerisches Volk mit einer hoch entwickelten Kultur.

T1 Die Azteken – ein Kriegervolk

Als Kolumbus Amerika erreichte, herrschten im Gebiet des heutigen Mexiko die Azteken. In vielen Kriegen hatten sie die Nachbarvölker unterworfen. Ihre Hauptstadt war Tenochtitlan, heute Mexiko City. Die Unterworfenen mussten umfangreiche Abgaben entrichten. Höchste Gottheit dieses Volkes war Huitzlipochtli, der zugleich Sonnengott und Kriegsgott war. Er forderte ständig Menschenopfer – so glaubten die Azteken. Daher wurden immer wieder Kriegsgefangene und Sklaven – manchmal auch Freiwillige – von den Priestern getötet, manchmal mehrere Tausend in wenigen Tagen. Dieses blutige Ritual galt bei den Azteken nicht als grausam oder unmenschlich. Der Opfertod wurde sogar als sehr ehrenvoll angesehen. Wer geopfert wurde oder als Krieger im Kampf fiel, zog „als Begleiter der Sonne" in das „Sonnenreich" ein. Wer eines natürlichen Todes starb, kam in das trostlose Reich des Todesgottes – so sagten die aztekischen Priester.

M1 Aztekische Federkrone

M2 Mexiko fordert die Krone zurück

„Seit Jahren bemüht sich Mexiko vergeblich, die so genannte Federkrone des Moctezuma zurückzuerhalten. Sie ist im Völkerkundemuseum in Wien ausgestellt. War dieser Kopfschmuck wirklich einmal die Krone des aztekischen Herrschers Moctezuma II., der vor etwa 500 Jahren Mexiko regierte? Das wertvolle Stück soll durch den Eroberer Cortés zunächst an den spanischen Königshof und später nach Österreich gelangt sein. Wissenschaftler bestreiten dies. Einige glauben, es handele sich um die Zierde aztekischer Priester. Eine mexikanische Kommission soll jetzt in Wien klären, was es mit dem Federschmuck auf sich hat."

T2 Weder Rad noch Pflug

Die Azteken verwendeten weder den Pflug noch das Rad. Verschiedene Metalle – vor allem Kupfer und Gold – verarbeiteten sie mit großer Kunstfertigkeit zu Schmuck. Ihre Werkzeuge und Waffen hingegen fertigten sie meist aus Stein. Webkunst und die Töpferei beherrschten sie meisterhaft.

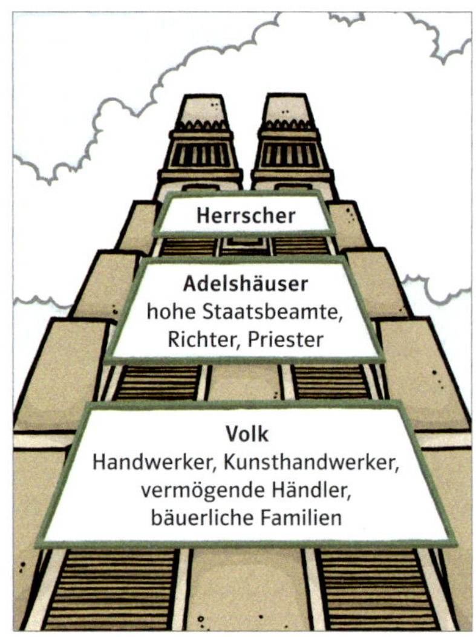

M3 Die aztekische Gesellschaft

1. Welche Forderung stellt Mexiko an das Wiener Völkerkundemuseum? (M2)
2. Die Azteken waren keine „unzivilisierten Wilden", sondern ein kulturell sehr hoch entwickeltes Volk. Begründe diese Behauptung mithilfe von T1, T2 und M4.
3. Die Spanier erklärten die Götter der Azteken für Teufel. Warum? (T1)
4. Beschreibe die Schichtung der aztekischen Gesellschaft. (M3)

M 4 Der große Tempelplatz in Tenochtitlan. Links die Pyramide mit den Tempeln des Regengottes Tlaloc und des Sonnen- und Kriegsgottes Huitzlipochtli, davor der kreisrunde Opferstein, hinten der Salzsee und die Vulkane. Die Stadt hatte etwa 300 000 Einwohner. Sie lag auf einer Insel inmitten eines Salzsees, durch vier Dämme mit dem Festland verbunden. (Rekonstruktion)

M 5 Huitzlipochtli, wichtigster Gott der Azteken, musste nach dem Glauben der Azteken mit Menschenblut ernährt werden, um den Kampf gegen seine Brüder, die Sterne, und seine Schwester, den Mond, zu bestehen. Ohne Menschenopfer – so glaubten die Azteken – würde die Sonne nicht mehr aufgehen.

M 6 Töpfermarkt von Tenochtitlan
(Foto eines Modells aus einem Museum in Mexiko City)
Angeboten wurden z. B. Obst, Gemüse und Fleisch, Werkzeuge sowie Kleidung, Schmuck und Sklaven.

Lexikon

Moctezuma
Er war ein aztekischer Herrscher, der auch als Montezuma bekannt war.

5. Womit begründeten die aztekischen Priester ihre Opferhandlungen? (T 1, M 5)

* **6.** In vielen Museen sind wertvolle Kunstschätze ausgestellt, die von anderen Kontinenten nach Europa gebracht wurden. Diskutiert, was für und was gegen eine Rückgabe spricht.

* **7.** Überlege, warum sich Menschen freiwillig als Opfer für die Götter töten ließen. Kennst du andere Religionen, die ähnliche Vorstellungen vom Leben nach dem Tode haben?

Eine Kultur wird geköpft

Der Spanier Hernando Cortés eroberte mit einer kleinen Truppe das Reich der Azteken und zerstörte in kurzer Zeit die blühende Hochkultur.

T1 Moctezuma – von Sorgen geplagt

Große Sorgen quälten Moctezuma, den Herrscher des mächtigen Aztekenreiches. Seine Priester hatten großes Unheil vorhergesagt. Ein gewaltiger Komet war am Himmel erschienen – und nun kam auch noch die Nachricht von der Ostküste seines Reiches: Fremde Männer mit Bärten und weißen Gesichtern waren dort gelandet. Schon in alter Zeit hatten die Priester vorausgesagt, dass der einstmals vertriebene Gott Quetzalcoatl aus Osten zurückkehren würde, um die Herrschaft an sich zu reißen und den Menschenopfern ein Ende zu setzen. War Quetzalcoatl tatsächlich wieder erschienen? Waren diese Männer Götter? Einige schienen mit gewaltigen Tieren verwachsen zu sein, die Hirschen ähnelten. Andere waren ganz in Metall gekleidet. Sie besaßen Waffen, die mit großem Lärm Feuer spieen. Moctezuma war unschlüssig. Er schickte den Unbekannten reiche Geschenke, vor allem Gold. Gleichzeitig verbot er ihnen, in seine Hauptstadt Tenochtitlan zu kommen.

M1 Ein Bote Moctezumas überreicht Cortés eine Halskette.
(Zeichnungen aus einer Bilderhandschrift von 1579, Ausschnitt)

T2 Cortés – krank vor Goldgier?

„Ich leide an einer Krankheit des Herzens, die nur durch Gold zu heilen ist." So etwa lautete die Nachricht, die der spanische General Hernando Cortés an Moctezuma senden ließ. Cortés hatte von einem unvorstellbar reichen Land irgendwo im Westen gehört. Er wollte dieses Land finden, für die spanische Krone erobern und die Einwohner zum christlichen Glauben bekehren. Vor allem aber trieb ihn die Gier nach Macht, Ruhm und Gold. Im Februar 1519 verließ er mit 11 Schiffen, 16 Pferden und knapp 700 Männern die Insel Kuba und segelte nach Mexiko. Sein Ziel war die Hauptstadt der Azteken, Tenochtitlan. Indianer, die sich ihm entgegenstellten, bekämpfte er mit rücksichtsloser Härte. Es gelang ihm aber auch, einzelne Stämme als Verbündete zu gewinnen. Viele Indianer wurden getauft.
Als die Spanier endlich Tenochtitlan erreichten, empfing Moctezuma sie wie Freunde. Doch die Azteken merkten bald: Die Spanier waren keine Götter, sondern goldgierige Menschen. Sie durchsuchten die Tempel nach Schätzen, zerstörten die Götterbilder, erschlugen aztekische Priester und errichteten ein Kreuz auf der Tempelpyramide.

»

1. Warum hielten die Azteken die Spanier zunächst für Götter? (T1)

2. Wodurch mögen sie ihre Meinung geändert haben?

3. Was ist in T1 mit den Hirschen und Feuer speienden Waffen gemeint?

4. In T2 sind die Gründe genannt, die Cortés veranlassten, nach Tenochtitlan zu gehen. Welche waren das?

M 2 **Cortés mit seiner Dolmetscherin Doña Marina**, dahinter ein aztekischer Adliger (Bilderhandschrift von 1579, Ausschnitt)

Lexikon

Geisel
Person, die gefangen genommen wird, um sie nur gegen die Erfüllung bestimmter Forderungen wieder freizulassen.

T 3 Eroberung Tenochtitlans

Schließlich wehrten sich die Azteken gegen die Spanier. Cortés nahm ihren Herrscher Moctezuma als Geisel gefangen. Als Moctezuma zu seinem Volk sprechen wollte, wurde er von der Menge gesteinigt. Nur unter großen Verlusten konnten die Spanier aus Tenochtitlan fliehen. Doch im Sommer 1521 kehrte Cortés mit Verstärkung zurück. Nach zwei Monaten Belagerung fiel die Stadt und ging in Flammen auf. Das Aztekenreich hörte auf zu existieren. Tenochtitlan hieß von nun an Mexiko und wurde Hauptstadt des spanischen Kolonialreiches in Mittelamerika.

M 3 Eine aztekische Quelle beschreibt das Verhalten der Spanier:

❞ Alles Gold rafften (sie) zu einem Haufen. An die anderen Kostbarkeiten legten sie Feuer, und alles verbrannte (...) Das ganze Schatzhaus durchwühlten die Spanier, sie drängten und fragten und griffen nach allem, was ihnen gefiel. ❝

T 4 Doña Marina

Cortés hatte von unterworfenen Indianern 20 junge Frauen „zum Geschenk" erhalten. Unter ihnen war Malitzin: Sie fiel durch ihre Schönheit und Klugheit auf. Sie lernte schnell die spanische Sprache und war bald für Cortés eine unentbehrliche Dolmetscherin und Beraterin. Da sie vornehmer Abstammung war, nannten die Spanier sie respektvoll „Doña (= Herrin) Marina".

M 4 Ein spanischer Soldat erinnert sich 1568:

❞ Auf einem Sockel (des Tempels) stand der Gott der Hölle (...) Dem Ungeheuer waren an diesem Tag schon fünf Menschenherzen geopfert worden (...) (Cortés) sagte lächelnd zu Moctezuma: ‚Ich kann nicht begreifen, wie ein so großer und weiser Herrscher wie Ihr an diese Götzen glauben kann, die doch böse Geister, Teufel (...) (sind). Erlaubt uns, auf die Spitze dieses Tempels ein Kreuz und (...) ein Mutter Gottes Bild zu setzen.‘ (...) Moctezuma antwortete (...) mit nur schlecht verhaltenem Zorn: ‚In unseren Augen sind es gute Götter. Sie schenken uns Leben und Gedeihen, Wasser und gute Ernten, und wenn wir sie darum bitten, auch Siege. Deshalb (...) opfern wir ihnen.‘ ❝

5. Beschreibe anhand von T 1 bis T 3 die Eroberung Tenochtitlans.

* **6.** Warum reagiert Moctezuma wütend auf die Bitte von Cortés? (M 4)

* **7.** Überlegt, welche Erwartungen Moctezuma und welche Cortés bei ihrer ersten Begegnung hatten.

Mit den Augen der anderen

Fast alle Berichte und Darstellungen der Eroberungszeit stammen von den Spaniern. Nur sehr wenige Bilder zeigen uns die Spanier aus den Augen der Indios.

M1 Spanische Eroberer im Kampf mit aztekischen Kriegern (Rekonstruktionszeichnung aus einem modernen Jugendbuch)

T1 Verbrannte Vergangenheit

Als die Spanier die Azteken besiegt hatten, gingen sie daran, fast alle Kunstwerke und Schriften der Besiegten zu vernichten. Standbilder wurden zerschlagen, Goldschmuck eingeschmolzen und Schriften verbrannt. Nichts von dem, was die christlichen Eroberer als „heidnisches Teufelswerk" ansahen, sollte erhalten bleiben. Der erste Bischof von Mexiko war stolz darauf, 500 Tempel und 20000 heidnische Götterbilder zerstört zu haben.

T2 Geschichte in Bildern

Aztekische Schreiber hatten das Wissen über die Religion, das Alltagsleben und die Geschichte ihres Volkes in Büchern festgehalten. Sie schrieben und malten auf Hirschleder oder auch auf lange Streifen aus der Rinde eines Baumes. Diese Bücher waren nicht wie unsere am Rücken gebunden, sondern wie eine Ziehharmonika gefaltet. Sie waren in einer Art Bilderschrift verfasst und ähnelten den heutigen Comics. Von diesen „Kodizes" sind weltweit nur noch vier erhalten.

»

1. Warum sind so wenige der indianischen Kodizes erhalten geblieben? (T1, T2)

2. Weshalb zerstörten die spanischen Eroberer die Kunstwerke und Schriften der besiegten Azteken? (T1)

3. Beschreibe, was auf M1–M3 geschieht.

4. Vergleiche M2 und M3 mit M1. Welche Unterschiede fallen dir auf?

M 2+3 Ein spanischer Reiter mit Lanze versucht, mit indianischen Verbündeten eine aztekische Stadt zu erobern. Die Indios kämpfen mit Pfeil und Bogen sowie mit Holzkeulen mit scharfen Feuersteinklingen. (beide Abb. aus einem mexikanischen Codex um 1560)

T 3 Mönche als Bewahrer

Den Eroberern folgten spanische Missionare. Um den Indios die christliche Lehre besser verständlich machen zu können, lernten einige von ihnen die Sprache der Azteken. Sie begannen, sich nun auch für die Kultur dieses Volkes zu interessieren. Manche Missionare befragten die Azteken nach ihrer Geschichte und Kultur und schrieben auf, was sie erzählten. Aztekische Künstler malten dazu Bilder.

T 4 Tlaxcala

Ein indianisches Volk, das in der Nachbarschaft zu den Azteken lebte, waren die Tlaxcalaner. Sie führten häufig Kriege mit den Azteken. So verbündeten sie sich mit Cortés. Krieger aus Tlaxcala kämpften an der Seite der Spanier und halfen bei der Eroberung Tenochtitlans. Doch die siegreichen Spanier dankten den Tlaxcalanern nicht. Sie unterdrückten sie genauso wie die Azteken und alle anderen indianischen Völker.

T 5 Der Kodex aus Tlaxcala

Zwischen 1550 und 1564 fertigten Künstler aus Tlaxcala eine bebilderte Schrift mit etwa 80 Bildern, die den Eroberungszug des Hernando Cortés aus der Sicht der Indios zeigt. Obwohl wir wissen, dass nur wenige der spanischen Eroberer beritten waren, werden die Spanier fast nur als Reiter und mit einer Lanze bewaffnet dargestellt. Zwar ist das Original der Schrift verloren gegangen, aber eine mit großer Sorgfalt gefertigte Kopie der Bilder blieb erhalten.

Lexikon

Missionare
hier: Mönche, die die „indianischen Heiden" zum Christentum bekehren sollten

Kodizes (Einzahl: Kodex)
hier: alte Handschriften indianischen Ursprungs

5. Woher hatten die Zeichner der Bilder ihr Wissen über die dargestellten Ereignisse und Personen? (M 1 – M 3)

*
6. Was glaubst du, aus welchen Bildern wir ein genaueres Bild über die damaligen Ereignisse erhalten, aus M 1 oder M 2 und M 3?

*
7. Warum begannen die Missionare, sich für Kultur und Geschichte der Azteken zu interessieren, nachdem sie deren Sprache gelernt hatten?

Von Chaskis und Brücken aus Gras

Um 1500 lebten etwa 12 Millionen Menschen im Reich der Inka im Westen Südamerikas. Ihr Ackerbau war hoch entwickelt und sie verfügten über ein ausgedehntes Straßennetz.

T1 Hochkulturen in Amerika
Als die Europäer in Amerika landeten, gab es dort viele unterschiedliche Völker. Einige lebten als Jäger, Ackerbauer oder Fischer in kleinen Gemeinschaften. Andere hatten Hochkulturen entwickelt, so etwa die Azteken und die Mayas in Mittelamerika oder die Inkas im Westen Südamerikas. Dieses Volk hatte mehrere andere Völker in vielen Kriegen unterworfen und zu einem großem Staat unter ihrer Herrschaft zusammengefügt. Von der Kultur der Unterworfenen haben die Inkas viel übernommen.

T2 Städte, Straßen ...
Die Hauptstadt Cusco lag etwa in der Mitte des Inkastaates in einer Höhe von etwa 3400 m in den Anden. Die Stadt hatte damals 50000 Einwohner. Von hier aus wurde das Reich verwaltet.
Gut ausgebaute Straßen und Wege von vielen tausend Kilometern Länge durchzogen das riesige Land. Auf ihnen wurden Waren transportiert – meist auf dem Rücken von Menschen oder von Lamas. Wagen kannten die Inkas nicht. Wenn Aufstände drohten, konnten Truppen in jeden Winkel des Reiches geschickt werden. Alle 20 bis 30 km standen Herbergen, alle 2 km kleine Steinhäuser für die Chaskis.

T3 ... und schnelle Läufer
Die Chaskis waren Schnellläufer, Boten, die Nachrichten und Befehle in einer Art Staffellauf an alle Orte des Reiches brachten. Jeder Chaski wurde nach etwa 2 km von einem anderen abgelöst. Auf diese Weise konnten an einem Tag 250 bis 300 km zurückgelegt werden.

M1 Indianische Hochkulturen um 1500

M2 Ruinen der in 2300 m Höhe gelegenen Stadt Machu Picchu
Die Inkas waren Meister des Festungsbaus. So sicherten sie die eroberten Gebiete.

1. Welche Hochkulturen fanden die Spanier in Amerika vor? (T1)

2. Warum waren die Chaskis für die Verwaltung des Reiches so wichtig? (T3)

3. Arbeite mit dem Atlas: Schreibe auf, welche heutigen Länder auf den Gebieten der Reiche der Inkas und der Azteken liegen. (M1)

Geschichtskarten lesen

M 3 Hängebrücke aus Gräsern und Zweigen
Damit überwanden die Inkas tiefe Schluchten. Das Foto zeigt eine der letzten noch erhaltenen Brücken aus der Inkazeit.

M 5 Feldarbeiten bei den Inkas
In den gebirgigen Teilen des Landes legten die Inkas an Berghängen ihre Felder in Form von Terrassen an. So vergrößerten sie die Anbaufläche und verhinderten das Wegschwemmen der Erde. Die Felder wurden künstlich bewässert. Von den Gebirgsbächen führten schmale Kanäle bis zu den Anpflanzungen.

M 4 Ein spanischer Eroberer berichtet über die Hauptstadt Cusco:

» Sie ist voller herrschaftlicher Paläste, denn hier leben keine armen Leute. Jeder vornehme Herr baut hier sein Haus. Die meisten dieser Häuser sind aus Stein erbaut (...). Alle Straßen sind gepflastert und in der Mitte jeder Straße läuft ein mit Steinen ausgelegter Wassergraben. Hoch über der Stadt liegt eine sehr schöne aus Stein und Lehm erbaute Festung. Viele Spanier, die fremde Reiche gesehen haben, erklären, dass sie nie ein Bauwerk gesehen haben wie diese Festung. «

T 4 Ein Volk von Bauern

Die meisten Bewohner des Landes lebten als Bauern im Hochland der Anden zwischen steilen Berghängen, in trockenen Tälern und auf kalten Hochebenen. Hier war die Landwirtschaft eine mühselige Arbeit.

T 5 Kartoffeln, Mais, Bohnen ...

Hauptnahrungsmittel der Inkas war der Mais, von dem viele unterschiedliche Sorten angebaut wurden. Hinzu kamen Kartoffeln, Bohnen, Kürbisse, ... Jeder Bauernfamilie wurde Land zugewiesen. Sie mussten neben ihren eigenen auch die Äcker des Herrschers und der Priester mit bewirtschaften. Durch die ausgeklügelten Anbaumethoden waren die Erträge so gut, dass sie für alle reichten.

Lexikon

Hochkultur
Ein Volk, das hoch entwickelte Kunstwerke, Bauten sowie Städte und Straßen errichtet und eine gut organisierte Verwaltung besitzt.

4. Bestimme mithilfe der Karte M 1 die Nord-Süd-Ausdehnung des Inkareiches. Suche im Atlas zwei Orte heraus, deren Entfernung voneinander etwa dieser Strecke entspricht.

5. Das Inkareich war eine Hochkultur. Begründe diese Feststellung mithilfe von T 2, T 3, M 2 – M 5.

* **6.** Zwischen Macht und Kultur eines Volkes und seiner landwirtschaftlichen und handwerklichen Produktion besteht ein Zusammenhang. Versuche, diesen am Beispiel der Inkas zu erklären.

Der Reichtum aus Übersee

Francisco Pizarro eroberte das mächtige Inkareich im Westen Südamerikas. Alle eroberten Gebiete in Mittel- und Südamerika wurden von den Spaniern rücksichtslos ausgebeutet.

T1 Ein Zimmer voller Gold

„Ich lasse diesen Raum mit Gold füllen, so hoch, wie ein großer Mann mit ausgetrecktem Arm reichen kann – wenn ihr mir dafür wieder die Freiheit gebt."
Was sich wie ein Märchen anhört, waren die Worte des mächtigen Herrschers des Inkareiches, Atahualpa. Im Jahre 1532 hatte ihn der spanische Eroberer Francisco Pizarro gefangen genommen. Mit wenig mehr als hundert Soldaten war der Spanier in das Inkareich eingedrungen. Als Pizarro nach endlosen Fußmärschen vor dem gewaltigen Heer der Inkas stand, griff er zu einer List. Er lud Atahualpa zu einem Festmahl in das Lager der Spanier ein. Doch kaum hatte der Inkaherrscher mit großem Gefolge das Lager betreten, da stürzten sich Pizarros Soldaten auf die kaum bewaffneten Indianer, töteten über tausend und nahmen Atahualpa gefangen.

M1 Atahualpas Gold-Raum Der Mann zeigt die Linie, bis zu der die Schätze aufgeschichtet wurden.

M2 Indianer bringen Gold und Kunstschätze, um für Atahualpa die Freiheit zu erkaufen. (Kupferstich von Theodor de Bry, Ende 16. Jh.)

T2 Goldgier der Spanier

Atahualpa sah in der Goldgier der Spanier seine einzige Hoffnung, freigelassen zu werden. So kam es zu dem Angebot. Pizarro ging sofort darauf ein. Tag für Tag trugen die Untertanen Atahualpas große Mengen Gold und Silber herbei. Doch als der Raum tatsächlich gefüllt war, ließ Pizarro den Inkaherrscher unter einem Vorwand erdrosseln. Nach langen Kämpfen eroberten die Spanier schließlich das riesige Inkareich vollständig.

M3 Eines der wenigen Kunstwerke der Inkas, das nicht zerschlagen und eingeschmolzen wurde.

»

1. Was für Gründe hatte Pizarro, Atahualpa gefangen zu nehmen und trotz seines Versprechens nicht freizulassen? (T1, T2)

2. Was wurde aus den Reichen der Inkas und der Azteken nach ihrer Eroberung durch die Spanier? (T3)

3. Die Errichtung von Kolonien in Übersee brachte den europäischen Königen viele Vorteile, aber auch Nachteile. Welche waren das? (T3, M5)

4. Arbeite mit dem Atlas: Welche Staaten haben sich aus den Kolonien in Mittelamerika und Südamerika entwickelt? (M4)

Geschichtskarten lesen

T3 Kolonien entstehen

Innerhalb weniger Jahre hatten die Spanier zwei Hochkulturen zerstört, das Reich der Azteken und das Inkareich. Auf den Trümmern errichteten sie das „Vizekönigreich Neuspanien“ und das „Vizekönigreich Peru“. Beide waren Besitz der spanischen Krone.
An der Ostküste des südamerikanischen Kontinents gründete Portugal eine Kolonie. Spanien und Portugal waren die ersten europäischen Kolonialmächte. Andere europäische Länder folgten bald.

T4 Die Seelen für Gott, das Land dem König

Schnell hatten die Eroberer alle wertvollen Gegenstände aus den Tempeln und Schatzhäusern geraubt und eingeschmolzen.
Ein Fünftel aller erbeuteten Schätze ging an den König. Die eroberten Länder nahm die Krone als „Neuspanien“ in Besitz. Die Eroberer wurden mit der Zuweisung von Land und den darauf lebenden indianischen Familien belohnt. Im Jahre 1503 ordnete der spanische König an, die Indianer zu taufen und sie als Christen und freie Untertanen der spanischen Krone leben zu lassen. Es sollte Aufgabe ihrer spanischen Grundherrn sein, sie zu bekehren und zu beschützen. Diese durften dafür über die Arbeitskraft ihrer „Schützlinge“ verfügen.

M4 Mittelamerika und Südamerika zur Zeit der Eroberungen und ersten Kolonien

M5 Über die Goldgier der Eroberer schrieb ein spanischer Priester:

„Gott hat in seiner Weisheit im Boden jener so unendlich weit entfernten Heidenländer Gold und Silber in Hülle und Fülle wachsen lassen, damit wenigstens die Goldgier die Christen dorthin locke, wohin die Liebe zu Christus sie niemals ziehen würde.“

Lexikon

Krone
hier: Symbol für das Königreich; Besitz der „Krone“ war Staatsbesitz.

Vizekönig
Bezeichnung für den Stellvertreter des (spanischen) Königs in den neuen Gebieten, den Vizekönigreichen.

5. Auch der Priester in M5 wollte die Indianer zum Christentum bekehren. Wie urteilt er über seine spanischen Landsleute und ihre Absichten?

*
6. Arbeite mit M4:
- Welche Handelsgüter wurden aus Amerika geholt?
- Erläutere die beiden Pfeile ganz oben rechts.

Gerechtigkeit für die Indios?

**Viele Spanier wanderten im 16. Jahrhundert nach Mittel- und Südamerika aus, um dort schnell reich zu werden.
Sie entrechteten und versklavten die einheimische Bevölkerung.**

M 1 Verarbeitung von Zuckerrohr durch Zwangsarbeiter
(Kupferstich von Theodor de Bry, 1595)

T 1 Siedler und Abenteurer

Schnell hatte sich in Spanien herumgesprochen, dass man jenseits des Ozeans in Neuspanien und Peru scheinbar mühelos zu großem Reichtum kommen konnte. Diese Gerüchte lockten viele Menschen an: Abenteurer, verarmte Adlige, sogar Kriminelle – alle suchten ihr Glück als Siedler in den neuen Provinzen. Man schätzt, dass im 16. Jahrhundert 200 000 bis 300 000 Auswanderer aus Spanien nach Amerika gingen. Dort traten sie wie Herren über Land und Leute auf.

M 2 Bartholomé de las Casas
der Bischof wird bis heute als „Anwalt der Indios" verehrt. (Gemälde, 1876)

T 2 Gewinn für die Krone

Die spanische Krone war sehr daran interessiert, ihre Staatseinkünfte durch Einfuhr von Gold, Silber und Rohstoffen aus den Vizekönigreichen zu vermehren. Sie vergab daher Bergbaurechte, aber auch große Ländereien an spanische Siedler. Nach und nach bildete sich eine Schicht vermögender Grundbesitzer spanischer Herkunft heraus.

T 3 Herren und Knechte

Die Indianer wurden gezwungen, in den Bergwerken Silbererz abzubauen. Diese harte und ungewohnte Arbeit überlebten nur wenige. Nicht viel besser erging es denen, die auf den riesigen Plantagen Zuckerrohr und später auch Baumwolle ernten mussten. Während viele der Siedler großen Reichtum anhäuften, gingen die Indianer an der harten Zwangsarbeit zugrunde. Andere fielen den von den Spaniern eingeschleppten Seuchen zum Opfer. Gegen Pocken, Typhus und Masern besaßen sie keine Abwehrkräfte. Wieder andere wurden von den neuen Herren aus Willkür getötet oder erlagen Misshandlungen.

»

1. Warum gingen spanische Siedler nach Amerika? (T 1)

2. Welche Folgen hatte die spanische Besiedlung für die Indianer? (T 3)

3. Beschreibe die Arbeiten, die auf M 1 zu erkennen sind.

4. Auf M 2 und M 3 sind Indianer zu sehen. Wie werden sie jeweils dargestellt?

5. Es wird geschätzt, dass die indianische Bevölkerung in den eroberten Gebieten in Amerika von 50 Millionen im Jahr 1492 auf 5 Millionen im Jahr 1570 sank.
Was waren die Ursachen für diese Entwicklung?

T4 Ein Anwalt der Indianer

Es gab aber auch Spanier, die sich gegen die Misshandlung der Indianer wandten. Der Mönch und spätere Bischof Las Casas setzte sich beim spanischen König für eine menschlichere Behandlung der indianischen Bevölkerung ein. Doch die Siedler in Amerika waren empört: Wie sollten die Kolonien ohne die Zwangsarbeit der Indianer weiterhin Gewinne für Spanien abwerfen?

M3 Spanische Soldaten jagen fliehende Indianer. (Rekonstruktionszeichnung, 20. Jh.)

T5 Sklaven aus Afrika

Einige Siedler erklärten Las Casas, dass sie auf die Versklavung der Indianer verzichten würden, wenn sie stattdessen Sklaven aus Afrika einführen könnten. Las Casas erreichte beim spanischen König die Erlaubnis, Sklaven aus Afrika nach Amerika zu holen. Sie erschienen ihm kräftiger als die Indianer und besser für die harte Arbeit geeignet.
Tatsächlich waren Sklaven aus Afrika auf den Plantagen ausdauernder und fügsamer als die Indianer. Der spanische König erteilte einem Handelshaus in Deutschland die Erlaubnis, 4000 Sklaven aus Afrika nach Amerika zu schicken. Doch das war erst der Anfang.

T6 Menschen als Ware

Zum Leiden der Indianer kam jetzt das der Sklaven aus Afrika. Man schätzt, dass insgesamt etwa 1,5 Millionen Menschen als Sklaven aus Afrika nach Amerika verschleppt wurden.

M4 Las Casas schrieb über die Spanier in den Kolonien:

„(Der Gouverneur) übergab nämlich jedem Spanier, der den Wunsch dazu äußerte, dem einen 50, dem anderen 100 Indianer. Er stellte ihnen eine Bescheinigung aus: „Euch werden hiermit (…) Indianer zugewiesen, damit ihr euch ihrer bedient und sie im katholischen Glauben unterweisen lässt.“ (…) Er ließ geschehen, dass die Spanier die verheirateten Männer zum Goldgraben fortschleppten und die Frauen in den Häusern und Farmen zurückblieben. (…) Sie mussten die Erde (…) mit Pfählen aufbrechen.* (…) Die neugeborenen Kinder konnten sich nicht entwickeln, weil die Mütter, von Anstrengungen erschöpft, keine Nahrung für sie hatten. So starben die Männer in den Goldminen, die Frauen auf den Farmen vor Erschöpfung und die neugeborenen Kinder, weil sie keine Muttermilch bekamen (…)“

* Die Indios besaßen keine eisernen Werkzeuge und lockerten die Erde mit angespitzten Holzpfählen.

M5 Demonstration landloser Bauern (modernes Gemälde des argentinischen Malers und Friedensnobelpreisträgers Adolfo Pérez Esquivel)
Auf den Transparenten steht: „Landreform“, „Recht auf Land“ und „Das Land – ein Geschenk Gottes“.

6. Was können wir aus dem Gemälde M5 über die heutige Situation der Bauern indianischer Abstammung schließen?

*
7. Sprecht über das Gemälde M5. Vergleicht die Haltung der Demonstranten mit der der Soldaten. Welche Bedeutung hat die Figur im Mittelpunkt? Versucht, etwas über den Maler herauszufinden.

Was wir den Indianern verdanken

Viele der uns vertrauten Lebens- und Genussmittel stammen ursprünglich aus Amerika und waren vor den Reisen des Kolumbus in Europa unbekannt.

M1 Viele uns sehr vertraute Lebensmittel sind aus Amerika zu uns gekommen.

T1 Geschenke aus Amerika

In der Lebensmittelabteilung der Supermärkte sind die Regale voll mit Waren aus aller Welt. Stellen wir uns einmal vor, dort würde nur das angeboten, was bereits vor den Entdeckungsreisen in Deutschland bekannt war. Wie sähe dann unser Speisezettel aus? Auf Brot und Milch brauchten wir nicht zu verzichten, auch nicht auf Eier, Schweinebraten und Rinderfilet, ein paar Äpfel dazu …

Fehlen würden uns aber Putenschnitzel mit Pommes, Tomaten, Ananas, Kakao und Paprika. Es gäbe weder Erdnüsse noch Mais, Paprika oder Avocados. Dafür hätten wir keine Probleme mit einem Rauchverbot, denn das Tabakrauchen haben die Europäer erst von den Indios gelernt.

T2 Kartoffeln als Zierpflanzen

Bei vielen indianischen Völkern war die Kartoffel neben dem Mais wichtigstes Nahrungsmittel. Sie ließ sich auch in den Höhen der Anden anbauen, in großer Höhe, wo der Mais nicht mehr wuchs. Die Europäer wussten zunächst nichts Rechtes mit dieser merkwürdigen Knolle anzufangen. Das Kraut und die Früchte waren ungenießbar, sogar giftig. Also schmückten sie als Zierpflanzen Gärten und Parks der Fürsten. Erst im 18. Jahrhundert gewöhnten sich die Menschen allmählich an den Geschmack gekochter Kartoffeln. Bald wurden sie unentbehrlich für die Ernährung der ständig wachsenden Bevölkerung. Als Mitte des 19. Jahrhunderts in Irland ein Pilzbefall fast die gesamte Kartoffelernte vernichtete, verhungerten viele hunderttausend Menschen.

M2 Kartoffeln – wie sie für den deutschen Markt gezüchtet wurden.
Die Indianer kannten schon über 200 verschiedene Sorten.

1. Welche Lebens- und Genussmittel kamen aus Amerika zu uns? (T1, T2)

2. Schreibe auf, welche verschiedenen Arten von Kartoffelspeisen du kennst.

3. Erkläre mithilfe von T2 die Gründe für die Hungersnot in Irland.

M 3 Kartoffelpüree auf Indianisch

„Es ist ja so praktisch: Karton aufreißen, Kartoffelpulver in heißes Wasser einrühren und fertig ist der Kartoffelbrei. Oder der Kartoffelknödel. Oder der Kartoffelpuffer. Oder … Aber es war nicht die Firma Pfanni, die diese Idee als Erstes hatte – es waren die Inkas: Hoch oben in den Anden ließ man Kartoffeln nachts gefrieren. Am nächsten Morgen wurde das Wasser vorsichtig mit bloßen Füßen herausgetreten. Die Kartoffelstückchen trockneten tagsüber in der heißen Sonne und nachts gefroren sie wieder. Das wurde so oft wiederholt, bis ein bröseliges Kartoffelpulver entstand, das jahrelang haltbar war.“

M 6 Herstellung von Trockenkartoffeln

<Extra>

M 4 Was kommt wo her?

„Einige Produkte kommen heute aus Mittel- und Südamerika zu uns, die die Indianer noch gar nicht kannten. Sie wurden von den Europäern in die Kolonien gebracht und werden bis heute dort angebaut. Apfelsinen kommen ursprünglich aus China, Bananen aus Südostasien. Kaffeepflanzen wuchsen einstmals in Afrika in Abessinien. In Europa wurde der Kaffee erst Ende des 17. Jahrhunderts ein beliebtes Getränk. Zuckerrohr wuchs wohl ursprünglich in Südostasien und wurde schon durch die Spanier nach Amerika gebracht und dort in großen Plantagen angebaut. Das geerntete Rohr wird zu Sirup und sogar zu Rum verarbeitet. Heute noch finden wir in den Regalen der Supermärkte braunen Zucker, Rohrzucker, der aus Übersee kommt.“

M 5 Waren aus Mittelamerika

4. Beschreibe die Herstellung von indianischem Kartoffelpüree. (M 3)

5. Vergleiche die Waren auf M 1 und M 2 mit denen auf M 5. Was unterscheidet sie?

* **6.** Warum haben die Europäer tropische Nutzpflanzen fern von ihren Ursprungsländern in Amerika angebaut?

Entdecker und Entdeckungen

1. Kennst du die Begriffe?

a) Ein kleines Gerät, dessen Spitze immer nach Norden zeigt.
b) Eine große Stadt am Ostrand Europas, die 1453 von den Türken erobert wurde.
c) Große Gebäude, in denen die Indianer ihre Götter verehrten.
d) Eine Bezeichnung, die sowohl für die Kopfbedeckung eines Königs, wie auch für die Verwaltung des Königshofes angewendet wird.

2. Arbeite mit der Karte

a) Welche Bodenschätze und Rohstoffe wurden in den spanischen, welche in den portugiesischen Kolonien gewonnen? Nutze auch die Karte.
b) Zu welchen heutigen Staaten gehören die Siedlungsräume der verschiedenen indianischen Völker? Schlage im Atlas nach.
c) Beschreibe die Besiedlung Lateinamerikas durch europäische Einwanderer.
d) Findest du auch einen Eintrag über die Herkunft der indianischen Völker?

Wichtige Begriffe:

Kolonialmächte

Gewürzländer

Kolumbus

Inka

Globus

3. Silbenrätsel

Aus diesen Silben lassen sich sechs Namen von Persönlichkeiten bilden, die in diesem Kapitel eine Rolle spielen.

HU ATA BUS COR HEIN KO ZU AL MOC LUM NA MA MA TE RI RICH TEZ PA

4. Gewürzexperten gesucht

Viele unserer Nahrungsmittel und Genussmittel oder Gewürze kommen ursprünglich aus Amerika. Nachstehend die indianischen Bezeichnungen. Finde heraus, wie sie bei uns heißen. Eine kleine Hilfe:

- Ein Gewürz, das bei den Azteken „tlilxochitl" hieß, nannten die Spanier vainilla (kleine Schote).
- Auch ein Blick in den Warenkorb kann hilfreich sein.

Indianische Bezeichnung	unser Begriff
bataten	Süßkartoffeln
tomatl	...
tabaco	...
chili	...
papa	...
cacauatl	...
tlilxochitl	...

5. Richtig oder falsch?

Berichtige die falschen Aussagen und schreibe sie richtig auf.

a) Kolumbus unternahm seine Reisen in der Absicht, neue Kontinente zu entdecken.
b) Die Gelehrten zur Zeit der Entdeckungen glaubten, dass die Erde eine Scheibe sei.
c) Die Azteken hielten Cortés und seine Männer zunächst für Götter.
d) Die aztekischen Priester opferten ihren Göttern Gold und Tiere.
e) Spanische Kolonien wurden an der Westküste, portugiesische an der Ostküste Südamerikas errichtet.

Krone

Kompass

Vizekönigreich

Navigation

Missionare

10 Absolutismus in Europa

Das 17. und 18. Jahrhundert war die Zeit berühmter Herrscher und Herrscherinnen: Ludwig XIV. von Frankreich, Friedrich II. von Preußen oder auch Maria-Theresia von Österreich. Diese Monarchen, aber auch viele Fürsten in Deutschland, bauten sich prächtige Barockschlösser, die wir noch heute bewundern können. Eines hatten alle großen Könige und kleinen Fürsten gemeinsam: Sie bestimmten allein, was in ihrem Land geschah.
Und wer bezahlte ihren Reichtum und ihre kostspielige Lebensführung?

Bezug zu heute

Schlösser aus der Zeit des Barock, Sanssouci bei Potsdam

Schale aus dem Service Augusts des Starken, König von Sachsen und Polen

Geschichte erleben

Chronologie

1661 – 1715
Ludwig XIV. regiert in Frankreich als absolutistischer Herrscher.

1740 – 1786
Friedrich II., König von Preußen, vor seinen Truppen. Das Wohl Preußens war für ihn erste Bürgerpflicht.

Johann Sebastian Bach – ein berühmter Komponist aus der Zeit des Barock. Die Matthäus-Passion wird jedes Jahr in der Osterzeit aufgeführt.

1740 – 1780

Kaiserin Maria Theresia von Österreich führte zahlreiche Reformen durch.

Ludwig XIV. – ein absoluter Herrscher

1661 übernahm er die Herrschaft in Frankreich. Er hatte alle Gewalt in seinen Händen, war oberster Gesetzgeber und Feldherr, Leiter der Regierung und höchster Richter. Er unterstand selbst nicht dem Gesetz, fühlte sich nur gegenüber Gott verantwortlich.

M1 Prunkvoll gekleidet: kostbare Stoffe, seltene und teure Farben, aufwändige Stickereien, teure Pelze, hochhackige Schuhe, kostbarer Schmuck
Ludwig XIV. auf einem Gemälde von Hyacinthe Rigaud, 1702. Das Bild ist 2,80 m hoch. Es hängt im Thronsaal von Versailles so hoch, dass die Füße des Herrschers etwa in Augenhöhe des Betrachters sind.

T1 Machtentfaltung

Mit 23 Jahren übernahm Ludwig XIV. die Regierungsgewalt. Sehr schnell sorgte er dafür, dass die Macht allein in seinen Händen lag. Er allein konnte Gesetze erlassen und aufheben. Zugleich war Ludwig XIV. auch der oberste Richter. Er konnte Gerichtsurteile aufheben oder ändern. Er ging dabei so weit, dass er Bürger, die seinen Befehlen nicht gehorchten, ohne weiteren Grund verhaften und ins Gefängnis werfen ließ.
Ludwig sorgte dafür, dass Frankreich über einen festen Stamm an gut ausgebildeten Soldaten verfügte. Sie wurden in Kasernen untergebracht und verpflegt. Sie erhielten einheitliche Waffen und Uniformen. Den Oberbefehl über dieses stehende Heer, das jederzeit einsatzbereit war, hatte Ludwig selbst.

T2 Die Pflicht, sich zu vergnügen

Um den Adel besser kontrollieren zu können, machte Ludwig XIV. die Mitglieder des hohen Adels von sich abhängig. Wer noch Einfluss auf den König haben wollte, der musste in seiner Nähe leben. Das Leben am Hofe Ludwigs bestand zumeist aus Festen, Bällen, Opern und Theateraufführungen und war sehr teuer.

»

1. Warum wollte Ludwig XIV., dass die einflussreichsten Adligen an seinem Hofe lebten? (T2)

2. Weshalb übernahm Ludwig XIV. die Schulden vieler Adliger? (T2)

3. Was konnte es bedeuten, dass Ludwig XIV. oberster Richter war? Nenne Beispiele. (T1)

M 2 Eine Karikatur aus späterer Zeit: W. M. Thackeray macht sich über Ludwig XIV. lustig, indem er seine tatsächliche Größe zeigt und auf die Übertreibungen Ludwigs XIV. hinweist. Ludwig war in Wirklichkeit nicht sehr groß (1,62 m). Er war kahlköpfig, hatte fast keine Zähne mehr und war durch Krankheiten gebrechlich.

Die Adligen am Hofe hatten keine andere Aufgabe, als sich auf solchen Festen zu vergnügen und sich um die Gunst des Königs zu bemühen.

Der König gab mit seiner Kleidung vor, was an kostbaren Stoffen, Pelzen und Schmuck am Hofe und zu den Festen getragen werden sollte. Viele der Adligen verschuldeten sich, um diese teure Kleidung kaufen zu können. In vielen Fällen übernahm der König gern die Schulden dieser Adligen. Er machte sie dadurch noch abhängiger von sich. Viele Adlige vernachlässigten ihre Ländereien und Güter und viele verarmten. So wurden sie noch abhängiger vom König und seinem Wohlwollen.

T 3 Absolutismus – im Sinne der Zeit

Die Regierungsform des Absolutismus fand damals zunächst oft Zustimmung. Viele Franzosen hofften, dass ein mächtiger König, der alle Gewalt in seinen Händen hielt, Kriege zwischen Fürsten im eigenen Land verhindern könne, wie sie in Deutschland getobt hatten. Viele Leute fanden es deshalb gut, dass Ludwig XIV. sich so kostbar kleidete und in prunkvollen Gewändern zeigte. Alle Menschen innerhalb und außerhalb Frankreichs sollten sehen, dass dieser König viel Macht hatte und man ihm mit Hochachtung begegnen müsse.

M 3 Der bedeutende Staatslehrer des 16. Jahrhunderts Jean Bodin schrieb:

» Es gibt auf Erden nichts Größeres und Höheres als die Majestät der Könige nächst dem allmächtigen Gott. Sie sind gleichsam als seine Gesandten zum Wohl der übrigen Menschen bestellt worden. Es ist darum billig, ihre Herrschaft und Gewalt, wer und wie immer sie seien, sorgsam zu achten. Man muss ihnen mit aller Treue, Sorge und Unterwerfung folgen. (…)
Wer aber die Gewalt hat, Gesetze zu erlassen, hat auch Gewalt, sie aufzuheben, abzuändern, teilweise aufzuheben, durch Zusätze zu ergänzen, (…) Die höchste Gewalt innehaben, heißt, das Gesetz der Gesamtheit der Staatsbürger und jedem einzelnen von ihnen auferlegen, und selbst keines entgegenzunehmen, es sei denn vom ewigen Gott (…) «

Lexikon

Absolutismus
Ein Fürst hält sämtliche Gewalten in seinen Händen. Er glaubt, dass ihm die Macht von Gott her gegeben ist und er zwar die Gesetze macht, aber selbst nicht an die Gesetze gebunden ist.

4. Betrachte M 1: Was sollen die Haltung Ludwigs XIV. und seine Kleidung beim Betrachter bewirken? Begründe.

*
5. Wie steht Jean Bodin zur Herrschaftsform des Absolutismus? (M 3)

*
6. Was bedeutet es, wenn man sagt, dass Ludwig XIV. ein absolutistischer Herrscher war?

Versailles – die Bühne des Königs

Ludwig XIV. wollte allen Menschen zeigen, dass er ein mächtiger Herrscher ist. Er ließ ein kleines Jagdschloss in der Nähe von Paris in ein riesiges und beeindruckendes Schloss mit großen Gärten umbauen.

M1 **Schloss Versailles** (Gemälde von Pierre Patel, um 1668)

T1 Ein prunkvolles Schloss

Alles im Schloss mit seinen riesigen Gärten ist genau geplant. Und alles soll die Größe und die Macht des Königs zeigen. Gleich zu Beginn seiner Regierungszeit entschied Ludwig XIV., sich ein eigenes Schloss bauen zu lassen. Die Mitglieder des hohen Adels sollten ebenfalls an diesem neuen Königshof leben, damit er sie immer kontrollieren konnte.

T2 Der Bau von Versailles

Ludwig XIV. wählte ein Jagdschloss seines Vaters nahe dem Dorf Versailles. Dieses war etwa 20 Kilometer von Paris entfernt. 1661 wurde mit dem Bau begonnen. Etwa 28 Jahre lang waren bis zu 36 000 Arbeiter auf der Baustelle beschäftigt. Für die riesige Gartenanlage musste das sumpfige Gebiet um das Schloss herum trockengelegt werden. Dörfer wurden abgerissen und Entwässerungskanäle in einer Länge von insgesamt 170 Kilometern angelegt. 1400 Springbrunnen und künstliche Seen wurden geschaffen. Auf Kanälen fuhren kleine Modelle der königlichen Kriegsflotte. Während dieser Bauarbeiten starben viele Arbeiter am Sumpffieber, der Malaria.

T3 Der König ist der Mittelpunkt

Alles sollte sich um den König als Zentrum der Macht drehen. So lag selbst das Schlafzimmer im Mittelpunkt des Schlosses. Die Fenster waren auf der Ostseite.

»

1. Beschreibe das Schloss von Versailles. (M1)
Kläre dabei:
a) Wo liegt es?
b) Wie lange wurde daran gebaut?
c) Warum wurden Entwässerungskanäle angelegt?
d) Wie viele Menschen lebten dort?
e) Wie sah es mit Sauberkeit und sanitären Einrichtungen aus?
(T2, T5)

2. Was hatte sich der König zum Zeichen ausgewählt? Warum tat er das? (T3, M3)

3. Was wollte der König mit der Lage seines Schlafzimmers darstellen? (T3)

M 2 **Blick in das königliche Schlafzimmer**

M 3 **Gedenkmünze des Sonnenkönigs aus dem Jahre 1674**
Die Umschrift „nec pluribus impar" lässt sich nur frei übersetzen: Alles andere überragend.

Wenn morgens die Sonne aufging, dann sollten das Leben im Schloss und das Regieren des Landes von hier aus beginnen. Wohl überlegt hatte der König die Sonne als Zeichen für sich und seine Regierungszeit gewählt.

T 4 Alles genau festgelegt

Das Aufstehen des Königs wurde zur täglich neu wiederkehrenden Zeremonie gemacht.
Der ganze Tagesablauf war durch solche Zeremonien geregelt. Und alle dienten demselben Zweck wie die vielen Festlichkeiten und anderen Vergnügungen: den König in den Mittelpunkt zu stellen und allen zu zeigen, wie sehr sie abhängig vom König waren.

T 5 Zwei Seiten

Das Leben im Schloss hatte zwei Seiten. Nach außen war alles prachtvoll und die Zimmer der Königsfamilie waren groß und kostbar ausgestaltet. Aber bereits die am Hofe lebenden Adligen mussten sich mit viel kleineren Zimmern zufrieden geben. Noch viel beengter lebten die vielen Bediensteten. Im Schloss muss es wegen der vielen Bewohner auch sehr schmutzig gewesen sein. Für die etwa 20 000 Menschen, die auf dem Gelände lebten, gab es keine Kanalisation. Die sanitäre Einrichtung bestand aus Nachttöpfen und Nachtstühlen. Die Gerüche waren entsprechend.

M 4 **Das Aufstehen Ludwigs XIV. wird so beschrieben:**

» Um acht Uhr früh weckte der erste Kammerdiener den König, worauf der Aufstehende Weihwasser nahm und ein Gebet sprach. Inzwischen waren die Prinzen des königlichen Hauses und danach einige Vertreter des höchsten Adels eingetreten. Es kamen die vier Minister, die Vorleser, Apotheker, Ärzte, die Silberbewahrer, einige Offiziere und Kammerdiener. Nachdem der König eine kleine Perücke aufgesetzt hatte, erschienen die Kammerherrn, die ihrem Herren die Namen der bedeutenderen, Einlass heischenden Persönlichkeiten ins Ohr flüsterten, und sofort traten die anwesenden Kirchenfürsten und Kardinäle, Gesandten, Marschälle und andere Großwürdenträger ein, denen ein breiter Schwarm der Höflinge folgte. Der König zog sein Nachthemd aus, (...) und verlangte sein Taghemd. Die Darreichung dieses Kleidungsstückes bildete den Höhepunkt der ganzen Zeremonie. Das Recht, dem König das Hemd zu reichen, stand Monsieur (dem Bruder des Königs) oder, wenn dieser abwesend war, den Söhnen und Enkeln des Königs zu. «

Lexikon

Zeremonie
Eine feierliche Handlung, die nach einem genau festgelegten Schema abläuft.

4. Beschreibe die allmorgendliche Zeremonie im Schlafzimmer des Königs. – Man kann eine solche Szene auch spielen! (M 4)

5. Warum bestand der König darauf, dass solche Zeremonien durchgeführt wurden? (T 4)

6. Warum ließ sich der König ein solch teures und prunkvolles Schloss bauen? (T 1)

7. Ordne die Bildmaterialien M 1 – M 3 den Textstellen zu. Was soll die Textquelle näher erläutern?

Glanz und Elend

Die Menschen lebten im absolutistischen Frankreich Ludwigs XIV. sehr unterschiedlich. Einige wenige Adlige und Kaufleute waren reich und lebten im Luxus. Die meisten waren aber arm und stöhnten unter den hohen Steuerlasten.

M1 „Austernfrühstück" (Gemälde von Jean Francois de Troy, 1735) Der Maler hat den Luxus einer adligen Gesellschaft in vielen Einzelheiten genau dargestellt.

T1 Eine Ständegesellschaft

Im Frankreich Ludwigs XIV. war die Gesellschaft in drei Stände gegliedert. Der Erste Stand umfasste den Klerus – Bischöfe, Priester, Nonnen, Mönche. Der Zweite Stand bestand aus dem König, der königlichen Familie und dem Adel. Diese beiden Stände umfassten etwa 2 % der Bevölkerung. Die übrigen Menschen – Ärzte, Kaufleute, Handwerker, Bauern und Bedienstete – gehörten zum Dritten Stand. Bettler, fahrende Händler, Gaukler und Schausteller wurden gar keinem Stand zugerechnet. Sie waren aus der Gesellschaft ausgegrenzt.

T2 Jeder hat seinen Stand

Zur Zeit des Absolutismus war es entscheidend, in welchen Stand man geboren wurde. Die Standesgrenzen waren so fest gefügt, dass man den Stand nur in Ausnahmefällen wechseln konnte. Ein Aufstieg in den Adelsstand war fast unmöglich. Lediglich in den Stand des niederen Klerus der Priester, Mönche und Nonnen konnten Menschen des Dritten Standes gelangen.

T3 Ungleichheit

Adel und Klerus hatten viele Vorrechte (Privilegien). Hoher Klerus und Adel waren von Steuern befreit. Adlige hatten einen Anspruch darauf, ein gut bezahltes Ehrenamt in der Verwaltung des Staates und der Armee zu bekommen. Der Klerus war vom Militärdienst befreit. Der Adel hatte das Recht, unbezahlte Dienste (Frondienste) von den Bauern einzufordern.
Drei Viertel des gesamten Landes gehörten den wenigen Menschen des Ersten und Zweiten Standes. Viele von ihnen führten ein sorgenfreies und verschwenderisches Leben am Hofe Ludwigs XIV.

»

1. Beschreibe M1 genau. Achte besonders auf die Einzelheiten – Luxus, Verschwendung, aber auch Macht.

2. Vergleiche das Bild der Bauernfamilie (M3) mit dem Bild der adligen Gesellschaft (M1). Achte auf Kleidung, Geschirr, Zimmer und Einrichtung, aber auch auf die Haltung der Personen.

3. Nenne Privilegien des Klerus und des Adels. (T3)

Der Dritte Stand trug die Hauptlast der Steuern. Obwohl die meisten Menschen des Ersten und Zweiten Standes reich waren, trugen sie zusammen nur etwa ein Zehntel der Steuerlast.

T4 Maßlose Ausgaben

Die Steuern waren sehr hoch. Die von Ludwig XIV. geförderte Wirtschaftsform mit ihren hohen Ausfuhren brachte zunächst große Mengen Geldes in die Staatskassen. Aber Ludwig gab dermaßen viel Geld für Bauten, prunkvolle Hofhaltung und Kriege aus, dass das Geld nicht reichte. Er machte Schulden.
Um an mehr Geld zu kommen, erhöhte Ludwig XIV. immer wieder die Steuern. Dies traf besonders die arme Bevölkerung des Dritten Standes.
Die Lage der Bevölkerung, besonders die der Bauern, der Handwerker und Tagelöhner, war gekennzeichnet durch niedrige Löhne und hohe Steuern, durch ständig wiederkehrende Teuerungskrisen und Hungersnöte. Verschiedentlich kam es zu Hungeraufständen.

T5 Großunternehmer

Einer kleinen Gruppe von Bürgern ging es deutlich besser. Selbst in Zeiten wirtschaftlichen Niedergangs machte sie Gewinne. Es waren die Großkaufleute und Reeder. Der König unterstützte und schützte sie, weil sie über den Handel mit Waren Geld in die Kassen des Königs brachten.
Auch Bankiers und Leute, die in hohen Verwaltungsämtern arbeiteten, wurden reich. Der König brauchte auch sie, um seine Finanzen zu regeln und den Staat zu lenken.
Dieser Teil des französischen Volkes vergrößerte ständig seinen Grundbesitz und seinen Reichtum.

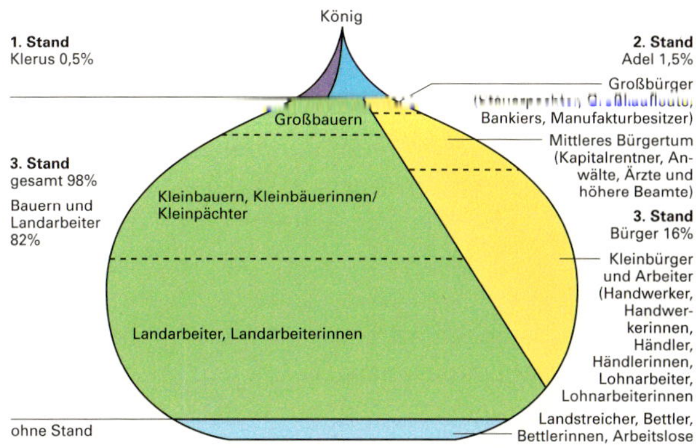

M2 Die Gesellschaft wird in Form einer Zwiebel dargestellt.

M3 Hunger war eine tägliche Sorge
Die Bauernfamilie spricht vor einer gemeinsamen Schale mit Essen ein Dankgebet. (Kupferstich von A. v. Ostrade, 1653)

4. Erläutere, warum Ludwig XIV. ständig in Geldnot war und wie er versuchte, an Geld zu kommen. (T4)

5. Welche Gruppen der Bevölkerung machten große Gewinne und wurden immer reicher? (T5)

6. Fasse zusammen und fertige eine Tabelle an: Wie erging es den Menschen unter Ludwig XIV? (T1 – T5)

Adel/Klerus	reiche Bürger	arme Leute
…	…	…
…	…	…

Das Leben der Menschen

**Als Ludwig XIV. starb, jubelten die Menschen.
Hatten die meisten ihren König zunächst verehrt und ihn bewundert, so waren sie bald von ihm enttäuscht.**

T1 Armut

Vor allem die Bauern, Handwerker und Tagelöhner traf die Armut. Die Löhne waren niedrig, die Steuern hoch. Bis zu 80% ihres Einkommens mussten die einfachen Leute an Abgaben und Steuern weggeben.
Wenn durch Missernten das Getreide knapp und teuer wurde, hungerten diese Menschen. Die Kleidung war oft erbärmlich.
Auch die Wohnungen waren ärmlich. Ein Zimmer als Küche und Wohnstube und vielleicht noch eine Schlafkammer waren zumeist die ganze Wohnung. Häufig war diese auch noch feucht und kalt, denn Heizmaterial war für die meisten Bürger teuer.
Hunger, schlechte Kleidung und die kalten Wohnungen ließen die Menschen für Krankheiten anfällig werden. Besonders traf dies die Kinder. In Hungerjahren starben bis zu drei Viertel der Kinder vor Vollendung des ersten Lebensjahres.
Etwa ein Zehntel der Menschen in Frankreich war so verarmt, dass sie kein Zuhause mehr hatten und auf den Straßen vom Betteln leben mussten.

T2 Unterdrückung und Ungerechtigkeit

Vor dem Gesetz hatten die Bürger weniger Rechte als Adlige und Geistliche. Jederzeit konnte der König in Gerichtsverfahren eingreifen. Gegen seine Entscheidungen oder die seiner Richter gab es keinen Widerspruch. Geständnisse wurden oft durch die Folter erpresst.

M1 Ludwigs Festungsbaumeister Vauban nannte 1698 die Gründe für die Verarmung des Großteils der französischen Bürger:

„Die Einkommenssteuern stellen eine der Ursachen des Übels dar. (...) es besteht kein Verhältnis mehr zwischen dem Einkommen des Steuerpflichtigen und der Steuer, mit der man ihn belastet. Außerdem werden die Abgaben mit der äußersten Härte eingetrieben. Leute von Macht und Ansehen erreichen es oft durch ihren Einfluss, dass der Steuerbetrag einer oder mehrerer Gemeinden weit unter die ihrer Zahlungskraft entsprechenden Höhe gesenkt wird. Natürlich fällt diese Entlastung der einen Gemeinde zwangsläufig anderen benachbarten Gemeinden zur Last.“

M2 Vauban wird noch deutlicher:

„Die großen Landstraßen und die Straßen der Städte und Dörfer sind voller Bettler, die Hunger und Entblößung von zu Hause fortgetrieben haben. Durch die Untersuchungen, die ich habe machen können, habe ich sehr wohl bemerkt, dass in dieser letzten Zeit beinahe ein Zehntel der Bevölkerung bis zur Bettelhaftigkeit verarmt ist und tatsächlich bettelt (...)“

M3 Erzbischof Fénelon wendet sich an Ludwig XIV.:

„Ihre Einnahmen und Ausgaben sind ins Unendliche gewachsen. (...) Das Volk selber (...) fängt an, die Freundschaft, das Vertrauen und selbst die Verehrung für Sie zu verlieren. Ihre Siege, Ihre Eroberungen sind ihm kein Fest mehr; voll Erbitterung und Verzweiflung kann es nicht mitfeiern; vielmehr zündet nach und nach in allen Teilen des Landes der Funke des Aufruhrs.“

»

1. Beschreibe M4 und kläre dabei die Frage nach der Einrichtung und den Aufgaben, den der abgebildete Raum hatte.

2. Warum bezeichnet Vauban die Einkommenssteuer als Grundübel? Beachte: Wer kann sich nach Vaubans Meinung der Steuerlasten leicht entledigen? (M1)

3. Erzbischof Fénelon beschreibt eine Entwicklung in der Stimmung des Volkes. Wie beurteilt er die Lage? (M3)

M 4 **Auch in den Städten lebten die einfachen Menschen in sehr ärmlichen Verhältnissen.**

M 5 Auf dem Sterbebett sagte Ludwig XIV. seinem fünfjährigen Urenkel und Thronfolger:

„Du wirst einmal ein großer König werden. Aber tue es mir nicht gleich, sondern lasse die Finger vom Bauen und Kriegführen (...) Denke an deine Aufgabe und deine Verpflichtungen gegenüber Gott, achte darauf, dass deine Untertanen dich ehren. Lass dich gut beraten und handle entsprechend, versuche das Los deines Volkes zu bessern, (...)“

M 6 Liselotte von der Pfalz, die mit einem Bruder Ludwigs XIV. verheiratet war, schrieb im Hungerjahr 1709:

„Die Leute aus dem Volk sterben wie Mücken vor Kälte und Armut (...) Gestern erzählte man mir eine erbärmliche Geschichte von einer armen Frau, die ein Brot in einem Bäckerladen stahl. Der Bäcker lief dem Weib nach; es fing an zu weinen und sagte: „Wenn man mein Elend wüsste, man nähme mir das Brot nicht. Ich habe drei kleine Kinder, ganz nackt, ohne Feuer und Brot.“ Der Kommissar, vor dem man sie geführt hatte, sagte: „Seht zu, was Ihr sagt, denn ich gehe mit Euch in Euer Haus“, und ging auch mit. Wie er in die Kammer trat, sah er drei kleine nackte Kinder, in Lumpen gewickelt, in einer Ecke sitzen.
„Wo ist euer Vater?“ – „Hinter der Tür“, sagte das Kind. Der Kommissar wollte sehen, was der Vater hinter der Türe mache; er hatte sich aus Verzweiflung hinter der Tür erhängt (...)
Dergleichen Sachen hört man täglich.“

4. Ludwig XIV. rät seinem Urenkel, anders zu handeln, als er es selbst getan hat. Was müsste der Thronfolger anders machen? (M 5)

* **5.** Verfasse eine Zeitungsmeldung zur katastrophalen Lage der Bürger des Dritten Standes. Nutze die Texte T 1, T 2 und die Materialien M 1 – M 6.

* **6.** Führt ein Streitgespräch: Einige Schüler verteidigen als Adlige die Regierung Ludwigs XIV. Andere machen ihm Vorwürfe. Sammelt Argumente und überzeugt die Zuhörer.

Friedrich II. – König von Preußen

Etwa 80 Jahre bevor Friedrich II. König von Preußen wurde, sagte Ludwig XIV.: „Der Staat bin ich." Friedrich II., später der Große genannt, sagte über seine Aufgabe als König: „Ich bin der erste Diener des Staates."

M1 **Schloss Sanssouci** (frz. „sorgenfrei") in Potsdam. 1745 wurde der Grundstein für dieses Lustschloss gelegt, das Friedrich II. selbst plante und später oft und gerne nutzte.

T1 Nutze deinen Verstand

Als Friedrich II. 1740 König von Preußen wurde, hatten sich Forderungen der Aufklärung bereits weit verbreitet. Ausgehend von den Naturwissenschaften wurden alle Bereiche des Lebens kritisch untersucht: Naturerscheinungen, Religion, Wirtschaft und Staat. Aberglaube wurde ebenso angegriffen wie die uneingeschränkte Macht der Fürsten.
Oberste Richtschnur sollte die Vernunft des Menschen sein. Grundsätzlich gäbe es keine Unterschiede zwischen den Menschen. Alle Menschen hätten einen Verstand. Sie müssten ihn aber auch benutzen. So könnten sie unabhängig werden.

T2 Alle Menschen sind gleich

Die Aufklärer behaupteten, dass alle Menschen gleiche Rechte haben, die ihnen niemand nehmen kann. Deshalb müssten sie auch auf die Entwicklung des Staates Einfluss nehmen. Die Fürsten dürfen nicht allein alle Macht besitzen. Regierungsgeschäfte, Gesetzgebung und Rechtsprechung dürfen deshalb nicht allein in der Hand eines Fürsten liegen.

T3 Dem Staat dienen

Friedrich II. kannte die Forderungen der Aufklärung. Er hatte eine andere Auffassung seiner Aufgaben als König als Ludwig XIV. Er sah es als seine Pflicht an, seinem Vaterland als König zu dienen.
Eine der wenigen Ausgaben, die seinem Vergnügen galt, war der Bau von Schloss Sanssouci in Potsdam. Dieses Schloss sollte seine Größe und Macht zeigen. Alle anderen Ausgaben waren für Dinge, die für das Wohl des Staates wichtig waren.

T4 Zum Wohl des Staates

Friedrich II. war der Meinung, dass er selbst alle Macht in den Händen halten musste. Er allein könne sicherstellen, dass alles nur dem Wohle des Staates diene. Würden

»

1. Nenne die Grundforderung der Aufklärung: Worauf soll sich der Mensch verlassen und was soll er tun? (T1)

2. Zähle weitere Forderungen der Aufklärung auf. (T2)

3. Wie darf sich nach Ansicht Friedrichs II. ein Herrscher nicht verhalten? (M2)

4. Friedrich II. als König:
a) Wie sieht er das „Amt" und die Aufgaben des Königs? (T3, M4, M5)
b) Wie ist dies mit dem Bau des Schlosses Sanssouci zu vereinbaren? (M1)

andere an der Macht beteiligt werden, würde das zum Schaden des Staates sein. In diesem Sinne war Friedrich II. ein absoluter Herrscher.

T5 Der Adel als Stütze
Ein starker Staat war für Friedrich II. die Grundlage für das Wohlergehen des Volkes. Auf den Adelsstand wollte er sich als Herrscher verlassen können. Er stärkte deshalb den Adel und sorgte dafür, dass wohlhabende Bürger keine Adelsgüter erwerben konnten. Doch auch die Bauern entlastete er. Sie mussten nicht mehr so viele Zwangsdienste für die Grundherren leisten.

T6 Reform der Rechtsprechung
Alle Menschen des Staates sollten vor dem Gesetz gleich sein. Das wollte Friedrich II. mit einer seiner Reformen erreichen. Auch der König sollte davon nicht ausgenommen sein: Die Richter sollten unabhängig Recht sprechen. Selbst der König sollte nicht in Prozesse eingreifen und Urteile verändern.
Allerdings hielten sich König, Adel und manche Richter nicht immer an die Verordnungen.

M3 Friedrich II. besichtigt sein Leibregiment (Aquarell von Daniel Chodowiecki, 1777)

T7 Preußen – eine Militärmacht
Wie sein Vater, König Friedrich Wilhelm I., baute Friedrich II. Preußen zu einer großen Militärmacht weiter aus. 1786 standen 180 000 Soldaten unter Waffen. Die Soldaten wurden unmenschlich behandelt. Berüchtigt waren die grausamen Strafen.

M2 Friedrich II. zu den Aufgaben der Fürsten und des Königs:

„Trägheit, Vergnügungssucht und Dummheit: Diese drei Ursachen hindern die Fürsten in ihrem edlen Berufe, für das Glück der Völker zu wirken. (...) Ihre Pflichtvergessenheit wird geradezu strafbar. Der Herrscher ist nicht zu seinem hohen Rang erhoben, man hat ihm nicht die höchste Macht anvertraut, damit er in Verweichlichung dahinlebe, sich vom Mark des Volkes mäste und glücklich sei, während alles darbt.“

M4 Friedrich II. über die Aufgaben der Gerichte:

„Die erste Pflicht eines Bürgers ist, seinem Vaterland zu dienen. Ich habe mir vorgesetzt, niemals den Gang der Rechtspflege zu stören. Im Gericht sollen die Gesetze sprechen und der Fürst schweigen. Aber dies Schweigen hat mich nicht gehindert, die Augen offen zu halten, um das Verhalten der Richter zu überwachen.“

M5 Friedrich II. zu seinen Regierungsgrundsätzen:

„In einem Staate wie Preußen ist es durchaus notwendig, dass der Herrscher seine Geschäfte selbst führt. Denn ist er klug, wird er nur dem Staatsinteresse folgen, das auch das seine ist. (...)
Ist es aber schon notwendig, dass der Herrscher die inneren Angelegenheiten seines Staates selber lenkt, um wie viel mehr muss er dann seine äußere Politik selbst leiten, (...)“

5. Warum kann man Friedrich II. zu Recht als absolutistischen Herrscher bezeichnen? (T4)
Wie begründet Friedrich seine Haltung? (M5)

6. Eine der Forderungen der Aufklärung lautete, dass alle Menschen gleich sind. Wie verhielt sich Friedrich hierzu? (T2, T5, T6, M4)

* **7.** Bewerte die Justizreform Friedrichs II. (T6, M4)

* **8.** Welche Bedeutung hatte das Heer in Preußen? (T7, M3)

Der Absolutismus in Preußen

Friedrich II. konnte auf eine gut ausgebildete Armee zurückgreifen, die sein Vater aufgebaut hatte, aber kaum einsetzte. Er nutzte die Armee sofort und wiederholt, um Preußens Macht zu erweitern.

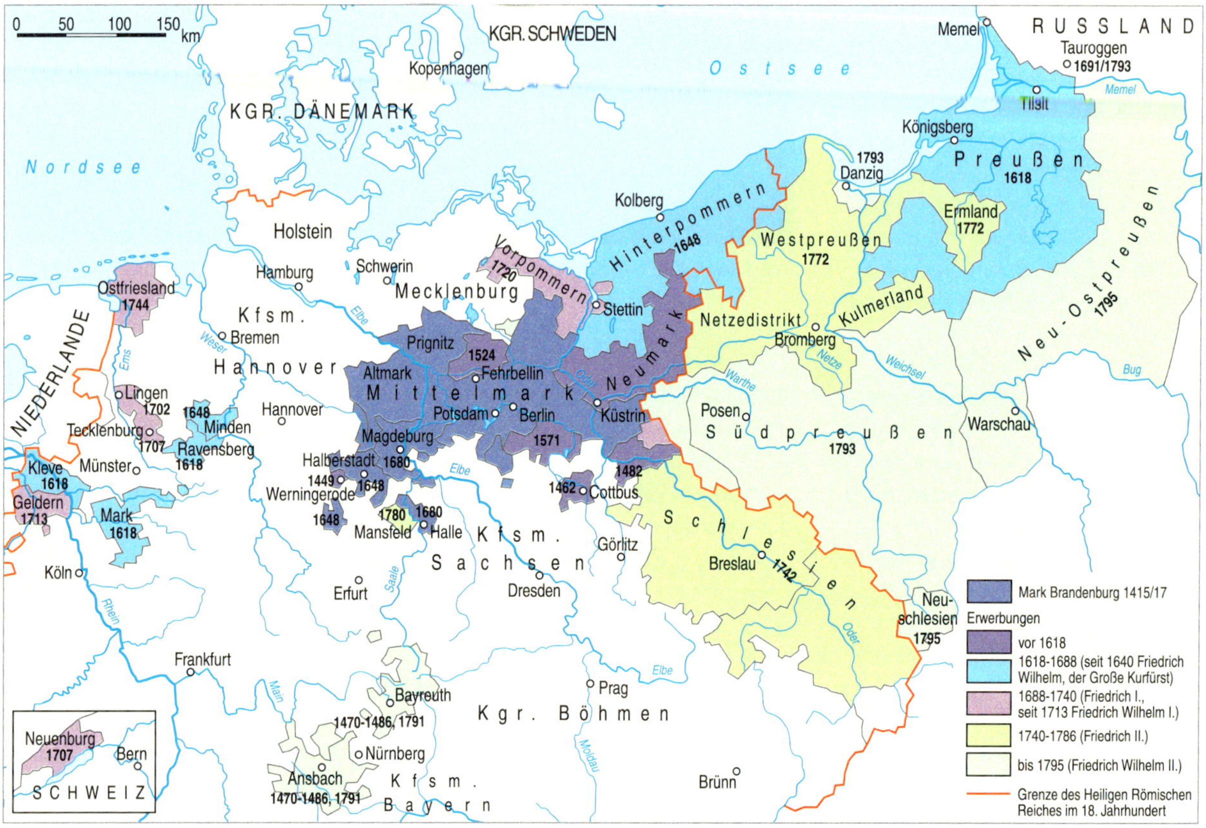

M1 Entwicklung Brandenburg-Preußens von 1415/17 bis 1795

T1 Stärkung der Macht

Das Ziel, Preußen zu einer militärischen und politischen Großmacht zu machen, übernahm Friedrich II. von seinem Vater und dessen Vorfahren. Diese hatten die Mark Brandenburg 1415/17 als Lehen bekommen und ständig weitere Gebiete hinzugewonnen.

T2 Schlesien

Friedrich II. bestieg 1740 den Thron. Als im selben Jahr der österreichische Kaiser Karl VI. starb, nutzte Friedrich die Gunst der Stunde und besetzte die reiche österreichische Provinz Schlesien. Er hatte erkannt, dass Maria Theresia, die Karl auf dem Thron folgte,

»

1. Bereits im Jahr seiner Thronbesteigung besetzte Friedrich II. einen reichen Landstrich und gliederte ihn seinem Land ein. Wie hieß dieses Gebiet und wem gehörte es vorher? (T2, M1)

2. Die neue Kaiserin und Herrscherin über Österreich wollte Preußen in einem weiteren Krieg schwächen. Beschreibe den Verlauf dieses Krieges. (T3)

3. Beschreibe die weiteren Gebietszugewinne. Was fällt dir auf? (T4, M1)

zunächst Schwierigkeiten hatte, ihre Ansprüche auf den Thron zu behaupten. Deshalb war Österreich geschwächt und konnte Schlesien nicht behaupten.

T3 Der Siebenjährige Krieg
Maria Theresia aber gab so schnell nicht auf. Sie verbündete sich mit Frankreich, Russland, Schweden und Sachsen. Schlesien sollte wieder an Österreich fallen und Preußen an Macht verlieren. 1756 griff Friedrich II. diese Verbündeten an, um deren Angriff zuvorzukommen. Über sieben Jahre hielt Preußen der zweieinhalbfachen Übermacht stand. Letztlich rettete der Umstand das Land, dass die russische Zarin starb. Ihr Sohn, Peter III., verehrte Friedrich II. und schloss mit ihm Frieden. Danach stimmten 1763 auch die anderen Mächte einem Friedensvertrag zu. Schlesien blieb bei Preußen.

T4 Teilung Polens
Durch die Teilung Polens gegen Ende des 18. Jahrhunderts vergrößerte sich Preußen noch einmal deutlich. Es gehörte damit zu den fünf Großmächten in Europa. Allerdings blieb Preußen im Kreise von Österreich, Russland, Frankreich und England eine eher kleine Großmacht.

T5 Förderung der Wirtschaft
Das Heer und die Kriege kosteten viel Geld. Die besiegten Mächte mussten zwar große Summe zur Entschädigung bezahlen, doch der Staat sollte auch durch die Tatkraft der Menschen und der Wirtschaft stärker werden. Deshalb förderte Friedrich II. Handel und Gewerbe. Er unterstützte auch die Gründung von Unternehmen, wie die Preußische Porzellanmanufaktur, die Waren herstellten, die man ins Ausland verkaufen konnte.

T6 Förderung der Landwirtschaft
Das Wohlergehen des Staates hing für Friedrich II. eng mit dem Wohlergehen der Bevölkerung zusammen. Deshalb förderte er die Wirtschaft und auch den Ausbau des Landes. Er ließ Sümpfe trockenlegen und unkultiviertes

M2 Friedrich II. überwacht die Kartoffelernte
(Ausschnitt aus einem Gemälde von R. Warthmüller, 1886)

Land nutzbar machen. Da Sandboden bei Getreide wenig Ertrag bringt, setzte er den vermehrten Anbau von Kartoffeln durch. Diese gedeihen gut auf sandigem Boden und machen auch satt. Als absolutistischer Herrscher setzte Friedrich II. den Kartoffelanbau gegen den Widerstand vieler Bauern durch.

T7 Religionsfreiheit
Wie seine Vorgänger sorgte Friedrich II. für Glaubensfreiheit. Wichtig war ihm, dass möglichst viele Menschen in seinem bevölkerungsarmen Land siedelten, um dort als Handwerker, Bauern und Gelehrte zu arbeiten. Auf diese Weise waren bereits früher viele Protestanten aus Frankreich nach Preußen geflohen, weil sie dort unter Ludwig XIV. verfolgt wurden. In Preußen wurden sie gern aufgenommen und fanden hier eine neue Heimat.

T8 Am Ende einer Zeit
Friedrich der Große war einer der letzten absolutistischen Herrscher. Einige Forderungen der Aufklärer setzte er durch. Andere, wie ein gerechteres Rechtssystem, wurden nur halbherzig umgesetzt. Bei anderen, wie der Pressefreiheit, hielt er seine guten Vorsätze nicht durch. Zum Ende seines Lebens durften Zeitungen nur das schreiben, was er erlaubte.

4. Welche Gründe hatte Friedrich II. für die Förderung der Wirtschaft und der Landwirtschaft? (T5, T6)

5. Warum war es für Preußen vorteilhaft, dass Katholiken, Protestanten, Juden und andere ihre Religion frei ausüben durften? (T7)

* **6.** Fertige eine Aufstellung darüber an, wie Friedrich der Große regierte:
a) Wie festigte er seine Macht?
b) Was nützte dem Wohlergehen des Volkes?

Kaiserin Maria Theresia

Maria Theresia war eine der mächtigsten Frauen Europas. Als Erzherzogin von Österreich und spätere Kaiserin herrschte sie über ein Reich, das deutlich größer war als das des Königs von Preußen.

T1 Eine Frau auf dem Thron Österreichs?
Maria Theresia wurde am 13. Mai 1717 in Wien geboren. Ihre Kindheit verlebte sie unbekümmert. Niemand dachte zunächst daran, dass sie auf die Aufgaben einer Königin und Kaiserin vorbereitet werden müsste. Schließlich sollten nur Männer die Macht im Hause Habsburg übernehmen.

T2 Habsburg – eine Macht in Europa
Das Haus Habsburg war mächtig. Marias Vater Karl VI. war Kaiser in Deutschland und herrschte über Österreich, Ungarn und viele andere Länder. Sein einziger Sohn starb in seinem ersten Lebensjahr. Nur männliche Erben durften die Thronfolge antreten. Bis zu seinem Tod hoffte Kaiser Karl VI. darauf, dass ihm neben den drei Töchtern noch ein Sohn geboren werde.

T3 Eine neue Regelung
Doch Kaiser Karl VI. hatte bereits 1713 vorgesorgt. Eine neue Regelung stellte sicher, dass auch die älteste lebende Tochter seine Nachfolge als Herrscherin über die habsburgischen Länder antreten konnte. Trotzdem gab es nach seinem Tod im Jahr 1740 Streit um die Nachfolge.

M1 Maria Theresia von Österreich

T4 Eine Kaiserin?
Maria Theresia konnte zunächst nicht Kaiserin werden. Die Habsburger waren so mächtig, dass sie einen Kaiser in Deutschland stellen konnten – aber keine Frau. Ihr Mann, der aus dem kleinen Herzogtum Lothringen stammte, wurde daher zum Kaiser gekrönt. Erst nach dem Tod ihres Mannes, Kaiser Franz I., wurde Maria Theresia offiziell Kaiserin. Ihr ältester Sohn, der spätere Joseph II., war noch nicht alt genug, um allein zu regieren.

T5 Friedrich der Große – der Hauptgegner
Maria Theresia musste sich bei den Streitigkeiten um ihre Thronbesteigung auch gegen Frankreich und Bayern erwehren. Beide wollten die Gunst der Stunde nutzten, um Österreich Land wegzunehmen.
Ihr schärfster Gegner jedoch blieb Friedrich der Große. Sie verzieh ihm nie, dass er ihre Schwäche bei der Thronbesteigung genutzt hatte. Er hatte ihr eines der am weitesten entwickelten Industriegebiete, Schlesien, weggenommen. Auch später noch versuchte Friedrich II., die Macht Österreichs zu schwächen. Die Schwäche Österreichs im Deutschen Reich war seine Stärke.

T6 Die Reformerin
Die Ideen der Aufklärung betrachtete Maria Theresia zunächst skeptisch. Sie verschloss sich aber nicht ihren Beratern, die den Forderungen der Aufklärung offener gegenüberstanden. So wurden unter der Regierung Maria Theresias viele Verbesserungen durchgeführt, die ihren Untertanen Erleichterungen verschafften: Die Folter wurde abgeschafft. Bauern wurden nicht mehr als Eigentum der adligen Grundbesitzer betrachtet. Adel und

»

1. Erkläre, warum die Kindheit Maria Theresias sehr unbekümmert verlief. (T1)

2. Das Haus Habsburg – eine Macht in Europa. Erkläre. (T2)

3. Warum war die Thronfolge Maria Theresias etwas Besonderes? (T3)

4. Maria Theresia konnte als eine der mächtigsten Frauen zunächst nicht Kaiserin werden. Ab wann war das erst der Fall? (T4)

M 2 Das Schloss Schönbrunn in Wien
Es zeigte die Macht und die Größe Maria Theresias. Auf ihr Geheiß wurde das riesige Gebäude, dessen Bau genau durchdacht war und in dessen Zentrum die Herrscherin lebte, zur heutigen Pracht ausgebaut.

Klerus mussten von nun an auch Steuern bezahlen. Die Rechtsprechung musste sich festgelegten Regeln unterwerfen. Die Schule für das Volk wurde eingeführt: Jeder sollte die Möglichkeit haben zu lernen.

T 7 Dem Staat dienen

Maria Theresia nahm auf die Gefühle ihrer Kinder nie Rücksicht. Bis auf eine Tochter mussten ihre 16 Kinder im Sinne des Wahlspruchs der Habsburger heiraten: Kriege mögen die anderen führen, du, glückliches Österreich, heirate. Maria Theresia versuchte also, durch eine geschickte Heiratspolitik Kriege zu vermeiden und trotzdem die Interessen Österreichs und des Hauses Habsburg zu schützen.

5. Nenne den Hauptgegner Maria Theresias und erkläre dessen Gründe.(T 5)

* **6.** Zähle die Reformen Maria Theresias auf. (T 6)

* **7.** Erläutere die Heiratspolitik Maria Theresias und deren Folgen für ihre Kinder. (T 7)

Herrscher und Beherrschte

1. Ludwig XIV. und der Adel

Setze die Begriffe richtig ein.

Ludwig XIV. wollte die … des Adels einschränken. Deshalb sollten die wichtigsten Adligen in seiner … leben. So hatte er sie unter seiner … . Wer nicht am … lebte, dem schenkte Ludwig keinerlei … . Die Adligen gaben viel Geld für die … und ihre kostbare … aus. Viele mussten dafür große … machen, die Ludwig XIV. oft übernahm. Sie standen deshalb in seiner … und waren auf sein … angewiesen.

FESTE
SCHULD
HOFE
MACHT
BEACHTUNG
NÄHE
KONTROLLE
KLEIDUNG
SCHULDEN
WOHLWOLLEN

2. Absolutismus

Nenne die vier wichtigsten Merkmale der absolutistischen Herrschaft Ludwigs XIV.

3. Adel, Klerus, Volk

Wie erging es dem Adel, Klerus und dem einfachen Volk unter der Herrschaft Ludwigs XIV.? Fertige dazu eine Aufstellung an:

Adel/Klerus	einfaches Volk
…	…
…	…

4. Was geschah wann?

Aus dem Leben von Ludwig XIV., Friedrich II. und Maria Theresia. Ordne folgende Daten den entsprechenden Ereignissen zu:

- 1661
- 1715
- 1740 – 1780
- 1740 – 1786
- 1745

5. Wer tat was?

Setze die Sätze richtig zusammen.

1) Um die französischen Adligen besser kontrollieren zu können, …
2) Während der Bauarbeiten am Schloss Versailles …
3) Die vom französischen König geförderte Wirtschaftsform …
4) Der preußische König sah es als seine Pflicht an, …
5) Kaiserin Maria Theresia leitete Reformen ein, …

a) … die das Leben der Untertanen erleichterten.
b) … holte er sie an den französischen Königshof.
c) … starben viele Bauarbeiter an der Malaria.
d) … brachte viel Geld in die Kasse des französischen Staates.
e) … für das Wohlergehen Preußens und seiner Bürger zu sorgen.

Wichtige Begriffe:

Aufklärung

Kaiserin Maria Theresia

Steuern

Absolutismus

Ständegesellschaft

Preußen

6. Herrscher, Schlösser, Reformen

Finde die Begriffe im Gitterrätsel.

a) Einige der Forderungen der Aufklärung griff dieser absolutistische Herrscher auf. (Die Lösung ist in einem Wort geschrieben.)
b) Was bedeutet der Name des Lustschlosses, das sich Friedrich II. in Potsdam bauen ließ, ins Deutsche übersetzt?
c) Die erste Pflicht eines Bürgers – und damit auch des Königs – ist es, dem Staat zu …
d) Eine der wichtigsten Reformen Friedrichs war es, dass alle Menschen vor dem … gleich sein sollten.
e) Diese reiche Provinz eroberte Friedrich II. von Österreich.
f) Diese Herrscherin machte er sich damit zur Gegnerin. (Die Lösung ist in einem Wort geschrieben.)
g) Dieses Nahrungsmittel setzte Friedrich II. durch, damit möglichst alle seiner Untertanen satt wurden.
h) Die Herrscherin Österreichs ließ viele Reformen durchführen. Eine davon war, dass Adel und Klerus dies nun auch zahlen mussten.

ß	A	G	E	A	I	S	E	R	E	H	T	A	I	R	A	M
I	N	D	H	O	C	L	I	K	N	G	J	M	I	B	O	D
F	S	C	H	L	E	S	I	E	N	L	P	F	K	G	J	A
D	T	M	B	K	P	H	Q	B	R	G	E	C	R	F	M	G
L	E	F	F	O	T	R	A	K	O	F	K	W	D	ß	E	K
C	U	R	V	T	M	G	U	H	R	A	N	S	O	K	N	O
M	E	P	A	N	W	N	O	Z	K	N	Z	E	Q	B	I	F
E	R	J	K	E	T	H	S	G	J	C	I	T	G	E	P	C
L	N	F	O	N	C	P	A	K	I	L	M	D	F	R	R	A
J	H	L	N	E	K	G	E	S	E	T	Z	U	H	J	O	G
B	Q	E	S	I	V	F	N	H	P	K	E	L	D	F	I	S
F	R	I	E	D	R	I	C	H	D	E	R	G	R	O	ß	E

7. Richtig oder falsch?

Verbessere die falschen Aussagen.

- Auch der König Ludwig XIV. musste die Unabhängigkeit der Gerichte akzeptieren.
- Unter Ludwig XIV. mussten Bauern und Handwerker keine Steuern zahlen.
- Von Friedrich dem Großen stammt der Satz: „Ich bin der erste Diener meines Staates."
- Im Schloss von Versailles drehte sich alles um den König.
- Am Ende der Regierungszeit Friedrichs II. war Preußen ein unbedeutender europäischer Staat.
- Die Reformen der Kaiserin Maria Theresia kamen nur dem Adel und dem Klerus zugute.

Friedrich der Große

Reformen

Militärmacht

Ludwig XIV.

Habsburger

Schloss Versailles

Methoden

2

Methode:
Eine Geschichtskarte auswerten, Seite 24/25

1. Thema, Ort und Zeit
Kläre zunächst, um welches Thema es bei dieser Karte geht: Oft hat die Karte einen Namen, der weiterhilft. Stelle nun fest, welche Gebiete der Erde von der Karte erfasst werden. Die Frage nach der Zeit, um die es geht, ist oft in der Kartenerläuterung (Legende) angegeben.

2. Einzelheiten erfassen
Eine Karte bietet oft viele Informationen. Aus der Kartenlegende kannst du entnehmen, welche Bedeutung die Zeichen, Farben und andere Bezeichnungen haben.

3

Methode:
So kannst du Bilder betrachten und verstehen, Seite 54/55

1. Beschreiben:
Was wird dargestellt?
Wer oder was ist abgebildet?
Was geschieht auf dem Bild?

2. Untersuchen:
Wie wird das Geschehen dargestellt? Was steht im Mittelpunkt des Bildes? Was sind wichtige, was weniger wichtige Bildinhalte? Wird etwas besonders groß, hell oder farbig dargestellt? Welche Haltung nehmen die Personen ein?

3. Erklären:
Warum wird es so dargestellt? Wer hat das Bild in Auftrag gegeben? Wer sind die Betrachter? Was soll mit dem Bild erreicht werden?

4

Methode: Schriftliche Quellen auswerten, Seite 82/83

Fragen zum Text:

1. **Worum geht es in dem Text?**
2. **Welche Orte, Personen oder Gruppen werden genannt?**
3. **Gibt es Wörter, die du nicht verstehst?** Schlage in einem Wörterbuch nach oder frage deine Lehrerin oder deinen Lehrer.
4. **Kannst du erkennen, an wen sich der Schreiber wendet?**
5. **Schreibt der Verfasser über Dinge, die er selbst erlebt hat? Woher hat er sonst seine Informationen?**
6. **Mit welcher Absicht hat der Verfasser den Text wohl geschrieben?**

*In Klammern gesetzt sind die Lebensdaten der jeweiligen Person.

Textquellen

S. 13 M 5: Plutarch, Marcus Cato, der Ältere, entnommen aus: Praxis Geschichte Heft 6, 1989, S. 17, Übersetzer: S. Tschirner
S. 39 M 4: Peter Seeberg, Der Junge ohne Namen, Oktober 1990, aus dem Dänischen von Lothar Schneider, Zürich, Nagel & Kimche
S. 47 M 5: Zit. nach: Adolf Erman, Ägypten und ägyptisches Leben im Altertum, Hildesheim Gerstenberg 1987, S. 532, Bearb.: Hermann Ranke
S. 47 M 6: Herodot, Historien II, Artemis Verlag, München, Übersetzer: Hans M. Gerst
S. 65 M 4: Nach: Herodot, Historien 4, Hrsg. Josef Feix, München 1977, S. 150 ff., Heimeran Verlag, Übersetzer: Josef Feix, (bearb. v. Verf.)
S. 69 M 3: Nach: Thukydides, Der Peleponnesische Krieg 2, 37, Klinkhardt 1912, Übersetzer: August Horneffer, (bearb. v. Verf.)
S. 71 M 5: Zit. nach: Pausanias, 5, 16, 2 - 4; nach: Brigitte Löhr, Frauen in der Geschichte, Grundlagen - Anregungen - Materialien für den Unterricht, Tübingen 1994, Bd. 2, S. 77
S. 82 M1: Plutarch, Plutarch Auswahl, Verlag S. Fischer, Frankfurt/M. 1957, Übersetzer: Konrad Ziegler
S. 82 M 2: Diodoros, Griechische Weltgeschichte 5, S. 36 ff., Stuttgart 1993, Übersetzer: Otto Veh
S. 101 M 5: Geschichte in Quellen, Bd. 1, BSV, München 1965, S. 877 ff., Übersetzer: Walter Arend, (bearb. v. Verf.)
S. 85 M 4: Juvenalis, Satiren 10, 78 - 81 (übersetzt vom Verfasser)
S. 85 M 5: Z. 1 - 3 Zit. nach: Peter Conolly, Pompeji, Tessloff Verlag, Hamburg 1979, S. 72 Z. 4 Zit. nach: Robert Etienne, Pompeji, die eingeäscherte Stadt, Ravensburg 1991, S. 46, Übersetzung: Annette Fiebig
S. 85 M 6: Zit. nach: Robert Etienne, Pompeji, die eingeäscherte Stadt, Ravensburg 1991, S. 109
S. 87 M 5: Geschichte in Quellen, Bd. 1, BSV, München 1965. S. 877 ff., Übersetzer: Walter Arend, (bearb. v. Verf.)
S. 89 M 4: Geschichte in Quellen, Bd. 1, BSV, München 1965, S. 647, Übersetzer: Walter Arend, (bearb. v. Verf.)
S. 95 M 5: Zit. nach: Petronius 76, nach: Erinnern und Urteilen 6, Stuttgart 1994, S. 115, Übersetzer: Veit Sturm
S. 97 M 4: Zit. nach: Strabon, Geographie, 5.3, Strabons Geographika, Vandenhoeck & Ruprecht, Übersetzer: Stefan Radt
S. 107 M 3: Matthäus 4, 23, in: Deutsche Bibelgesellschaft, Gute Nachricht Bibel, Stuttgart 2000, Neues Testament, S. 7
S. 108 M 1: Aus dem Alten Rom, Ausgewählte Briefe, Reclam Verlag, Stuttgart 1953, Übersetzer: Mauriz Schuster
S. 113 M 4: Zit. nach: Geschichte in Quellen, Bd. 1, BSV, München 1965, S. 833, Übersetzer: Walter Arend
S. 113 M 5: MGH Ep IV, S. 137, Übersetzer: Wolfram von den Steinen, (bearb. vom Verf.)
S. 116 M 2: Zit. nach: Sigrid Hunke, Allahs Sonne über dem Abendland, Frankfurt/M. 1990, S. 338
S. 118 M 2: Zit. nach: Der Koran, 2. Auflage, Gütersloh 1992, S. 146, Übersetzer: Adel Theodor Khoury
S. 119 M 6: Nach: A. Becker, Große Religionen der Welt, München 1987, S. 177–186
S. 121 M 5: Aus: Sigrid Hunke, Allahs Sonne über dem Abendland, Stuttgart 1967, S. 109 f.
S. 123 M 4: Zit. nach: Deutsche Geschichte in Quellen und Darstellung. Band 1, Stuttgart 1995, S. 54, Bearb.: Wilfried Hartmann
S. 125 M 2: Zit. nach: Geschichte in Quellen, Bd. 2, BSV, München 1970, S.146 f., Übersetzer: Wolfgang Lautemann, (bearb. v. Verf.).
S. 127 M 2: Dictatus papae, nach: Wolfgang Lautemann (Hg.), Geschichte in Quellen, Bd. 2, BSV, München 1978, S. 291 f., Übersetzer: Manfred Schlenke
S. 127 M 4: Briefe Heinrichs IV., Nr. 12, nach: Quellen zur Geschichte Kaiser Heinrichs IV., Darmstadt 1968, S. 64 ff., Übersetzer: Franz-Josef Schmale und Irene Schmale-Ott
S. 128 M 1: Aus: Wilhelm von Tyrus, Geschichten der Taten in Übersee 1, Kap. 15, in: Erinnern und Urteilen, Klett, Stuttgart, S. 6 - 19 (bearb. vom Verf.)
S. 129 M 5: Regine Pernoud: Die Kreuzzüge in Augenzeugenberichten, Düsseldorf 1961, S. 66 und 68, aus: H. D. Schmid, Fragen an die Geschichte 2, Frankfurt/M. 1980, S. 62, Übersetzer: Hagen Thurnau
S. 131 M 2: Zit. nach: Die Kreuzzüge aus arabischer Sicht, aus den arabischen Quellen ausgew. und bearb. von F. Gabrieli, Zürich und München 1973, S. 49 f., gekürzt, hier entnommen aus W. Hug (Hg.), Geschichtliche Weltkunde, Band 1, Quellenlesebuch, Frankfurt/M. 1981, S. 238 f., Übersetzer: Lutz Richter-Bernburg und Barbara von Kaltenborn Stachau Palombini
S. 131 M 3: Zit. nach: Die Kreuzzüge aus arabischer Sicht, aus den arabischen Quellen ausgew. und bearb. von F. Gabrieli, Zürich und München 1973, S. 49 f., entnommen aus W. Hug (Hg.), Geschichtliche Weltkunde Band 1, Quellenlesebuch Frankfurt/M. 1981, S. 238 f., Übersetzer: Lutz Richter-Bernburg und Barbara von Kaltenborn-Stachau Palombini
S. 133 M 3: Fulcher von Chartres, in: Fischer Weltgeschichte, Bd. 11, S. 142 f., hier aus: H. D. Schmid, Fragen an die Geschichte, Band 2, Frankfurt/M. 1980, S. 63, Q 13, Übersetzer: Sigrid Metken
S. 133 M 4: Zit. nach: Regine Pernoud (Hg.): Die Kreuzzüge in Augenzeugenberichten, 5. Aufl., München 1980, S. 131, Übersetzer: Hagen Thurnau
S. 135 M3: Zit. nach: A. Fremantle, Kaiser und Scholaren, Hohes und spätes Mittelalter, Hamburg 1973, S. 136 f., Übersetzer: Holle Kuschel
S. 137 M 5: Aelfric´s Colloquy, ed. by. G. N. Grmonsway, Exeter 1978, nach: Spurensuche Geschichte 2, Stuttgart 1991, S. 12, Übersetzer: Peter Koch, (bearb. v. Verf.)
S. 142 M 1:
a) Zit. nach: Geschichte in Quellen, Bd. 2, BSV, München 1970, S. 76 f.
b) Zit. nach: Günther Franz (Hg.), Bauernschaft und Bauernstand, Limburg/Lahn 1975
S. 142 M 2: Zit. nach: Geschichte in Quellen, Bd. 2, BSV, München 1970, S. 76, Bearb.: Wolfgang Lautemann
S. 145 M 4: Ulrich von Hutten, Deutsche Schriften, BSV, München 1970, S. 324 f., Bearb.: Peter Ukena
S. 146 M 2: Zit. nach: Gottfried von Straßburg, Tristan, in: Heinrich Pleticha, Ritter, Burgen und Turniere, Das Bildbuch von der hohen Zeit des Rittertums, Arena Verlag Würzburg, Bearbeitung: H. Pleticha
S. 147 M 5: Zit. nach: Leg. II, S. 363 (bearb. vom Verfasser)
S. 149 M 2: Zit. nach: Dorfrecht von Schöllbronn, Baden, 1485 nach: Böhler, Bauern, Bürger und Hansa, 1929, S. 82 ff., Übersetzer: Johann Böhler
S. 149 M 3: Zit. nach: Dieter Starke, Herrschaft und Genossenschaft im Mittelalter, Stuttgart 1971, S. 75.
S. 149 M 4: Zit. nach: ebenda.
S. 149 M 5: Rechtsammlungen aus dem Mittelalter, Sachsenspiegel, um 1300/1315 (bearb. v. Verf.)
S. 151 M 3: Acta Mursenia, hg. V. M. Kein, 1883, Quellen zur Schweizer Geschichte 3, S. 68 - 71, Birkhäuser Basel, Hg.: Allg. Geschichtsforschende Gesellschaft der Schweiz, 3 Briefe und Denkwürdigkeiten
S. 153 M 2: MGH Capitularia 1, Nr. 128.
S. 153 M 4: MGH, Bd. I, hrsg. von Boretius, Hannover 1883
S. 155 M 3: Zit. nach: Geschichte in Quellen, Bd. 3, S. 144 f., BSV, München 1976, Bearb.: Fritz Dickmann
S. 156 M 1: Martin Luther, Ermahnung zum Frieden, in: Geschichte in Quellen, Bd. 3, BSV, München 1966, S.145 ff., Bearb.: Fritz Dickmann
S. 156 M 3: Martin Luther, Wider die mordischen und reubischen Rotten der Bauern, in: Ebenda, S.149 ff., S. 154 f., Bearb.: Fritz Dickmann
S. 157 M 4: Zit. nach: Der deutsche Bauernkrieg 1524–1526, hg. v. H. D. Schmid und W. Sommer, Stuttgart 1984, S. 50., Übersetzung: Paul Wietzorek, Joachim Kettel
S. 163 M 2: Zit. nach: Dieter Starke, Herrschaft und Genossenschaft im Mittelalter, Stuttgart 1971, S. 86 ff. (bearb. v. Verf.).

S. 163 M 5: Zit. nach: Dieter Starke, Herrschaft und Genossenschaft im Mittelalter, 1982, S. 88.

S. 165 M 4: Zit. nach: Gerhart Bürck/Richard Dietrich, Weltgeschichte im Aufriss, Bd. II. Frankfurt/M. 1971, S. 73 f.

S. 167 M 4: Zit. nach: Karl Otto Müller, Nördlinger Stadtrechte des Mittelalters, 1933, S. 244 f., Übersetzer: Peter Ziegler

S. 169 M 3: Gottfried Guggenbühl, Otto Weiss (Hg.), Quellen zur allgemeinen Geschichte des Mittelalters, Zürich 1946, Nr. 103, S. 232.

S. 169 M 4: Zit. aus: Zeiten Menschen Kulturen 2, Zürich 1985, S. 38, (bearb. v. Verf.)

S. 171 M 3:
a) Monumenta Judaica, 2000 Jahre Geschichte und Kultur der Juden am Rhein, Köln 1963, S. 96 ff.
b) Zit. in: A. Fremantle, Kaiser, Ritter und Scholaren, Hohes und spätes Mittelalter, Rowohlt Life 34, Reinbek bei Hamburg 1973, S. 136 f., Übersetzer: Holle Kuschel

S. 171 M 4: Zit. nach: Julius Höxter, Quellenlesebuch zur jüdischen Geschichte und Literatur, III. Teil, Frankfurt/M. 1927, S. 28 f.

S. 173 M 3: Zusammengestellt nach: M. Spindler, Handbuch der bayerischen Geschichte, Bd. 3, München 1971, S. 60

S. 173 M 4: Zit. nach: H. Maas Nürnberg – Geschichte und Geschichten für jung und alt, Nürnberg 1992, S. 46/47 f.

S. 176: C Christoph Sachße/Florian Tennstedt, Geschichte der Armenfürsorge in Deutschland, Bd. 1, Stuttgart 1980, S. 64–66

S. 177: B Bronislaw Geremek, Geschichte der Armut, Elend und Barmherzigkeit in Europa, München 1991, S. 60, Übersetzer: Friedrich Griese

S. 177: E Christoph Sachße/Florian Tennstedt, Geschichte der Armenfürsorge in Deutschland, Bd. 1, Stuttgart 1980, S. 29

S. 177: F Simon-Muscheid, Katharina, Ein rebmesser hat sine frowe versetzt für 1 ß brotte, Armut in den oberrheinischen Städten des 15. und 16. Jahrhunderts, in: Arme – ohne Chancen? Hg. v. H. Bräuer, Leipzig 2004, S. 39–70, S. 65

S. 178 M 1: Zit. nach: A. Kuhn (Hg.) und P. Ketsch, Frauen im Mittelalter, Bd. 2, Düsseldorf 1984, S. 171

S. 178 M 2: Ruodlieb von Fritz P. Knapp, Stuttgart 1977, S. 69

S. 178 M 3: Zit. in: A. Kuhn (Hg.) und P. Ketsch, a. a. O., S. 172

S. 178 M 4: Zit. in: Ebenda, S. 187

S. 179 M 6: Aus dem Mühlhäuser Reichsrechtsbuch, 1224/30 über das Erbrecht (bearb. v. Verf.)

S. 179 M 8: Zit. nach: P. Ketsch, Frauen im Mittelalter, Bd. 1, Nr. 242

S. 181 M 2:
a – c) vgl.: Bergdolt, K.: Der schwarze Tod in Europa, Die große Pest und das Ende des Mittelalters, München 1995, S. 25, 27
d) vgl.: Solleder, Fidolin: München im Mittelalter, München/Oldenbourg 1938, S. 395

S. 181 M 4: Zit. in: E.L. Ehrlich, Geschichte der Juden in Deutschland, Düsseldorf 1961. S. 29

S. 185 M 3: Zit. nach: Max Jansen, Jakob Fugger der Reiche, Leipzig 1910, S. 248 f., (bearb. v. Verf.)

S. 190 M 1: Dante Alighieri, Diviana Commedia, Rom 1993, S. 229 f., 34. Gesang (übersetzt vom Verfasser)

S. 193 M 3: Anna Sticker, Friederike Fliedner und die Anfänge der Frauendiakonie, Neukirchen 1961, S. 329 (bearb. v. Verf.)

S. 195 M 3: Deutsche Übersetzung in: G. Franz, Quellen zur Geschichte des deutschen Bauernstandes, Darmstadt 1967, Nr. 19

S. 195 M 4: Zit. in: 2000 Jahre Christentum, Illustrierte Kirchengeschichte in Farbe, hg. von Günter Stemberger, Erlangen 1989, S. 354

S. 197 M 3: Zit. nach: H. Junghanns, Die Reformation in Augenzeugenberichten, Düsseldorf 1967, S. 43

S. 199 M 3: Johannes Cochläus, Historia Martini Lutheri, Ingolstadt 1582 (bearb. v. Verf.)

S. 201 M 4: Bernd Moeller, Deutschland im Zeitalter der Reformation, Deutsche Geschichte, Bd. 4, hg. v. Joachim Leuschner, 3. Aufl., Göttingen 1988, S. 57 f.

S. 201 M 5: Heinz Schilling: Aufbruch und Krise, Deutschland 1517 – 1648, Siedler Deutsche Geschichte, Berlin 1994, S. 185 f.

S. 203 M 2: Gedichte des Barock, hrsg. v. U. Maché und V. Meid, 1980, S. 140 f., in: Geschichte betrifft uns, Heft 1 (2000)

S. 203 M 4: Zit. nach: W. Menzel, Geschichte der Deutschen, Bd. 2, o. O. 1885, S. 32

S. 205 M 3: G. Kraft u. a. (Hg.), Kursbuch Religion 2000, 7/8, Stuttgart 1998, S. 208, Bearb.: Heidrun Dierk

S. 205 M 4: Koran, Sure 112, in: Hrsg. unter Leitung von Hazrat Mirza Tahir Ahmad Imam und Oberhaupt der Ahmadiyya Muslim Jamaat. Verlag der Islam, Frankfurt. o. J. (bearb. v. Verf.)

S. 211 M4: Abgedruckt in: Erinnern und Urteilen, Bd. 2, Stuttgart 1978, Kap. 7, S. 7 – 27, Quelle 5, Bearb. und Autor: Peter Furth

S. 211 M6: Abgedruckt in: Ebenda, Kap. 7, S. 7-27, Quelle 3, Bearb.: Peter Furth

S. 219 M3: Zit. nach: Franz Hümmerich, Vasco da Gama und die Entdeckung des Seewegs nach Ostindien, Beck, München 1898 (bearb. v. Verf.)

S. 221 M 4: Geschichte in Quellen, Bd. 3, BSV, München 1966, S. 46. Deutsche Übertragung von A. Zaliorsky, Zürich 1940, Bearb.: Fritz Dieckmann

S. 225 M 5: Georg A. Narciss (Hg. u. Bearb.), Denkwürdigkeiten des Hauptmanns Bernal Diaz del Castillo, Stuttgart 1965, S. 261 ff.

S. 225 M 6: Codex Florentino, zit. nach: Miguel León-Portilla, Rückkehr der Götter. Middelhauve, Köln 1962, S. 57 f. Übersetzer: Renate Heuer

S. 229 M 4: Zit. nach: Louis Baudin, Der Sozialistische Staat der Inka, Bd. 16. Rowohlt, Hamburg 1956, S.100, Übersetzer: Gerda von Uslar

S. 231 M 6: A. Bollinger, Spielball der Mächtigen, Stuttgart 1972, S. 34

S. 233 M 4: Geschichte in Quellen, Bd. 3, BSV, München 1976, S. 101, Bearb.: Fritz Dickmann, (v. Verf. gekürzt und mit Fußnote versehen)

S. 235 M 4: Autor Giuskard Eck

S. 241 M 3: Krebs, Der europäische Absolutismus, Stuttgart 1971, S. 23

S. 243 M 4: Th. Steudel, Der Fürstenstaat, Berlin 1933, S. 1 ff.

S. 246 M 1: Zit. in: Geschichte in Quellen, Bd. 3, BSV, München 1970, S. 460 ff., Bearb.: Fritz Dickmann

S. 246 M 2: Zit. in: Ebenda, S. 460 ff., Bearb.: Fritz Dickmann

S. 246 M 3: Fenelon, Ein Mahnwort an Ludwig XIV., um 1695, in: Quellen zur Geschichte der Neueren Zeit, S. 219 f., Übersetzer: Hans C. Huber und Gottfried Guggenbühl

S. 247 M 4: Zit. in: Funkkolleg Kunst, Studienbegleitbrief 6, Weinheim/Basel 1985, S. 122 (Text gekürzt)

S. 247 M 6: Die Briefe der Liselotte von der Pfalz, Verf. von Elisabeth Charlotte d´Orléans, Langewiesche-Brandt 1958, S. 123, neu bearb. und ergänzt: Margarethe Westphal

S. 249 M 2: Friedrich der Große, Das Politische Testament von 1752, Stuttgart 1974, S. 52 ff. (gekürzt), Übersetzer: F. von Oppeln-Bronikowski

S. 249 M 4: Otto von Bardong (Hg.), Friedrich der Große, Darmstadt 1982, S. 174

S. 249 M 5: Friedrich der Große, a. a. O., S. 52 ff.

Bildquellen

Cover, oben: Klett-Archiv (Reinke, Kamen), Stuttgart
Cover, unten: Picture-Alliance (dpa), Frankfurt;
S. 6, l.: Klett-Archiv (Hans Günter Wieting), Stuttgart;
S. 6, m: Global Pictures (Pandis Media), München;
S. 6, r.: AKG (Erich Lessing), Berlin;
S. 7, l.: Corbis (Roger Wood), Düsseldorf;
S. 7, m.: AKG (Amelot), Berlin;
S. 7, r.: BPK, Berlin;
S. 8, l.: AKG, Berlin;
S. 8, m.: Museen der Stadt Regensburg - Historisches Museum;
S. 8, r.: Bridgeman Art Library, Berlin;
S. 9: Schloß Schönbrunn Kultur- und Betriebsgesellschaft (Herr Weiler), Wien;
S. 10, M 1: Landesdenkmalamt, Gaienhofen-Hemmenhofen;
S. 10, M 2: RMN, Paris;
S. 10, M 3: Federseemuseum, Bad Buchau;
S. 11, M 1: BPK (Gerhard Kiesling), Berlin;
S. 11, M 2: Klett-Archiv (Karthaus), Stuttgart;
S. 11, u.: Klett-Archiv (Hans Günter Wieting), Stuttgart;
S. 12, M 1: RMN, Paris;
S. 13, M 3: Novartis AG, Kunstmuseum Basel, Martin Bühler;
S. 13, M 4: AKG, Berlin;
S. 14, M 1: BPK (Gerhard Kiesling), Berlin;
S. 15, M 2: Picture-Alliance, Frankfurt;
S. 15, M 4: Picture-Alliance (Gero Breloer), Frankfurt;
S. 18, M 1: BPK, Berlin;
S. 18, M 3: Klett-Archiv (Pries), Stuttgart;
S. 19, M 4: Klett-Archiv (Reinke, Karmen), Stuttgart;
S. 20, M 1: Hessisches Landesmuseum, Darmstadt;
S. 20, M 2: Reinhard-Tierfoto, Heiligkreuzsteinach;
S. 20, M 3: Klett-Archiv (Marion Lidolt), Stuttgart;
S. 20, M 4: Klett-Archiv (Geuther, Matthias), Stuttgart;
S. 20, u.: Global Pictures (Pandis Media), München;
S. 21, M 1: Klett-Archiv (Aribert Jung), Stuttgart;
S. 21, M 2: AKG, Berlin;
S. 21, M 4: Klett-Archiv (Hungreder, Rudolf), Stuttgart;
S. 21, M 5: Archäologische Staatssammlung, München;
S. 22, M 2: Musée de l'Homme (M.N.H.N.-L. Bessol), Paris;
S. 22, M 3: Thomas Stephan, Munderkingen;
S. 23, M 4: Hessisches Landesmuseum, Darmstadt;
S. 23, M 5: Hessisches Landesmuseum, Darmstadt;
S. 23, M 6: Klett-Archiv (Jochen Heise), Stuttgart;
S. 26, M 1: Klett-Archiv (Andreas Piel), Stuttgart;
S. 26, M 2: Klett-Archiv (Andreas Piel), Stuttgart;
S. 27, M 3: Pott, Dr. Eckart, Stuttgart;
S. 27, M 4: Dr. Hartmut Thieme, Niedersächsisches Landesamt für Denkmalpflege, Hannover, Foto: C. S. Fuchs;
S. 28, M 3: Schmudlach, Dieter, Kasendorf;
S. 29, M 4: Klett-Archiv (Rudolf Hungreder), Stuttgart;
S. 31, M 2: Landschaftsmuseum Obermain Kulmbach;
S. 32, M 1: ullstein bild (Archiv Gerstenberg), Berlin;
S. 32, M 2: AKG, Berlin;
S. 34, M 1: Landesdenkmalamt Baden-Württemberg, Esslingen am Neckar;
S. 34, M 2: Kurt Benesch, Auf den Spuren großer Kulturen, Lexikothek Verlag, Götting;
S. 35, M 4: Landesdenkmalamt, Gaienhofen-Hemmenhofen;
S. 35, M 5: Pfahlbaumuseum, Schöbel, Unteruhlingen;
S. 36, M 1: Global Pictures (Pandis Media), München;
S. 37, M 2: Landschaftsverband Rheinland/Rheinisches Landesmuseum Bonn;
S. 37, M 3: Wolfram Schmidt Fotografie, Regensburg;
S. 38, M 1: Prof. Dr. Dr. h. c. I. Eibl-Eibesfel, Starnberg;
S. 38, M 2: FOCUS (Steinmetz), Hamburg;
S. 39, M 3: Franca Speranza SRL, Mailand;
S. 42, M 1: Klett-Archiv (Reinke), Stuttgart;
S. 42, M 2: AKG (Werner Formann), Berlin;
S. 42, M 3: Prof. Dr. Fouad N. Ibrahim, Wunstorf;
S. 42, M 4: RMN, Paris;
S. 42, M 5: AKG (Erich Lessing), Berlin;
S. 43, M 1: Lotos Film, Kaufbeuren;
S. 43, M 3: Klett-Archiv (Lutz-Erich Müller), Stuttgart;
S. 43, M 4: Klett-Archiv (Lutz-Erich Müller), Stuttgart;
S. 43, M 5: Klett-Archiv (Lutz-Erich Müller), Stuttgart;
S. 43, M 6: STUDIO X (Boutin), Limours;
S. 43, M 7: BPK, Berlin;
S. 44, M 1: Klett-Archiv (Matthias Geuther), Stuttgart;
S. 44, M 2: Klett-Archiv, Stuttgart;
S. 45, M 3: BPK, Berlin;
S. 45, M 4: FOCUS (Bernheim), Hamburg;
S. 46, M 2 m.: Klett-Archiv, Stuttgart;
S. 46, M 2 o.: Klett-Archiv, Stuttgart;
S. 46, M 2 u.: Klett-Archiv, Stuttgart;
S. 47, M 4: BPK, Berlin;
S. 48, M 1: Klett-Archiv, Stuttgart;
S. 49, M 2: AKG, Berlin;
S. 49, M 3: Rijksmuseum van Oudheden, Leiden;
S. 49, M 4: PA-Photo Archive Ancient Art/Jürgen Liepe, Berlin;
S. 49, M 5: Römer- und Pelizaeus-Museum, Hildesheim;
S. 49, M 6: PA-Photo Archive Ancient Art/Jürgen Liepe, Berlin;
S. 50, M 1: STUDIO X (Boutin), Limours;
S. 52, M 1: Lotos Film, Kaufbeuren;
S. 53, M 2: Römer- und Pelizaeus-Museum, Hildesheim;
S. 53, M 2: Römer- und Pelizaeus-Museum (Sh. Shalchi), Hildesheim;
S. 53, M 3 l.: Klett-Archiv (Lutz-Erich Müller), Stuttgart;
S. 53, M 3 m.: Klett-Archiv (Lutz-Erich Müller), Stuttgart;
S. 53, M 3 r.: Klett-Archiv (Lutz-Erich Müller), Stuttgart;
S. 54, M 1: Art Archive/British Museum;
S. 56, M 1: RMN, Paris;
S. 56, M 2: AKG (Werner Formann), Berlin;
S. 57, M 3: Klett-Archiv, Stuttgart;
S. 57, M 4: Klett-Archiv, Stuttgart;
S. 57, M 5: Klett-Archiv, Stuttgart;
S. 59, M 2: AKG (Erich Lessing), Berlin;
S. 59, M 4: AKG (Erich Lessing), Berlin;
S. 59, M 5: British Museum, London;
S. 62, M 1: Klett-Archiv (Foto Geuther), Stuttgart;
S. 62, M 3: BPK, Berlin;
S. 62, M u.: Corbis (Roger Wood), Düsseldorf;
S. 63, M 1: Dream Maker Software (RF), Colorado;
S. 63, M 2: MEV, Augsburg;
S. 63, M 3: Römisch-Germanisches Zentralmuseum, Mainz;
S. 63, M 4: Klett-Archiv (Leinen, Klaus), Stuttgart;
S. 63, M 5: American School of Classical Studies at Athens: Agora Excavations;
S. 63, M 6: Scala, Antella (Firenze);
S. 63, M 7: Klett-Archiv, Stuttgart;
S. 64, M 1: Klett-Archiv, Stuttgart;
S. 66, M 1: Klett-Archiv, Stuttgart;
S. 66, M 2: Klett-Archiv, Stuttgart;
S. 66, M 3: Klett-Archiv, Stuttgart;
S. 66, M 4: Klett-Archiv, Stuttgart;
S. 66, M 5: Klett-Archiv, Stuttgart;
S. 66, M 6: Klett-Archiv, Stuttgart;
S. 67, M 1: Klett-Archiv, Stuttgart;
S. 67, M 2: Klett-Archiv, Stuttgart;
S. 67, M 3: Klett-Archiv, Stuttgart;
S. 67, M 4: Klett-Archiv, Stuttgart;
S. 67, M 5: Klett-Archiv, Stuttgart;
S. 67, M 6: Klett-Archiv, Stuttgart;
S. 67, M 7: Klett-Archiv, Stuttgart;
S. 68, M 1: American School of Classical Studies at Athens: Agora Excavations;
S. 69, M 2: Corbis, Düsseldorf;
S. 69, M 4: Klett-Archiv (Rudolf Hungreder), Stuttgart;
S. 70, M 1: (c) Archaeological Receipts Fund/Olympia Museum;
S. 71, M 2: Badisches Landesmuseum, Karlsruhe;
S. 71, M 2B: Badisches Landesmuseum, Karlsruhe;
S. 71, M 4: Scala, Antella (Firenze);
S. 71, M 4B: Scala, Antella (Firenze);

S. 72, M 2: BPK, Berlin;
S. 73, M 3: Klett-Archiv (Rudolf Hungreder), Stuttgart;
S. 73, M 4: BPK (Scala), Berlin;
S. 75, M 2: Scala, Antella (Firenze);
S. 77, M 3: Scala, Antella (Firenze);
S. 78, M 1 l.: Klett-Archiv (Rudolf Hungreder), Stuttgart;
S. 78, M 1 m.: Klett-Archiv (Hungreder, Rudolf), Stuttgart;
S. 78, M 1 r.: Klett-Archiv (Hungreder, Rudolf), Stuttgart;
S. 79, M 2 l.: Klett-Archiv (Rudolf Hungreder), Stuttgart;
S. 79, M 2 l.: Klett-Archiv (Rudolf Hungreder), Stuttgart;
S. 79, M 2 m.: Klett-Archiv (Rudolf Hungreder), Stuttgart;
S. 80, M 1 l.: Römisch-Germanisches Zentralmuseum, Mainz;
S. 80, M 1 r.: Römisch-Germanisches Zentralmuseum, Mainz;
S. 80, M 2: British Museum, London,
S. 80, M 3: Limesmuseum Aalen, Aalen;
S. 80, ure.: Limesmuseum Aalen, Aalen;
S. 81, M 3: RMN/Louvre;
S. 81, M 4: AKG (Erich Lessing), Berlin;
S. 81, ure.: Klett-Archiv (Foto Geuther), Stuttgart;
S. 83, M 4: BPK (Alfredo Dagli Orti), Berlin;
S. 83, M 5: British Museum, London;
S. 84, M 1: ullstein bild, Berlin;
S. 85, M 2: AKG (Erich Lessing), Berlin;
S. 85, M 3: AKG, Berlin;
S. 85, M 3: laif (Huber), Köln;
S. 86, M 1: Archäologisches Freilichtmuseum, Oerlinghausen;
S. 86, M 2 l.: Stiftung Schleswig-Holsteinische Landesmuseen, Schleswig;
S. 86, M 2 r.: Stiftung Schleswig-Holsteinische Landesmuseen, Schleswig;
S. 87, M 2: Limesmuseum Aalen, Aalen;
S. 88, M 1: Klett-Archiv, Stuttgart;
S. 88, M 1 l.: Zimmermann, Alexander, Pliezhausen;
S. 88, M 1 r.: AKG, Berlin;
S. 88, M 2: laif (Baltzer/Zenit), Köln;
S. 89, M 4: Deutsches Rotes Kreuz, Berlin;
S. 89, M 5: FOCUS (Jean-Marc Loubat), Hamburg;
S. 91, M 2: Rheinisches Landesmuseum, Trier;
S. 91, M 4 r.: Corbis (JP Laffont/Sygma/COR), Düsseldorf;
S. 93, M 2 l.: AKG (Alfons Rath), Berlin;
S. 93, M 3: Römisch-Germanisches Zentralmuseum, Mainz;
S. 94, M 1: Mauritius (Hetz), Mittenwald;
S. 95, M 4: AKG, Berlin;
S. 96, M 1: Mauritius, Mittenwald;
S. 97, M 2: Deutsches Museum, München;
S. 97, M 3: Burkhardt, Dr. Martin, Heidenheim;
S. 98, M: aus: Trier. Stadt und Leben in römischer Zeit, S. 13, Verlag der Akademie Lambert Dahm 1990;
S. 98, M 1: LMZ RP/Foto H.P. Merten;
S. 98, M 2: AKG, Berlin;
S. 98, M 3: Rheinisches Landesmuseum, Trier;
S. 99, M 4: LMZ RP/Foto H.P. Merten;
S. 100, M 1 m.: Corbis (Zefa/Haenel), Düsseldorf;
S. 101, M 4: Picture-Alliance, Frankfurt;
S. 101, M 5: AKG (Erich Lessing), Berlin;
S. 101, M 7: Klett-Archiv, Stuttgart;
S. 103, M 6: Klett-Archiv, Stuttgart;
S. 104, M 1: ullstein bild, Berlin;
S. 104, M 2: KNA-Bild, Bonn;
S. 104, M 3: Photoarchiv Lammerhuber, Baden;
S. 104, M 4: AKG, Berlin;
S. 104, M 5: Interfoto (Kurt F. Scholz), München;
S. 104, u.: AKG (Amelot), Berlin;
S. 105, M 1: Getty Images RF (RF Brand X Pictures), München;
S. 105, M 2: Das Fotoarchiv (Sabine Weiß), Essen;
S. 105, M 3: Klett-Archiv (Dr. Frank Usarski), Stuttgart;
S. 105, M 4: akg-images/Erich Lessing;
S. 105, M 5: AKG, Berlin;
S. 106, M 1: AKG (Erich Lessing), Berlin;
S. 107, M 4: Scala, Antella (Firenze);
S. 109, M 3: BPK, Berlin;
S. 109, M 4 o.: Scala, Antella (Firenze);
S. 109, M 5: Klett-Archiv (Schäflein), Stuttgart;
S. 110, M 1: Klett-Archiv (Hans J. Huschens), Stuttgart;
S. 110, M 2: Erich Gutberlet, Großenlüder;
S. 111, M 3: AKG, Berlin;
S. 111, M 4: British Museum, London;
S. 112, M 1: Interfoto (Kurt F. Scholz), München;
S. 113, M 2: Klett-Archiv, Stuttgart;
S. 113, M 3: aus: Das europäische Geschichtsbuch, Klett-Cotta, 1998, S. 95;
S. 116, M 1: AKG (Erich Lessing), Berlin;
S. 118, M 1: AKG (Erich Lessing), Berlin;
S. 118, M 3: Das Fotoarchiv (Sabine Weiß), Essen;
S. 119, M 4: Klett-Archiv (Dr. Frank Usarski), Stuttgart;
S. 119, M 5: AKG (Erich Lessing), Berlin;
S. 120, M 1: Deutsches Museum, München,
S. 120, M 2: art archive (University Library), London;
S. 121, M 4: Burgerbibliothek, Bern;
S. 122, M 2: AKG, Berlin;
S. 123, M 3: BPK, Berlin (Lutz Braun/Nürnberg, Germanisches National-museum Gm 167);
S. 124, M 1: © By permission of The British Library, London;
S. 125, M 3: AKG, Berlin;
S. 126, M 1: BPK, Berlin;
S. 127, M 3 l.: AKG, Berlin;
S. 127, M 3 r.: AKG, Berlin;
S. 129, M 3: AKG (Erich Lessing), Berlin;
S. 129, M 4: By permission of The British Library, London;
S. 130, M 1: AKG, Berlin;
S. 131, M 4: Getty Images RF (RF Brand X Pictures), München;
S. 132, M 1: AKG (Hedda Eid), Berlin;
S. 132, M 2: AKG, Berlin;
S. 133, M 5: aus: Neil Grant: Das Mittelalter, Tessloff Verlag, Nürnberg;
S. 133, M 6: Klett-Archiv (Wolfram Fritz), Stuttgart;
S. 134, M 1: ullstein bild, Berlin;
S. 135, M 2: aus: Gimpel, Jean: Die Kathedralenbauer. © 1996 Deukalion Verlag Uwe Hils (Foto: Yan);
S. 135, M 3: Interfoto, München;
S. 136, M 1: AKG, Berlin;
S. 136, M 2: Picture-Alliance (Bernd Thissen), Frankfurt;
S. 136, M 3: KNA-Bild (Radtke), Bonn;
S. 137, M 4 l.: Dr. Uwe Muuß, Altenholz;
S. 140, M 1: Verlag Kraphol;
S. 140, M 3: Picture-Alliance (dpa/ZB/Matthias Hiekel), Frankfurt;
S. 140, M 4: AKG, Berlin;
S. 140 u.: BPK, Berlin;
S. 141, M 3: Universitätsbibliothek (Sachsenspiegel), Heidelberg;
S. 141, M 4: BPK, Berlin;
S. 144, M 1: Alex Antonow Verlag;
S. 144, M 2: Verlag Kraphol;
S. 146, M 1: Bibliothèque nationale de France, Paris;
S. 147, M 3: AKG, Berlin;
S. 147, M 4: Universitätsbibliothek (Codex Manesse), Heidelberg;
S. 148, M 1: Corbis (Archivo Iconografico), Düsseldorf;
S. 149, M 5 m.: Universitätsbibliothek (Sachsenspiegel), Heidelberg;
S. 149, M 5 o.: Universitätsbibliothek (Sachsenspiegel), Heidelberg;
S. 149, M 5 u.: Universitätsbibliothek (Sachsenspiegel), Heidelberg;
S. 150, M 1: AKG, Berlin;
S. 151, M 2: AKG, Berlin;
S. 154, M 1: AKG, Berlin;
S. 155, M 2: AKG, Berlin;
S. 156, M 2: Interfoto (Zeit Bild), München;
S. 157, M 5: AKG, Berlin;
S. 160, M 1: Superbild, Taufkirchen/München;
S. 160, M 2: Picture-Alliance (dpa/Rolf Haid), Frankfurt;
S. 160, M 3: Joker (Karl-Heinz Hick), Bonn;
S. 160, M 4: AKG, Berlin;
S. 160, M 5: AKG, Berlin;
S. 160 u.: AKG, Berlin;
S. 161, M 1: Klett-Archiv, Stuttgart;
S. 161, M 2: AKG (Bildarchiv Monheim), Berlin;
S. 161, M 3: Klett-Archiv, Stuttgart;
S. 161, M 4: Bildarchiv Preuß. Kulturbesitz, Berlin, Bayerisches National-museum, München;

Religion und Staat im Mittelalter

um 30 n. Chr.

Jesus Christus verkündet den christlichen Glauben.

532 – 537

Die berühmte Kirche Hagia Sophia in Konstantinopel wird unter Kaiser Justinian I. erbaut.

800

Karl der Große wird vom Papst in Rom zum fränkischen Kaiser gekrönt.

1099

Die Kreuzritter erobern Jerusalem.

Die Stadt im Mittelalter

1150 – 1350

Städtegründungen in Mitteleuropa. Köln wurde bereits durch die Römer gegründet.

1347/1348

Die Pest erfasst Europa. Millionen Menschen sterben.

1368

Kämpfe um die Stadtherrschaft. In Augsburg übernehmen die Zünfte die Macht.

1405

Der große Stadtbrand in Bern. Im Mittelalter kommt es oft zu Bränden in den Städten.

Aufbruch in eine neue Zeit

1492

Martin Behaim stellt den ersten Globus her.

1492

Kolumbus entdeckt Amerika.

1521

Cortés erobert Tenochtitlan/Mexiko.

um 1600

Zwangsarbeiter werden aus Afrika geholt.